EDP·管理者终身学习项目

战　略

基于全球化和企业道德的思考

Strategy 2008—2009

大卫·凯琴（David J. Ketchen, Jr）
艾伦·伊斯纳（Alan B. Eisner）　著

孔令凯　译

中国人民大学出版社
·北京·

策划人语

EDP 是英文 The Executive Development Programs 的简称，即"高层管理者培训与发展项目"，是为高层管理者设立的非学历(non-degree)教育项目。EDP 在国外的商学院中非常普遍，几乎每所著名的商学院都有此项目。目前在全球 EDP 市场中，领跑公开课程的是哈佛商学院、达顿商学院和法国 INSEAD 等，领跑公司内部培训课程的有美国杜克企业教育学院、瑞士 IMD、法国 INSEAD 和西班牙 IESE 等。中国的 EDP 教育正处于起步阶段，但近年来中欧国际商学院、长江商学院、人大商学院、北大光华管理学院和清华经管学院等都开出了十分有特色的 EDP 课程，受到企业、政府、医院、学校等机构的广泛关注。

EDP 基于现代企业的特点，开设了一整套具有针对性的短期强化课程，其内容可以偏重综合管理技能，也可以偏重某一具体管理领域的知识与技巧。在教育理念和教育模式上已经完全超越了传统的管理教育，它的系统化培养模块均依据领导者、决策者的特点与需求设计，是一种全新的领导力发展模式。

EDP 不同于 MBA 和 EMBA，它属于非学历教育，更强调终身学习、在职学习，具有更强的灵活性和针对性。是一个管理者不断提升和完善管理素养的平台。基于对 EDP 项目的这一认识，我们策划了"EDP·管理者终身学习项目"系列出版物。希望这套书能够作为 EDP 课堂教学的补充，也可以作为企业内训时的导入读本。通过这套书能够在企业等存在管理的地方普及一套"行话"，用管理的概念和术语来认识和分析管理问题，指导管理实践，提升管理水平。

本套出版物具有如下特点：(1) 以 EDP 课堂讲授内容为主线，适当补充部分课堂上难以讲到的背景知识，并将之系统化；(2) 紧扣企业管理实践，注重知识的实用性，并介绍相关的管理工具，使之具有更强的可操作性；(3) 使用真实生动的案例，特别是中国案例，使管理学理论在现实的管理情境中发挥光彩；(4) 内容精简，一般在 15 万~20 万字之间；(5) 语言通俗易懂，适合自学。这套出版物不仅有图书，还包括一些 EDP 课堂的音频、视频资料，并逐步开发网上学习资料，还将不定期地为读者邀请优秀的 EDP 项目教师组织面授讲座。

当前，中国企业面对着前所未有的世界经济大动荡，有人说，中国企业家经历过严苛的竞争环境,但没有经历过经济萧条。如何使企业度过严冬,是今天每一个管理者要思考的问题。但做一个好的企业——一个善于学习、管理精良、勇于创新、为消费者创造价值、有高度社会责任感的企业——是企业存在的意义,也是企业不败的基石。

费小琳　唐奇

2008 年 12 月

前言

每一本好书的背后都有一个好故事。《战略——基于全球化和企业道德的思考》也不例外。2006年春天，麦格劳-希尔出版社邀请了一群优秀的战略管理学教师参加一个教学座谈会。该小组的任务之一是设计一本教科书，使之既能满足迅速发展的市场需求，又能严谨而详细地介绍战略管理领域的核心知识。经过与各位同事的深入讨论，诸位教授希望这是一本以现实生活中的案例和学术研究为基础、重点介绍战略管理核心问题的书，还应该是一本学生能买得起的书。在两天的座谈会上，针对既能达到这些标准又能包含这些内容的理想图书应该是什么样子的问题，教授们进行了激烈的讨论与辩论。大家认识到，适合该书的优秀原始材料可以从戴斯、兰普金和伊斯纳（Dess, Lumpkin, and Eisner）合著的《战略管理：教材与案例》（*Strategic Management, Text and Cases*）中借鉴。到座谈会结束时，出版一本能引领市场的图书这一计划就成形了。你现在手里拿的这本书就是该小组集体智慧的结晶。

戴斯等作者认识到，市场上已经有很多介绍战略管理的好书了，但是他们感觉到，应该有这样一本书：它既切题又适合学生阅读，还具有一定的挑战性。换句话说，他们的口号是："为学生出版的，又适合教授使用。"

在书中，戴斯等作者努力通过生动的语言全面介绍基础知识，既避免使用专有词汇，又在全书中融入了理解当今世界经济必需的重要主题。这些主题包括全球化、技术、道德和创业精神等。作者运用商业实践中的短小例子使这些概念活灵活现，既说明了本书中的每一个战略概念又通过详细案例深入介绍了每一个知识点。另外，他们还给出了一些优秀的案例来帮助学生分析、综合、运用战略管理知识。

戴斯领导的小组也为教师上课提供了很多补充材料。各种版本的书，重点都一样，但是，戴斯等作者组织内容的特点是增加价值（与战略管理理念一致）。作者反复向自己提问：还有没有新的特色能增强教学效果？

我们对格雷格·戴斯和汤姆·兰普金允许我们把他们的著作引入此书表示感谢。我们同时对参加座谈会的人员表示感谢，在帮助本书成形时，他们提供了诸多创意与实际教学经验。他们是：

David Flint，犹他州立大学 (Utah Valley State College)

Scott Latham，本特利学院 (Bentley College)

Hun Lee，乔治梅森大学 (George Mason University)

Jim Marshall，加州理工大学波莫那校区（Cal Poly Pomona）

Kathryn Martell，蒙特克莱尔州立大学（Montclair State University）

Richard Mpoyi，中田纳西州立大学（Middle Tennessee State University）

Don Neubaum，俄勒冈州立大学（Oregon State University）

David A. Page，罗伯特莫里斯大学（Robert Morris University）

Doug Polley，州立圣克劳德大学（St. Cloud State University）

Annette Ranft，佛罗里达州立大学（Florida State University）

Gary Robert，肯尼索州立大学（Kennesaw State University）

Phillip Stoeberl，圣路易斯大学（St. Louis University）

Ray Van Ness，纽约州立大学奥尔巴尼分校（State University of New York at Albany）

Page West，维克森林大学（Wake Forest University）

本书的其他特色还有：第一，《战略——基于全球化和企业道德的思考》用简短的章节介绍了核心概念。通过向著名战略管理教授进行问卷调查，才决定下来每章都应该包括哪些内容，结果使这本书成为了市场真正需要的一本书。不仅所用材料非常新，而且也不繁杂冗长，老师和学生可以自己选择对相关案例进行更深入的讨论，也可以使用BSG或GLO-BUS等模型进行更加灵活的教学。调查也明确了案例的重点,可以帮助学生提高学习效率。尽管每章都很简洁,但是每章都通过丰富的启发性案例来阐释观点,这也为课堂讨论提供了大量的原始材料。

第二,介绍当今最重要两个问题所使用的方法让本书独具特色。在对战略管理流程进行全面介绍(第1章)之后,第2章重点介绍了当今管理者在制定战略决策时必须牢记的两个情景特征:战略的国际性和战略的道德性。这也是座谈会强烈推荐的方法。

畅销书作者约翰·奈斯比特(John Naisbitt)用"大趋势"来描述影响当今世界的主要方向。对于今天的管理者来说,全球化与道德为战略的实施提供了一个背景。通过第2章对这两个问题的分析,老师可以让学生明白这非常重要。在第3章到第8章,每个话题(如内部分析、外部分析、战略选择等)都与全球化和道德联系起来,使这一点再次得到了强化。这样安排的目的是:通过使用本书,希望学生不仅能掌握战略管理的一般知识,还能特别了解全球化与道德问题。

使本书与众不同的第三个特色是切题的内容,组织语言时避免了一些深奥的词汇,尽量使用学生喜欢的对话语调。本书运用大量的案例来阐明重要概念。成功和失败两种案例都有,因为这两者对学习和掌握技巧都很重要。本书也强调学生感兴趣的行业,这样可以保证学生的学习兴趣。

第四个特色是选取案例的方法。座谈会的参会人员都认为,他们喜欢与战略管理课程有紧密关系的中等长度案例。要求一个本科生浏览30页的案例材料是勉为其难,10页长的案例其教学价值与更长的案例是一样的。身为经验丰富的案例作者,艾伦·伊斯纳搜集整理了十套著名公司的优秀案例材料,这可以极大丰富课堂教学。案例涉及的公司有:安然、QVC、捷蓝航空公司、强生公司、雅虎、世界摔角娱乐、任天堂Wii和福特汽车公司。

最后,我们对麦格劳-希尔出版社最终使此书付梓的工作人员表示感谢。麦格劳-希尔前编辑总监John Biernat,前责任编辑Ryan Blankenship,前拓展编辑Natalie Ruffatto,执行编辑Doug Hughes,

高级责任编辑 Michael Ablassmeir，高级市场经理 Anke Braun Weekes，拓展编辑 Laura Griffin，高级项目经理 Harvey Yep 都对本书给予了巨大支持。

大卫·J·凯琴

奥本大学

艾伦·B·伊斯纳

佩斯大学

目录

第一部分 创造竞争优势环境

第1章 什么是战略管理 ... 1
从错误中学习 ... 2
战略管理的本质 ... 6
　战略管理的定义 ... 6
　战略管理的四个基本特征 ... 8
战略管理流程 ... 11
　设想的战略与实际实施的战略 ... 11
企业资源观 ... 14
　企业资源的类别 ... 16
　企业资源与可持续竞争优势 ... 19

第2章 战略管理环境 ... 27
从错误中学习 ... 28
全球经济：概说 ... 30
影响国家竞争力的因素 ... 34
　要素条件 ... 35
　需求条件 ... 35
　关联与支持性产业 ... 38
　企业组织战略、结构及同业竞争 ... 39
　对影响国家竞争力因素的总评 ... 40
国际扩张：公司的动机与风险 ... 40
　国际扩张的动机 ... 40
　国际扩张的潜在风险 ... 44
　价值链的全球分散：外包与离岸生产 ... 48

公司治理与利益相关者管理 ································· 51
　　治理机制：调整所有者与管理者的利益 ················· 53
　　零和还是共生？利益相关者管理的两个不同视角 ········· 57
　　社会责任与环境可持续性：超越当前的利益相关者 ······· 58

第 3 章　企业内部环境分析 ································· 65
从错误中学习 ·· 66
确保战略方向上的连贯性 ·································· 68
　　组织愿景 ·· 69
　　使命说明 ·· 72
　　战略目标 ·· 75
价值链分析 ·· 77
　　基本活动 ·· 79
　　辅助活动 ·· 83
　　组织内及组织间价值链活动之间的相互关系 ············· 87
　　价值链在服务型组织中的运用 ························· 89
企业绩效评价：两种方法 ·································· 91
　　财务比率分析 ·· 91
　　整合财务分析与利益相关者：平衡记分卡 ··············· 95

第 4 章　企业外部环境分析 ································· 101
从错误中学习 ·· 102
一般环境 ·· 104
　　人口 ·· 106
　　社会文化 ·· 108
　　政治/法律 ··· 109
　　技术 ·· 109
　　经济 ·· 110
　　一般环境中各因素之间的相互关系 ····················· 111
竞争环境 ·· 113

     波特分析行业竞争的"五力模型" ········· 114
     互联网与数字技术如何影响五种竞争力 ····· 125
     行业分析运用：几个警告 ················· 131
     行业内战略群 ·························· 134
  SWOT 分析法 ····························· 137

第二部分　战略选择

第5章　公司层面战略 ························· 139
  从错误中学习 ···························· 140
  实施有效多元化：综述 ···················· 142
  相关多元化：范围经济与收入提高 ·········· 145
     核心能力借用 ························· 145
     活动共享 ····························· 148
  相关多元化：市场势力 ···················· 151
     联合谈判能力 ························· 152
     垂直一体化 ··························· 153
  非相关多元化：财务协同效应与母合 ········ 156
     公司母合与重组 ······················· 157
     组合管理 ····························· 160
     警告：降低风险是否为多元化的首要目标？··· 163
  实现多元化的手段 ························ 164
     兼并与收购 ··························· 165
     战略联盟与合资企业 ··················· 169
     内在发展 ····························· 171
  管理者动机如何影响价值创造 ·············· 173
     为增长而增长 ························· 174
     自我主义 ····························· 174
     反收购策略 ··························· 175

— 3 —

第6章　事业层面战略 ······ 179
从错误中学习 ······ 180
竞争优势的类型及可持续性 ······ 181
综合成本领先战略 ······ 182
差异化战略 ······ 188
聚焦战略 ······ 193
组合战略：综合低成本与差异化整合 ······ 196

第三部分　战略实施与控制

第7章　创建有效的组织结构设计 ······ 201
从错误中学习 ······ 202
传统的企业组织结构类型 ······ 204
简单结构 ······ 205
职能制结构 ······ 205
事业部制结构 ······ 208
矩阵制结构 ······ 213
企业组织结构如何影响战略制定 ······ 216
无边界组织结构设计 ······ 217
无障碍组织 ······ 219
模块化组织 ······ 224
虚拟组织 ······ 226
无边界组织：让其运转起来 ······ 230

第8章　战略控制 ······ 235
从错误中学习 ······ 236
确保信息控制：有效应对环境变化 ······ 238
战略控制的传统方法 ······ 238
战略控制的当代方法 ······ 241
实施行为控制：平衡文化、薪酬与激励、边界与制约 ······ 244

打造强大有效的文化 ··· 245
用薪酬与激励来调动积极性 ································· 247
设置边界与制约 ··· 249
组织内行为控制：情景因素 ································· 254
从边界向文化和薪酬演进 ··································· 255

第四部分 案例分析

第9章 战略管理案例分析 ······························· 257
为什么要分析战略管理案例 ································· 258
如何进行案例分析 ··· 261
 熟悉材料 ·· 264
 确定问题 ·· 265
 进行战略分析 ·· 265
 提出可选解决方案 ···································· 267
 提出建议 ·· 269
如何从案例分析中学到最多东西 ····························· 271

案例

案例1 安然：天使与我们同在 ························· 275
案例2 QVC ·· 296
案例3 捷蓝航空公司：蓝在褪色吗？ ··················· 307
案例4 强生公司 ····································· 322
案例5 雅虎 ··· 334
案例6 世界摔角娱乐 ································· 346
案例7 任天堂Wii ···································· 359
案例8 福特汽车公司濒临破产？ ······················· 374

译后记 ·· 391
编辑手记 ·· 392

战略——基于全球化和企业道德的思考

第1章 什么是战略管理

本章学习目标

学习目标1　战略管理的定义及其四个基本特征。

学习目标2　战略管理流程及其三个相互关联的主要步骤。

学习目标3　企业资源观（又称资源基础理论），有形资源、无形资源和组织素质的不同类别。

学习目标4　维持可持续优势企业资源需具备的四个基本特征。

战略管理是指一个组织为了创造并保持竞争优势而采取的分析、决策和行动的综合过程。战略管理研究的核心问题是：为什么有的企业能够超越其他企业以及如何超越。因此，管理者面对的挑战是：制定可使企业长时间保持优势的战略决策。战略管理有四个基本特征：以组织的总体目标为指导；涉及各相关者的利益；统合近期目标和长远规划；权衡效率与效益。我们将在本章第一节讨论该定义及其四个基本特征。

第二节讨论的是战略管理流程。战略管理的三个主要步骤是战略分析、战略制定和战略实施。这三个步骤与上文定义中的分析、决策、行动是一致的。我们将介绍对这三步的讨论在本书的9章中是如何分布的。

第三节和最后一节分析了企业资源观，这是管理者设计管理战略时的一个流行方法。企业资源观的核心是企业的有形资源、无形资源和素质。能持续较长时间的竞争力主要源自符合四个标准且整合在一起的资源与素质：它们是有价值的、稀缺的、难以模仿的和不可替代的。

从错误中学习

战略管理研究之所以能引起人们的兴趣，是因为存在这样一种现象：一个挣扎中的企业可以变成明星，而一些踌躇满志的企业也可能迅速陨落谷底。例如，福特汽车公司（Ford Motor Company）。在其成长的第二个百年刚刚开始时，这个汽车业的开拓者却不得不为一系列问题而苦苦挣扎。

仅2006年一年，福特汽车公司的亏损就高达127亿美元！即便是公司自己的预测也表示2009年之前仍无法实现赢利。随着亏损的进一步恶化，公司市场份额逐渐缩小，多年来股票价格的上升也从未超出过个位数！根据摩根士丹利（Morgan Stanley）的分析师预测，2007年初雷诺—日产将可能超过福特而成为世界第三大汽车制造商。

公司在亏损的汪洋中自救时，人们不禁会问：这个曾多年保持着产品创新和赢利的汽车业的先驱，现在怎么会在财务上跌入旋涡？虽然导致这种衰退的错误可能是多种多样的，但他们停产广受欢迎的金牛星（Taurus，又名"特使"）轿车的决策比其他的一切都更能说明他们的战略是多么低劣，管理是多么失败。

　　1986年投产的福特金牛星被看做是美国汽车业复兴的象征。光滑又符合空气动力学原理的流线型设计备受青睐，这在当时堪称是革命性的。金牛星因其未来主义的设计风格，经常被称做"软糖豆"或"飞翔的土豆"，在美国引起极大轰动，投产当年的销量便达到26.3万辆。福特的设计师注意到在北美购车者中出现了一个有趣的变化趋势：他们开始远离大而舒适的美国车而转向易操控的欧洲车。为了迎合这种趋势，他们加固了汽车的悬挂系统，扩大了车内空间和后备箱空间，加牢了坐椅，使其更符合人体工程学原理。他们还增加了几项让人"眼前一亮"的设计，例如后备箱里挂杂物袋的货网、后排坐椅的靠枕和加热管。1989年，金牛星SHO型投产。

　　大获成功后6年，汽车于1992年改型。保留了整体卜椭圆形的设计，但是使用了新的车身外壳、平滑的车身侧面和更小的头灯，使其更符合大众口味，设计也更优雅。这使金牛星一跃荣登美国最畅销轿车的宝座，当年便销售近50万辆。1992—1996年，金牛星一直是美国最畅销的汽车，这给美国制造业带来一种荣耀感，使他们相信自己实际上有能力和日本对手一搏并获胜。该车也帮助福特公司摆脱了20世纪80年代的财务亏损，并带来巨额利润。

　　金牛星衰落的迹象出现于20世纪90年代。1997年，丰田凯美瑞（Toyota Camry）在轿车市场超过金牛星而跻身第一的位置。到2006年，每卖出两辆凯美瑞才能卖出一辆金牛星，金牛星的年销量已经下滑到20万辆。2006年10月，21年卖出750万辆后[不包括其姊妹车水星黑貂（Mercury Sable）]，福特宣布了停产金牛星的决定。

　　显然，数百万忠实用户想的一个问题是：这个辉煌了20多年的品牌怎么会落得如此灰溜溜的下场？20世纪90年代中期金牛星的销售经理乔尔·皮特考夫（Joel Pitcoff）归结道："落伍了！这三个字就是全部。"在十多年的时间里，福特对待金牛星完全就像对待一棵摇钱树，丢在那里不做改进也不怎么做广告。相反，公司全力集中在高回报率的产品上，如大卡车和运动型多功能车。与此同时，竞争对手却已经复制并改进了金牛星诸多惹人瞩目的特色设计。在拥挤的轿车市场上，有更多选择而且日益挑剔的美国消费者最终选择了其他产品，福特却仍在全力关注需求量大又不那么挑剔的团购市场——租车公司。2005年中，油价的突然上涨促使消费者去寻找更具有燃油经济性的汽车。由于没有理想的产品，福特无奈赤膊上阵。"他们过去几年往这款车上一分钱都没有投，"金牛星的主设计师、1998年退休了的杰克·特奈克（Jack Telnack）说，"他们任其慢慢枯萎。这是犯罪。这款车声誉很好，名字非常棒。我不明白他们在等什么。"

虽然福特的财务亏空不能完全归咎于金牛星的陨落，但对于让一个曾经无比辉煌的公司丢掉了霸占几十年的行业头把交椅的诸多弊病，这是一个表征。有些问题的原因实际上是外部的，例如居高不下的退休人员健康福利成本，因众多日本、韩国制造商的进入而饱和的美国市场，油价的突然成倍上升等。但最终的分析结果是，福特的很多伤口是自残造成的。为了利润而过度地依赖卡车和运动型多功能车的决策表明，他们没有从20世纪80年代初期的油价上升中吸取教训。20世纪90年代末期福特公司将50亿美元投入了一项欠考虑的尝试——打造一款"世界之车"。福特环宇［又译"康拓"（Contour）］及其姊妹车水星奥妙（Mercury Mystique）投产，这两款汽车迅速彻底失败。饿死了一个符合公众梦想、为公司做出巨大贡献的成功品牌，可能是所有错误中最大的错误。

为了回应金牛星停产引起的公众不满情绪，公司2007年初宣布将福特500（Ford Five Hundred）改名为金牛星重新投产。只有时间才能判断顾客将如何对待这头重生的金牛。

当今的领导者，与福特公司的领导者一样，在全球市场上面临着众多复杂的挑战。述说他们的功（或者过），会立即想到领导能力的两个方面:"主观构想"与"外部制约"。首先让我们从主观构想的角度看看领导力。这里有一个隐含假定:领导是决定企业成功的关键。这一观点主导了当今商圈的主流媒体杂志,例如《财富》、《商业周刊》和《福布斯》。首席执行官要么因其企业的成功而备受赞许,要么因组织的失败而饱受非议。例如,考虑一下诸如杰克·韦尔奇(Jack Welch)、安德鲁·格罗夫(Andrew Grove)、赫伯·凯勒赫(Herb Kelleher)等领导人从企业的巨大成功中获得的殊荣,他们分别管理着通用电气(General Electric)、英特尔(Intel)和西南航空公司(Southwest Airlines)。

最近卡洛斯·戈恩(Carlos Ghosn)因为带领日产在世界汽车行业彻底翻身而在商业媒体上大受称赞。他扭转了巨额亏损并实现了70亿美元的赢利,还清偿了230亿美元的债务,并使日产成为世界上最赚钱的规模生产商。在体育界,一些经理和教练,例如美国橄榄球大联盟(National Football League)中新英格兰爱国者队(New England Patriots)的主帅比尔·贝里提克(Bill Belichick),也因为球队在赛场上的胜绩而大获嘉奖。

另一方面,当事情做得不好时,一个组织的失败几乎全部会理所当然地归咎于领导者。例如,惠普(Hewlett Packard)的首席执行官卡莉·费奥瑞娜(Carly Fiorina)被解雇时,公司的股票价格立即大涨了7%,很难说这是对她领导能力的肯定。福特的高层管理人员无法阻止公司的持续亏损和市场萎缩,最终公司董事会决定另请高明,他是一个行业外人士——波音公司(Boeing)的艾伦·穆拉利(Alan Mulally)。

但这只是故事的一个部分。让我们从另一个角度考虑一下领导能力,即领导能力的"外部制约"。这里不暗中假定领导者是决定企业成绩的最重要因素,而是考虑可能会积极或者消极影响企业表现的外部因素。身边就有能说明这一问题的例子,如福特汽车公司的衰退就可以部分地归咎于一些外部因素。美国医疗福利成本的上升和公司的养老金负担事实上已经使公司不可能赢利了。另外,汽油价格经历了多年的稳定甚至下滑后却突然上升,把消费者对运动型多功能车的偏好突然扭转到经济型车上。这些问题，不仅仅对福特，而且对通用汽车（General Motors）、克莱斯勒（Chrysler）等都产生了严重的负面影响。

当然，关键问题在于，单从主观构想或外部制约的任何一个角度看问题都不是完全正确的，在研究战略管理时我们必须同时考虑这两者。我们的前提是：领导确实可以发挥影响力，但是他们必须能随时注意到外部环境中的机遇与威胁，并对企业的资源和素质有详细全面的理解。

战略管理的本质

> **学习目标 1**
> 战略管理的定义及其四个基本特征。

面对全球市场上的诸多机遇和挑战，当今的经理需要做更多的事情，而不仅仅是制定一项长期战略然后梦想其成。他们必须超越所谓的"增量管理"（此种观点认为他们的工作就是做出一系列不重要的小改进以提高企业经营的效率）。如果企业所处的行业非常稳定、简单而无变化，这倒无可厚非。但是这样的行业已所剩无几。正如我们将在本章和整本书中要讨论的一样，变革的速度在加快，这迫使管理者在企业战略方向上做出各种改革的压力也在增加。

当今的领导者不能将自己的角色仅仅看做现状的守护者，应该具有前瞻性，能预见变化并不断进行调整，必要时果断改变战略方向。一个组织的战略管理应该成为这个组织思考的一种流程和方式。

战略管理的定义

战略管理是指一个组织为了创造并保持竞争优势而采取的分析、决策和行动的综合过程。这一定义涵盖了战略管理中的两大核心要素。

第一，一个组织的战略管理包括了三个动态的步骤：**分析、决策和行动**。也就是说，战略管理是在对组织内部和外部环境分析的基础上对战略宗旨（愿景、使命和战略目标）的**分析**。然后，领导必须制定战略决策。这些**决策**，广义上讲，回答了两个基本问题：我们应该进入什么行业？在这些行业中应该怎么去竞争？这些问题也经常涉及一个组织在国内与国际市场上的经营运作。最后这些**行动**必须得落实。决策不落实显然是毫无用处的。企业要采取必要行动来实施其战略。这要求管理者分配必要的资源，调整组织结构设计并将其战略变成现实。如同我们将在下一节要看到的，这是一个动态的、发展的过程，这三个步骤之间存在大量的互动。

第二，战略管理研究的精髓是为什么一些企业能超越其他企业。因此，管理者要决定企业如何竞争以获得能持续较长时间的优势。这意味着要关注两个非常基本的问题。首先，**我们应该如何去竞争以在市场上获得竞争优势**？例如，管理者应该决定是将自己定位为低成本制造商，还是开发独特的产品或服务使企业可以获得溢出价格，抑或采取两者的某种组合。其次，管理者必须知道如何使这些优势在市场上具有可持续性，而不是转瞬即逝。也就是说，**我们如何在市场上创造出一种竞争优势，使其不仅独特而有价值，并且难以被对手复制或者替代**？

有用的主意几乎总会立即被对手复制。在20世纪80年代，美国的一些航空公司试图通过实施常旅客计划来获得竞争优势。数周内，所有的航空公司都照搬照做了。一夜之间，常旅客计划没有带来竞争优势，却成了维持竞争平势的必要手段。因此，企业组织面临的挑战是要创造一种具有可持续性的竞争优势。

迈克尔·波特（Michael Porter）认为可持续的竞争优势是不能仅凭运营效益获得的。过去20年中大部分流行的管理创新理论——全面质量管理，即时生产理论，标杆管理（又称"定点赶超"或"基准化分析"），业务流程再造，外包——都是讲运营效益的。运营效益的意思是说类似的事比对手做得更好。这里的每一项都很重要，但是哪一项都不能带来可持续的竞争优势。原因很简单：大家都在做。战略却完全是关于"与众不同"的。只有做"对手不做的事情"或者以不同的方式做相似的事情才能使可持续竞争优势成为可能。沃尔玛（Wal-Mart）、西南航空公司、宜家（IKEA）等公司就创造了独特的、内部一致的、难以模仿的、能使它们获得持续竞争优势的作业体系。一个有良好战略的企业必须明白，对希望实现的结果要有所取舍。试图与对手做完全相同的事情最终会引发两败俱伤的价格战，而无法获得长期的优势。

战略管理的四个基本特征

在详细讨论战略管理流程之前，让我们先简要介绍一下战略管理的四个基本特征。这样，本课程与你所学过的和职能相关的其他课程（如会计、营销、经营、财务等）之间的差别就清楚了。图表1—1给出了战略管理的定义及其四个基本特征。

图表 1—1 战略管理概念

> **定义**：战略管理是指一个组织为了创造并保持竞争优势而采取的分析、决策和行动的综合过程。
>
> **战略管理的基本特征：**
> 以组织的总体愿景和目标为指导。
> 在决策中涉及多方相关者的利益。
> 综合考虑近期目标和长远规划。
> 懂得效率与效益之间的权衡。

首先，战略管理**以组织的总体愿景和目标为指导**。也就是说，努力的方向应该是看什么对整个组织最有利，而不仅仅是对某一个职能部门有利。有些作者将这种观点称为"个体理性与组织理性的对立"。也就是说，对一个职能部门（例如经营部门）看似"理性"或者非常合理的东西，不一定符合整个企业的最大利益。例如，经营部门可能决定安排批量生产类似产品以降低单位成本。但是，标准化的生产可能与营销部门吸引挑剔的目标市场的需求相冲突。类似的，研发部门可能会"过度研发"一种超级产品，但是设计部门可能会将该产品弄得过于昂贵而使市场需求变小。因此，在本课程中，你需要从组织的角度，而不是从你最熟悉的职能部门的角度，来分析案例和战略问题。

第二，战略管理**在决策中涉及多方相关者的利益**。管理者在做决定时必须综合考虑多方相关者的利益需求。利益相关者是指那些在组织的成功中会"获益"的个人、团体或其他组织，包括所有权人（在上市公司中为股东）、员工、顾客、供应商、整个社区等等。我们将在本章后面对此进行详细讨论。管理者如果只关注一方利益相关者，是不会成功的。例如，如果过分强调为所有权人创造利润，员工就可能会被疏远，顾客服务也可能会受到影响，供应商会因不断的降价要求而心怀愤恨。但是，如同我们将要看到的，有很多组织能够同时满足多方相关者的利益需求。例如，因为员工对自己的工作满意，会更努力而使顾客更满意，由此带来非常优秀的财务表现，进而带来更高的利润。

第三，战略管理**要求综合考虑近期目标和长远规划**。麻省理工学院（Massachusetts Institute of Technology）研究战略管理的领军人物彼得·圣吉（Peter Senge）将这种需求称为"创造性张力"。也就是说，管理者必须着眼于组织的未来，同时关注其当前的运营需要。但是，管理者在实现短期绩效目标时可能会遇到来自金融市场的巨大压力。研究表明，企业领导经常采取短期行为会对为利益相关者创造长期价值产生不利影响。例如：

> 根据近期研究，只有59%的财务负责人说，如果低估了（股票）每股季度的平均盈余，他们会努力使净现值预测为正。更糟糕的是，78%的人说他们会放弃收益——经常是大量的收益——以平稳收益率。类似地，如果企业的绝大部分股份被投资组合转换频繁的机构持有，管理者会更乐意削减研发费用以扭转盈余的下降。很多企业对长期投资——例如基础设施建设和员工培训——都持这种态度。

第四，战略管理**要求懂得效率与效益之间的权衡**。与上面第三点密切相关，这里，"懂得"的意思是说要明白企业有效率地和有效益地做事情的需要。一些作者把这看做是"做正确的事情"和"正确地做事情"的差别。管理者在分配和使用资源时要足够明智，同时还要以成就组织的总体目标来指引自己努力的方向。只关注完成短期预算目标的管理者可能无法实现更远大的组织目标。下面这个有趣的故事来自诺曼·奥古斯丁（Norman Augustine），他曾在防务巨头马丁·玛丽埃塔公司（Martin Mariett），即现在的洛克希德·马丁公司（Lockhead Martin）任首席执行官。想一想：

> 我想起了在英国一张报纸上看到过的一篇文章，这篇文章描述了巴格拿和格林菲尔德之间的公共汽车服务存在的问题。使顾客大为恼火的是，司机在排着长队等车的乘客面前微笑着挥手而过。但是，对于这件事，公共汽车公司的一位经理做出澄清，他解释说："如果司机停下来让乘客上车，他们就无法保证准时了。"

显然，试图保证准时的司机忽略了公司的总体目标。如同奥古斯丁指出的："无懈可击的逻辑，但是总觉得少了点什么！"

成功的管理者需要做出很多的取舍。这是战略管理实践的核心。有时候管理者需要关注短期效益和效率，其他的时候则应该重点着眼于长期，扩张企业产品的市场范围和争取竞争环境中的机遇。例如凯文·夏尔（Kevin Sharer）的观点，他是资产达120亿美元的生物技术巨头安进公司（Amgen）的首席执行官。

> 首席执行官需要在我所谓的不同姿态之间随时切换——即在不同层级上的抽象与具体任务之间切换。处于最高姿态时要关心大问题：企业的使命与战略是什么；人们是否理解并相信这些目标；决策是否合适。处于最低姿态时，要关注脚踏实地的具体运营：我们这单生意是否成交；工厂的那批货收益多少；一种药我们有多少天的库存。然后还有这两者之间的所有问题：这个季度我们需要多少个药剂师；我们该花多少钱买下一家生产很有前景的新药的小型生物科技公司；我们的产能能否保证将一个新产品推向新市场。

战略管理流程

> **学习目标 2**
> 战略管理流程及其三个相互关联的主要步骤。

我们已经确定了三个动态的步骤——分析、决策和行动——这是战略管理的核心。在实际操作中,这三个步骤——经常被称做战略分析、战略制定与战略实施——是高度相互依存的。而且,在大部分企业中这三个步骤不是按先后顺序排列的。

设想的战略与实际实施的战略

麦吉尔大学(McGill University)非常有影响力的管理学学者亨利·明茨伯格(Henry Mintzberg)认为,把战略管理想象为分析,之后是最佳决策,再后面是一丝不苟的实施,这既不能正确描述战略管理流程,也不能确定理想的实际操作方法。在他看来,企业环境是无法预测的,这就限制了我们的分析。而且,因为各个企业内存在官僚行为,一个组织的决策也不是完全以最佳理性为基础的。

考虑到以上讨论的诸多制约因素,明茨伯格给出了一个战略管理的模型。如图表1—2所示,在这个模型中,分析之后做出决策,这是企业设想的战略。由于种种原因,设想的战略很少能完整幸存下来。

图表1—2 实施的战略与设想的战略:经常会有所不同

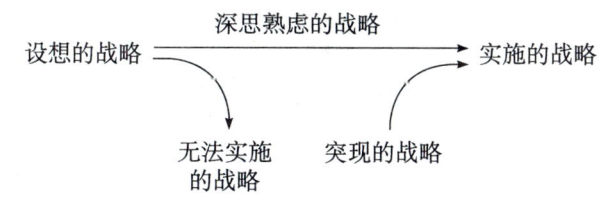

```
              深思熟虑的战略
设想的战略 ─────────────────→ 实施的战略
          ↘              ↗
         无法实施      突现的战略
         的战略
```

资料来源:From Mintzberg, H. & Waters, J. A., "Of Strategies: Deliberate and Emergent," *Strategic Management Journal,* Vol. 6, 1985, pp. 257-272. Copyright © John Wiley & Sons Limited. Reproduced with permission.

不可预见的环境变化、意料之外的资源限制或者管理偏好的改变都可能导致设想的战略无法实施,至少是部分地**无法实施**。另外,优秀的管理者也会利用环境带来的新机遇，即便这不属于原来战略意图的一部分。例如风力能源产业。2004年9月，美国国会恢复了风力能源行业的税收减免优惠政策。美国19个州的法律如今都要求电力供应商要提供一定比例的"绿色"（即可再生的）能源。这些法律规定，加上清洁能源成本的降低和煤炭、石油、天然气价格的上升，共同为竞争者创造出了迅猛增长的需求，例如生产大型叶轮机和风扇叶片的通用电气风能公司（GE Wind Energy）。毫不意外，这些企业增加了人力成本和研发费用，同样也提高了收入和利润预期。因此任何企业最终**实现的战略**都是**深思熟虑的战略**和**突现的战略**的组合。

下面我们来分别讨论战略管理的三个主要步骤：战略分析、战略制定和战略实施。图表1—3说明了战略管理流程，也介绍了其在本书各章中的分布。

图表1—3 战略管理流程

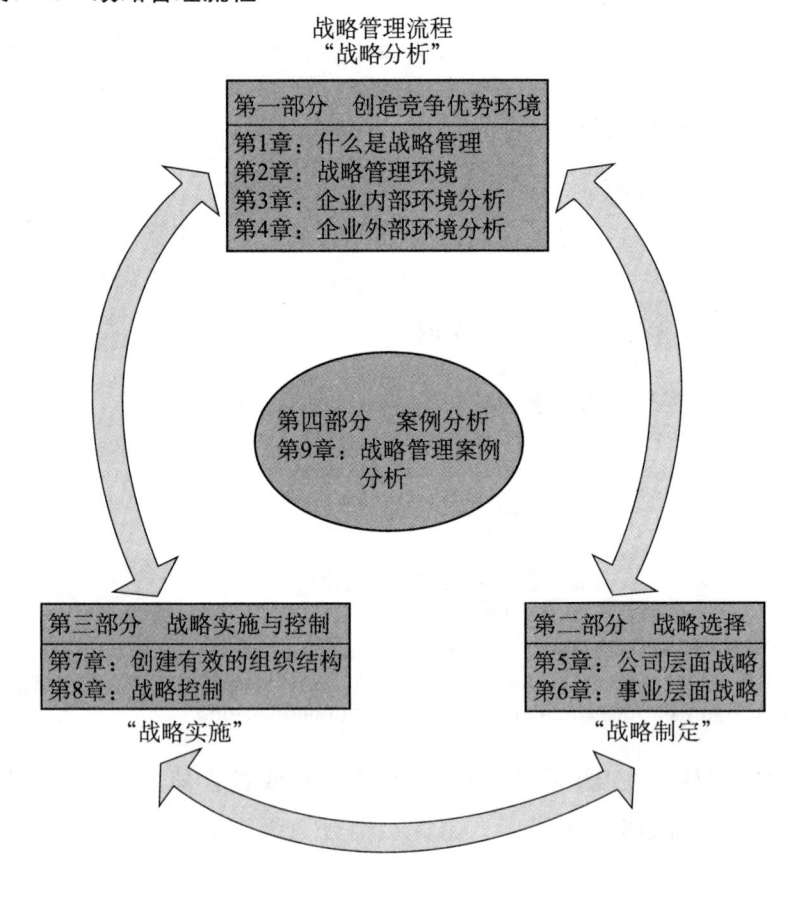

战略管理流程
"战略分析"

第一部分 创造竞争优势环境
- 第1章：什么是战略管理
- 第2章：战略管理环境
- 第3章：企业内部环境分析
- 第4章：企业外部环境分析

第四部分 案例分析
第9章：战略管理案例分析

第三部分 战略实施与控制
- 第7章：创建有效的组织结构
- 第8章：战略控制

"战略实施"

第二部分 战略选择
- 第5章：公司层面战略
- 第6章：事业层面战略

"战略制定"

第1章 什么是战略管理

战略分析可以被看做战略管理流程的起点。它包括了有效制定和实施战略所必需的"先期工作"。很多战略的失败是源于管理者不仔细分析指导组织的宗旨、不详细分析企业的内外环境，就希望能制定并实施战略。我们将用三章介绍战略分析。第2章"战略管理环境"，重点介绍了影响现代企业的两大趋势——全球化和企业道德。思考任何战略形势时，管理者都应仔细考虑国际问题和道德问题所扮演的角色。

第3章"企业内部环境分析"，包括了组织的目标和价值链。一个组织必须设立三类目标——愿景、使命、战略目标——以引导组织内的人朝预期的方向努力。价值链说明的是：组织如何通过运营、市场、人力资源管理等职能部门来提升产品与服务价值。根据价值链分析企业组织的优势与劣势可以揭示竞争优势的潜在来源和发现容易遭受对手攻击的领域。

第4章"企业外部环境分析"，给出了两个框架。第一，一般意义上的环境。它包含几个要素，例如人口、技术、经济等，这些领域的主要趋势或事件都会对企业有巨大影响。第二，行业环境。它包括了可能影响企业产品和服务成功的竞争对手和企业组织。在本章中，我们还介绍了战略群思想对管理者的价值和SWOT[即优势（strengths）、劣势（weakness）、机遇（opportunities）与威胁（threats）]分析法。

战略制定是指为了使企业获得更大的成功而制定战略决策。战略制定主要围绕着两个问题展开。这部分的每一章均以一个问题为基础。第一个问题是：我们应该进入什么行业？第5章"公司层面战略"回答了这一问题。这一章介绍的是企业如何管理其业务组合以期在各业务之间获得协同效益。第二个问题是：我们在所处的行业应该如何竞争？回答这个问题的方法在第6章"事业层面战略"中做了介绍。本章介绍了企业如何以成本领先和/或差异化为基础与对手进行竞争。

如果不被正确地实施，合理的战略也是毫无价值的。战略实施是指确保管理者设计的企业层面和事业层面的战略能被落实到实际操作当中。本书关于战略实施的内容包括两章：第7章和第8章。第7章"创建有效的组织结构设计"，解释了一个企业为了成功，必须有一个符合其战略的组织结构。第 8 章"战略控制",介绍了管理者如何监督组织内的活动以保证战略的有效实施和目标的达成。

至此,战略管理的流程就讨论完了。我们在第 9 章也是本书的最后一章"战略管理案例分析"中,对如何分析评价案例提出了一些指导原则和建议。通过案例分析,前面八章所讨论的概念和方法可以应用于分析实际的企业组织。

企业资源观

> **学习目标 3**
> 企业资源观(又称资源基础理论),有形资源、无形资源和组织素质的不同类别。
> **企业资源观**
> 这种观点认为企业的竞争优势来源于有价值、稀缺、难以复制和取代的战略资源禀赋。

企业资源观是一种非常有用的方法,可以帮助我们理解战略管理和战略管理流程中的各种行为。**企业资源观包括了两个方面:**(1)分析企业内部出现的现象;(2)分析企业外部所处的行业与竞争环境。它整合了内外两个角度,这超越了传统的 SWOT 分析法。

不考虑企业所处的大竞争环境,企业资源提供竞争优势的能力就无法确定。也就是说,对企业资源要按照如何有价值、稀缺、难以被对手复制和替代的标准进行分析评估。否则,企业充其量只能获得竞争平势。一个企业的优势与素质——无论多么独特或惊人,在市场上都不会必然带来竞争优势。优势能否被创造出来和能否长时间保持的标准将在本节后面讨论。因此,在分析为什么一些竞争对手能比其他对手获取更多的利润时,企业资源观是一个非常有用的工具。

在接下来的两节,我们将讨论企业资源的三种基本类型(总结于图表 1—4):有形资源、无形资源和组织素质。然后我们将讨论在什么条件下这些资源与素质可以让企业获得可持续的竞争优势。

图表1—4 企业资源观：资源与素质

有形资源		
金融资源	• 现金与现金等价物	
	• 筹集股本能力	
	• 举债能力	
实物资源	• 现代化厂房与设施	
	• 有利的工厂位置	
	• 一流的机械设备	
技术资源	• 商业秘密	
	• 创新的生产工艺	
	• 专利、知识产权、商标	
组织资源	• 有效的战略规划	
	• 优秀的评估与控制体系	
无形资源		
人力资源	• 员工经验和能力	
	• 责任心	
	• 管理技能	
	• 企业专有操作方法与流程	
创新资源	• 科技专门技术	
	• 创新能力	
信誉资源	• 品牌	
	• 在顾客中的产品质量和可依赖度	
	• 在供应商中的公平信誉度	
组织素质		
• 将投入转换为产出所凭借的能力或者技术		
• 将有形资源与无形资源融合到一起，通过组织运作，实现预期目标的能力		
	例如：	
	• 优秀的顾客服务	
	• 优秀的产品开发能力	
	• 产品与服务创新	
	• 聘用、激励、挽留人才的能力	

资料来源：Adapted from Barney, J.B. 1991. Firm resources and sustained competitive advantage. *Journal of Management*:17:101; Grant, R. M. 1991. *Contemporary Strategy Analysis*: 100-102. Cambridge England: Blackwell Business and Hitt, M. A., Ireland, R. D., & Hoskisson, R. E. 2001. *Strategic management: Competitiveness and globalization*(4th ed.).Cincinnati: South-Western College Publishing.

值得注意的是，资源自己是不能带来竞争优势的。即便一支篮球队请到了一个全明星中锋，如果队里的其他成员都比对手弱，或者如果教练极其悲观，使得每个人——包括这个中锋——不愿奋力拼搏，球队获胜的机会也很渺茫。虽然全明星中锋毫无疑问属于有价值的资源，但是，在这种环境下，他也无法使组织获得竞争优势。

企业资源的类别

我们所说的企业资源包括企业控制下的能保障其设计并实施价值创造战略的所有资产、素质、组织手段、信息和知识等。

> **有形资源**
> 相对容易识别的组织资产，包括实物资源、金融资源、组织资源和技术资源。

有形资源 有形资源是指那些相对容易识别的资产。这包括组织用于为客户创造价值的实物资产和金融资产。其中有金融资源（企业的现金、应收账款和融资能力），实物资源（如企业的工厂、设备和机器，以及与客户、供应商的紧密关系），组织资源（如企业的战略规划方法，员工发展、评价和奖励制度）和技术资源（如商业秘密、商标、知识产权）。

现在很多企业发现，计算机化的培训能带来双重效益：它不仅能培养出更有效率的员工，同时还可以降低成本。联邦快递公司（FedEx）的员工每6~12个月就要参加一次计算机化的工作能力测试。测试时间为90分钟，能确定员工个人的弱点并将此信息存入计算机化的员工技能数据库——这些信息供公司制定晋升决策时参考。

> **无形资源**
> 难以确定和解释的组织资产，主要隐含在规范和惯例中，包括人力资源、创新资源和信誉资源。

无形资源 竞争对手（这一点对自己公司的管理者也是一样的）更难解释或者模仿的是无形资源，这些资源主要隐含在独特的、经过长时间发展和积累形成的规范和惯例中。这包括人力资源（例如员工经验和能力、责任心、团队效益、管理技能），创新资源（科技专门技术与观念）和信誉资源（品牌、在供应商中的公平信誉度、在顾客中的产品质量和可依赖度）。企业文化也可以成为一种提供竞争优势的资源。

例如，你可能不会觉得摩托车、服装、玩具和餐厅之间有太多共同之处。但是，哈雷-戴维森公司（Harley-Davidson）却凭借其强大的品牌形象进入了所有这些产品和服务的市场。品牌形象是一种非常有价值的无形资源。公司使用这个品牌来卖配件、衣服和玩具，还特许纽约市的哈雷-戴维森咖啡厅（Harley-Davidson café）进行更多的品牌和产品展示。

> **组织素质**
> 将投入转换为产出所凭借的能力或者技术。

组织素质 组织素质不是具体的有形资产或无形资产，而是组织将投入转换为产出所凭借的能力或者技术。简短地说，它是组织在一段时间内配置有形资源与无形资源（一般是两者的组合）并给予支持以实现预期目的的一种才能。组织素质的例子如：卓越的顾客服务、优秀的产品开发能力、超级的创新手段和灵活的生产过程。

吉列公司（Gillette）组合几种技术的能力一直是其在湿剃行业遥遥领先的几个关键因素之一。其主要技术包括其在面部毛发与皮肤生理、刀片强度与锐度的金属性能、刀头划过皮肤时的动力性能、剃须刀刀片切割毛发的物理性能等方面的专长。这些技术组合起来，帮助公司开发出了很多新产品，例如 Excel、超级感应、锋速 3、锋隐等。

1984 年迈克尔·戴尔（Micheal Dell）在得克萨斯大学的一间宿舍里投资 1 000 美元开创了自己的公司。到 2006 年，戴尔公司已经实现了年收入 560 亿美元、纯收入 35 亿美元的业绩。戴尔公司凭借自己与众不同的直销方式实现了迅速成长。用户可以自己配置产品，这使公司能够满足企业和机构客户多种多样的需求。图表1—5 总结了戴尔公司通过整合无形资源、有形资源和组织素质而取得巨大成功的诀窍。

戴尔公司进一步强化了价值链上的重要活动和相互之间的关系以抓住最大的市场机遇，并凭此长久地保持了竞争优势。它是这样实现的：（1）推广能反映最广大市场上复杂购买习惯的电子商务直销与支持系统。（2）通过灵活的组装流程使自己的运营与顾客购买选择相匹配，而将库存管理转移给广大的供应商网络；再对能防御被模仿风险的专有装配和包装配置方法等无形资源进行投资，就保持了这一竞争优势。戴尔公司认为个人电脑是个很复杂的产品，零配件均来自不同的技术和制造商。因此，从顾客的购买习惯逆向思考，戴尔发现它可以设计一种有价值的解决方案，投其所好来安排资源，于是它设计了灵活的生产和销售流程，并把日常支出费用转移给了供应商。随着个人电脑进一步商品化，戴尔公司一直是能保持稳定利润率的少数竞争者之一。这是适应个人电脑市场上用户兼容性需求的趋势，通过调整生产组装方式而实现的。

图表1—5 戴尔公司的有形资源、无形资源和组织素质

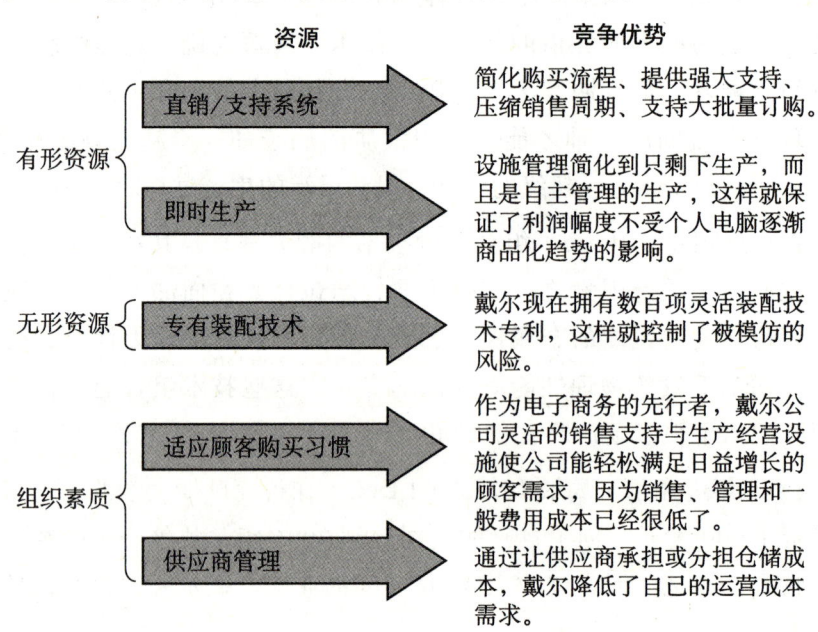

资源		竞争优势
有形资源	直销/支持系统	简化购买流程、提供强大支持、压缩销售周期、支持大批量订购。
	即时生产	设施管理简化到只剩下生产，而且是自主管理的生产，这样就保证了利润幅度不受个人电脑逐渐商品化趋势的影响。
无形资源	专有装配技术	戴尔现在拥有数百项灵活装配技术专利，这样就控制了被模仿的风险。
组织素质	适应顾客购买习惯	作为电子商务的先行者，戴尔公司灵活的销售支持与生产经营设施使公司能轻松满足日益增长的顾客需求，因为销售、管理和一般费用成本已经很低了。
	供应商管理	通过让供应商承担或分担仓储成本，戴尔降低了自己的运营成本需求。

企业资源与可持续竞争优势

> **学习目标4**
> 维持可持续优势企业资源需具备的四个基本特征。

正如我们所讲过的,资源并不能独自成为竞争优势的基础,竞争优势也不能长时间持续。在一些情况下,一项资源或素质能够帮助企业增加收入或者降低成本,但是企业只能获得短暂的优势,因为对手很快就会模仿或找到替代方法。在21世纪刚开始时,很多电子商务企业发现自己的利润很快受到了严重侵蚀,因为新的(或者已经存在的)竞争对手很容易就复制了它们的业务模式。例如,意得公司(Priceline.com)将其业务从让客户在线竞标机票扩展到竞标各种各样的其他商品。可是,竞争对手(例如大航空公司的联合会)很容易就能复制意得公司的产品和服务。最终,其股票市值从历史最高点下跌了近98%。

一项能够为企业提供潜在可持续竞争优势的资源,必须具备四个特征。第一,从开发利用企业环境中的机遇和/或化解风险的意义上讲,这项资源必须有价值。第二,对于当前或者潜在的竞争对手来说,这项资源必须是稀缺的。第三,这项资源必须是竞争对手难以模仿的。第四,这项资源必须没有战略上相当的替代物。图表1—6总结了这些标准。我们现在来逐一讨论这几项标准。然后我们来分析几年前似乎还没有风险的戴尔公司,看看其竞争优势是如何被侵蚀的。

这项资源有价值吗? 只有有价值的组织资源才能成为竞争优势的来源。资源只有能帮助企业设计并实施提高效率或效益的战略时才具有价值。SWOT分析法表明,只有能开发利用机遇或化解(或者最小化)风险时企业才能提升业绩。

图表1—6 评价资源与素质可持续性的四个标准

资源或素质……	含义
有价值?	化解风险,利用机会
稀缺?	不为很多公司所拥有

续前表

资源或素质……	含义
难以模仿?	物理属性独特
	获得路径依赖性（如何累积起来的）
	因果模糊性（难以确定这种资源是什么或者如何可以再创造）
	社会复杂性（责任心、人际关系、文化、信誉）
难以替代?	无相当的战略资源或素质

企业特征必须有价值才能成为资源（也是竞争优势的潜在来源），这一事实揭示了环境模型（例如 SWOT 分析法和"五力分析法"）和资源基础模型之间的重要的互补关系。环境模型没有考虑那些可以帮助企业开发利用机遇和/或化解风险的企业特征，只是确定了什么样的企业特征可以被看做是资源。资源基础模型反映了这些资源还需要具备什么其他特点才能带来可持续的竞争优势。

这项资源是稀缺的吗? 如果竞争对手或者潜在竞争对手也掌握着同样的有价值资源，它就不能成为竞争优势的来源，因为这些企业都有能力以同样的方式来开发这项资源。以这种资源为基础的普通战略不会给任何企业带来优势。要使一种资源能带来竞争优势，它必须是不同寻常的，也就是说，相对于其他竞争对手来讲是稀缺的。

这一观点适用于企业运用战略时的企业价值资源包。有些战略需要多种资源的组合——有形资源、无形资源和组织素质。如果某个企业资源包不是稀缺的，那么相对多数的企业就能够设计并实施这一战略。这种战略也就不能成为竞争优势的来源，即便它可能是有价值的。

这项资源是否容易被模仿? 不可模仿性（模仿的难度）是创造价值的关键，因为这限制了竞争。如果一种资源是不可模仿的，那么其带来的任何利润更有可能是可持续的。竞争对手容易复制的资源只能提供短暂的价值。这一点很重要。由于管理者经常无法对此进行测试，他们一般都将长期战略建立在可模仿资源的基础之上。IBP 公司（Iowa Beef Processors）凭借一系列资产（位于养牛场所在州的自动化工厂）和能力（低成本的"解"肉技术）成为美国第一的鲜肉加工企业，这些资产在 20 世纪 70 年代带来了 130% 的回报。可是到 20 世纪 80 年代后期，康尼格拉公司（ConAgra）和嘉吉公司（Cargill）模仿了这些资源，IBP 的利润率下降了 70%，仅剩 0.4%。

从本质上讲，Monster.com 公司凭借替代传统实体猎头企业的优势，进入了专业招聘市场。虽然 Monster.com 公司的资源是稀缺而且有价值的，但它们是可以被新对手（其他网络公司）模仿的。为什么？因为对于有意涉足招聘市场的企业来讲进入门槛非常低。例如，近年出现了很多职位搜索网络公司，包括 jobsearch.com、headhunter.com、nationjob.com 和 hotjobs.com，总共有 3 万多个在线职位展板供求职者选择。一个企业要在这个行业里获得可持续的竞争优势将非常困难。

很显然，基于不可模仿性的优势不会永远持续下去，因为竞争对手最终会找到复制大部分有价值资源的途径。但是，管理者只要围绕着至少具有以下四个特点之一的资源制定战略，就可以先发制人并在一段时间内获取优势。

实体独特性 第一种不可模仿的资源具有**实体独特性**，即具有天然的难以复制性。美丽度假村的地理位置、采矿权和辉瑞公司（Pfizer）的药品专利都是无法模仿的。很多管理者会认为自己的一些资源属于此类，仔细审视，却很少如此。

> **路径依赖性**
> 资源特点之一，它们是通过一系列独特活动发展和／或积累起来的。

路径依赖性 很多资源无法被模仿是因为具有经济学家所谓的**路径依赖性**。简单地说，这些资源之所以独特而稀缺，完全是因为它们是在发展和／或积累的过程中得来的。竞争对手无法很快地买到，也不容易买到这些资源，它们必须是经过很长时间才能建立起来的，而且很难有快速达成的途径。

嘉宝（Gerber Products Co.）这一婴幼儿食品品牌是个基本不可模仿资源的例子。重造嘉宝品牌的忠诚度将是一个非常耗时的过程，即便是花大价钱开展营销，竞争对手也无法加快其速度。类似地，西南航空公司的员工对公司和共同创立人赫伯·凯勒赫的忠诚与信赖也是经过很长时间才积累起来的资源。同样，通过积累研究发现才获得的成功技术也无法通过一个加急的研发项目复制。很明显，这种路径依赖性成了原始资源的保护伞。经验和从实践中学来的利益是无法在一夜之间复制的。

> **因果模糊性**
> 企业资源的一种特征，竞争对手难以复制是因为它们无法确定这种资源是什么或者如何可以再创造。

因果模糊性 不可模仿性的第三种来源被称做因果模糊性。也就是说有意竞争者受到阻碍，因为不可能弄清楚（或者解释）有价值的资源是什么或者如何能被再创造出来。3M公司创新过程的根基是什么？你可以研究并列出可能的因素。但它是一个复杂的、展开（或者折叠）的过程，难以理解因而也难以复制。

具有因果模糊性的资源一般属于组织素质，它涉及一个复杂的甚至依赖某个人的社会互动网络。美国大陆航空公司（Continental）与联合航空公司（United）试图模仿西南航空公司的管理战略时，飞机、航线、登机口使用率*对它们来说不是最难复制的。这些都很容易观察到，并且在理论上是容易复制的。可是，它们无法复制西南航空公司的文化——快乐、家庭、节俭和关注（fun, family, frugality and focus），因为没有人能清楚地界定这种文化到底是什么，或者它是怎么形成的。

> **社会复杂性**
> 企业资源的一种特征，模仿成本很高，因为对社会工程的要求超出了竞争对手的能力，包括管理者之间的人际关系、组织文化、在供应商与顾客之间的信誉等。

---

*gate turnarounds，指的是机场登机口的门转动的频率，频率高代表着航班多，使用效率高。——译者注

社会复杂性 一个企业的资源可能是完全不可模仿的，因为它们反映了一种社会复杂性。这种现象已经完全超出了企业进行系统管理与控制的能力。如果竞争优势是以社会复杂性为基础的，对于其他企业来说会很难模仿。

企业的很多资源都具有社会复杂性。例如，管理者之间的人际关系、组织文化、在供应商与顾客之间的信誉等。在很多情况下，很容易确定这些具有社会复杂性的资源是如何给企业带来价值的。因此，对于这些资源与竞争优势之间的联系，因果模糊性也很少或者根本就不存在。一些企业特征能提高效率，例如管理者之间的良好关系，但明白了这一点并不意味着能通过系统的行动对此进行模仿。这样的社会工程行动超出了大部分企业的能力。

虽然复杂的实体技术不属于这类完全不可模仿的资源，但企业对实体资源的开发显然会涉及对复杂社会资源的利用。也就是说，几家企业可能拥有同一种实体技术，但是在实施其战略时，只有其中的一家可能拥有社会关系、文化、团队准则等，从而能充分开发这种技术。如果这种复杂社会资源是不可模仿的（假设它们是有价值的、稀缺的、不可替代的），通过比其他企业更有效地开发这种实体技术，这家企业就可以获得可持续的竞争优势。

是否可以随时找到替代物？ 要成为可持续竞争优势的来源，对一项企业资源的第四个要求是必须没有战略上相当的有价值资源，尽管它们本身既不是稀缺的也不是不可模仿的。两种有价值的企业资源（或者资源包），如果每一种都能够被独立开发来实施同一战略，那么它们在战略上就是相当的。

可替代性至少有两种形式。首先，虽然一家企业完全模仿另一家企业的资源是不可能的，但它有可能使用一种相似资源来代替，这种资源也能设计并实施相同的战略。显然，试图模仿另一家企业高质量顶尖管理团队的企业，不可能完整地复制这个团队。可是，它有可能开发出自己的独特管理团队。虽然这两个团队可能有不同的年龄构成、职业背景和经验等，但是它们在战略上可以是相当的，因此也是可以互相替代的。

第二，差别很大的企业资源也可以成为战略上的互相替代品。例如，网络图书销售店亚马逊网站（amazon.com），就是以替代的方式与传统的实体书店如道尔顿书店（B. Dalton）竞争的。结果是，首要的零售店位置等资源就变得不那么有价值了。同样的，一些制药企业发现，面对通过不同的生产流程和反应方式制造出来却可以用于相似治疗领域的新药，专利保护的价值受到了侵蚀。在未来几年，随着基因疗法替代一些化学药物，制药行业会出现更剧烈的变化。

回顾本节，对于一家企业来说，资源和素质必须是有价值的、稀缺的、难以模仿和难以替代的，才能获得可持续的竞争优势。图表1—7说明了可持续性四个标准之间的关系，并说明了其竞争意义。

图表1—7的第一行所代表的企业中，管理者遇到一个难题。他们的资源和素质达不到任何标准，无论是长期内还是短期内，他们将很难获得任何形式的竞争优势。他们的资源与素质既不能使他们开发利用环境中的机遇，也不能使他们消除环境中的风险。在第二行和第三行，企业的每一项资源与素质都是既有价值又稀缺的。但是，在这两种情况下，都不是竞争对手难以模仿或者替代的。这样企业可以获得某种竞争平势，它们可以表现得不次于同水平的对手或者获得短暂的竞争优势。但是它们的优势很容易就会被对手赶上。只有在第四行，四个标准都达到了，它们的竞争优势才能长时间持续下去。

图表1—7 可持续竞争优势与战略含义的标准

资源或素质是……				
有价值的？	稀缺的？	难以模仿的？	不可替代的？	竞争优势含义
否	否	否	否	竞争劣势
是	否	否	否	竞争平势
是	是	否	否	短暂竞争优势
是	是	是	是	可持续竞争优势

资料来源：Adapted from Barney, J. B. 1991. Firm resources and sustained competitive advantage. *Journal of Management*, 17:99-120.

再看戴尔 多年以来，戴尔公司超越对手的竞争优势看起来似乎应该能持续很长时间。可是，到 2007 年初，戴尔在市场份额上已经落后于对手了。这导致了其股票价格大幅下跌——紧随其后的是高层管理团队的彻底重组。但是，导致戴尔公司竞争优势衰落的首要原因是什么？

- 戴尔公司过度地关注成本，以至于忽视了对品牌的设计，顾客越来越将其产品视为一种商品。
- 如今，个人电脑行业的增长主要来源于笔记本。顾客需要更时尚、设计更好的而不仅仅是最便宜的笔记本。而且，他们希望在购买之前就能看到它。
- 当戴尔公司将其客户服务外包到国外时，造成了客户支持度的下降。这影响了戴尔的品牌价值。
- 戴尔将自己的按订单生产、无中间人战略应用到了其他产品上，例如打印机和存储设备。这一尝试后来证明是错误的，因为顾客对这些产品几乎没有订制的需求。与此同时，惠普等竞争对手已经改进了产品设计并降低了成本。因此，现在它们在成本上与戴尔获得了竞争平势，同时还拥有更好的品牌形象和广泛的经销商网络的支持。

第 2 章 战略管理环境

战略——基于全球化和企业道德的思考

本章学习目标

学习目标1　全球化与企业道德对当代企业组织和竞争本质的影响。

学习目标2　国家优势来源：为什么一个国家的某个产业比另一个国家的相同产业更（或者更不）成功。

学习目标3　国际扩张的潜在利益与风险。

学习目标4　公司治理和利益相关者管理的重要作用，如何在一个企业组织的利益相关者之间创造"共生关系"。

学习目标5　社会责任与环境可持续性的重要性。

全球化和企业道德这两者在所有企业组织的战略管理活动中都扮演了重要的角色。全球化的市场为企业带来了很多增加利润的机会，但也存在很多企业需要避开的陷阱。同时，企业要按照很高的道德标准开展经营活动，这也给企业带来了巨大压力。全球化和企业道德加重了管理者应对变革的压力，这使得管理者在带领企业走向下一次成功时，对二者的理解变得更加重要了。总之，全球化和企业道德构成了战略管理活动存在的环境。

简要介绍了全球经济形势之后，我们来讨论下面的问题：给定一个国家和一个产业，什么决定了其发展水平？作为分析的一个框架，我们引用了迈克尔·波特的"国家优势钻石理论"。在这个理论中，他用四种要素来解释不同国家发展水平的差异。

在本章的第二节，我们以企业组织为中心，讨论国际扩张的主要动机和相关风险。认识这些潜在风险和利益有助于管理者更好地分享一个国家的发展带来的潜在利润。我们也讨论了国际舞台热衷的重要问题——离岸生产与外包。

然后，我们从三个主要方面分析了企业道德：公司治理、利益相关者管理和社会责任。公司治理讨论的问题是谁"治理"公司并决定其发展方向，包括了三类主要参与者：股东（企业的所有者）、管理者（由首席执行官带领）和董事会（股东选举产生，负责监督管理者）。利益相关者管理理论认为所有权人、顾客、员工等各种相关者的利益之间会有冲突，而且会使决策陷入两难境地。但是我们讨论的是，在一些企业组织内各方利益被看做是互相依存并且可以同时满足的，这些企业组织又是如何做到的。我们也讨论了社会责任的重要性，包括企业组织需要在实施战略管理的过程中考虑环境的可持续性问题。

从错误中学习

沃尔玛，这个全世界最大的零售商，2006年的日子显然并不好过。其中有人事问题，比如山姆会员店（Sam's Clubs）的市场营销负责人马克·古德曼（Mark Goodman）辞职，沃尔玛从戴姆勒－克莱斯勒挖来的年轻广告奇才朱莉·勒姆（Julie Roehm）也尴尬地遭到解职。还有法律问题：2007年10月，费城的一个陪审团裁定沃尔玛公司向18.5万名员工支付7 800万美元的费用。这些员工声称，公司取消了他们的休息时间，强迫他们超时工作。

沃尔玛在经营方面也遇到了挫折。公司同店销售额增长率仅为1.6%［而好士多（Costco）和塔吉特（Target）的同店销售额增长率分别为9%和4.1%］。在股市强劲的年份，沃尔玛的股票却表现平平。事实上是，从2000年1月［李·斯科特（Lee Scott）接替大卫·格拉斯（David Glass）出任首席执行官时］到2007年初，沃尔玛的股价下跌了22%。

公司的海外经营也遇到了问题。在德国和韩国的投资失败后，沃尔玛损失了9亿美元。沃尔玛1998年进入韩国市场，2006年退出，让我们仔细分析一下可能的原因是什么。

沃尔玛在韩国从未取得过成功。公司开设分店的速度很慢——不仅无法赢得顾客而且也无法占领足够的市场份额来向供应商施加定价压力。问题的关键是它们无法适应当地市场。正如首尔的分析师罗洪晰（音，Na Hong Seok）所指出的："沃尔玛是世界巨头在韩国本土化经营失败的典型例子。"

沃尔玛无法接近韩国的消费者是因为公司坚持了西方的营销战略，强调诸如电器和服饰这样的干货，而它们的竞争对手则将精力集中在食品和饮料这两类产品上。专家分析，这两类产品是吸引韩国消费者走进大卖场的主要原因。在韩国，新鲜、优质的食品是制胜的关键，商店的一半收入都来源于此。更糟糕的是，沃尔玛的竞争对手易买得（E-MART）甚至拥有自己的农场向各店供应食品。

沃尔玛在会员制经营中也遇到了麻烦，这是类似于山姆仓库店（Sam's Warehouses）所用的一种营销手段。金融分析师宋慧贤（音，Song Kye-Hyon）说："要求会员支付会费才能享受购物特权，沃尔玛第一个采取了这种西方政策，后来证明这是一个战略上的败笔。"

而且，为了超越竞争对手，在培养更高的顾客忠诚度方面所采取的一些做法上，沃尔玛也遇到了困难。有的对手雇用没有经验的年轻人帮助顾客将购物车推到停车场；有的还提供班车服务，到附近接客人过来，购物结束后再送回家去。简单地说，在提供顾客服务方面，沃尔玛没有对一些必要资源进行投资以形成竞争平势，未能根据市场条件实现本土化。

最后，沃尔玛直到 2006 年 5 月将其 16 家分店全部卖给本土零售商新世界百货公司（Shinsgae），才结束了在韩国市场上的苦苦挣扎。由于其在韩国市场上的长期问题，沃尔玛亏损 1 040 万美元，而 2005 年全年的收入是 7.87 亿美元。沃尔玛副主席迈克尔·杜克（Micheal Duke）对这一问题做了很圆滑的总结："我们将继续把精力集中在那些能够对我们的增长战略产生最大影响的业务上，就韩国目前的环境而言，要想达到我们期望的理想目标并非易事。"

在本章我们将讨论企业组织如何在全球市场上创造价值并获得竞争优势。我们也要讨论企业组织如何避开一些陷阱，就像沃尔玛在韩国的遭遇，或者像泰科（Tyco）和安然公司（Enron）的遭遇，它们都是在处理道德问题时遇到了羁绊。我们认为，全球化和企业道德构成了企业组织的一个重要生存环境，它影响着企业组织在当今经济中的表现成绩。

全球经济：概说

学习目标 1
全球化与企业道德对当代企业组织和竞争本质的影响。

管理者到国外开展多元化经营时会遇到很多机遇和风险。国家间贸易近年来增长迅猛，据预测，到 2015 年跨国贸易会超过国内贸易。在很多行业，例如半导体、汽车、商用飞机、电信、计算机和电子消费品等，如果不仔细考虑世界上的其他竞争对手、顾客、人力资源、供应商和技术等，企业组织几乎难以生存。

通用电气的风能业务证实了在全球范围内吸纳人才的好处。公司在中国、德国、印度和美国都建立了研发中心。"我们这样做，"首席执行官杰费里·伊梅尔特（Jeffrey Immelt）说，"是为了吸收世界各地最优秀的才智。"在通用电气92吨叶轮机的研发中，四个中心都扮演了重要的角色。它们分别是怎么做出自己的贡献的呢？

- 中国上海的研究员设计了控制叶片倾斜度的微处理器。
- 印度班加罗尔的机械工程师设计了数学模型，最大限度地提高了涡轮机材料的效率。
- 美国（Nishayuna，纽约，拥有来自55个国家的研究员）的电力系统专家负责设计工作。
- 德国慕尼黑的机械师发明了一种"智能"叶轮机，它能够计算风速并向其他叶轮机的传感器传递信号，调整叶片角度以产生最多的电力。

全球化的兴起——即资本主义市场经济在全球市场上的兴起——在美国新经济时代无可否认地促进了经济的大发展。在新经济中，知识是竞争优势和价值创造的关键。据估计，全球化让发展中国家的3亿家庭用上了电话，通过股票、债券投资、商业贷款等从富裕国家向贫穷国家转移了2万亿美元。

毫无疑问，关于全球资本主义对世界各国经济和贫富水平的影响一直存在一些极端看法。显而易见的是，东亚地区的经济实现了快速发展，世界上其他地区的进步相对来讲却不大。例如，拉丁美洲地区自对全球资本主义开放以来，20多年来收入只增长了6%。非洲撒哈拉以南地区和原东欧集团的平均收入实际上是下降了。世界银行（World Bank）估计，生活在1美元/天水平线以下的人口在过去10年实际上增加到了13亿。

国家间的这种财富不均带来了一个重要问题：为什么一些国家及其国民享受了全球资本主义带来的成果而其他的却不能，甚至更严重地受到了贫穷的困扰？或者说，为什么一些政府能够充分利用引进的国外投资和技术而其他的政府却不能？答案有很多，一种说法是：政府需要通过制定实施一系列连续的商业友好政策来吸引跨国公司和当地企业培训工人、投资现代技术、培育当地供应商和管理人才。而且，这还意味着谨慎管理经济中的更广泛指标，如利率、通货膨胀、失业率和能保护财产权利、提供完善的教育体系和社会繁荣共享的良好法律制度。

以上这些政策就是东亚——诸如中国香港、中国台湾、韩国和新加坡等地方——在从20世纪六七十年代的血汗工厂经济发展到今天的工业经济体过程中实施的。但很多国家却朝着反方向发展了。例如在危地马拉，只有52%的男性完成了五年级教育，竟然有39.8%的人挣扎在1美元/天的生活水平以下。（相比之下，韩国的这两个数字分别是98%和2%。）

仔细分析，战略聚焦2.1给出了一个关于全球贸易的有趣视角——"金字塔底层"营销。这指的是一些跨国公司在经营中将自己的产品与服务对准了发展中国家的50亿贫困人口。整体上讲，这是一个拥有14万亿美元购买力的巨大市场。

战略聚焦 2.1

"金字塔底层"营销

一些管理者错误地以为消费品销售的获利机会只存在于收入水平高的国家。他们即便在进行国际扩张时，也只将销售瞄准了发展中国家较富裕的阶层。根据密歇根大学教授普拉哈拉德（C. K. Prahalad）的说法，这种狭窄的市场概念致使他们忽视了存在于"金字塔底层"的广泛机会。**金字塔底层**指的是居住在发展中国家的那50亿贫困人口。令人惊讶的是，他们代表着14万亿美元购买力。他们也在寻找能提高自己生活质量的产品和服务，例如清洁能源、个人护理产品、照明和药品。如果忽视了这部分巨大的市场，跨国公司将错失发展机遇。

一些有创造力的公司已经找到了一些新颖的方法，既能服务穷人又能从中获得利润。孟加拉乡村银行（Grameen Bank）与伦敦或者纽约的那些以货币为中心的银行完全不同。作为小额信贷概念的开创者，乡村银行［创始人穆罕默德·尤诺斯（Muhammad Yunus）是2006年诺贝尔和平奖的获得者］将小额贷款（有时候只是20美元）贷给成千上万在挣扎中、没有任何东西可以作抵押的微型企业。（小额贷款总额在1996—2006年间从400万美元飙升到13亿美元。）他们不仅在贷款回收率上可以与大银行一比高下，而且在获取利润的同时也改变着成千上万人的生活。巴西零售商Casas Bahias，面向居住在**棚屋**的穷人，打造出了一个年销售额高达25亿美元的连锁店。另一个让人着迷的例子是亚拉文眼护理（Aravind Eye Care）——印度的专业白内障手术医院。如今，它们是世界上最大的眼护机构，每年实施手术都超过20万例。成就这一规模的秘密是：每例手术费用只有20美元。类似的一例手术在西方要花3 000美元。最了不起的是，亚拉文在债券市场上获得了超过75%的回报。

　　正如以上例子所说明的，为了能将产品卖到金字塔底层去，管理者必须重新考虑他们的成本、质量、经营范围甚至是资本运作。是什么阻止了管理者面向这一广大市场的销售呢？他们往往是自己错误假想的受害者。第一，他们以为穷人没有购买能力。但是，14万亿美元可以买很多东西。第二，他们以为新技术在穷人中没有需求。我们只有看到了印度农村中微型企业的老板对手机的需求才能放弃这种假想。第三，他们以为穷人不用自己的产品和服务。但洗发水、清洁剂和银行服务满足的是所有人的需求，不仅仅是富人的需求。第四，他们以为管理者对开发这些市场不会动心。最近的经验表明，这个环境更令人兴奋，超过了狗抢骨头似的竞争发达国家成熟市场份额的兴奋度。

　　把穷人看做世界的不幸无益于任何人。相反，对于那些能满足他们需求的人来说，他们却是机遇的最前端。这个金字塔底层几乎无人涉足的巨大市场提供了众多机遇。

资料来源：Miller, C. C. 2006. Easy Money. *Forbes* November 27: 134-138; Prahalad, C. K. 2004. Why selling to the poor makes for good business. *Fortune*,

150(9): 32-33; Overholt, A. 2005. A new path to profit. *Fast Company*, January: 25-26; and Prahalad, C. K. 2005. *The fortune at the bottom of the pyramid: Eradicating poverty through profits.* Philadelphia: Wharton School Publishing.

接下来，我们进一步详细解答为什么一些国家及其产业比其他国家的更有竞争优势。这可以为本章的剩余部分提供一个重要情景。讨论了这个问题之后，我们就能更好地分析企业组织在向国际市场扩张时可以通过什么战略获取竞争优势了。

影响国家竞争力的因素

> **学习目标2**
> 国家优势来源：为什么一个国家的某个产业比另一个国家的相同产业更（或者更不）成功。

哈佛大学的迈克尔·波特开展了一项为期4年的研究，他和一个由30名研究员组成的工作组仔细分析了10个成功的贸易国家的竞争模式。他得出结论：国家的四类特征，分别或者一起构成了所谓的"国家优势钻石理论"。实际上，这些特征共同决定了每个国家为各产业搭建起来的运营游戏场。这些特征为：

- **要素条件**　一个国家给定产业获得竞争力所必需的生产要素禀赋状况，例如熟练劳动力、基础设施等。
- **需求条件**　国内市场对某行业产品或服务的需求。
- **关联与支持性产业**　是否存在具有国际竞争优势的上下游产业和相关联产业。
- **企业战略、结构及同业竞争**　一个国家为管理公司设立、结构、治理和同业竞争所搭建的法律环境。

下面我们对这些要素逐一进行分析。然后我们将用一个综合案例——印度的软件产业——来说明这些因素如何互相影响，并最终决定了印度该产业的高度竞争力。

要素条件

> **要素条件**
> 一个国家的生产要素禀赋。

传统经济理论认为**要素条件**——生产要素,例如土地、劳动力和资本——是制造有用产品和服务的基础。如果我们考虑到经济增长的全球性,这只回答了问题的一半。面对发展中国家公司的竞争,寻求竞争优势的发达国家公司创造了很多生产要素。例如,以科技创新为基础的一个国家或产业必须拥有技术熟练的人力资源库。这一资源库不是继承来的,而是通过对特定产业知识和智力进行投资创造的。一个国家的辅助基础设施——交通运输、通信系统和金融系统——也是极其重要的。

为获得竞争优势,必须开发适合特定产业或者企业组织的生产要素。另外,一个国家或者企业组织配置资源的速度和效率比其对资源的占有更重要。因此,在一个国家内,创造出来的稀缺、有价值、难以模仿、高速高效配置的特定企业知识和技能是最终给该国带来竞争优势的生产要素。

例如,日本作为一个岛国,土地面积非常小,这使得维持库存需要的仓库面积贵得无法接受。但是,通过探索即时生产管理,日本公司成功创造了一种资源,通过这种资源,它们在面对其他国家进行大量库存投资的公司时获得了竞争优势。

需求条件

> **需求条件**
> 国内市场对某行业产品和服务的需求。

需求条件指的是国内消费者对某行业的产品或者服务的需求。需求细化而挑剔的消费者会迫使企业组织开发更新的、更高级的产品与服务。这种消费者压力虽然会给本国某行业带来挑战,但是在应对这些挑战时,企业要改进现有产品和服务,结果往往是创造了比其他国家企业组织获取更多竞争优势的必要条件。

苛刻的消费者推动着本国企业组织超越那些消费者不那么苛刻、容易满足的国家内的企业组织。消费者需求苛刻的国家可以促使本国企业组织达到较高的标准,提升现有产品和服务,开发创造新的产品和服务。这样,苛刻的消费者刺激了产品和服务的升级,消费者的需求状况影响了企业组织对市场的看法。

例如,丹麦以其环境意识而著称。消费者对环境安全产品的需求促使丹麦制造业成为水污染控制设备制造的领导者——丹麦此类产品的出口非常成功。

战略聚焦2.2

印度和国家优势钻石理论

看看下列事实:

- SAP——德国软件公司,在其拥有500名工程师的班加罗尔中心开发出了个人笔记本电脑的新应用程序。
- 通用电气计划投资1亿美元,聘用2 600名科学家在印度的班加罗尔建立世界最大的研发实验室。
- 微软公司计划在印度向研发伙伴投资4亿美元。
- 在《财富》1 000强公司里,有超过1/5的公司将软件需求外包给在印度的公司。
- 麦肯锡咨询公司预测到2008年印度的软件与服务业将达到870亿美元,其中将有500亿美元用于出口。
- 在过去的10年中,印度软件业的年增长速度为50%。
- 印度有超过800家公司的主营业务都涉及软件服务。
- 据预测,到2008年印度的软件和信息技术公司的就业人数将达到220万人。

是什么引起了世界对印度软件服务业如此巨大的兴趣?波特

的国家优势钻石理论为我们解释了这一问题,见图表2—1。

第一,要素条件对印度软件产业的兴起是有利的。通过对产业专门知识和人力资源的开发进行集中投资,印度的大学和软件企业实际上创造了这种关键的生产要素。例如,印度每年新增科学家和工程师数量位居全世界第二,仅次于美国。在一个知识密集的行业中,例如软件业,人力资源开发是在国内和国外获得成功的关键。

图表2—1 印度和国家优势钻石理论

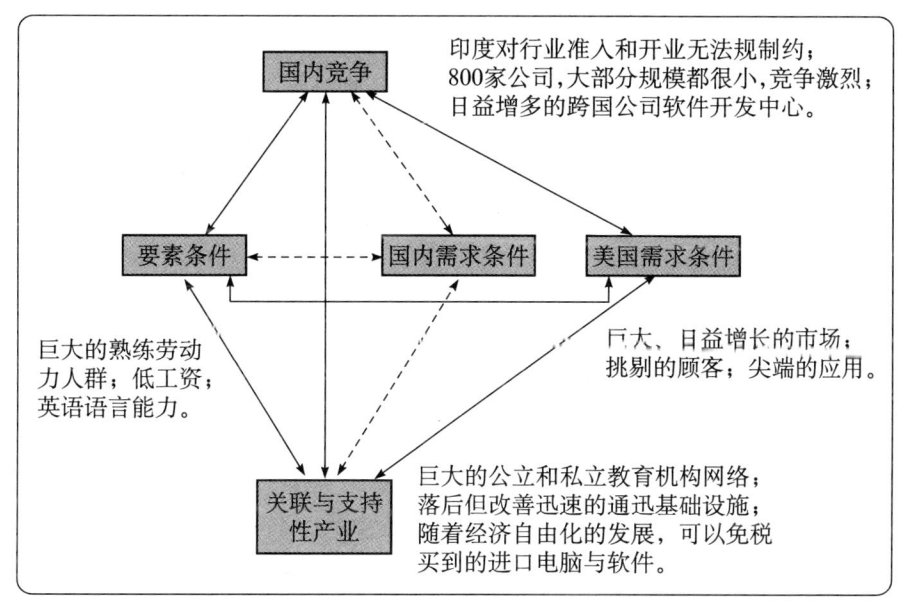

```
                    国内竞争
                       │         印度对行业准入和开业无法规制约;
                       │         800家公司,大部分规模都很小,竞争激烈;
                       │         日益增多的跨国公司软件开发中心。

     要素条件 ←--→ 国内需求条件 ←--→ 美国需求条件

  巨大的熟练劳动                           巨大、日益增长的市场;
  力人群;低工资;                         挑剔的顾客;尖端的应用。
  英语语言能力。

                    关联与支持     巨大的公立和私立教育机构网络;
                     性产业       落后但改善迅速的通讯基础设施;
                                 随着经济自由化的发展,可以免税
                                 买到的进口电脑与软件。
```

注释:虚线表示较弱的关系。

第二,需求条件要求软件企业必须锐意保持技术创新。印度的软件业已经朝全球化前进了一大步;德国、丹麦、部分东南亚国家和地区以及美国等发达国家的消费者需求迫使印度的软件从业者必须朝着复杂精细的软件工程努力。*

---

*印度的成功不能归功于国内市场的需求(根据波特的模型),该行业的特点使得软件可以通过通信连接在不同的位置之间同时转移。因此,即便是不通过实体企业进入印度以外的市场,这些市场上的竞争压力也提高了。——译者注

第三，印度有促进同业竞争和提高竞争优势所需要的供应基础及关联产业。特别是信息技术硬件产品的价格在20世纪90年代迅速降低。而且，信息技术产业的硬件制作技术发展迅速，使得印度这样的后来者没有受到老一代技术的限制。因此，信息技术的硬件和软件都能"跳跃"超过旧技术。另外，信息技术软硬件行业的知识工作者之间的关系为持续的知识交流提供了良好的社会基础，促进了对现有产品的进一步改进。而且，基础设施的改善也非常迅速。

第四，印度软件服务业有800多家公司，这种同行业竞争的压力迫使企业组织开发竞争战略与结构。虽然像TCS，Infosys，和Wipro现在都是大企业，但它们5年前却都是小企业。而且众多中小企业也雄心勃勃要赶上来。正如波特的国家优势钻石理论预测的一样，这种激烈的同行业竞争是促使印度软件企业寻求海外经销渠道的主要原因。

资料来源：Kripalani, M. 2002. Calling Bangladore: Multinationals are making it a hub for high-tech research *BusinessWeek*, November 25: 52-54; Kapur, D., & Ramamurti, R. 2001. India's emerging competitive advantage in services. 2001. *Academy of Management Executive*, 15(2): 20-33; World Bank. *World development report*: 6. New York: Oxford University Press; Reuters. 2001. Oracle in India push, taps software talent. *Washington Post Online*, July 3.

关联与支持性产业

> **关联与支持性产业**
> 在行业的价值链中，向企业提供服务、技术、支持等的供应商行业或者其他相关产业是否存在，质量如何。

关联与支持性产业使企业组织可以更好地管理投入。例如，拥有优势供应基础的国家可以通过提高下游产业的效率而获益。有竞争优势的供应基础可以帮助企业及时而廉价地获取投入，因而会降低生产成本。而且，与供应商紧密的合作关系提供了一种可能，即通过联合研发和持续的知识交流获得竞争优势。

关联产业为企业组织间的联合提供了类似的机会。另外，关联产业使新企业进入这一行业成为可能，这样就增加了竞争，也促使现有企业在成本控制、产品创新、销售方法创新等方面加大投入而提高竞争力。综合起来，这些都为本国产业提供了竞争优势的来源。

在意大利的制鞋业中，辅助性产业展示了它是如何为制鞋业带来国家竞争优势的。在意大利，制鞋企业从地理上讲都会分布在供应商周围。制鞋企业与主要供应商保持着经常联系，鞋子还在模型阶段时就能了解到有什么新的材料、颜色和制作技术。制鞋企业能预测未来需求，在其他国家了解到新的款式之前就早已开工进行生产了。类似的是瑞士的制药行业，地理上的近邻优势使这个国家一直处于该市场的领先地位，如诺华（Novartis）、罗氏公司（Hoffman LaRoche）和山德士（Sandoz）等企业在很多药品中使用当地制造商供应的原料。

企业组织战略、结构及同业竞争

> **企业组织战略、结构及同业竞争**
> 一个国家为管理公司设立、结构、治理和同业竞争所搭建的法律环境及同行业竞争状况。

在消费者需求强劲、供应基础强劲、从关联产业新进入的可能性高的国家，**同业竞争**会特别激烈。这种同业内的竞争反过来会促使企业组织在国内提高研发、营销和配置效率。国内的同业竞争因此会刺激企业组织创新和寻找新的竞争优势来源。

有趣的是，这种激烈的同业竞争迫使企业组织向国外寻找市场，这就构成了全球竞争的必要条件。在波特的国家优势钻石理论列出的各要素中，国内的同业竞争可能是全球竞争成功的最佳指示器。有激烈国内竞争经历的企业更容易获得能使企业在全球市场上竞争获胜的战略规划和内部结构。

例如在美国，激烈的同业竞争刺激戴尔等电脑公司在生产和销售中寻求创新途径。这很大程度上是 IBM 和惠普等公司的竞争引发的结果。

对影响国家竞争力因素的总评

波特是在对 100 多个行业中不同企业的历史进行案例分析这一基础上得出他的结论的。尽管世界各国成功的竞争者所使用的战略不同，但却有一个相同的主题：在国际市场上成功竞争的企业组织首先在竞争激烈的国内市场上已经取得成功了。我们可以得出结论，对于世界上的企业组织来讲，竞争优势来自坚持不懈地持续改进和创新。

到目前为止，我们已经讨论了国家在国际战略中扮演的重要角色，现在我们来看看具体的企业组织。下一节我们将讨论企业组织实施国际扩张的动机和相关风险。

国际扩张：公司的动机与风险

国际扩张的动机

> **学习目标 3**
> 国际扩张的潜在利益与风险。

公司积极进行国际扩张的动机有很多，最明显的是扩大企业产品与服务的**潜在市场规模**。到 2007 年初，世界人口已经超过了 65 亿，美国人口占不到 5%。图表 2—2 列出了美国和国外主要市场的人口数。

很多跨国公司正在加紧努力，将产品与服务销售到印度和中国等一些国家，因为在这些国家中产阶级的地位在过去的十几年中已经得到了提升。这包括宝洁公司（Procter & Gamble）在中国洗发水市场上占到 50% 份额的成功和百事可乐公司（PepsiCo）在印度软饮料市场上的大举进攻。让我们简要分析一下中国中产阶级的兴起：

● 中国的中产阶级终于达到了一个不可小视的规模——根据不同的界定方法，在 3 500 万到 2 亿之间。国民经济研究所所长樊纲（Fan

Gang）倾向于2亿这个比较大的数字，他认为"中产"的底线是家庭年收入1万美元。

● 中央政府对科教的重视促进了高等教育的迅速发展，这是中产阶级的孵化器。

● 中国可以被看做规模经济的新模范。很多美国公司已经在中国设立了工厂加工出口产品。现在国内市场和国际市场同时发展，很多工厂无须增加太多成本就可以大幅提高产出。这也是近年来很多公司中国业务的利润表现强劲的原因之一。

企业组织的全球扩张也会自动提高其经营规模，给企业组织带来更多的收入和资产。收入和资产的增加使企业组织可能**获得规模经济效益**。这会有很多好处。好处之一是可以将固定成本，例如研发费用分担到更大的产量上。这方面的例子包括波音公司的商用飞机和微软公司的操作系统在很多国家的销售情况。

图表2—2 部分国家人口和世界总人口　　　　　　　（单位：百万）

国家	截止到2007年3月（估计值）
中国	1 320
印度	1 107
美国	300
日本	127
德国	82
世界	6 580

资料来源：www.geohive.com/global/pop_data2.php.

第二个好处可能是降低**研发成本和运营成本**。回顾一下微软公司的软件开发和其他公司在智力资源丰富的印度的运营情况（见战略聚焦2.2）。最后一个优势可能是利用联合采购获得更强的采购能力。例如，随着麦当劳（McDonald's）在世界上分店数量的增加，它可以大量采购设备和供货，这样就提高了其对供应商的谈判能力。

国际扩张还可以延长企业**产品的生命周期**，一种产品在本国市场上处于成熟阶段，但在其他地方可能有更大的需求。产品（产业也一样）一般会经历一个可以分成四个阶段的生命周期——引入期、成长期、成熟期和衰退期。近几十年以来，美国的软饮制造商如可口可乐公司（Coca-Cola）和百事可乐公司积极开拓国际市场以保持其增长水平，这样的增长水平仅仅靠美国市场是无法实现的。类似地，个人电脑制造商如戴尔和惠普已经在开拓国外市场以弥补日益饱和的美国市场。

最后，国际扩张可以使一个企业组织**优化其价值链上所有活动的实际区位**。价值链（我们将在第3章详细讨论）指一个公司为生产产品和服务而必须从事的各种系列活动。包括基本活动（例如企业内物流、生产和销售）和辅助活动（例如采购、研发、人力资源管理）。所有企业组织都必须认真决定每个活动分别安排在什么地方。在三种战略优势中，优化价值链上每个活动的区位可以产生以下至少一种优势：提高业绩、降低成本、降低风险。下面我们逐一进行讨论。

提高业绩　微软公司在英国剑桥建立公司研究实验室的决定是区位决策的一个例子。指导这一决策的宗旨是：在重要的价值创造活动中建立并保持世界领先优势。这一战略决策使微软能够获得优秀的技术和专业智力人才。从智力供给、学习速度、内部协调和外部协调的质量等方面讲，区位决策可以影响任何活动的质量。

降低成本　有两个主要考虑降低成本的区位决策案例：（1）耐克公司（Nike）决定将其运动鞋的生产转移到亚洲国家，如中国、越南和印度尼西亚；（2）很多跨国公司在紧邻美国—墨西哥边境的南面建立生产工厂以获取低成本的劳动力。这种生产被称做 *maquiladoras**。这种区位决策可以享受当地劳动力和其他资源、运输与物流、政府激励和地方税收等方面的优惠，从而影响了成本结构。

跨境管理可能会遇到具有挑战性的道德困境。在近期的商务媒体上，引起大量关注的一个问题便是童工问题。战略聚焦2.3讨论了两个跨国公司是如何通过不同的方式解决这一问题的。

---

*即墨西哥的保税加工企业，特指位于墨西哥境内、属于美国公司的一种工厂，这些工厂专门使用从外国免税输入的部分产品或零件来装配成成品。——译者注

战略聚焦 2.3

童工问题：两个公司分别是如何解决这一问题的

分析跨国公司如何通过不同的方法解决童工问题是一件很有意思的事情。例如耐克，自1992年已经几次修改行为规范，包括将制鞋厂工人最低年龄要求从14岁提高到18岁，将设备和服装厂工人最低年龄要求从14岁提高到16岁，这比其他公司的规范和国际劳工组织（International Labor Organization）公约要高很多。公司还建立了内部承诺制度和外部监督机制。但是这好像并不能平息那些固执的批评。耐克公司的网站反映了公司试图公开回应这些批评的方法，大量介绍其对工厂的监督和公司引入最新规范后面临的尴尬。

Chiquita Banana 公司几乎完全符合 SA 8000 标准，包括对国际公约的认可，但是也作了一些改动，主要考虑到农业中特殊的工作场所问题。[SA 8000 标准是由经济优先认可委员会（Council on Economic Priorities Accreditation Agency）开发的，得到了广泛的认可和接受。这一标准体系是以国际劳工组织和联合国公约为基础的。] 公司严格的童工准则并不适用于家庭农场和季节性强、非香蕉产业中小规模公司，因为它们很少长期聘用工人。这也意味着在农忙季节农场主可以雇用自己的孩子。与此标准相一致，Chiquita Banana 公司通过"给予足够的帮助使这些孩子在成年前既能上班又能上学"，来努力解决这些在供应加工厂中工作的童工问题。

资料来源：Kolk, A., & Tulder, R. V. 2004. Ethics in international business: Multinational approaches to child labor. *Journal of World Business*, 39: 49-60.

降低风险 考虑到美元对日元汇率的无常变动（在这两种货币之间或者与其他货币之间），福特公司和丰田公司之间竞争的一个重要基础就是它们在货币风险管理方面的智慧。这些竞争者管理货币风险的方法之一是将其生产运作中成本较高的部分分散在世界上几个精挑细选的地方。这样的区位决策可以在货币、经济和政治风险等方面影响企业组织的综合风险构成。

国际扩张的潜在风险

一家公司扩张其国际生产的目的是为了增加利润或收入。但是，与任何其他投资一样，这里也有潜在风险。为了帮助公司评估进入国外市场的风险，计算政治、经济、金融和信用风险的评级系统已经被开发出来了。《欧洲货币》(*Euromoney*)杂志每半年出版一次《国家风险评级报告》(*Country Risk Rating*)计算新进入的企业可能面临的政治、经济和其他风险。图表2—3描述了一个国家风险评级的样本，该样本来自世界银行发布的由《欧洲货币》评估的178个国家的风险。需要注意的是得分越低这个国家的预期风险等级越高。

图表2—3　国家风险评级样本

评级	国家	总风险评级	经济表现	政治风险	负债总指标	信用和融资总指标
1	卢森堡	99.51	25.00	24.51	20.00	30.00
2	瑞士	98.84	23.84	25.00	20.00	30.00
3	美国	98.37	23.96	24.41	20.00	30.00
40	中国	71.27	18.93	16.87	19.73	15.74
55	波兰	57.12	18.56	13.97	9.36	15.23
63	越南	52.04	14.80	11.91	18.51	6.82
86	俄罗斯	42.62	11.47	8.33	17.99	4.83
114	阿尔巴尼亚	34.23	8.48	5.04	19.62	1.09
161	莫桑比克	21.71	3.28	2.75	13.85	1.83
178	阿富汗	3.92	0.00	3.04	0.00	0.88

资料来源：Adapted from worldbank.org/html/prddr/trans/so96/art7.htm.

下面我们来讨论四种主要类型的风险：政治风险、经济风险、货币风险和管理风险。

> **政治风险**
> 因国内政治体制失灵对企业经营造成的威胁。

政治风险与经济风险　一般意义上讲，美国的商业环境是非常有利的。但是，世界上的一些国家因为**政治风险**，对企业组织的健康活动可能是危险的。社会动荡、军事骚乱、示威甚至暴力冲突和恐怖活动等会带来严重威胁。例如，中东地区的以色列和巴勒斯坦之间持续不断的暴力冲突和紧张关系，以及印度尼西亚的社会动荡。因为这些情况增加了财产毁灭、停业和拒付等等事件的可能性，风险高的国家对大多数类型的企业组织都没有吸引力。比较典型的例外是军火商和反间谍服务。

> **经济风险**
> 因物权立法与执法等经济制度与条件对公司经营的潜在威胁。

法规、执法以及与之相关的知识产权保护可能是进入新国家时主要的潜在**经济风险**。例如微软公司，由于其软件产品在很多国家被盗版，包括在中国，在收入上可能已经损失了数十亿美元。世界上其他地区，如俄罗斯和一些东欧国家，也存在盗版问题。由于缺少对知识产权的法律保护而导致对其产品的仿制越来越多，因此一些知识产权比较丰富的企业组织已经遭受了经济上的损失。

战略聚焦 2.4 讨论了给全球贸易带来严重威胁的一个道德问题——盗版。如同我们将要看到的，据估计，假货占了世界商品贸易的 5%~7%，相当于 5 120 亿美元 / 年。潜在的破坏性影响包括健康和安全问题，而不仅仅是经济和损害赔偿问题。

战略聚焦 2.4

盗版：世界贸易的主要威胁

假货已经日益成为跨国公司面临的主要威胁。"过去 5 年里，我们发现假货有了大量增长，而且有失控的危险。"联合利华食品有限公司（Unilever Bestfoods）市场部主管安东尼·西蒙（Anthony Simon）称，"它们已经不再是靠小作坊生产的行业了。"

数字是惊人的。据世界海关组织（The World Customs Organization）估计，假货占全球货物贸易的5%~7%——相当于每年5 120亿美元。因为造假者加大了对西方市场的出口，去年美国海关截获的假货增长了46%。联合利华集团（Unilever Group）称，该公司洗发水、肥皂、茶的仿制品以每年30%的速度增加。

这些造假也会带来健康与安全隐患。世界卫生组织（World Health Organization）称，世界上有10%的药品是假的——这种致命的危险每年会使制药行业损失460亿美元。"买条假牛仔裤或者买副假高尔夫球杆不会死人。但是你吃假药就可能会致死。"美国制药业巨头辉瑞公司全球安全部门负责人约翰·泰里奥（John Theirault）说。从Verizon公司购买的手机，因电池过热爆炸造成伤害，引发了召回。消费品安全委员会（Consumer Product Safety Commission）的哈尔·斯特拉顿（Hal Stratton）说："我们知道，这至少引起过一场市内大火，至少一次烧伤了一个用户的脸。"全球假汽车配件的市场规模达到了120亿美元。"造假已经从地方性烦恼变成了世界性威胁。"戴姆勒–克莱斯勒倡导知识产权保护者汉斯·格拉斯（Hanns Glatz）说。

中国是解决问题的关键。考虑到中国的经济实力，造假确实成了一个问题，来自中国的假货占了世界上的近2/3。俄亥俄州立大学专门研究中国造假问题的法学院教授周丹（音，Dan Chow）给出了一些看法："我们在世界历史上从未见过如此规模、如此严重的问题。现在中国的假货比我们在任何地方见到过的都要多。我们知道，中国有15%~20%的产品全部是假的。"

资料来源: Engardio, P. & Yang, C. 2006. The runaway trade giant. *BusinessWeek*. April 24: 30-32; Letzing, J. 2007. Antipiracy group makes list of worst-offendor nations. www.marketwatch. February 12: np. Balfour, F. 2005. Fake! *BusinessWeek*, February 7: 54-64; Anonymous. 2005. Editorial. *BusinessWeek*, February 7: 96; and Simon, B. 2004. The world's greatest fakes. www.cbsnews, com, August 8.

> **货币风险**
> 因所在国汇率变动对公司跨国经营构成的潜在影响。

货币风险 货币波动可以构成重大风险。在几个国家从事经营的公司必须随时注意本国货币与对方货币之间的汇率变化，以最小化**货币风险**。从事海外经营，即使是很小的汇率变动也可能造成巨大的生产成本或者净利润的差异。例如，当美元对其他货币升值时，美国商品对其他国家的消费者来说就变贵了。可是，同时，美元的升值对有海外分支经营的美国公司也有消极影响，原因是海外获得的利润必须以更高的汇率换成美元，这就减少了以美元计算的利润。我们举一个在意大利做生意的美国公司的例子。如果该公司在意大利的经营中心获得按欧元计算20%的利润，如果欧元对美元贬值20%，那么在兑换成美元时，这些利润将完全被抹掉。(美国的跨国公司一般都会通过复杂的"套期保值策略"来最小化货币风险。对该问题的讨论已经超出了本部分的范围。)

> **管理风险**
> 公司在国外经营时，由于管理者根据国外市场情况制定决策所带来的风险。

管理风险 管理风险可以理解为管理者在应对国外市场上的必然差异时所面临的挑战与风险[如同我们的第一个案例：大众汽车公司(Volkswagen)案*]。这种差异有多种形式：文化、习惯、语言、收入差距、顾客偏好、分销渠道等等。如同我们将在本章后面要说明的，即便是非常标准化的产品，一定程度的本地化改进也是必要的。

国家间的文化差异也会给管理者带来特殊的挑战。文化符号可以引发深层次的感情。例如，在针对意大利度假者的一系列广告中，可口可乐公司的负责人将埃菲尔铁塔、帝国大厦和比萨斜塔变成了人们

---

*可能是福特汽车公司案，但是福特汽车公司案例中没有大量涉及跨国经营中的管理风险问题。在本书中，也没有介绍大众汽车公司的案例。——译者注

熟悉的可乐瓶。这样也就罢了。但是，当雅典卫城巴特农神庙的白色大理石柱子被变成可乐瓶子时，雅典人发怒了。为什么？希腊人把卫城看做"圣石"，一个政府官员说巴特农神庙是一个"优秀的国际象征"，"侮辱巴特农神庙就是侮辱国际文化"。可口可乐公司为此广告道了歉。以下是几个国家（或地区）间文化差异和商业启示的例子。

- （厄瓜多尔）厄瓜多尔人家的晚餐会持续好几个小时。差不多晚上8点开始喝饮料和吃开胃菜，正餐得11点或者午夜才开始。如果你午夜1点离开，这会扫主人的兴。厄瓜多尔人家的聚会开始得晚，到凌晨四五点才会结束。迟到的客人在离开前可能还会有早餐吃。
- （法国）法语和英语中的一些词，词根相同但词义或者内涵却不同。例如，一个法国人可能会"要求"（demand）某物，因为在法语中求人（demander）的意思是"向某人要"（to ask）。
- （中国香港）谈判是边吃饭边谈的。无论是否需要，递给你茶时一定要接受。别人请你喝茶时要等主人先喝。
- （新加坡）新加坡人认为下列物项都是和葬礼相关的——不能将这些东西当做礼物送人：草鞋、钟表、鹳、鹤、手绢以及主体颜色为黑、白或蓝的包装纸和礼物。

我们已经介绍了几种与国际扩张相关的动机和风险。近来的一个主流趋势是将跨国公司的价值链分散到不同的国家，也就是说构成一个企业组织价值链的各种活动现在分布在几个国家或者大陆上。这种价值分散主要是通过离岸生产和外包实现的。现在我们介绍一些主要的相关利益和成本。

价值链的全球分散：外包与离岸生产

世界贸易组织（World Trade Organization）发表的一份报告是这样描述一辆美国汽车的生产过程的：全车30%的价值来自韩国的组装工厂，17.5%来自日本的先进技术和组件，7.5%来自德国的设计，4%来自中国台湾和新加坡的小配件，2.5%来自英国的广告和营销服务，1.5%来自爱尔兰和巴巴多斯的数据处理。这意味着只有37%的价值是在美国国内创造的。类似的，在芭比娃娃的生产中，美泰（Mattel）从中国台湾和日本采购塑料和假发，从美国采购模型和染料，从中国大陆采购娃娃的衣服，在印度尼西亚和马来西亚组装后销往世界各地。在当今的经济中这不是个案。相反，我们越来越多地见到两种相互交织的趋势：外包和离岸生产。

> **外包**
> 企业利用其他的企业组织从事原本自己从事的价值创造活动。

外包就是企业利用其他的企业组织从事原本自己从事的价值创造活动。在一些情况下，这些可能是自己完全能从事的新活动，但是考虑到成本或者质量等原因仍然要让别人来做。外包可以包给国内其他企业组织或者包给外国企业组织。

> **离岸生产**
> 企业将原本自己在国内从事的活动转移到国外。

离岸生产就是企业组织将原本自己在国内从事的活动转移到国外。例如，微软公司和英特尔公司现在都将研发设施转移到印度，聘用大量的印度科学家和工程师。在很多情况下，离岸生产和外包是一起进行的。也就是说，一个企业组织可以将一项活动外包给一家国外的供应商，因此也形成了这个工作的离岸生产。

根据研究公司 Gartner 的报告，离岸信息技术方面的支出在 2004—2010 年间将增长近 3 倍，达到 600 亿美元。据麦肯锡全球研究院（McKinsey Global Institute）的说法，信息技术、金融和其他六个领域的海外雇员将增长一倍，达到 120 万（2003—2008 年）。

推动近期离岸生产和外包迅速增长的因素有多种。直到 20 世纪 60 年代，大部分公司的价值链活动还都是在一个地点进行的，而且，生产往往安排在靠近消费者的地方以控制运输成本。在服务行业中，一般认为离岸生产是不可能的，因为需要生产者和消费者必须在同一时间出现在同一地点。毕竟，如果理发师和顾客相隔甚远，理发是无法做到的！

在制造业中，交通运输和沟通协调成本的迅速降低使企业组织可以将价值链分散到不同的地方。例如，耐克的研发在美国进行，原材料采购于几个不同的国家，实际的生产在中国或者印度尼西亚进行，广告在美国进行，销售和服务是各国都有。每项价值创造活动都是在要么成本最低、要么质量最高的地方完成的。如果没有找到理想的地点并分散其价值链，耐克可能无法成就其世界最大制鞋公司的地位。

到20世纪90年代中期，制造业的经验被复制到了服务业中。以将低水平的编程和数据录入工作外包到印度、爱尔兰等国家为开始，这一趋势突然间成倍增长，囊括了从呼叫中心到研发等等各种白领和专业工作。现在，很多美国企业的技术支持电话都由距离遥远的呼叫中心应答。在过去的20年中，美国到印度的长途电话成本从3美元降到了3美分，这使得将呼叫中心安排在其他国家成为可能，比方说印度，这里的低廉的劳动力成本和熟练的英语的组合构成了理想的要素条件。近年来，印度的班加罗尔逐渐成为越来越多美国企业的纳税申报单的准备地点。在印度，美国训练并颁发执照的放射线技师可以按对半的价格分析来自美国医院的胸部X光照片和CT扫描照片。如今，离岸生产的优势已经超出了节约成本。在科技工程的很多专门岗位上，发达国家缺少合格的专业人员，而在印度、中国、新加坡等国家，这些资源好像是取之不尽的。

在20世纪的大部分时间里，国内公司主要是迎合当地人口的需要。但是，随着世界范围内顾客需求的均匀化、自由贸易与投资制度化发展为全球意识（特别是世界贸易组织成立后），竞争真正地实现了全球化。为了生存，每家公司不得不保持低成本运作。它们也不得不寻找最好的供应商、技术最熟练的工人，并将价值链上的每一个阶段安排在要素条件最有利的地点。

下面，我们将重点转移到管理者需要面对的第二个重要环境因素：企业道德。我们首先讨论企业治理和利益相关者管理，然后分析社会责任的要求。

公司治理与利益相关者管理

> **学习目标 1**
> 全球化与企业道德对当代企业组织和竞争本质的影响。
>
> **学习目标 4**
> 公司治理和利益相关者管理的重要作用，如何在一个企业组织的利益相关者之间创造"共生关系"。
>
> **公司治理**
> 在决定公司业务和发展方向时各参与者之间的关系。主要的参与者有股东、管理层（由首席执行官领导）和董事会。

多数雇用几十个人的工商企业都会组建成有限责任公司的形式。回想一下金融课上所学的，有限责任公司的整体目标是将对所有人（股东）的长期回报最大化。因此，我们可能会问：到底谁应为实现这一目标负责？罗伯特·蒙克斯（Robert Monks）和尼尔·米诺（Nell Minow）在回答这个问题时给出了一个很好的定义，他们将公司治理定义为"在决定公司业务和发展方向时各参与者之间的关系。主要的参与者有股东、管理层（由首席执行官领导）和董事会"。他们之间的关系如图表 2—4 所示。

图表 2—4　公司治理涉及的主要因素

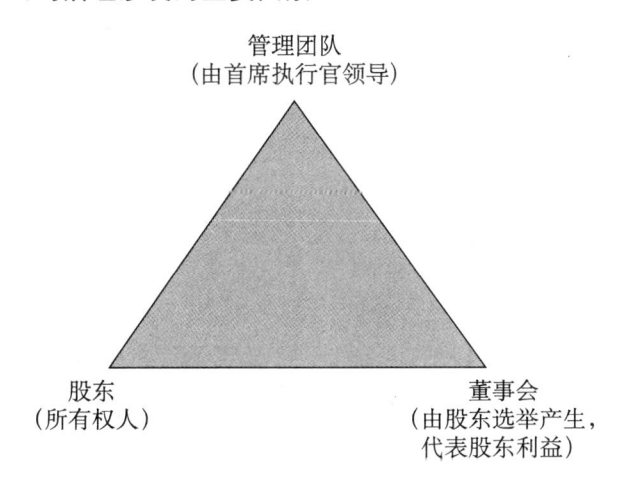

```
              管理团队
          （由首席执行官领导）
                 △
               /   \
              /     \
             /       \
            /         \
           /_____\
      股东              董事会
    （所有权人）    （由股东选举产生，
                      代表股东利益）
```

董事会是股东选举产生的代表机构。他们负责确保管理层的利益和动机与所有者（即股东）的利益和动机一致。在很多情况下，董事会在履行职责时都很积极。例如，英特尔公司这个350亿美元的芯片巨人，被公认为公司治理实践的优秀典范。董事会建立了指导原则以确保董事会成员之间是互相独立的（如不是管理团队中的成员，与高层管理人员没有密切的个人关系），这样他们可以进行适当的监督。它明确了董事会成员候选人的选举原则（以避免"任人唯亲"）。这些指导原则的作用是确保管理层实现的是股东的最大利益。

最近，公众和商业媒体对一些大公司的管理层和董事会的失职与任人唯亲的做法有很多批评。只需看一看安达信（Arthur Andersen）、世通（WorldCom）、安然、泰科和英克隆（ImClone Systems）等公司的丑闻就明白了。这种渎职侵蚀了公众对公司治理的信任度。例如，Gallup近期的一个调查显示，90%的美国人认为公司领导者对于保护员工利益不可靠，只有18%的人认为公司照顾的是股东的利益。实际上，43%的人认为，高级管理者的工作只是为自己着想。根据另一项统计调查，在英国的这一数字竟然高达95%。可能最糟糕的是，在另一项研究中，有60%的主席（确定管理者挣多少钱的人）觉得管理者"过多地拿到了报酬！"

对公司治理的关切促使美国国会在2002年通过了《萨班斯—奥克斯利法案》（Sarbanes-Oxley）。颁布该法的目的是恢复投资者对上市公司的管理和财务信息报告制度的信心。它要求美国公司遵守很多严格的制度，包括：

● 首席执行官和首席财务官必须完全公开资产负债表之外的财务状况并保证所提供信息的准确性。

● 管理者出售自己所持的本公司的股票时必须即时公布，如果其他员工不能出售，管理者也不能出售。

● 公司律师必须就任何违反内部保密的行为向高级管理者报告。

虽然《萨班斯—奥克斯利法案》改善了投资者的信心，但满足这些要求的成本是巨大的。据估计，大公司平均每年需要花3 500万美元来执行这些规定，而中等规模的企业组织平均花费是 310 万美元。小企业更加觉得遵从这些规定是沉重的负担，因为它们承担这些成本的收入基数小。

下面我们分析公司治理机制怎样来化解这些问题。

治理机制：调整所有者与管理者的利益

当代公司的一个基本特征是所有权与管理的分离。为了最大限度限制管理者按照个人利益行事，或者是"投机取巧"，所有权人可以实施一些治理手段。监督管理者行为的基本手段有两种，包括：一个忠诚、勤勉、以为利益相关者创造长期价值为行动指南的**董事会**；**股东激进主义**，所有权人将自己视为股份所有人而不是股份持有人，因而会投身于公司治理。如同我们将在本节后面要讲到的，股东激进主义近年来发展极其迅速，最终出现了管理者激励制度，有时候称做"产出契约化"。它基本上是一个**奖惩协议**，其宗旨是精心设计管理者综合激励制度，使管理者与股东的利益保持一致。

> **董事会**
> 公司内充当股东与管理者之间的中间人角色的一群人，履行诚信责任以保证公司管理与所有权人或股东的长期利益最大化一致。

忠诚、勤勉的董事会 董事会扮演的角色是公司所有者和控制人之间的一个杠杆支点。实际上，他们是中间人，在总部的一小群公司主管与数目庞大的股东群之间维持一种平衡。在美国，法律严格要求董事会必须绝对忠实，保证公司的运营与所有者（即股东）的长期利益保持一致。而事实上，正如我们已经看到的，这一点却有点模糊不清。

美国最大的企业圆桌（Business Roundtable）认为董事会的职责为：

1. 挑选、定期评估并替换首席执行官（如果有必要）。
2. 审查并批准（如果恰当）公司的财务预算、重大战略和计划。

3. 向高层管理者提供建议与咨询。

4. 挑选并向股东推荐合适的董事会成员候选人名单，制定董事会议事规则与绩效。

5. 检查该套体制是否完全符合相关法律／法规的要求。

考虑到这些原则，什么样的董事会才是好的董事会呢？根据企业圆桌的说法，最重要的是在决策公司战略时要做一个积极的、发挥决定性作用的参与者。这并不是说董事会要从细节上管理首席执行官或者陷害他们，而是除了批准首席执行官的计划之外要给予强有力的监督。董事会的基本职责是确保战略计划经得起严格审查、按照业绩上限评估管理者和控制后继流程。

虽然以前董事会经常被讥讽为首席执行官们的橡皮图章，但现在他们越来越活跃了，也经常会赶走业绩表现不佳的首席执行官。根据博思艾伦咨询公司（Booz Allen Hamilton）最近的一项研究，1995—2002 年间，受累于业绩不佳而离开的首席执行官的比例上升了 3 倍多，从 1.3% 上升到了 4.2%。这一趋势还在继续。2006 年离职的首席执行官比前一年增加了 30%。著名的首席执行官，如美国在线时代华纳（AOL Time Warner）的李文（Gerald M. Levin）和麦当劳的杰克·格林伯格（Jack M. Greenberg），都因为财务业绩不佳而付出了被迫离开的代价。其他如世通公司的伯纳特·艾伯斯（Bernard Ebbers）和泰科国际有限公司的丹尼斯·科兹洛夫（Dennis Kozlowski），都因为公司丑闻而丢掉了工作。很明显，"要么履行职责要么走人"成了董事会的新口号。

优秀的董事会的另一个基本特征是董事独立。公司治理专家认为大多数董事应该与首席执行官或者公司脱离关系。也就是说尽量避免"内幕者"（管理团队前任或者现任成员）任职于董事会，董事及其所属公司不能向该公司提供咨询、法律等服务或者其他工作。互相缠绕的董事关系——即首席执行官和其他高层管理者互相任职于对方公司的董事会——是不可取的。但是，要董事按股东的最大利益行事，最好的保障制度可能是最简单的：大部分优秀公司现在要求董事应该持有自己所监督公司的相当数量的股份。

对于董事会怎样可以提高运行效率,图表2—5给出了一些建议。

图表2—5　最佳行事指南:董事新规

问题	建议
报酬 在2007年财报中公司将第一次透露首席执行官报酬的全部详情。如果首席执行官的工资单与业绩水平不一致,激进的投资者就会列出公司的黑名单。	**知悉数字** 在对任何一揽子财政计划说"是"前,董事要确定自己能够解释那些数字。他们需要用激进投资者的思维方式问:"对这个一揽子计划,别人最严厉的批评可能是什么?"
战略 董事会过于顺从(董事或者首席执行官)以至于忽视了其监督战略或者领导力的职责。在最近的研究中只有59%的董事对自己董事会的战略执行投赞成票。	**分出轻重缓急** 要避免在顺从问题上花过多时间,开会应首谈战略,每年用一天、两天、三天的场外会议单独讨论战略正在成为优秀董事会的惯例。
财务问题 虽然在近期的研究中有95%的董事说他们在监督财务方面尽职尽责,但收入重报(earnings restatement)事例在2004年和2005年一再刷新纪录后,2006年又创新高。	**要花时间** 即便是非财务董事,也需要监督财务数字并密切关注现金流。审计委员会成员应准备每年花300小时注意委员会责任。
危机管理 有120多家公司因为期权回溯(options backdating)遭到严格审查,100家最大的公司在过去5年替换掉了56名首席执行官,与之前的5年相比,上升了近一倍。	**认真工作** 董事会面临着越来越多的监督,这意味着,如果发生了丑闻,敷衍了事的检查是不够的。发生危机时,董事会再也不能听从管理者了,他们必须得卷起袖子来,真正做"看门人"。

资料来源:From Byrnes, N., & Sassen. J. 2007. Board of hard knocks. *Business-Week*. January 22: 36-39.Reproduced with permission.

股东激进主义　有一个实际问题,美国最大的公司拥有那么多所有权人,如果要通知到他们每一个人,让他们每一个人都参与到公司事务中来,从这个意义上讲,将他们看做"主人"是毫无意义的。但是,即便是个人股东,也拥有几项权利,包括:(1)出售股票的权利;(2)通过代理投票的权利（包括选举董事会成员）；(3)如果公司负责人或管理者没有完成目标，有权提起赔偿诉讼；(4)对公司某些信息的知情权；(5)公司清算（或申请破产重组）时，债权人和其他权利人清偿后的其他权利。

整体上讲，股东有权决定公司的发展方向。这可能需要在股东诉讼中担任诉讼一方，或者在董事会年会上要求就重大问题进行投票。另外，近年来，由于机构投资人（如 T. Rowe Price 和 Fidelity Investment 等互助基金）和美国教师退休基金会（TIAA-CREF，只针对大学教职员工和学校行政管理人员）等退休权益保障团体的影响力越来越大，股东的权力变大了。机构投资人持有美国所有上市公司近一半的股票。

> **股东激进主义**
> 指大股东——包括机构和个人——认为管理者的行为与股东利益最大化出现偏差时，主动保护自己利益的行为。

股东激进主义指大股东——包括机构和个人——认为管理者的行为与股东利益最大化出现偏差时，主动保护自己利益的行为。

很多机构投资者在保护投资和提高投资效益时表现非常积极。实际上他们已经从交易人转化为所有权人。他们取得了永久股东的身份并积极分析公司治理中的问题。在这个过程中，他们重新创造了公司监管和信任体制。

管理者报酬与激励 董事会最重要的职责之一是创造一种激励机制，使其能够调整首席执行官和高层负责人的利益，与公司所有权人的利益——股东长期回报/收益——保持一致。毕竟，股东是依靠首席执行官来实施那些能使自己利益最大化的政策和战略的。三种基本政策的组合可能会建构一种能在金钱方面激励首席执行官使公司收益最大化的机制：

1. 董事会可以要求首席执行官成为公司多数股票的持有人。
2. 工资、红利、股票期权可以组合构成对业绩的奖优罚劣。
3. 业绩不佳时的解聘威胁真实有效。

零和还是共生？利益相关者管理的两个不同视角

开放式公司的基本宗旨是为股东创造长期收益。正如克莱斯勒前副主席罗伯特·卢茨（Robert Lutz）所言："我们来此的目的是服务股东，为股东创造价值。我坚信拥有公司的人正是为其掏钱的人。"

尽管创造股东价值是首要的，仅仅关注企业所有权人利益的管理者却往往会做出带来负面、未知结果的拙劣决定。例如，为了增加利润而大幅裁员、为了省钱而忽视环境保护的问题、为了降低价格而过度向供应商施压等，这些决定在长期上看肯定会给企业带来危害。这些行为很可能会带来负面结果，如疏远员工、政府监管和罚款的增加、不忠诚的供应商。

很明显，除了**股东**外，还有其他的**利益相关者**（如供应商、顾客），在战略管理流程中一定要考虑到。利益相关者可以被定义为一个在公司内或者公司外的、在公司的业绩中有一定的利益并可以影响公司业绩的团体或者个人。不同的利益相关者团体对公司有不同的权益。图表2—6列出了主要的利益相关者团体及其公司权益诉求的实质。

对于在战略管理流程中如何看待利益相关者的身份/角色/作用，有两种完全相反的观点。第一种可以被称做"零和"。在这种观点中，管理的作用是将各种利益相关者看做在争夺企业资源。从本质上讲，一个团体或者个人的所得即为另一个团体或者个人的所失。例如，员工要求更高的薪水（这会压低利润），供应商要求更高的供货价格和更慢、更灵活的交货时间（这会抬高成本），顾客要求更快的送货时间和更高的质量（这会抬高成本），整个社区要求慈善贡献（这会拿走公司的钱）等等。这种零和思维部分地源自传统的工人与管理者之间的对立，这种对立冲突导致了工会的形成，有时候会导致敌对——工会与管理者谈判甚至是组织长期、痛苦的罢工。

虽然总是有一些互相冲突的需求，但是探讨企业如何通过利益相关者共生（这种观点认为利益相关者之间的成功和福利是互相依赖的）以实现互利是很有价值的。也就是说，管理者承认员工、供应

图表2—6 企业的主要利益相关者及其诉求的实质

利益相关者团体	权益诉求
股东	分红、资本升值
员工	工资、福利、安全工作环境、工作稳定
供应商	及时付款、长期合作
债权人	利息支付、本金偿还
顾客	价值、保修
政府	税收、合法
社区	良好市民行为，如慈善、就业、不污染

商、顾客、股东和整个社区之间的互相依赖性。我们看一看澳拜客牛排连锁店（Outback Steakhouse）的情况：

> 澳拜客牛排连锁店要求它们的员工按照一个六级评分表确定自己在多大程度上认同或不认同他们所在的餐厅对澳拜客牛排连锁店推行的管理原则与理念。在最认同公司的原则和理念的人群中，按小时付费员工的流失率仅为最不认同的人群的一半。在非常认同的群组中，顾客表示会回来的次数高达5次。而且，在非常认同的群组的餐厅中，收入高出8.9%，现金流量高出27%，税前利润高出48%。难怪现在澳拜客牛排连锁店的管理者要求这个调查是强制的。

社会责任与环境可持续性：超越当前的利益相关者

学习目标 5
社会责任与环境可持续性的重要性。

除了当前的顾客、所有权人、供应商和员工等利益相关者之外，企业也不能忽视一般意义上的社会与公民等利益相关者的诉求。也就是说，他们必须考虑更广泛意义上的一般社区的需求，并且做事时要对社会负责。

社会责任是指企业或者个人努力改善社会整体利益的预期。从企业的角度来讲，这就意味着管理者要积极采取措施，使社会通过自己经营的业务变得更好。与价值观念和道德准则类似，对社会负责任的行为会随着时间而变化。在20世纪70年代平权行动是最为重要的事情之一，而从90年代到现在，公众一直在关注环境的质量问题。很多企业通过回收和减少废弃物以回应这种趋势。在2001年纽约市和五角大楼遭到恐怖袭击后，伴随着现在世界范围内持续的恐怖威胁，出现了一种新的首选趋势：关于公众安全的需要更加迫切。

现在，社会越来越要求企业承担更多的责任。包括企业批评家、社会投资人、激进主义者和越来越多的顾客，都声称在决定买东西时要先看看企业是否负责任。这些要求已经远远超出了产品和服务的质量。他们关注劳工标准、环境可持续性、财务会计报告制度、采购与环境保护实践等一系列问题。有时候，对某个管理者个人的过度负面评价也会给整个企业的声誉抹黑。

2006年，哈泼柯林斯出版集团（Harper Collins）的出版人朱迪斯·里根（Judith Regan），计划和O.J.辛普森（O. J. Simpson）联合出版一本书《如果是我干的》（*If I Did It*），在"假设"自己是凶手的前提下，详细描述1995年辛普森是如何谋杀前妻尼科尔·布朗（Nicole Brown）及其男友罗·戈德曼（Ron Goldman）的。里根说这本书是他的"忏悔"，但却激怒了全世界，招致了"邪恶把戏"的恶名。这可能成为美国文化的低点。里根的老板、新闻集团（News Corporation）的董事长鲁珀特·默多克（Rupert Murdoch）撤销了新书出版和原来计划的电视专访节目。这是《如果是我干的》在亚马逊网站上预售进了畅销书榜前20名之后做出的决定。

特别容易受企业社会责任行为影响的利益相关者团体可能是其顾客。调查显示，在企业社会责任行为、顾客反映与企业的产品、服务之间有明显的正比关系。例如：

- Cone Communications所做的企业公民调查发现："84%的美国人说如果价格和质量差不多，他们更愿意选择有良好社会责任感的品牌。"
- Hill & Knowlton/Harris's Interactive调查显示："79%的美国人

在决定是否买一家公司的产品时会考虑这家公司的公民形象，37%的人在做出购买决策时认为企业公民形象很重要。"

这些发现与一个大研究机构的发现是一致的，它们证实：在很多产品类别上，企业社会责任感强，导致顾客对公司和评价高购买意愿有积极的影响。

事业关联营销也证明了企业社会责任与财务目标之间存在越来越紧密的联系。这种营销手段一般会突出一些促销活动，在这些促销活动中，产品或者服务购买价格的一部分将被捐赠给一项社会事业：这会将营销与企业的慈善之举联系起来。战略聚焦 2.5 讨论了美国运通（American Express）是如何成为这一趋势的开创者并大获其利的。

战略聚焦 2.5

美国运通：事业关联营销战略的有效运用

美国运通在其实施的事业关联营销战略中赢得了良好的公众关系，并提高了收入。1983 年，在翻新"自由女神像"工程中，美国运通承诺，顾客每使用运通卡一次，运通公司就捐赠顾客消费额的一部分。这一运动的结果是开创了营销的新历史。运通最后为这一事业共捐赠了 170 万美元。运通卡的使用量增加了 28%，而新卡申请增加了 17%。事业关联营销增长极其迅速，从 1990 年的 1.25 亿美元增长到 2004 年的 9.91 亿美元，这一数字有望继续升高。

根据最近的 Cone Corporate Citizenship Study，事业关联营销既可以巩固顾客关系也可以提高员工士气。例如，84%的被调查者说会选择与社会公益事业相关联的品牌，92%的美国人对支持公益事业的公司印象要好很多。类似地，57%的员工希望自己所在的公司更多地支持社会事业，75%的美国人在找工作时会考虑公司对社会事业的贡献。

资料来源：Vogel, D. J. 2005. Is there a market for virtue? The business case for corporate social responsibility. *California Management Review*, 47(4): 19-36; and 2002 Cone Corporate Citizenship Study Cone, Inc.

三重底线：综合经济、社会和环境成本　很多公司现在都在估量所谓的"三重底线"，涉及评估其在经济、社会和环境保护中的表现。壳牌石油、日本电气公司、宝洁公司……还有很多其他的公司都认为不弄清楚做生意的环境和社会成本会给公司和社区带来威胁。

环境革命已经进行了差不多40年。它已经永远改变了公司做生意的方式。在20世纪六七十年代，公司还都否认自己公司对自然环境的影响。但是，一系列的生态问题使严厉的政府管制迅速高涨起来。在美国伊利湖已经"死亡"，在日本，有人死于汞中毒。很明显，整个世界都已经感觉到了全球变暖的影响。其他的一些例子包括：

- 冰冻的公路在融化，加拿大的钻石开采者必须空运设备，要比用卡车托运花更多的钱。
- 愈加强烈的风暴和海平面的上升意味着石油公司必须建造更坚固的石油钻塔，一些城市必须建造更高的防海墙。
- 保护性的海上永冻冰川的消失可能会迫使像阿拉斯加希什马廖夫（Shismaref）这样的村庄搬迁。
- 加拿大育空河的大马哈鱼——和渔民——受到与水温大幅上升有关的寄生虫灾爆发的威胁。
- 晚冬致使昆虫在英属哥伦比亚省大面积蔓延，毁掉了2 200万公顷松林，面积相当于美国缅因州的大小。
- 在非洲的马里，农作物受到了威胁。现在雨季太短已不能种水稻，干季太热也不能种土豆了。

《哈佛商业评论》的编辑图尔特·哈特（Stuart Hart）是这样来评述与自然环境相关的问题与挑战的严重性的：

> 现在的挑战是发展可持续的全球经济：一种能够让地球永远存在的经济。虽然在发达国家可能正在恢复生态环境，但是地球作为一个整体仍然处于一个不可持续的发展进程中。20世纪末期的苦难根源——贫化的耕地、渔场和森林，令人窒息的城市污染，贫困，传染病，迁徙——使蔓延越过了政治地理边界。一个简单的事实是：在满足我们需要的同时，我们毁掉

了后代满足他们自己需要的能力……企业是唯一拥有资源、技术，遍布全球，并最终拥有获得可持续性的动机的组织。

环境可持续性现在成了最成功、最有竞争力的跨国公司追捧的价值观念。麦肯锡公司通过对世界上400多个公司的资深负责人的调查发现：92%的人认同索尼公司（Sony Corporation）的前主席盛田昭夫（Akio Morita）的观点，他认为环境挑战将成为21世纪人们关注的核心问题之一。基本上所有负责人都认为他们的公司有控制污染的责任，83%的人同意公司对其产品负有环境责任，即便是在产品卖出之后。

对于很多成功的公司来说，环境价值正在成为其文化和管理核心内容的一部分。并且，正如前面所说的，环境问题带来的冲击正在清算并被视为"第三条底线"。一份2004年的公司报告指出："三重底线原则要求综合考虑社会责任、环境责任与经济目标，如同这一原则要求的，如果我们算不上是有良知的企业公民，最终我们的股票价格、利润甚至整个企业都会受到损害。"毕马威对350家公司做的一项调查显示："更多的大型跨国公司看到了提高环保成绩而获得的好处……公司明白这同样可以挣钱。"战略聚焦2.6讨论了Adobe Systems公司是如何从"绿色"中获益的。

战略聚焦2.6

Adobe Systems公司是如何从"绿色"中获益的

2006年6月，Adobe Systems公司——这个规模达20亿美元的软件开发商——成了第一个获得非营利组织美国绿色建筑协会（U. S. Green Building Council）颁发的白金奖的公司。Adobe大楼的白金奖章证书以六类内容的评分为基础，包括：可持续性，用水效率，用电效率和空气质量，建材与资源利用，室内空气质量和改造、运营、维护。

这样，Adobe的总部成了美国历史上最伟大的公司基地。更令人惊讶的是，Adobe公司的这项荣誉是通过对自己的两座旧塔楼（面积约100万平方英尺）改造得来的，而另外151

座获得协会黄金级评分（比白金级低一格）的建筑大部分是新建的。

从 2001 年开始，通过安装移动监测器、无水小便器等各种设施，公司减少了 35% 的用电和 41% 的燃气，另外，每个月节约了 295 000 加仑的水。而同期公司的总人数却猛增了 80%！

Adobe 公司证明了搞"绿色"建设不仅仅是一个良好公民的所为——而且是可以从中获利的。从 2001 年起，Adobe 对能源和环境改造大约投资了 65 万美元。而到目前为止，对这两座大楼的改造却带来了约 72 万美元的节余，综合投资回报率约为 115%。Adobe 公司负责房地产、工厂和安全事务的经理兰迪·诺克斯（Randy Knox III）评论说："环保主义者正在推动的这些不是什么像空中楼阁一样的事情，它们确实能发挥作用。"

资料来源：Nachtigal, J. 2006. It's easy and cheap being green. *BusinessWeek*, October 16: 53; Warner, J. 2006. Adobe headquarters awarded highest honors from U.S. green building council. December 6: *Adobe Press Release*; and Juran, K. 2006. Adobe wins top California flex your power! Award for energy efficiency. July 3: *Adobe Press Release*.

第3章 企业内部环境分析

战略——基于全球化和企业道德的思考

本章学习目标

学习目标1	对战略目标的认识可以帮助企业在战略方向上保持连贯性。
学习目标2	企业价值链中的基本活动和辅助活动。
学习目标3	价值链分析如何帮助管理者通过分析企业内部活动之间的关系、企业与顾客及供应商之间的关系来创造价值。
学习目标4	财务比率分析的有效性、内在局限性,以及如何在企业间做有效的绩效比较。
学习目标5	认清利益相关者之间利益关系的重要性。

两家企业在同一行业内竞争，各自在不同的职能领域都有很多优势，如营销、生产、物流等等。但是，经过相当长一段时间的发展后，一家企业远远超过了另一家。怎么会这样呢？本章试图就这一问题做出回答。

　　本章开篇前两节介绍了透视企业内部环境的框架：我们首先思考战略目标的作用。目标有三种基本的类型：愿景、使命和目标。设立目标恰当的企业比那些不懂如何设立目标的企业更容易成功。其次，在价值链分析中，我们把企业活动看做一系列的价值创造作业步骤。然后我们分析企业内的每一项活动是如何带来增值的，并且分析企业内部各项活动之间的相互关系、企业与顾客及供应商的关系是如何创造价值的。

　　在结尾一节，我们讨论如何评价一家企业的业绩和如何在不同企业间作出比较。我们既强调财务表现也强调各利益相关者的利益。讨论的核心是平衡记分卡概念，这一概念认为各相关者之间的利益是互相关联的。我们也分析了企业业绩的变化以及如何与行业标准和主要竞争对手比较的问题。

从错误中学习

　　20世纪80年代末期，世界上最大的轮胎制造商固特异轮胎与橡胶公司（Goodyear Tire & Rubber CO.）在整个企业内开始实施全面质量管理行动。与其他众多信奉全面质量管理的企业一样，固特异的生产、物流、采购和研发等都重新将目标定位为生产"零缺陷"产品。到此止步，一切尚可。可是，往下读……

　　遗憾的是，因为全面质量管理关注的几乎完全是生产过程，一直处于固特异成功核心地位的销售被迫屈居第二位。毫无疑问，生产人员和销售人员之间的关系开始变了。

　　美国现有的经销商网络非常成功，这是用了将近一个世纪的努力才发展和完善起来的。用于支持这一网络的资源却重新分配给了生产。资源少了，除了抽取经销系统的资源（批发商变成零售商等等）外，固特异别无选择。以前在一个地方很多年只会出现一两个固特异的经销商，现在好像到处都是什么都卖的门店了。这样，固特异开始失去了其对销售的控制。

对固特异的顾客来说，这是好事。他们可以在大卖场购物或者到沃尔玛、西尔斯（Sears，20世纪90年代初期开始销售它们的轮胎）等大型零售商场买东西时，就可以买个辩论手（Wrangler）轮胎或美国鹰（American Eagle）轮胎装到车上。零售商也站了出来，既然这些新来的零售商不是独家经销，它们就把固特异轮胎放在了其他竞争品牌后面——让顾客拥有更多的选择。难怪固特异轮胎的价格急剧下跌。众多的销售门店面对同一客户群体竞争，价格战自然是无法避免的。

从长远看，输家只有一个，那就是固特异——和它的员工。公司的优势地位和赢利能力开始受到了侵蚀。无法通过一个已经让步了的经销网络提高价格，固特异遇到了自己的宿命——关闭工厂。这是为了补偿其不明智地解散经销网络所造成的持续损失。到2003年初，公司已经债台高筑，养老基金也出现了20亿美元的缺口。更糟糕的是，向来忠诚的固特异轮胎经销商开始公开倒戈，因为公司甚至都不能满足这些经销商的订单需求（主要的原因是工厂和经销商之间的联系中断了）。

当固特异对下游活动——销售——中的有价值资源停止投资时，问题就开始出现了。相反，公司"随大流"地成了全面质量管理的信徒，将资源全部集中在了生产、物流和研发活动上。因此，当主要优势萎缩时，其业绩也就受到了影响。缺少了卓越的销售网络，公司被迫通过大众经销商，如沃尔玛和西尔斯等来销售其产品。这样，其产品在顾客看来，实际上就变成了一种普通商品。很明显，公司通过评估企业内部环境，找出哪些价值创造作业能给它们带来竞争优势并据此设计其发展战略，是可以受益的。战略方向不连贯可能会使企业争取成功的努力大打折扣。同样，过分关注价值链的某一部分而忽视其他部分，可能会导致无法提高甚至无法维持企业的整体效率。

确保战略方向上的连贯性

> **学习目标 1**
> 对战略目标的认识可以帮助企业在战略方向上保持连贯性。

整个企业的员工和管理者必须朝着相同的目的和目标努力。明确了希望实现的目标，朝其努力就变得容易多了。否则，如果人们不知道企业努力是为了什么，他们将失去工作的方向。就像那句古老的航海谚语所说的："无目的的船永远搭不上顺风。"

企业是通过分层级的目标陈述来表达其最重要的任务的，这个分层级的目标包括企业愿景/远景、使命说明和战略目标。愿景缺少具体性，它构成了能激发强烈情感形象的能力。另外，战略目标相对更具体，并能根据它来确定组织是否在朝着自己更远大的综合目标前进。和人们预期的一样，愿景比使命和目标具有更长的时间跨度。图表3—1 说明了目标的层级结构以及与两个构成部分的关系：从综合到具体，及时间跨度。

图表3—1　目标的层级结构

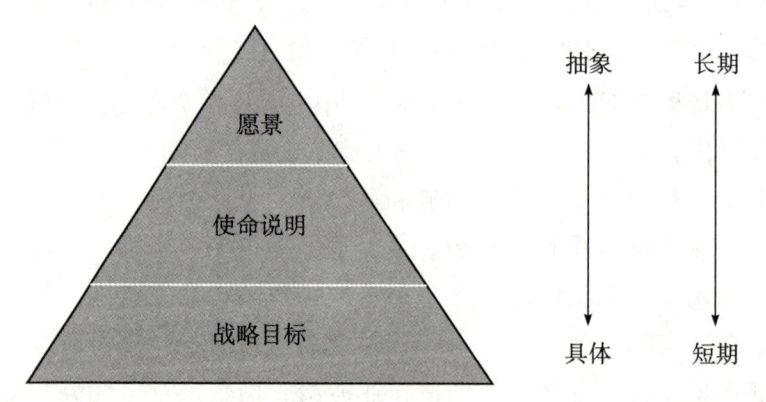

（金字塔图：从上到下依次为 愿景、使命说明、战略目标；右侧标注 抽象↔具体，长期↔短期）

组织愿景

> **组织愿景**
> 一个企业希望最终实现目标的说明。

愿景是"非常能激励人的、有统率作用的而且是长期的"目标。它代表了一种不仅由热情驱动而且能激发热情的目标。愿景可能会实现,也可能不会实现,这完全取决于所有事情是否按照企业的战略发生。如同惠普电脑的首席执行官马克·赫德(Mark Hurd)幽默地指出的:"不付诸实施,愿景只是幻想的一个代名词。"

"作为后记,固特异的故事最终实现了一个大团圆的结局。"在2003年初,伊斯曼柯达公司的前主席罗伯特·祁甘(Robert Keegan)取代执任37年的退役军官萨米尔·吉巴拉(Samir Gibara)而成为首席执行官。当时,固特异的股票正在5美元/股的水平上挣扎(当年2月3日达到全年最低的3.57美元/股)。罗伯特·祁甘开始实施重组计划,将公司重新定位为一个生产消费品的企业而不是一个锈带工厂*。多年来,固特异一直追求以较小的利润空间向汽车制造商大规模销售轮胎和向中档层次市场销售备用轮胎。不同的是,在祁甘的领导下,公司开始开发昂贵的、面向豪华车使用者的高性能轮胎。低端轮胎的生产开始转移到固特异在拉丁美洲、亚洲和东欧等工资水平比较低的国家所开设的工厂。北美业务的负责人乔纳森·里奇(Jonathan Rich)说:"我们的大楼盖错了地方"。经历了2001—2004年的长时间亏损后,固特异在2005年扭亏为盈,并实现了2.28亿美元的净利润。2007年初,其股票价格回升,已经超过了21美元/股——远远高出了祁甘接任时的水平。

---

*锈带:一般指美国的一些老工业区,有许多老工厂,尤其是那些勉强能获利或已关闭的老工厂。——译者注

领导者必须涉及并实施愿景。一份调查访问了 1 500 名资深领导者，其中有来自 20 多个国家的 870 位首席执行官，受访者被问到他们认为领导者的基本特征是什么时，98% 的人回答说"强有力的前瞻性"是最重要的。类似地，当被问及最重要的知识技能时，这些领导者引用了"实现愿景的战略制定能力"这句话来描述最重要的技能。换句话说，管理者不仅需要有远见，还需要有实施计划的能力。遗憾的是，90% 的人报告说对个人的技能和理解愿景的能力缺乏信心。例如，1992 年遇到一些问题的芯片制造商 Cypress 半导体公司，首席执行官 T.J.罗杰（T. J. Roger）感慨地说是他自己的短见给公司带来了危险："我看不到五万英尺那么远，所以就中招了。"

关于愿景，最著名的例子之一来自迪士尼公司——"地球上最快乐的地方"。其他的例子还包括：

- "让患者重获生命。"［美敦力公司（Medtronic）］
- "我们希望满足顾客的所有财物需求，并帮助他们实现经济上的成功。"［美国富国银行（Wells Fargo）］
- "我们要成为世界上最快的快餐店。"（麦当劳）

这些愿景在多大程度上已实现？ 虽然不能按照这样的具体指标对愿景进行准确衡量，但它们确实很重要地说明了一个组织的价值观念、憧憬和目标。显然，这些愿景远远超出了企业的经济目标并力求抓住员工的心灵。

愿景陈述也可能包括一个口号、图表或者图片——任何能抓住人们注意力的东西。目标是用简短易记的只言片语概括出形式背后隐藏的精义，并能激发整个愿景陈述的精神。在与施乐战斗的 20 多年中，佳能公司的口号或者战斗宣言是"战胜施乐"。摩托罗拉公司的口号是"全面客户满意"。 舷外机有限公司（Outboard Marine Corporation）的口号是"带世界去航行"。雪佛兰公司（Chevron）努力的方向是"比最好的再好一点"。

很明显，愿景陈述不是万能药。有时候会事与愿违或者损害企业的信誉。其失败的原因有很多，包括在以下几段中将要讨论的。

言行不一致　理想的愿景可以激发员工的热情。但是，如果员工发现高层管理者的行为与愿景目标不一致时，这种热情会迅速受到冲击。很多情况下，愿景都是一个空无内容的豪言壮语式的口号，管理者的行为并不能支持像"投入地工作"、"团队精神"、"全面质量"等口号。

无关性　愿景创造出来的是一个真空——与环境威胁或机遇、企业资源或能力等没有关系——往往忽视潜在购买者的需求。员工拒绝与实际不相干的愿景。

不是梦寐以求的东西　管理者为了解决他们企业的问题，经常不停地搜索一个虚无缥缈的方法——也就是管理界一直以来梦寐以求的万能药。他们也许已经试验了其他的一些管理学的时尚理念，却发现无法达到他们的预期。但是，他们仍然相信存在着这样一种东西。愿景支持科学的管理，但是要求每个人言必行，行必果。愿景不能被简单看做医治企业疾病的神药。

为了一棵树而放弃整个森林　很明显，科学的愿景陈述可以集中人们的努力并激励人们。但是，其短处是在指引人们和资源朝着一个宏伟的目标努力时，损失可能是毁灭性的。下面我们看一看三星公司在汽车制造行业中的莽撞冒险。

1992年，韩国三星集团的主席李健熙（Kun-Hee Lee）抛出一个大胆的战略：到2010年成为世界十大汽车制造商之一。在这一明确愿景的引诱下，三星公司通过设立合资企业或者供应合作安排跨越了调研阶段，却大举借债试图打造一个最新的研发基地、在平地上建工厂——配以先进的机器人技术。三星汽车（Samsung Auto）从一开始就承受着经营损失并背负着沉重的利息负担。几年之内，这一业务的先期投资就被逐渐终止了。

与现状矛盾的理想未来　虽然愿景的设计不是映照出来的现实，但是它们之间必须有一定的联系。如果愿景只描绘了一个美好的未来，而不考虑到企业竞争环境中的危险或者忽视了企业的弱点，人们在认同这一愿景时就会有困难。

使命说明

> **使命说明**
> 对企业组织目标的说明。

使命说明与愿景的不同在于它包含了公司的目标以及竞争的基础和竞争优势。

图表 3—2 是拥有 570 亿美元规模的健康医疗巨人 WellPoint 健康网络的愿景陈述和使命说明。需要注意的是，愿景陈述更宽泛，使命说明则更具体、更关注企业的竞争手段，包括生产迎合顾客需求的品牌化产品来建立长期的顾客关系。

图表3—2　比较Wellpoint健康网络的愿景和使命

愿景
Wellpoint 将重新定义我们的行业： 借新一代顾客友好产品，让个人重新控制自己的未来。
使命
一系列可选优质品牌的健康产品及相关金融服务，完全按照个人、家庭和发起人不断变化的期望而**设计**，Wellpoint 借此提供**终生健康安全保障**。

资料来源：WellPoint Health Network Company Records.

有效的使命说明包括了利益相关者管理的理念，暗示了一个企业如果希望生存并繁荣发展，必须照顾各方民众。顾客、员工、供应商和所有权人是基本的利益相关者，但是其他的也可能发挥非常重要的作用。如果能反映出企业长期的、统领的战略重点和竞争定位，使命说明也会带来最大的冲击。使命说明的长度和具体性也会有所不同。下面的两个使命说明也说明了这一问题。

- 在以最高质量的运输、物流和电子商务服务我们的客户的同时，为我们的股东创造卓越的经济回报。（联邦快递）
- 成为行业最佳。我们的游戏计划是准备……我们不断勇往直前，凭借我们的实力，实现新的目标。在我们追求这些成功的过程中，我们看到 Brinker 标志上的三颗金星就会想起我们的基本价值观念，也就是这家公司的实力所在……人、质量和赢利。我们在 Brinker 做的一切必须支持这些核心价值观念。我们也看到我们标志上的八团金色的火焰，时刻记着撑起这个伟大公司的精神和灵魂、点燃我们使命的火种。这些火焰代表着：顾客、食品、团队、理念、文化、伙伴、社区和股东。作为火种的守护人，我们将继续凭借我们的实力共同努力，成为行业中的最佳企业。（Brinker International，其连锁餐厅包括 Chili's 和 On the Border。）

使命说明极少将赢利或者任何其他经济指标作为企业的唯一目的。实际上，大部分甚至都不提及赢利或者股东回报。组织或者部门员工往往是使命的最重要听众。对他们来讲，使命应该能帮助他们形成对目标的共同理解并为之努力。

利润最大化不仅不能激发人，而且也不能构成企业之间的差别。长期看，每个企业都希望将利润最大化。通过陈述重要主题，一个科学的使命说明必须告诉人们为什么这个组织是独特而与众不同的。将企业价值观念和使命说明与财务业绩联系起来的两项研究发现，更成功的企业提到了价值而不是利润。比较不成功的企业则只关心赢利能力。从本质上讲，利润可以比作身体赖以存在的氧气、食物和水。它们不是生命的本身部分，但是没有它们就没有了生命。

虽然愿景陈述一般都有长期且稳定不变的趋势，但一个企业的使命是可以改变的，而且在竞争条件发生重大变化或者企业遇到新的机遇或挑战时，应该对使命做出调整。战略聚焦 3.1 给出了一家公司即 NextJet 公司为了抓住新的机遇而调整使命的例子。

战略聚焦 3.1

NextJet 的使命调整

对于 1999 年在达拉斯创办的经营隔夜速递业务的 NextJet 公司来说，网站崩溃只是第一记重拳。更大的打击是伴随着"9·11"恐怖袭击而来的，当时客运航空公司被要求增加安全检查并减少航班。NextJet 的优势之一是在全国各地机场与客户之间递送包裹的信使服务网络，这一切都是通过其独有的可以确定最佳路线的软件系统的协调来实现的。但是，当靠航空公司在城市间递送包裹无法迅速到"物有所值"时，公司的业务模式就崩溃了。

NextJet 没有放弃，围绕着软件本身就是最重要的资产这一想法，NextJet 重新打造了公司的业务。当其软件被成功应用于联合包裹服务公司（UPS）时，公司的使命立刻得到了认可。NextJet 的软件为坐落于亚特兰大的联合包裹服务公司提供了一个能够设定航线价格和跟踪包裹的工具。在很多企业紧缩开支时，一日速递的业务就消失了，但是有些东西是等不及第二天送达的。例如，医院设备制造商可能需要将零部件在几个小时内送达。NextJet 公司的软件可以帮助托运人在 8 分钟内在航空、卡车和信使业务中确定最快路线和最便宜的价格，并做出重要决定。除了联合包裹服务公司，其客户还包括联邦快递、灰狗公司（Greyhound）和 Menlo Worldwide。

NextJet 服务了一个非常巨大的行业分区——服务和物流。在美国，零部件的年需求估计在 5 000 亿美元的规模。考虑到对企业收入的潜在影响，管理者已经提高了对高效率物流业务的重视。毕竟，一条生产线是否能运转往往取决于一个比较便宜的零部件是否能被迅速正确地安装好。

NextJet 现在在美国有 4 个办公室，共 50 名员工，面对新的使命似乎已经走上了正轨。虽然这家私营公司的负责人不愿透露其财务状况，但他们说公司马上就要度过第三个连续赢利的季度了。

资料来源：Goldstein, A. 2002. NextJet is hoping that its software can deliver. *Dallas Morning News*, December 4: 1-3; industry.java.sun.com/javanews/stories/story2/0, 1072, 34986, 00.html; Nelson, M. G. 2001. NextJet network adds wireless. *Information Week*, April 30: 34; Anonymous. 2004. Who's who in e-logistics. www.americanshipper.com, September; Hudspeth, B., & Jones, J. 2004. Service parts and logistics: Should you in-source or outsource. 3pl line, www.inboundlogistics.com, October.

战略目标

> **战略目标**
> 企业组织短期内追求的目标。

到目前为止,我们已经讨论了愿景和使命。愿景陈述一般倾向于更宽泛,是一种目标,这种目标代表了一个鼓舞人心的、指导全局的、激发人的感情的目的。使命说明倾向于更具体,解决的是企业存在的理由和竞争优势赖以存在的基础等问题。**战略目标**用来使使命说明具有**可操作性**。也就是说,它帮助指导企业如何实施或者朝目标层级体系中的"更高目标"——使命和愿景——前进。因此,它们更具体,时间限制更明确。

设立战略目标时需要一个标尺来衡量这些目标完成的进度。如果一个目标缺乏具体性或者无法测量,其用处就不会很大,这是因为完全没有办法确定它是否可以帮助企业朝着使命和愿景前进。

图表3—3列出了几个企业的战略目标,这些战略目标分为经济类和非经济类。这里的大部分战略目标是以为企业所有者创造更多利润和回报为指导的,其他的则是以一般意义上的顾客和社会为指导的。

图表3—3 战略目标

战略目标(经济)
• 以后5年内,每年将销售增长从6%提高到8%,将每股净收益提高13%~15%。(宝洁公司)
• 网络业务收入达到15亿美元。(AutoNation)
• 将银行集团(Banking Group)投资、经纪、保险业务的收益贡献从16%提高到25%。(美国富国银行)
• 每年将日常费用削减3 000万美元。(Fortune Brands)
战略目标(非经济)
• 接受调查时,我们希望我们客户中的绝大多数说他们认为美国富国银行是社会上最好的金融机构。(美国富国银行)
• 我们希望到2010年经营着6万家门店——超过2000年的3万家。(沃尔格林)

续前表

• 我们希望成为我们顾客的最佳供应商。（PPG）
• 到 2010 年减少温室气体排放 10%（在 1999 年的基础上）。（英国石油公司 Amoco）

资料来源：Company documents and annual reports.

要使战略目标有意义，它们需要满足以下几个条件。它们必须是：

● **可测量的**。必须有一个指标（或者标杆）可以测量这些目标实现的进度。

● **具体的**。这给出了一个要完成什么的明确信息。

● **适当的**。必须与企业的愿景和使命保持一致。

● **切实可行的**。考虑到企业的能力与环境中的机遇，这些目标必须是可以实现的。关键是它应该有挑战性，但是是可以做到的。

● **时间性**。应该有一个完成这些目标的时间表。毕竟，正如经济学家约翰·梅纳德·凯恩斯（John Maynard Keynes）曾说过的："长期看，我们都死了！"

如果战略目标满足了上述条件，会为企业带来很多好处。首先，它们可以将整个企业的员工引导到共同的目标上去。这能帮助企业集中优势，保护重要资源，及时高效地共同努力。

其次，具有挑战性的战略目标可以帮助激励整个企业的员工更加投入和努力地工作。很多研究都表明：一个人朝着具体的目标前进时，会比被简单地要求"努力工作"更加努力。

再次，企业的各部分总有可能只追求自己的目标而不是企业的整体目标。虽然出发点是好的，但是这可能会与整个企业形成一种矛盾。因此，出现冲突时，好的战略目标应该可以帮助化解这种冲突。

最后，恰当的战略目标提供了一个衡量报酬与奖励的尺度。它们不仅能带来更高的员工激励，而且能够在报酬分配中帮助树立更高的公平感。

总而言之，在如何实施战略目标上，要注意确保整个企业内部的一致。否则，员工和企业各部门之间会走向相反的方向，资源会被浪费，人也会变得缺乏上进心。思考一下资产100亿美元的联合集团达信（Textron）是如何保证其企业目标的有效实施的：

> 在达信，每个业务部门都需要确定"改进重点"并依次落实，提高企业整个战略计划的规定绩效。每项改进重点都转化成有明确说明、时间表和关键完成指标的行动任务，负责人能够判断每个部门对其重点是如何改进的。改进重点和行动串联在企业的各个层级中——从管理委员会（包括达信联合集团的5大负责人）到公司10个业务部门中的最低层级。达信的首席执行官刘易斯·凯贝尔（Lewis Campbell）说："每个人都要知道：'如果我只有1小时的工作，这就是我要集中精力做的。'我们的目标部署流程使每个个人的任务和重点都很清晰。"

正如以上案例说明的，与我们本节重点讲述的战略目标相比，企业有比其更具体、层级更低的目标。这经常被称做短期目标——构成了企业执行的既定战略中重要"行动计划"的基本内容。

价值链分析

> **学习目标 2**
> 企业价值链中的基本活动和辅助活动。
> **价值链分析**
> 重点关注价值创造活动的企业战略评估。
> **基本活动**
> 价值链上的系列活动，指产品或服务的实际创造过程，其销售、运输、服务——包括内部物流、生产、外部物流、推广和销售、服务。
> **辅助活动**
> 要么通过自身增加价值、要么通过与基本活动或者其他辅助活动的关系增加价值的活动，包括采购、技术开发、人力资源管理和总管理。

价值链分析是理解企业组织内部环境的另一个基本工具。这种分析方法将其组织看做有先后顺序的一系列价值创造活动的组合。使用这种方法有助于理解构成企业竞争优势的基础。迈克尔·波特在他的开山之作《竞争优势》(Competitive Advantage) 中描述了价值链分析。从竞争的角度讲,价值是购买者愿意为公司提供的产品所支付的价格。价值以总收入——反映了公司产品可销售的价格和可销售的数量——为衡量指标。公司收回的价值超过生产产品或服务所需的总成本时就可以获利。创造出大于生产成本的购买者价值(即利润空间)是分析企业竞争地位时使用的基本概念。

波特描述了两类不同的活动。首先是五种**基本活动**——内部物流、生产、外部物流、推广和销售、服务——包括贡献于产品或服务的实际生产的服务、零售和配送服务以及售后服务。其次是**辅助活动**——采购、技术开发、人力资源管理和总管理——要么通过自身增加价值,要么通过与基本活动或者其他辅助活动的关系增加价值。图表3—4 说明了波特的价值链。

图表3—4 价值链:基本活动与辅助活动

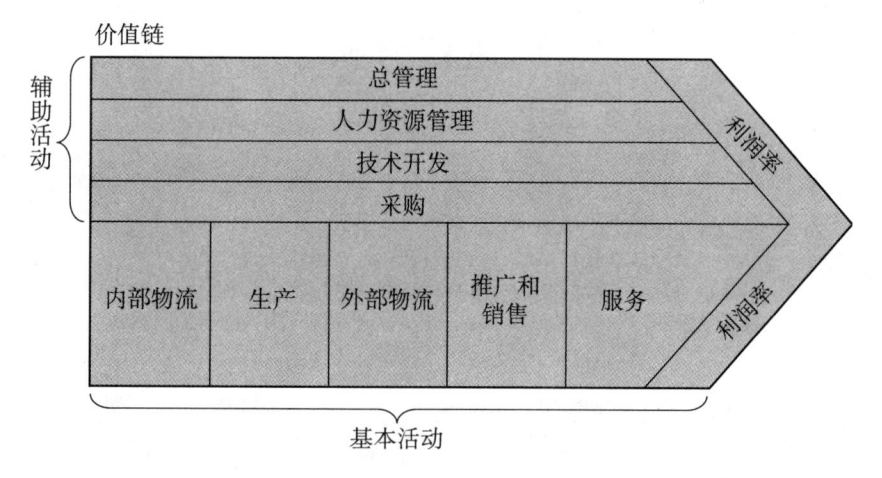

价值链					
辅助活动	总管理				利润率
	人力资源管理				
	技术开发				
	采购				
	内部物流	生产	外部物流	推广和销售	服务
	基本活动				

要充分利用价值链分析,需要以最宽广的视野来看这一概念,不能受到自己企业边界的限制。也就是说,要将自己的企业置身于一个范围更广的包括了供应商、顾客、联盟伙伴等的价值链中。因此,除了透彻理解价值在组织内是如何创造的之外,你必须明白在涉及公司

的整个供应链和分销渠道中，对于其他组织来说价值是如何创造的。

接下来我们将分别描述并举例说明基本活动和辅助活动。然后我们将通过具体的例子说明公司是如何通过组织内和组织外的各种活动（例如涉及顾客和供应商的一些活动）来创造价值的。

基本活动

任何行业的竞争都涉及五类基本活动。根据具体的行业和企业战略，每一类活动可以分成很多具体的活动。

内部物流　内部物流主要指接收、存储和分配原料到生产中，包括物资处理、仓储、存货控制、车辆调度，然后回到供应商那里。

例如，即时生产存货管理系统的设计目的就是实现高效的内部物流。从本质上说，丰田汽车公司是即时生产管理系统的典型范例，在这一管理制度中，汽车零部件只有在需要前几个小时才会被运送到组装工厂。丰田汽车公司承诺5天配送购买者的新车订单，即时生产管理系统在其中起到了极其重要的作用。这一标准与大多数竞争者需要约提前30天预订形成强烈的对比。丰田汽车公司的这一标准甚至比行业内公认的最具订单跟踪效率的本田汽车公司（Honda Motors）还要快3倍。这5天是从公司收到购车订单到汽车离开组装工厂的时间。根据顾客居住地点，实际配送可能还需要一些时间。下面我们看一看丰田汽车公司是如何实现这样的高速流转的。

- 360个关键供应商通过组装线上的电脑与公司连接。
- 供应商按组装订单用卡车装运零部件。
- 零部件每次在卡车上都放在同一位置，这样使工人能迅速卸车。
- 配送按照严格的12辆/天的时间表进行，两车之间的时间间隔不超过4小时。

生产　生产包括将投入变成成品涉及的所有活动，例如机器加工、包装、组装、测试、印刷和设施运营。

实现环保制造是通过运营获得竞争优势的途径之一。邵氏产业（Shaw Industries）公司［现为伯克希尔·哈撒韦公司（Berkshire Hathaway）的一部分］——一个地板制造行业的世界级竞争者——以其环保意识而著称于世。该公司在降低处理生产中的危险化学品和废弃物的成本方面一直非常成功。其环保努力带来了多重回报。邵氏公司的回收工作给公司带来的诸多奖项——都是提高企业声誉的奖励。

外部物流 外部物流指的是收集、存储、向购买者分销产品或服务等活动。这些活动包括商品装饰、仓储、物资处理、配送车辆调度、订单处理和预订。

金宝汤公司（Campbell Soup Company）使用一个电子网络来帮助它们向优秀零售商持续供货。每天早晨，零售商通过电子系统通知金宝汤它们销售中心的产品需求和存货水平。金宝汤根据这些信息预测未来的需求并确定哪些产品需要补充（以每个零售商预先确定的存货上限为基础）。送货卡车下午离开金宝汤的配送中心并在当天到达零售商的销售中心。这个项目使相关零售商的存货从四周降低到两周的水平。金宝汤之所以能取得这一成绩是因为它们减少了配送时间，也是因为它们知道主要零售商的存货水平并能够按照需求调配供给。

金宝汤的例子同样说明了典范价值链活动带来的双赢利益。供应商（金宝汤）和购买者（零售商）都占得先机。既然零售商从金宝汤持续的产品补充中挣到了更多的钱，它们就可能有买更多东西并给公司更多货架空间的动机。金宝汤引进这一项目之后，参加该项目的零售商销售产品的增长比未参加该项目的零售商翻了一番。毫无疑问，连锁超市喜欢这样的项目。例如，位于纽约市区的Wegman's食品超市曾扩大其会计系统计算，并奖励产品存储和销售成本最小的供应商。

推广和销售 这些是与产品购买、最终用户服务、鼓励人们购买等相关的活动，包括广告、促销、销售人员队伍、报价、渠道选择、渠道关系和定价等。

只有优秀的产品是不够的。关键是让你的渠道伙伴相信带上你的产品并按照与你的战略一致的方法来推广对它们是最最有利的。思考一下孟山都公司（Monsanto's）教育经销商改进Saflex窗价值定位的努力。孟山都公司 20 世纪 90 年代投产的新品具有非常卓越的特点：在窗户的两层玻璃之间夹入一个塑料隔层形成一种特殊的玻璃。这种玻璃不仅比普通玻璃具有更好的紫外线保护效果，而且破碎时，会粘在中间的塑料上——这对家庭和轿车来说都是优良的安全特性。

尽管有这些好处，孟山都公司还是费了很大的力气说服层布贴合机和窗子制造商购买 Saflex 产品。根据孟山都公司的品牌经理梅丽莎·托利多（Melissa Toledo）的说法："Saflex 的价格最多超出普通玻璃的 30%，其价值链上的各个阶段（经销商和零售商）都没有想到如此昂贵的产品会有需求。"孟山都公司的解决方案是什么？接下来，孟山都公司将 Saflex 命名为 Keepsafe® 重新投产，并调整了产品的价值组合。通过分析供应链上所有参与者的经验，公司拿出了一个推广项目，这一项目能帮助各参与者改善以销售公司产品为目的的业务。托利多说："我们想知道它们是如何卖这类产品的，它们面临的挑战是什么，它们需要什么条件才能卖掉我们的产品。我们努力满足它们这些需求，它们给了我们很大帮助。"因此，市场推广经常是竞争优势的一个关键要素。

战略聚焦 3.2 讨论了市场推广的一个重要方面——市场研究，我们看一看高级皮革手袋及其他产品的制造商寇兹（Coach）的情况。

战略聚焦 3.2

寇兹的高效推广战略

寇兹将其皮革制品装到了雷克萨斯（Lexus）汽车上，徽章也装到了佳能炫飞数码相机的机身套上。但是，公司拒绝了酒店和运动饮料使用公司名称的要求。公司称这一战略为"聚焦"——公司承认十几年前公司的形象实际上相当平庸。这是多么巨大的变化！

如今拥有 443 家门店的寇兹凭借销售时尚又相对便宜的手包而大发其财。自公司 2000 年上市后，收入已经增长了 4 倍。现在，寇兹的手包主要卖给追求精致手袋的女性。到 2006 年 7 月 1 日的财年末，销售额增长 23%，达 21 亿美元，息税前收入增长了34%，达到7.65亿美元。公司股价在2007年1月也创造了46美元/股的历史最高纪录。

促成寇兹成功的一个关键因素是其对顾客购买习惯的了解。公司每年要花400万美元～500万美元用于市场调研，包括在店内以及通过电话、普通信件或者互联网对15 000名女性的调查。分析这些信息使寇兹知道最大的买主每4~5个星期光临一次它们的门店。因此，寇兹按照这一"节奏"推广新品和新的店面设计。

除了推广时机外，公司的市场推广实验记录了价格、特色和竞争品牌产品调整的效果，收集来的独享信息也为这种实验提供了一个基础。以这些数据为基础，寇兹迅速调整了产品设计，放弃测试效果比较差的产品，推出更多质地和颜色搭配，调整价格，按照顾客分布情况调整各门店的商品展示。几年前，寇兹邀请顾客试用Hampton小包并了解到她们愿意比公司预计的多付30美元。对于另一款包，寇兹鼓励顾客就设计提出反馈意见，并了解到顾客觉得这款包容易"倾斜"，于是加宽了包底。

资料来源：Fass, A. 2007. Trading up. Forbes. January 29: 48-49; Slywotzky, A. J. & Drzik, J. 2005. Countering the biggest risk of all. *Harvard Business Review*, 83(4): 78-88; and, Fass, A. 2005. Thank you for spending $300. *Forbes*, January 10: 150.

有时候，一个企业的市场推广活动可能会太有进攻性而导致不道德的甚至非法的行为。例如：

- Burdines。这家连锁百货商场因涉嫌未经同意就向顾客信用卡强加会员服务而遭到调查。

- Fleet Mortage。该公司曾被控在顾客不知情的情况下向顾客的抵押贷款强加牙齿和家庭保险费用。

- HCI Direct。11个州起诉该直邮销售公司对顾客未订购的内衣样品收费。

- Juno Online Services。该网络服务提供商因不向顾客提供取消服务的电话号码而遭联邦贸易委员会（Federal Trade Commission）处罚。

服务 这种基本活动包括与提高或保持产品价值相关的所有活动，例如安装、修理、培训、零配件供应和产品调试。

让我们看看两个零售商是如何提供这种示范性服务的。在丝芙兰（Sephora.com），接听回头客电话的顾客服务代表立即就能知道她最喜欢的口红的色号。这可以帮助服务代表向顾客建议匹配的唇彩色号，从而推动其他产品的销售。首席执行官吉姆·威盖特（Jim Wiggett）期望这种人性化服务可以帮助建立顾客忠诚度并通过每一个顾客提高销售量。诺德斯特龙（Nordstrom），这家总部位于西雅图的连锁百货商店甚至更进一步。它有一个网络助理：也是一个销售代表，它可以控制顾客的网络浏览器并正确地引导顾客找到其正在寻找的产品，如一条丝巾。首席执行官丹·诺德斯特龙（Dan Nordstrom）相信这种能力将可以吸引来更多的购买者，更可以回报这100万美元的软件投资。

辅助活动

如图表 3—5 所示，价值链上的辅助活动基本上有四类。和基本活动一样，根据具体的行业，每一类辅助活动也可以分成一系列具体的价值创造活动。例如，技术开发中的各种活动可能包括成分设计、外观设计、实际测试、工艺工程和技术选择。类似地，采购也可以分成不同的活动，例如新供应商认可、差异原料购买和供应商行为监督等。

图表3—5 价值链：评估企业辅助活动时需要考虑的一些因素

总管理
• 实现综合目标的高效规划制度。
• 高层管理者预测重要环境趋势或事件并借机行事的能力。
• 为资本支出和工作资金寻找低成本资金的能力。
• 与各利益相关者集团保持良好的关系。
• 协调和整合跨"价值体系"活动的能力。
• 高度透明的企业文化、声誉和价值观念灌输。

续前表

• 高效实用信息技术整合价值创造活动。
人力资源管理
• 高效的员工招聘、开发和挽留机制。
• 与行业协会保持良好关系。
• 创造良好的工作环境以最大化员工整体表现,并最大限度降低缺勤率。
• 鼓励所有员工的报酬与激励制度。
技术开发
• 高效的产品和工艺技术研发活动。
• 研发部门与其他部门之间积极的合作关系。
• 领先的设备设施。
• 鼓励创造与革新的文化。
• 优秀的人才专业资格。
• 按时完成重大任务的能力。
采购
• 降低相关成本、优化质量与速度的原材料采购。
• 发展与供应商的合作"双赢"关系。
• 购买广告与媒体服务的高效手段。
• 分析选择可替代原料以最小化对某供应商的依赖程度。
• 准确决定租赁/购买的能力。

资料来源:Reprinted with the permission of The Free Press, a division of Simon & Schuster Adult Publishing Group, from *Competitive Advantage: Creating and Sustaining Superior Performance* by Michael E. Porter. Copyright © 1985, 1998 by Michael E. Porter. All rights reserved.

采购 采购指的是在企业的价值链中购买所用原料的行为,而不是购买的原料。购买的原料包括原材料、储备、其他消耗品和机械、实验设备、办公设备和建筑等资产。

微软通过正规的供应商评估改善了采购流程(及供应商质量)。微软的一个部门将针对员工的评估流程扩展应用到了外部供应商上。从员工旅行到养老计划再到电子图书馆等等,这个什么都管的部门叫员工服务组,它们将超过60%的服务都外包了。遗憾的是,关于微软对这些服务的评价,员工服务组没有向供应商提供足够的反馈。这种反馈正是供应商想要的，也正是微软想给的。微软开发的这一评估系统帮助公司明确了对供应商的期望。一个负责人评论说："我们有一个供应商——是在引进新系统之前的——5分的评价它只能得1.2分。我们提供了这些反馈后，供应商理解了我们的期望，其表现得到了巨大的改进。六个月后，评价已经到了4分。如果在引进这个反馈系统之前要我这样做，我可能只会说那是不可能的。"

技术开发 每一个价值创造活动都是技术的具体体现。大部分企业所使用的技术范围非常广泛，从文件准备、商品运输的技术到工艺、设备或者产品本身体现的技术等。与产品或其特性相关的技术开发构成了整个价值链，而其他的技术开发都与具体的基本活动或者辅助活动相关。

战略聚焦3.3讨论了一种独特的技术应用——火车站使用橡胶地板垫发电！

战略聚焦3.3

通勤者电：新的发电手段

点亮一个灯泡需要多少个日本通勤者？2006年10月16日，东日本铁路公司（East Japan Railway，或JR East）开始测试走在上面可以发电的橡胶地板垫。这种橡胶垫可以将震动产生的能量转化为电能，它们将在东京站几个旋转门下安装两个月的时间。

眼下，当然无法产生足够的电：通勤者迈一步只能产生100微瓦的电。

每天有70万通勤者进出东京站，这可以转化为70瓦电力——仅够一个100瓦的灯泡亮10分钟。

但是，管理者们并不灰心。他们称，未来几年如果技术能得到完善，这些踩来踩去的脚步将能产生更多的电——为火车站的照明和其他需要提供电力。"橡胶垫可以为不需要太多电力的机器和信号灯提供电力，"东日本铁路的发言人高木根本

（Takaki Nemoto）说，"但这是未来的事。"

资料来源: Hall, K. 2006. Now that's Commuter power. *BusinessWeek*, November 13: 10.

人力资源管理　人力资源管理包括各类人员的招募、聘用、培训、开发和补偿等活动。这支撑了具体的基本活动和辅助活动（如聘用工程师或者科学家），也支撑了整个价值链（如与工会的谈判）。

与许多服务型公司一样，捷蓝航空公司（JetBlue Airways）也困惑于高级员工的招聘。但是它们发现很难吸引大学毕业生投入到空乘服务中来。捷蓝航空公司开发了极富创新精神的空乘人员招聘项目——这个为期一年的合同使员工有机会旅行、会见各种各样的人员，然后决定他们可能喜欢做的其他事情。公司还引进了"将员工培训成朋友并一起工作"的理念。凭借这种员工友好行动，捷蓝航空公司在吸引人才方面一直非常成功。

一般情况下，员工离开一家公司是因为他达到了一个高度并开始寻找新的机会。美国电话电报公司（AT&T）努力通过资源链挽留人才——这是一项内部的临时服务，可以使有不同管理、技术或者专业技能的员工向其他部门推荐自己，从事一些短期任务。这使专业人员可以扩展自己的经历，也为公司的其他部门提供了一种从新思路获益的机制。

通用电气的主席杰弗里·伊梅尔特（Jeffrey Immelt）谈论了有效人力资源管理的重要性：

> 人力资源必须是超部门的。通用电气早在五六十年前就已经认识到在开展多种经营的公司里，共同的基础就是人与文化。从一个员工来到通用电气的第一天开始，他将发现他来到了一家人的发展与其他发展并重的企业。你会发现大多数优秀公司的人力资源管理与我们的相同，但是，这之间是有差异的。通用电气的人力资源不是一个议程项目，它就是一个议程。

总管理　总管理由一系列活动构成，包括：综合管理、规划、金融、财会、法律与政府事务、质量管理和信息系统。总管理（与其他辅助活动不同）典型地支撑了整个价值链而不是具体的价值创造活动。

虽然有时候总管理被认为仅仅是高高在上的，但却可以成为竞争优势的重要来源。例如，在一个电话运营公司，与管理部门谈判并维护持续的关系可能是获取竞争优势的最重要活动之一。类似地，高效的信息系统可以极大提高企业成本优势，而在一些行业中高层管理者在与重要客户的关系中起到了关键作用。

高层管理者的强势高效的领导能力也可以为一个企业的成功做出巨大贡献。如同我们在第一章讨论的一样，赫伯·凯勒赫、安德鲁·格罗夫和杰克·韦尔奇等首席执行官因分别在西南航空公司、英特尔和通用电气的成功中扮演了重要角色而备受赞誉。卡洛斯·戈恩在玩转位于日本的汽车制造商日产公司后，被认为是当今最优秀的企业领导者之一。

信息系统在提高运作效率和改善企业绩效中也起到了关键作用。思考一下沃尔格林公司（Walgreen）引进的 Intercom Plus 系统，这是一个计算机化的处方管理系统。医生办公室与第三方支付计划通过计算机相连，系统提供了自动化的电话接转、店铺之间的处方转移和药品重新订购等。它也提供了药物反应信息，加上改进的工作流程，将药剂师从行政管理事务中解放出来，可以投入更多时间为患者提供咨询。

组织内及组织间价值链活动之间的相互关系

> **学习目标3**
> 价值链分析如何帮助管理者通过分析企业内部活动之间的关系、企业与顾客及供应商之间的关系来创造价值。

为了能介绍清楚，我们逐一介绍了价值链上的活动。但是，管理者一定不能忽视价值链活动之间相互关系的重要性。这种关系有两个层次：（1）组织内活动间的相互关系；（2）组织内活动和其他组织间（例如顾客和供应商）的相互关系，这构成了企业扩展价值链的一部分。

关于第一个层次，回想一下美国电话电报公司极具创新精神的资源链项目（在这个项目中，达到一个高度的员工可以申请组织内其他部门的临时职位）。很明显，这个项目可能会给公司的价值链上所有活动带来好处，因为它为高级员工向组织内所有价值创造活动出借专业技能创造了机会。

关于第二个层次，金宝汤公司引进的电子网络使其能够提高外部物流的效率。同时，它也帮助金宝汤提高了管理原材料订购的效率，改善了生产进度规划，并帮助顾客更好地管理内部物流的运转。

位于瑞士的纺织染料生产商汽巴精化（Ciba Specialty Chemicals）给我们提供了一个企业的价值创造活动如何提高顾客价值的例子，该公司已经于1996年与山德士合并建立了诺华公司。公司的研发专家发明了一种能更好地固定在织物上的染料，因此减少了对盐的需求。这一创新是如何为汽巴的顾客增加价值的呢？有三种方式。首先，它降低了使用盐的费用。使用新染料的纺织公司通过减少用盐节约的成本最高可达收入的2%，对于一个利润率极薄的行业来说这是巨大的。其次，它降低了生产商水处理的成本。洗涤后富含盐和未固定的染料的水，在排放到河流里前必须经过处理（即便是在环保标准非常松散的低收入的国家也是如此）。简单地说，更少的盐和更少的未固定染料就意味着更低的水处理费用。最后，新染料的更好固定效果使质量控制更加容易，降低了返工的成本。

我们以战略聚焦3.4来结束本节。该战略介绍了卡地纳健康集团（Cardinal Health）是怎样通过巧妙地整合一些价值创造活动而为供应商和顾客创造价值的。

战略聚焦 3.4

卡地纳健康集团：在扩展的价值链上创造价值

卡地纳健康集团是一个药品批发销售商，从制药公司购买喷雾、药片或者胶囊后将它们送到药店的货架上或者急救室护士的手中。在这个行业中，赢利能力是一个问题，因为公司被夹在了强大的制药商和成本意识很强的消费者之间。例如，卡地纳需要从辉瑞公司（公司最大的供应商）等购买药品，然后销售给CVS（最大的顾客）等。

卡地纳通过努力为其顾客和供应商创造价值来回应赢利挑战。公司了解了一个顾客群（医院）控制成本的迫切程度，因此开始向医院药店提供服务。公司不是将药品送到医院的门口，而是"跟踪药片"到医院里病人的病房中——提供药品管理服务并将这些服务扩展到个性化的手术器具上。

作为懂行的中间人，卡地纳认识到它可以通过提供药品配方、测试、生产和包装等服务为供应商（药品制造商）带来巨大价值，将这些公司解放出来，集中精力到下一轮大牌新药的寻找中。卡地纳甚至凭借其地位为商业药店开发新的服务。卡地纳连锁药店的顾客依赖第三方支付大部分开出的药方。公司与一些主要的连锁店合作开发了一个叫做 ScriptLINE 的系统，这个系统使药费报销和每天的数据更新实现了自动化。

这一系列革新的结果是带来了滚动增长和利润。卡地纳年销售达到了 650 亿美元，复合年收益增长在过去的 15 年中达到或超过了 20%。

卡地纳健康集团的故事是扩展价值链并为众多参与者（从供应商到顾客）创造价值的一个强大例证。围绕其销售的产品，通过确定与其活动相关的新顾客需求，公司面对一个并不乐观的行业景象却发现了机会。

资料来源：Slywotzky, A., & Wise, R. 2003. Double digit growth in nogrowth times. *Fast Company*, April: 66-70; Stewart, T. 2002. Fueling drug growth during an economic drought. *Business 2.0*, May: 17-21; and Lashinsky, A. 2003. Big man in the "middle." *Fortune*, April 14:161-162.

价值链在服务型组织中的运用

内部物流、生产和外部物流的概念提示了被用于生产成最终产品并配送到顾客手中的原材料管理。但是，这三个步骤不是仅仅适用于生产型企业的。它代表了任何将原料通过工作流程变为价值增加了的产出这一转化过程。例如，会计是一种将日常单笔交易记录转化为月度财务报告的过程。在这个例子中，交易记录是原料，会计是增加价值的作业，财务报告是产出。

什么是服务型组织的"作业"或转化过程？这可以有很多不同的形式。有时候，制造和服务之间的差别在于提供一种个性化的解决方案，而不是提供制造中通常意义上的批量生产。例如，旅游中介是通过安排一条包括了交通、住宿、适合顾客预算和旅行日期的活动的旅游线路来创造价值的。法律公司提供针对顾客具体要求和情境的服务。在这两种情况下，工作流程（作业）都包含了以具体情况（投入）和顾客希望实现的结果（产出）为基础的专业知识的运用。

价值链在服务型组织中的运用表明，根据公司从事的行业类型，价值增加过程可能有不同的形式。如上文中对辅助活动的讨论所提示的，采购和法律服务等活动对价值的增加是至关重要的。实际上，对一个公司只起到辅助作用的活动可能是另一个公司的关键的基本价值创造活动。

图表3—6 给出了价值链在服务业中表现形式的两个可能模型。在零售业中，不存在生产作业。一家公司，例如电路城（Circuit City），通过开发巧妙的制成品采购和鼓励售卖的店内展示知识来创造价值。这样，这个价值链使采购活动（例如与卖主的合作和进货等）成了基本活动而不再是辅助活动。作业指的是运营电路城门店的任务。

图表3—6 服务业中价值链示例

零售业：基本价值链活动

供应商合作 → 商品采购 → 存货管理与配送 → 门店经营 → 推广与销售

工程服务业：基本价值链活动

研发 → 工程 → 设计与方案 → 推广与销售 → 服务

对于一个工程服务公司，研发提供了投入，转化过程是工程本身，创新设计和实际解决方案是产出。例如，亚瑟·里特咨询公司（Arthur D. Little,Inc）是一家在30多个国家都有办公室的大型咨询公司。在其技术与创新管理实践中，亚瑟·里特咨询公司努力充分利用掌握的科学、技术和知识资源为广泛的行业和客户创造价值。这涉及了与研发、工程和创造性解决方案以及下游活动（如市场推广、销售和服务）等相关的活动。这些例子表明一家企业的基本活动与辅助活动以何种形式表现和布置往往取决于行业条件和企业以服务/生产为主导的程度。

企业绩效评价：两种方法

本节讨论评价企业绩效时使用的两种方法。第一种是财务比率分析。一般来讲，财务比率分析是按照资产负债表、损益表和市场估价来确定企业的绩效如何。如同我们将要讨论的，进行财务比率分析时，必须从历史的角度（不仅仅是一个时间上的点）以及与行业标准和主要竞争者比较的角度考虑问题。

第二种方法是用了广义利益相关者的观点。企业必须满足广泛的利益相关者的需求，包括员工、顾客和所有者，以保证他们长时间内的生存能力。我们讨论的中心是一个著名的分析方法——平衡记分卡，这个方法是由罗伯特·卡普兰（Robert Kaplan）和大卫·诺顿（David Norton）推广普及的。

财务比率分析

> **学习目标4**
> 财务比率分析的有效性、内在局限性，以及如何在企业间做有效的绩效比较。

分析一家企业的财务状况的起点是计算和分析五种不同类型的比率：

- 短期清偿能力。

- 长期清偿手段。
- 资产管理（周转率）。
- 赢利能力。
- 市场价值。

图表3—7对这五种比率进行了总结。

图表3—7　财务比率总结

I 短期偿债能力指标/流动性指标	IV 获利能力指标
流动比率 = 流动资产/流动负债	应收账款周转率 = $\dfrac{\text{销售额}}{\text{应收账款}}$
速动比率 = $\dfrac{\text{流动资产} - \text{存货}}{\text{流动负债}}$	日销售应收账款率 = $\dfrac{365\text{天}}{\text{应收账款调转率}}$
现金比率 = 现金/流动负债	总资产周转率 = $\dfrac{\text{销售额}}{\text{总资产}}$
II 长期偿债能力指标	资本密集度比率 = $\dfrac{\text{总资产}}{\text{销售额}}$
总负债比率 = $\dfrac{\text{总资产} - \text{总权益}}{\text{总资产}}$	IV 获利能力指标
负债权益比率 = 总负债/总权益	利润率 = $\dfrac{\text{净收入}}{\text{销售额}}$
权益乘数 = 总资产/总权益	资产回报率 = $\dfrac{\text{净收入}}{\text{总资产}}$
利息保证倍数 = $\dfrac{\text{息税前利润}}{\text{应付利息}}$	权益回报率 = $\dfrac{\text{净收入}}{\text{总权益}}$
现金偿息比率 = $\dfrac{\text{息税前利润} + \text{折旧}}{\text{应付利息}}$	权益回报率 = $\dfrac{\text{净收入}}{\text{销售额}} \times \dfrac{\text{销售额}}{\text{资产}} \times \dfrac{\text{资产}}{\text{权益}}$
III 资产管理或周转、指标	V 市场价值指标
存货周转率 = $\dfrac{\text{销售货物成本}}{\text{存货}}$	市盈率 = $\dfrac{\text{股票价格}}{\text{每股收益}}$
日销售存货率 = $\dfrac{365\text{天}}{\text{存货周转率}}$	市价与账面值比率 = $\dfrac{\text{每股股票市价}}{\text{每股股票账面价值}}$

有用的比率分析必须超越财务比率的计算和解释。它必须包括分析这些比率在长时间内的变化以及相互之间的关系。例如，一个在财务方面承担过多长期债务的企业会对长期金融杠杆指标产生直接影响。

既然公司在收回债券前每年必须支付利息和本金，附加的债务对短期债务清偿比率（流动比率和速动比率）也有消极的影响。另外，利息支出必须从收入中扣除，这就降低了企业的赢利能力。

一个企业的财务状况不能进行孤立地分析，需要有一些重要的参照点。我们将讨论进行更有意义的财务分析需要考虑的一些问题：与历史比较、与行业标准比较和与重要竞争者比较。

与历史比较 当评价一个企业的财务表现时，按照时间比较其财务状况是非常有用的。这为评价企业发展趋势提供了一个手段。例如，微软2006年报告的总收入为443亿美元，净收入为126亿美元。几乎所有的公司——除了世界上几个最大的、最具赢利能力的公司外——面对这样的财务成功都会非常高兴。这些数字表明：2004—2006年这段时间，收入和净收入年增长率分别达到了10%和24%。很明显，即便是微软2006年的收入只有350亿美元，净收入只有100亿美元，它仍然会是一个非常巨大而且具有高赢利能力的企业。但是，这样的绩效将会严重损害微软的市场价值和声誉——以及众多负责人的事业。图表3—8说明了一个假想公司10年时间内的销售回报率。如同虚曲线所示，增长率（或者衰退率）在长时间内差别巨大。

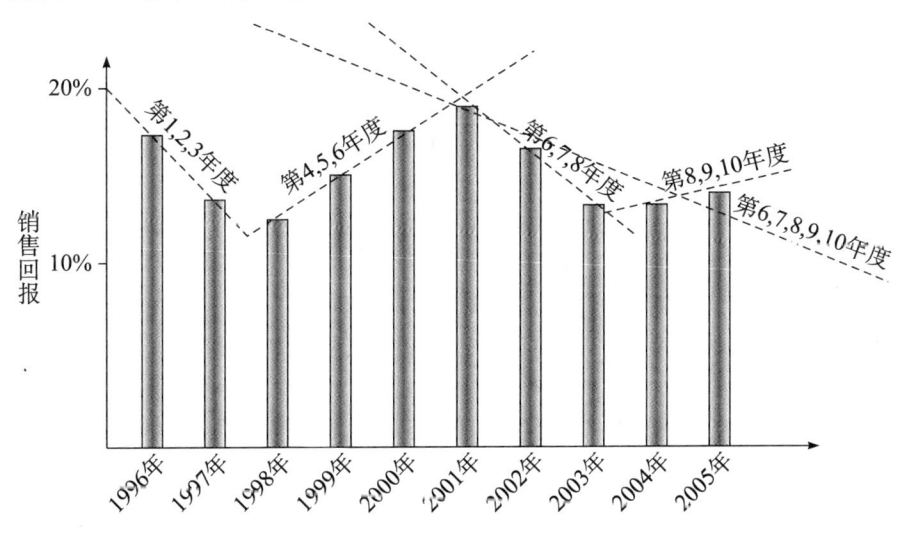

图表3—8　历史趋势：假想公司的销售回报率

与行业标准比较 当评价一个企业的财务表现时,也要记住应该与行业标准进行比较。企业的流动比率或者赢利能力乍一看可能给人留下深刻印象。但是,与行业标准比较一下就可能会显得苍白。

通过与本行业所有其他企业的比较,可以得出相对绩效。银行在评估企业信用时经常进行这种比较。图表3—9包括了三个行业的各种不同比率:半导体、杂货店和专业护理机构。这三个行业的财务比率为什么会有所不同?原因有几个。对于应收账款期限,杂货店的运营基本上是以现金为基础的,因此应收账款期限很短。半导体制造商以2/15净45的付款条件向其他制造商(如电脑制造商)销售产品,意思就是说,15天内支付的账单将获得2%的折扣,45天以后支付的账单将加收利息。专业护理机构的应收账款期限比杂货店长得多,因为它们主要依赖保险公司的付款。

销售回报率的行业标准也表明了这些行业之间的一些差别。杂货商的利润非常薄,与专业护理机构或者半导体制造商相比,销售回报率会低得多。但是,我们如何解释专业护理机构和半导体制造商之间的差别?一般来讲,专业健康护理机构在价格构成上受到医疗救助规章和保险报销限制的制约,但是,半导体制造商的价格构成是由市场决定的。如果它们的产品性能卓越,半导体制造商可以获得溢出价格。

图表3—9 财务比率的跨行业差异

账务比率	半导体企业	杂货店	专业护理机构
速动比率(倍)	1.9	0.5	1.1
现金比率(倍)	4.0	1.6	1.6
负债净值比率(%)	30.7	92.0	163.5
收款期(天)	49.6	2.9	31.2
资本密集度比率(%)	187.8	20.2	101.6
销售收益率(%)	5.8	0.8	1.6

资料来源:Dun & Bradstreet. *Industry Norms and Key Business Ratios, 2003-2004*. One Year Edition, SIC #2000-3999 (Semiconductors); SIC #5200-5499(Grocery Stores); SIC #6100-8999(Skilled-Nursing Facilities). New York: Dun & Bradstreet Credit Services.

与重要竞争者比较　如果在企业和其最直接的竞争者之间做出比较，可以准确洞悉企业的财务和竞争优势地位。思考一下宝洁公司进入高利润率的制药行业的不懈努力。虽然宝洁公司在消费品方面是一位巨人，但其20多年的努力充其量只能说带来的是名义上的赢利。1999年，宝洁公司投资3.8亿美元用于药品的研发——占其公司研发预算的22%。但是，药品部门只为公司的400亿美元销售额贡献了2%。为什么？3.8亿美元的投资不能说是个小数，其主要竞争对手却使宝洁公司显得像个侏儒。思考一下图表3—10中宝洁公司药品项目的收入和研发预算与主要竞争对手的比较。《商业周刊》在一篇名为《向药品说不》(*Just Say No to Drugs*)的文章中谈到宝洁公司的冒险时是这样说的："不要迷信。宝洁公司可能是洗涤剂和牙膏业的大佬，但是消费品制造商在竞争中却落伍了。"

图表3—10　宝洁公司与主要竞争对手药品项目收入和研发费用比较

（单位：十亿美元）

公司（或部门）	销售	研发预算
宝洁药品部	0.8	0.38
百时美施贵宝	20.2	1.80
辉瑞	27.4	4.00
默克	32.7	2.10

资料来源：Berner, R. 2000. Procter & Gamble: Just say no to drugs. *BusinessWeek*, October 9: 128; data courtesy of Lehman Brothers and Procter & Gamble.

整合财务分析与利益相关者：平衡记分卡

> **学习目标5**
> 认清利益相关者之间利益关系的重要性。

观察一家企业一段时间内在几种比率上的表现是有用的。但是，这种传统的绩效评估方法可能是把双刃剑。管理者做出的很多重要交易决定——研发投资、员工培训与开发、重要品牌的广告和促销——可能会极大扩展企业的潜在市场并创造显著的长期利益相关者价值。但是这些重要的投资在短期财务报告中的反映却不是积极的。为什么？因为财务报告主要衡量支出，而不是创造的价值。这样，管理者为了改善公司长期的竞争生存能力花的钱在短期内可能会受到惩罚！

现在考虑一下相反的另一个方面。管理者可能会按照顾客并不满意的方式经营而毁坏公司未来的价值，耗尽来自研发部门的好产品库，或者挫伤员工士气。但是，这种预算削减可以带来非常良好的短期财务表现。短期看管理者可能非常优秀，甚至会因改善了公司的短期表现而受到嘉奖。实际上，这样的管理者只掌握了"分母管理"，即便实际回报保持不变或者缩减，减少投资就会使投资回报率变大。

> **平衡记分卡**
> 以顾客、内部流程、创新与学习、财务等绩效指标衡量企业绩效的方法。

平衡记分卡：说明与优势　为了有效整合企业绩效评价中涉及的诸多问题，卡普兰和诺顿开发了"平衡记分卡"。**平衡记分卡**是一套帮助高层管理者全面快速了解企业的指标体系。简单地说，它包括了反映已发生事情结果的财务指标，同时又补充了顾客满意度、内部流程、企业创新与学习等经营指标——即驱动未来财务表现的指标。

平衡记分卡使管理者可以从四个基本角度来看待一个企业：顾客、内部业务流程、创新与学习、财务。图表3—11对此作了简要介绍。

图表3—11　平衡记分卡的四个角度

顾客怎么看我们？（顾客角度）
我们必须超越什么？（内部业务流程角度）
我们能否继续改进并创造价值？（创新与学习角度）
股东怎么看我们？（财务角度）

顾客角度　很明显，顾客眼里的企业表现如何是管理的首要任务。

平衡记分卡要求管理者将笼统的顾客服务使命转化为具体的、能反映顾客关心的重要问题的指标。要使平衡记分卡起作用，管理者必须明确顾客关心的四类基本目标：（交货）时间、质量、性能与服务、成本。例如，开发周期的计算可以从公司接到订单起到实际向顾客交货或者服务止。

内部业务流程角度 虽然顾客指标是重要的，但是它们必须得转化成一些具体指标来衡量企业内部怎样做才能满足顾客的预期。良好的顾客表现来自企业内部协调一致的流程、决策和行动，管理者必须重视关键的、使企业满足顾客需求的内部作业步骤。这些内部指标应该能反映对顾客满意度有最大影响的业务流程，包括影响周转时间、质量、员工技能和生产能力的各种因素。企业也必须明确并衡量保证其战略成功所需要的关键资源与能力。

创新与学习角度 鉴于快速发展变化的市场、技术和全球化，成功的标准也在不断地改变。为了生存和繁荣发展，管理者必须对现有产品和服务做出不断的改变，并通过技术扩展引进全新的产品。一个企业改进、创新和学习的能力直接与其价值联系在一起。简单地说，只有不断开发新产品与服务，为顾客创造更大的价值和提高经营效率，企业才能进入新的市场，增加收入和利润，提高股东价值。企业在创新与学习方面获得良好表现的能力更多地依赖其无形资产，而不是有形资产。三类极为重要的无形资产是：人力资本（技能、智力和知识），信息资本（信息系统、网络）和组织资本（文化、领导力）。

财务角度 财务表现指标衡量的是企业的战略及其实施能否为最终经营结果的改善作出贡献。主要的财务指标包括：赢利能力、增长率和顾客价值。定期的财务报告提醒管理者，改善质量、反馈时间、生产能力和产品创新等只有能带来销售增长、市场份额增加、降低运营费用或者提高资产周转率，对企业才是有利的。

现在我们用一个案例来说明模型中这几个角度之间的因果关系。大型零售商西尔斯百货公司发现员工态度、客户态度和财务结果之间有很强的因果关系。通过不断的研究，西尔斯百货公司开发（并不断完善）了一套称为"全面绩效指标"的体系，简称TPI（Total Performance Indicators）——这是一套衡量公司在对待顾客、员工和投资人时表现如何的指标体系。西尔斯百货公司的量化模型表明员工态度每提高5.0%,会使顾客态度提高1.3%,相应地会增加0.5%的收入。这样,如果每个门店（以调查规模计算）提高员工态度5.0%,西尔斯百货公司可以自信地预测,如果该地区的收入整体增加5.0%,该门店的收入增长将达到5.5%。有趣的是,西尔斯百货公司的管理者像他们每年处理的其他数字一样严肃对待这些数字。公司的会计部门审计管理像审计财务报告一样严格。

平衡记分卡给我们的一项重要启示在于,管理者不需要将自己的工作完全看做是平衡各利益相关者的需求。他们要避免下面这样的思维定势:"需要放弃多少单位的员工满意度才能获得一定单位的顾客满意度和利润？"相反,只要恰当实施,平衡记分卡就能提供一种双赢方法——一种同时提高各组织利益相关者满意度的手段,包括员工（各层次的）、顾客和股东。

平衡记分卡潜在的局限性与缺点　一般认为平衡记分卡理念本身并没有什么错误之处,主要的局限性在于一些负责人可能认为它是在组织内非常容易施行的一个"应急之道"。但是,实施平衡记分卡管理系统是一个革命性的过程,不是一个很快就能确认"完成"的一次性任务。如果管理者开始认识不到这一点而不能长期执行,其结果会让整个组织失望。拙劣的执行是这种绩效结果的根源。组织的记分卡必须与个人的记分卡统一,才能使平衡记分卡成为一个维护组织绩效的强大工具。

在最近的一项对50家加拿大大中型企业的调查中,对记分卡的效用表示怀疑的用户数目远远超出声称其有积极结果的用户数目。但是,总体上看,平衡记分卡在明确组织战略、衡量战略是否能被实施并取得好的结果方面是有价值的。一些公司明确表示记分卡改进了公司的财务状况。例如,一个接受调查的人称:"以前我们的财务目标实现不了,但自从实施了平衡记分卡后,我们连续三年实现了目标。"

另一方面,很多接受调查的人同意这种说法:"平衡记分卡实际上没有什么用。"一些代表性的评论包括:"第一年后,就成了会计人员捣弄数字的游戏";"它只是最新的时髦管理概念,像其他时髦东西的最终结果一样,它在管理的首要任务清单上的位置已经下降了";"如果记分卡可以被看做一个考核工具,为什么其结果的考核这么难呢?"少数人争论说在记分卡成为可靠、持续的战略绩效考核工具之前需要做的工作很多。

如果投入的学习精力不够而又包含了员工个人的野心,平衡记分卡在实施中就会经常出现一些问题。对于持续的过程改进和每个员工的个人进步,如果缺少一套完整的规则,只有少数员工会买账,文化改革也会不充分。这样,很多改进就成了临时的或者流于形式。当记分卡不能与员工的关切协调一致时,改进往往很快就会消失。在很多情况下,管理者改善绩效的努力被看成是挑拨离间,也就是说,被员工看成仅仅是为了改善对资深管理者的补偿,这在员工中促成了一种"和我有什么关系"的态度。图表3—12总结了平衡记分卡的一些主要的局限性和潜在的缺陷。

图表3—12 平衡记分卡的潜在局限性

大部分人认为平衡记分卡是一种有用的、适当的管理工具。但是,可能有很多设计和执行问题会影响其使用,包括:
• **没有明确的战略。** 没有战略的支持也可以开发一个记分卡。但是,它就变成了一个主要的绩效指标或者利益相关者体系,缺少很多真正的平衡记分卡所具有的特征。
• **有限的或者无效的组织与支持。** 虽然教育和培训很重要,但是缺少了对平衡记分卡项目的强力领导与支持,努力注定会失败。
• **过于强调财务指标而忽视非财务指标。** 这会带来与企业的驱动因素无联系、与绩效改进无关的指标。
• **实际绩效数据无效。** 因为无法监测行为改变带来的结果变化,这会否定界定绩效指标的大部分努力。
• **记分卡指标与报酬的不恰当联系。** 虽然与报酬联系起来能使管理者和员工集中精力,过早的实施可能会产生不希望的负面作用,例如希望变卖财产的管理者的无效决策。
• **不一致或者不恰当的定义。** 如果希望用指标体系来指导组织内变革,每个人应该使用同样的语言。如果大家不认可(或者理解)同一种语言和词语,将战略转换为指标将非常困难。

资料来源:Angel, R., & Rampersad, H. 2005. Do scorecards add up? Camagazine. com. may: np; and Niven, P. 2002. *Balanced Scorecard Step by Step: Maximizing Performance and Maintaining Results*. John Willey & Sons: New York.

第 4 章 企业外部环境分析

本章学习目标

学习目标1	一般环境对企业战略和企业绩效的影响。
学习目标2	竞争环境中的力量如何影响赢利能力,企业如何通过提高与这些力量相应的能力来改善竞争地位。
学习目标3	一般环境中的发展趋势与事件和竞争环境中的力量是如何互相关联并影响企业绩效的。
学习目标4	互联网与数字能力如何影响竞争力和行业的利润水平。
学习目标5	战略群概念及其对企业战略与绩效的意义。

战略既不是存在于真空中也不是来源于真空中的，战略必须反映外部的经济环境。否则，企业实际上只能成为最好的卡式磁带或者计算机软盘制造商。为了避免这种战略错误，企业必须熟知自己赖以生存的经济环境。在本章，我们要解释构成外部环境的两个主要部分——一般环境和竞争环境。一般环境包括五个方面——人口、社会文化、政治/法律、技术和经济。这些环境中的事件与发展趋势可以给企业带来巨大影响。

企业与竞争环境的关系更直接，竞争环境由与行业相关的、对行业平均利润水平可以产生巨大影响的五种要素构成。对于应该进入哪个行业或者如何提高企业在当前行业中的竞争地位等，熟知这些要素很重要。它对化解竞争威胁和提高影响顾客与供应商的能力也很有帮助。我们还讨论了以互联网技术为基础的能力是如何影响行业与竞争实践的。然后，以资源和战略的相似性为基础，我们将行业中的一家企业放在战略群中。如同我们将要看到的一样，战略群概念对分析同业竞争的激烈程度和环境中的事件或发展趋势对不同战略群的影响差异有重要意义。在本章最后一部分，我们介绍了 SWOT 分析法。对于新的战略选择，这种方法着重分析与环境中的机遇和威胁相对应的企业优势和劣势。

从错误中学习

心脏病专家罗伯特·阿特金斯（Robert Atkins），是低糖—高蛋白饮食法的奠基人。他出版过几本书推销他的"阿特金斯饮食法"，包括一本最畅销书《阿特金斯医生的新饮食革命》(*Dr. Atkins' New Diet Revolution*)。这本书在全世界的销量超过了 1 000 万册。如同我们下面将要看到的，在啤酒行业，一家叫做安海斯–布希（Anheuser-Busch）的公司根据这一流行的饮食趋势迅速采取了行动并从中大赚特赚。其他公司包括库尔斯啤酒公司（Coors Brewing）却反应迟钝——当然也为此付出了代价。

2002 年 9 月，安海斯–布希公司开始向市场投放米狮龙（Michelob Ultra），成为"低糖"啤酒的探路者。这个品牌迅速取得了市场领先地位,截止到 2004 年 3 月,已经占领"淡味"啤酒 5.7% 的市场份额。"低糖"啤酒上升的趋势在当年达到了一个顶峰,安海斯－布希公司成了这一趋势的弄潮儿并一路领先。很明显,这是一个很有诱惑力的市场:啤酒专家曾估计,随着美国人不停地寻找"不会增加他们腰围"的啤酒这一趋势的发展,美国 600 亿美元～700 亿美元规模的啤酒市场有一半来自"淡味"啤酒。

相比之下,库尔斯啤酒公司直到 2004 年 3 月才进入"低糖"啤酒市场——这是在米狮龙啤酒已经开始侵蚀银子弹啤酒(Coors Light)的市场份额之后的事了。库尔斯啤酒公司的"低糖"型啤酒品牌 Aspen Edge 规模太小,起步时间也太晚了。Aspen Edge 开始投放市场的时候,已经有了极为激烈的竞争。除了这一市场中的遥遥领先者米狮龙(这当然得益于安海斯－布希公司的大笔资金和超凡的市场推广技术),已经有了十几个其他的"低糖"啤酒竞争对手,包括滚石公司(Rolling Rock)投放市场的 Rock Green Light 和米勒酿酒公司(Miller Brewing)(该公司已经开始将其主要产品米勒清啤只含 3.2 卡热量作为宣传点了)。另外还有几种进口啤酒,包括比利时的 Brouwerij Martens 公司酿造的 Martens Low Carbohydrate。

虽然库尔斯啤酒公司在推出 Aspen Edge 时投入了 3 000 万美元,其销售在 2004 年 7 月达到最高点时也只占了这一市场 0.4% 的份额。然后,市场份额开始下滑,2006 年 4 月就停产了。

成功的管理者必须看到企业外部环境中存在的机会与威胁。他们必须知道公司之外正在发生的事情。如果他们只关注内部的经营效率,就只能退化为世界上最高效的马车鞭子制造商或者复写纸制造商。但是,如果他们对市场估计错误,机会也会丧失——很难说这是公司希望的结果。

在《为未来竞争》(*Competing for the Future*)一书中,加里·哈默尔(Gary Hamel)和普拉哈拉德提建议说:"每个管理者的脑子里对相关'行业'的结构,这个行业如何赚钱,谁是或者不是竞争对手,谁是或者不是顾客等等都有一些偏见、假设和预想。"环境分析要求对这些假设不停地提出质疑。彼得·德鲁克（Peter Drucker）将这些互相联系的假设称做"经营之道"（theory of business）。大部分人都会认为库尔斯啤酒公司早就该从更谨慎的环境分析中获益——特别是日益流行的低糖产品。到库尔斯啤酒公司开始采取行动时，低糖潮流已经达到高峰了。

一个企业的战略在某一时间点上可能是好的，但是，当管理的参照体系与实际经济情势脱钩时，可能会使企业误入歧途。当管理者的假设、前提或者看法出现错误时，或者当这几者之间的矛盾使综合的"经营之道"失灵时，这样的结果就会出现。如同非凡的投资大师沃伦·巴菲特（Warren Buffett）有趣的评论一样："要警惕历史绩效'证据'。如果历史书是通向财富之门的钥匙，《福布斯》500强就都是图书管理员了。"西尔斯百货公司前总裁亚瑟·马丁内茨（Arthur Martinez）说："今天的孔雀就是明天的鸡毛掸子。"

在商业世界里，很多孔雀已经成了鸡毛掸子，至少其羽毛已经失去了颜色。思考一下诺勒有限公司（Novell）的例子，这是一家与微软短兵相接的高科技公司。诺勒有限公司购买了市场上的失败者WordPerfect，用来与微软的Word来竞争。结果呢？当诺勒有限公司将WordPerfect卖给Corel时，共损失了13亿美元。如今我们可能会想谁会是下一个Wang、网景（Netscape）或者《不列颠百科全书》（*Encyclopaedia Britannia*）。

一般环境

> **学习目标1**
> 一般环境对企业战略和企业绩效的影响。
>
> **一般环境**
> 影响企业战略的行业外部因素，一般都超出了企业的控制范围。

一般环境由可能会对企业战略有重大影响的因素构成。尤其是任何企业都不具备预测一般环境趋势和事件的能力,更没有能力控制它们。例如,收听 CNBC 时,对于联邦储备委员会(Federal Reserve Board)对短期利率可能会采取什么行动——这是对整个经济部门的估价有巨大影响的行动——你可以听到很多专家支持完全不同的观点。而且,企业也很难预测未来的政治事件,如持续不断的中东和平进程谈判和朝鲜半岛的紧张局势。另外,谁又曾想到了在过去的一二十年中互联网对国家和全球经济的影响?在 21 世纪之初,信息技术的巨大进步(例如互联网)降低了美国人做生意的成本,进而使通货膨胀率保持在了可控制的范围之内。

我们把一般环境分为五个方面:人口、社会文化、政治/法律、技术和经济。首先我们将逐一讨论这几个方面,对每个方面进行总结,用例子说明环境中的事件与发展趋势如何影响一个行业。然后,我们讨论一般环境中这几个方面之间的关系。最后,我们思考一下环境中的事件与发展趋势在不同行业中是如何变化的。图表 4—1 举例说明了一般环境中各方面的主要趋势和事件。

图表 4—1　一般环境:主要趋势与事件

人口
• 人口老龄化
• 富裕水平
• 种族结构变化
• 人口地理分布
• 收入水平差距增大
社会文化
• 劳动力中女性比例增加
• 临时工数量增加
• 更关注健康的生活方式
• 更关注环境保护
• 家庭组成推迟
政治/法律

续前表

• 民事侵权改革
•《1990年美国残疾人法》(Americans with Disabilities Act of 1990)
• 1999年格拉斯—斯蒂格尔上诉案（也许现在银行可以提供经纪服务了）
• 联邦强制最低工资增长
• 地方、州、联邦三级税收
• 簿记、股票期权等公司治理改革立法等（2002年Sarbanes-Oxley法案）
技术
• 基因工程
• 互联网技术的出现
• 计算机辅助制图/计算机辅助制造系统
• 合成与外来材料研究
• 污染/全球变暖
• 计算技术微型化
• 无线通信
• 纳米技术
经济
• 利率
• 失业率
• 消费者价格指数
• 国民生产总值发展趋势
• 股市价值变化

人 口

人口是一般环境中最容易理解和最容易量化的因素。它是很多社会变革的基础。人口因素包括人口老龄化、富裕水平的提高或下降、种族结构变化、人口地理分布和收入水平差距等。

人口发展趋势的影响，像一般环境的其他方面一样，对不同的行业也是不同的。美国社会人口的老龄化对健康护理行业有积极的影响，但是对尿布制造商和婴幼儿食品生产商带来的却是负面影响。很多发达国家富裕水平的提高对经纪服务和高档宠物及用品行业是一个利好消息。但是,同样的趋势对快餐店可能会有完全相反的影响,因为人们有钱到价格更高的餐厅就餐了。快餐店的经营效益依赖的是中等收入的职员,但是随着更有吸引力的就业机会的出现,对劳动力的竞争加剧了,这就威胁到了餐厅员工的雇用基础。图表4—2给出了一个例子,说明了一般环境中的发展趋势或者事件对不同行业影响的变化。

图表4—2　一般环境中的发展趋势对不同行业的影响

环境／趋势和事件	行业	积极	中性	消极
人口				
老龄化	健康护理	√		
	婴幼儿产品			√
富裕水平提高	经纪服务	√		
	快餐			√
	高档宠物及用品	√		
社会文化				
劳动力中女性增加	服装	√		
	厨具			√
更加关注健康	室内运动设备	√		
	肉类产品			√
政治／法律				
民事侵权改革	法律服务			√
	汽车制造	√		
出台《1990年美国残疾人法》	零售			√
	电梯、滚梯和活动悬梯制造	√		
技术				
基因工程	制药	√		
	出版		√	
污染／全球变暖	工程服务	√		

续前表

环境／趋势和事件	行业	积极	中性	消极
	石油			√
经济				
利率上升	住宅建设			√
	普通日杂用品		√	

社会文化

　　社会文化力量可以影响一个社会的价值观、信仰和生活方式。这方面的例子包括劳动力中女性的增加、双（份）收入家庭、临时工数量的增多、更关注健康饮食和身体健康、更加关心环境、推迟生育等。这些变化会促进很多行业产品和服务的销售，但是却压低了其他行业产品的销售。劳动力中女性人口的增加提高了对商务服装服饰产品的需求，但却降低了对厨具的需求（因为人们没有那么多时间做饭了）。对健康与健身的更加关注也有不同的影响。这一趋势帮助了锻炼器材制造行业和健康饮食行业，也影响了不健康饮食加工行业。

　　劳动女性延长受教育时间的趋势带来了高层管理岗位上女性数量的增加。美国教育部的统计数据显示，女性成为大学文凭的主要持有人群。以最近一届毕业生的数据为例，学士学位获得者中女性数量比男性多出27%。2006—2007年，这一数字扩大到38%。另外，在20世纪90年代，获得MBA学位的女性数量增加了29%，而男性只增加了15%。考虑到这样的受教育状况，难怪乎女性掌管的公司一直是美国经济的驱动力量之一。这些公司（现在超过了900万家）占了美国企业总数的40%，创造的年收入超过了3.6万亿美元。另外，女性对消费者开支决定有巨大影响。所以，很多公司都将广告促销活动对准了女性消费者。例如，总部位于北卡罗来纳州威尔克斯伯罗（Wilkesboro）的劳氏公司（Lowe）吸引女性消费者的努力：

　　　　劳氏公司发现女人喜欢与男人一起进行大规模的居家整
　　饬——无论这个男人是她们的男朋友、丈夫还是邻居。结果，除了"烹饪课程"(介绍一些只需要一个周末时间就可以做的项目)外,劳氏公司还提供男女一起参加的店内项目(如水池安装)咨询。"女人喜欢感觉自己与男人一样被关注。"劳氏公司的发言人 Julie Valeant-Yenichek 说。另外她还指出,参加研讨的大部分人,无论男女,都是没有经验的。

难怪家得宝公司(Home Depot)最近也投资数百万美元,在 300 家门店内增加了更柔和的照明和更明快的标志。为什么?是为了争夺劳氏公司对女人的长期吸引力。

政治／法律

政治活动和立法影响了一般环境中行业必须遵从的规则。政治／法律舞台上的一些重要因素,例如民事侵权改革、《1990 年美国残疾人法》、1999 年格拉斯—斯蒂格尔上诉案(也许现在银行可以提供经纪服务了)、公共设施与行业的放松管制、联邦强制最低工资增长等。

政府立法对企业治理也有重要的影响。美国国会 2002 年通过的《萨班斯—奥克斯利法案》大幅增加了审计人员、负责人和企业律师的责任。这一法案是为了回应公众普遍认为的现行公司治理机制无法保护股东、员工和债权人的利益。也许并不怎么令人惊奇,《萨班斯—奥克斯利法案》也创造了对专业会计服务的巨大需求。

技　术

技术发展可以创造新的产品和服务,也可以改进生产方式和向最终用户配送的方式。技术革新可以创造一个全新的行业,改变现有行业的界限。技术进步与发展趋势的例子包括:基因工程、互联网技术、计算机辅助制图／计算机辅助制造、合成与外来材料研究,另外也有不利的方面,如污染和全球变暖。石油和初级金属行业中的企业为降低造成的污染需要承担巨大的开销。污染处理工程与咨询公司可以从解决污染问题中获得经济利益。

另一项重要的技术发展是信息技术与互联网的结合,这在生产效率的提高中起到了关键作用。例如,在美国,生产效率提高的速度达到了一个历史最高水平。20世纪90年代之前的20年中，美国工人的生产效率每年提高不超过1.7%。相比之下，从2001年到2005年，年提高速度达到了3.6%。近年来，全世界的生产效率大多都提高了，如在中国台湾提高了近6%，在韩国提高了近10%。更高的生产效率意味着更少的人可以做更多的工作。

因为有很多潜在应用价值，纳米技术正在成为一个非常前景的研究领域。纳米技术研究的是行业的最初阶段：一米的十亿分之一。值得注意的是，这是10个氢原子排列在一起的大小。

研究人员已经发现这个大小的物质表现出的性能差别很大。虽然隐藏在这一现象之后的科学原理仍然没有弄清楚，其商业潜力却已经引起了人们的密切关注。相似的材料——从黄金到炭黑——都表现出令人惊奇且有用的新特性，有一些能传导光和电，有的会变得比钻石还硬，有的成了强大的化学催化剂。另外，研究人员还发现极小剂量的纳米微粒就可以改变大得多的物体的化学和物理性质，可以创造出更强的防护装置或非常高效的燃料电池等任何东西。图表4—3列出了纳米技术可以带来行业革命的几种途径。

图表4—3　纳米技术可以带来行业革命的几种途经

- **战胜癌症**　传感器将能探测到单个癌细胞并引导从内到外消除肿块的纳米物质将其杀死，只留下健康的细胞。
- **传输电力**　纳米技术改造的太阳能电池将便宜的电力提供给有超导能力的炭纳米管线缆。
- **代替硅**　如果硅材料枯竭，炭纳米管将取而代之，可以制造出比现在耗电更少、速度更快的芯片。
- **太空旅行**　豆荚一样的爬行器可以沿着炭纳米管线缆把货物送上几千英里高空中的空间站，而成本比发射火箭少几十亿。

资料来源：Baker, S. & Aston, A. 2004. Universe in a grain of sand. *BusinessWeek*, October 11: 139-140.

经　济

经济形势对所有行业都有影响，包括原材料供应商、成品和服务提供商，以及服务、批发、零售和非营利部门中的所有组织。主要经济指标包括：利率、失业率、消费者价格指数、国民生产总值和可支配净收入等。利率上升会给住宅建设行业带来消极影响，但是对生产必需消费品——如处方药和日杂用品——的行业几乎没有（或者即使有也是中性的）影响。

其他的经济指标与证券市场有关。最受关注的可能是道琼斯平均工业指数（Dow Jones Industrial Average），这一指数综合了30家大型行业企业的情况。股市指数上升时，消费者的可支配收入会上升，一般就会出现奢侈品（如珠宝和汽车）需求的上升；但是，当股价下跌时，这些物品的需求也会萎缩。

虽然专家经常把经济形势说成好或坏，但是这种说法过于简单了。例如，在经济形势"坏"时，Dollar General 和沃尔玛等折扣零售商可能会更成功。这是因为经济困难会使消费者更关注价格。

一般环境中各因素之间的相互关系

在对一般环境的讨论中，我们看到了各因素之间的多种关系。例如，美国的人口趋势——人口老龄化——对经济方面有重要意义（税收制度为日益增多的老龄人口提供利益）。另一个例子是，信息技术作为提高生产收益的一种手段在美国和其他发达国家的兴起。信息技术的应用带来了通货膨胀的降低（经济环境中的一个重要因素），并帮助抵消了与劳动力价格上升相关的成本。

在开始下面的课程之前，让我们思考一下一个近期对一般环境的各个方面都产生了重要影响的事件——互联网技术的出现。互联网是一个范围很广的技术现象——电子技术兴起的一个重要载体和主要内容。这些技术正在改变着商业经营的方式，并几乎影响了所有经济领域。战略聚焦4.1讨论了互联网和电子技术对经济环境的影响。

战略聚焦 4.1

互联网与电子技术：影响着环境中的各个方面

互联网几乎在剧烈地改变着全球每一个角落里的商业经营方

式。根据"数字经济之父"唐·泰普斯科特（Don Tapscott）的说法：

网络不只是一次新的技术创新，网络还代表着一种本质上全新的东西——史无前例、威力无比的统一通信媒体。它远远超越了广播与电视，这种媒体是数字的、无限丰富的、互动的……从电冰箱到汽车，所有东西上体现出来的移动计算、宽带接入、无线网络和计算能力正在变成一个全球网络，使人们可以在任何时间、任何地点都能使用网络。

互联网为众多技术的应用、知识的飞速进步和史无前例的全球通信与贸易水平提供了一个平台或者舞台。甚至一些不需要依赖互联网发挥功能的技术，例如无线电话和全球定位系统，也都依靠互联网传输数据与通信了。

近年来互联网在个人用户和企业中的应用都有迅速增长。图表4—4说明了当前互联网使用的应用水平和世界范围内的增长趋势。整个经济中的企业都在使用互联网。大的公司都在网络上现身，很多公司使用互联网与主要的利益相关者保持沟通。例如，一些公司与供应商直接联系，通过在线采购系统自动续订存货与供给。思科系统公司等一些企业甚至使用互联网更新员工的健康与福利等就业信息，与自己的员工保持互动。

图表4—4　互联网活动的增长　　　　　　　　　　（单位：千人）

地区	2005年	2010年（估计值）
北美	219 650	259 390
西欧	215 734	319 528
东欧/俄罗斯	70 381	130 888
亚太	420 999	745 421
中/南美	83 724	155 590
中东/非洲	64 245	146 624
互联网用户总计	1 074 733	1 785 941

资料来源：*Computer Industry Almanac.*

中小企业也比以前任何时候更加依赖互联网了。最近的一项研究发现87%的中小企业都有来自网站的月收入，42%的企业来自互联网的收入超过了月收入的1/4。Interland的首席执行官乔尔·克歇尔（Joel Kocher）说："直截了当地说，对于大部分小型企业，很快我们就敢说如果你不在线，你就不是真的想做生意。"

尽管有了这些进步，互联网与数字技术仍然面临着诸多挑战。例如，数字与无线通信系统的国际标准仍然在不断变化之中。结果是，在美国可以使用的手机和其他一些设备在欧洲和亚洲很多地方都成了无用的废品。而且，不像模拟系统，在空间中急速变化的电子数据更容易丢失、被盗或者被控制。但是，即便存在这些问题，互联网与电子技术将继续成为不断发展的全球现象。如同英特尔前总裁安迪·葛洛夫（Andy Grove）说的："世界已经进入了互联网时代。"

资料来源：Anonymous. 2005. SMBs believe in the Web. *eMarketer.com,* www.emarketer.com, May 16. Downes, L. & Mui, C. 1998. *Unleashing the killer app.* Boston: Harvard Business School Press; Green, H. 2003. Wi-Fi means business. *Business Week,* April 28: 86-92; McGann, R. 2005. Broadband: High speed, high spend. *ClickZ Network,* www.clickz .com, January 24; Tapscott, D. Rethinking strategy in a networked world. *Strategy and Business,* Third Quarter, 2001: 34-41; Yang, C. 2003. Beyond Wi-Fi: A new wireless age. *Business Week,* December 15: 84-88.

竞争环境

学习目标2
竞争环境中的力量如何影响赢利能力，企业如何通过提高与这些力量相应的能力来改善竞争地位。

学习目标3
一般环境中的发展趋势与事件和竞争环境中的力量是如何互相关联并影响企业绩效的。

竞争环境
行业内影响企业战略的因素，包括顾客、供应商、竞争者、替代者和潜在的新进入者。

除了一般环境,管理者还必须得考虑竞争环境(有时候也称做任务环境/行业环境)。一个行业内竞争的特点以及一个企业的赢利能力,往往更直接地受到竞争环境发展变化的影响。

竞争环境包括很多与企业战略有特别关系的因素。这些因素包括竞争者(现有的或者潜在的)、顾客和供应商。潜在竞争者可能包括希望向前整合的供应商,例如,汽车制造商并购汽车租赁公司,或者一家在全新的行业里凭借更高效的技术生产相似产品的企业。

在接下来的一部分,我们将讨论管理者在分析竞争环境时应该使用的基本概念和分析方法。首先,我们分析迈克尔·波特的"五力模型",这一模型说明了如何根据这些力量的组合变化解释某个行业的利润水平的高低。其次,我们讨论这五种力量如何受互联网技术能力的影响。再次,我们分析了一些这一方法的局限性或者"警告",这是管理者在进行行业分析时应该熟悉的。最后,我们讨论了战略群概念。这一概念表明:即便是在同一行业内,几个企业按照战略的相似性组合成一个群往往是有用的。如同我们将要看到的,战略群内企业间的竞争比战略群之间的竞争更趋激烈。

波特分析行业竞争的"五力模型"

迈克尔·波特提出的"五力模型"是最常用的竞争环境分析工具。模型描述了竞争环境中五种基本的竞争力量。

1. 新进入者威胁。
2. 买方议价能力。
3. 供方议价能力。
4. 替代产品或服务威胁。
5. 同业竞争强度。

每种力都会影响一个企业在给定市场上的竞争力。这些力共同决定了一个行业潜在的利润水平。图表4—5描述了这个模型。

作为一个管理者,有几个理由要求你必须熟悉"五力模型"。它可以帮助你决定企业是应该留在该行业还是该撤出。它提供了增加或者减少资源投入的原理。这个模型可以帮助你确定如何根据每一种力提高企业竞争地位。例如，你可以根据"五力模型"提供的分析创造更高的进入障碍，这会打击新竞争者带来的竞争。或者你可以与经销渠道培养更好的感情。为保持产品和服务的顶级性能，你可以寻找符合你的价格/性能标准的供应商。

图表 4—5　波特分析行业竞争的"五力模型"

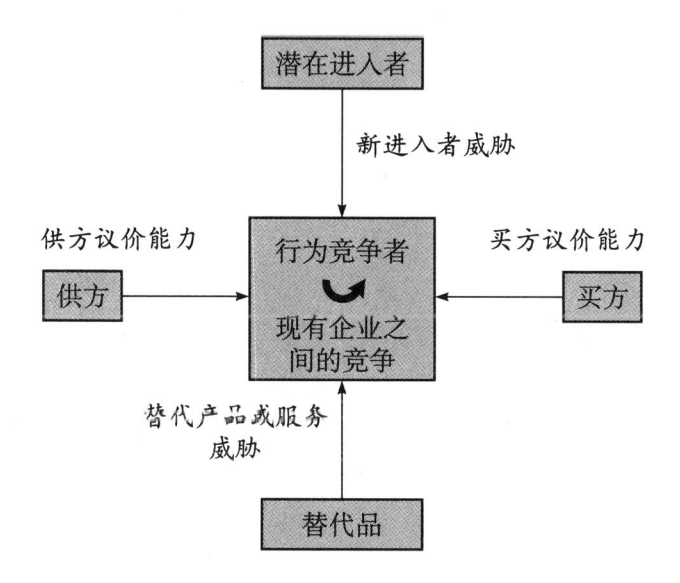

资料来源：Reprinted with permission of The Free Press, a division of Simon & Schuster Adult Publishing Group, from *Competitive Strategy: Techniques for Analyzing Industries and Competitors* by Michael E. Porter. Copyright © 1980, 1998 by The Free Press. All rights reserved.

新进入者威胁　新进入者威胁指的是行业中现有企业赢利水平受新竞争对手影响的可能性。威胁的严重程度取决于进入障碍的高低和现有企业的共同反应。如果进入障碍高和/或新进入者预计现有竞争者的报复会很严厉，进入威胁就低。这种情况会阻碍新竞争者。进入障碍的来源主要有六个：

规模经济　规模经济指的是将总生产成本分摊到所有单位的产品

上，在一定生产规模内，单位成本随着绝对产量的增加而下降。规模经济会迫使新进入者要么以足够大的规模进入并承担现有企业强烈反应的危险，要么以较小的生产规模进入并接受成本劣势，这两者都是不理想的选择。这样可以威慑其他竞争者的进入。

产品差异　当现有竞争者拥有较强的品牌形象和顾客忠诚度时，产品差异迫使新进入者投入大量资金争夺现有的顾客，这也构成了进入障碍。

资本要求　参与竞争需要投入大量财政资源，这构成了进入的障碍之一。尤其是有时候这些资本需要投入到冒险的或者无法补救的正面竞争广告或者研发中。

转移成本　买方从一个供应商的产品或服务转移到另一个供应商时需要承担一定的一次性成本，这个一次性成本的存在也构成了进入障碍。

销售渠道开拓　新进入者需要有稳固的销售渠道才能参与竞争，这也构成了进入障碍。

不受规模支配的成本劣势　一些现有竞争者可能拥有某些不受企业大小或者经济规模支配的优势。这些优势可能来自：

- 专有产品。
- 有利的自然资源条件。
- 政府补贴。
- 有利的政府政策。

竞争环境中的进入障碍少，新进入风险就会高。例如，如果投入很少的资本就可以创办一个企业，并且生产规模小时也可以高效运营，这很容易就构成一个威胁。因行业进入障碍低而失败的公司之一是ProCD公司。你可能从来都没有听说过这个公司。它存在的时间不长。ProCD公司是一个因进入了进入障碍非常低的行业而失败的例子。

故事开始于1986年，当时纽约电话公司（Nynex）[前小贝尔公司（Baby Bell）之一]发行了第一本电子电话号码簿，这是一张收录了纽约市区全部电话号码列表的光盘。每张光盘售价1万美元，并卖给了联邦调查局（FBI）、美国国税局（IRS）和其他大型商业机构与政府组织。

纽约电话公司管理该项目的负责人詹姆斯·布莱恩特（James Bryant）察觉到了这一难得的商业机会。他离开纽约电话公司后创立了自己的公司 ProCD，其宏伟目标是生产出收录美国所有内容的电子指南。

正如你所料，因为担心对自己高利润的黄页业务带来威胁，电话公司拒绝允许这个新兴企业使用他们的电话条目电子拷贝。布莱恩特并没有被吓住。他来到北京，以每天 3.5 美元的工资雇用中国人将所有美国电话号码簿中的条目都录入了一个数据库。结果收录了 7 000 多万个电话号码，并制作了钥匙盘，钥匙盘可以使 ProCD 生产成百上千的光盘拷贝。每张光盘售价几百美元，生产成本却不到一美元。

确实是个有利可图的生意！但是，成功很快就消失了。Digital Directory Assistance 和美国商业信息（American Business Information）等竞争者迅速推出了收录相同信息的竞争产品。因为顾客无法在这些产品中做出比较，这些对手被迫完全靠价格进行竞争。光盘价格迅速跌落到几美元一张。几个月前还是高价高利润的产品，如今这张电话簿光盘却成了一文不值的普通商品。

买方议价能力 买方主要通过压价、要求较高的产品或服务质量、使竞争对手互相作对等来威胁一个行业。这些行为会影响整个行业的利润水平。大型买方团体的力量取决于市场形势和团队采购对于整个行业经济的重要性。在下列情况下，买方可能具有较强的讨价还价能力：

● **买方比较集中（总数较少），每个买方的购买量较大，占了卖方销售量的很大比例。** 如果供方的大部分产品都是由一个买方买走的，买方业务对供方的重要性就上升了。在固定成本比较高的行业中，大宗买方力量也很强大（例如钢铁制造业）。

● **买方从该行业中购买的产品是标准化的或者无差异的。** 因为相信自己总能找到其他的供方，买方就会让一个公司与其他公司作对，如谷物商品交易。

● **买方面临较小的转移成本。** 转移成本将买方与特定的卖方捆绑在一起。相反，如果卖方面临较高的转移成本，买方的力量就会增强。

● **买方利润水平低。** 低利润水平会刺激买方压低购买价格。同样，能获得较高利润的买方一般来讲对价格不太敏感。

● **买方后向整合威胁**。如果买方部分地实现了一体化，或者威胁进行后向整合，它们一般都能得到讨价还价的让步。

● **该行业产品对买方产品或者服务的质量不重要**。当买方产品质量不受该行业产品质量影响时，买方对价格会更敏感。

有时候，行业中的一家或者几家企业通过使用第三方服务可以提高自己的买方力量。FreeMarkets Online 就是一个这样的第三方。总部位于匹兹堡的 FreeMarkets 开发了一套软件，可以使大型的行业购买方组织供应商在线拍卖半标准化零部件，如组装部件、包装材料、金属模锻和服务等。通过集中买方，FreeMarkets 提高了买方的议价能力。结果是让人难忘的。在前48次拍卖中，大部分参加的公司节约的成本超过了15%，有的超过了50%。

供方议价能力 通过威胁提高价格或者降低产品与服务质量，供方可以向行业的参与者施加议价压力。强大的供方可以挤压某行业中企业的利润水平，甚至可以使其无法收回投入的原材料成本。使供方力量变强的因素一般也映射了使买方力量变弱的因素。供方集团在下列情况下会具有比较强大的议价力量：

● **供方集团由少数几个公司主导，而且相对于产品流向的行业来讲更集中（少数企业主导着这个行业）**。面向分散行业销售的供应商更容易影响价格、质量和交货条件。

● **供方集团不需要为向同一行业销售而与替代品斗争**。如果与替代品竞争，即便是再强大有力的供应商，其力量也会受到阻碍。

● **该行业不是供方集团的重要客户**。如果供应商向几个行业销售产品，而每一个行业都不能代表销量的大部分，供应商就会更容易（向买方）施加压力。

● **供方产品是买方企业的重要投入**。如果这种投入对买方生产过程或产品的质量很重要，供方的议价能力就高。

● **供方集团的产品有差异或者已经建立起买方转移成本**。差异化和转移成本迫使买方无法挑起供应商之间的对抗。

- 供方集团可能抛出前向整合威胁。凭此也可以检验行业提高购买条件的能力。

思考供应商的议价能力时，我们重点关注供应原材料、设备、机械和相关服务的企业。但是，对企业来说，劳动力供应也是一个重要投入。劳动者的力量在不同时间、不同职业和行业中也有不同的表现。当前，对于技术不太熟练或者没有技术的劳动者来说，前景不是很乐观。按名义年工资收益计算——劳动力市场上劳动者议价能力的典型标志——工资增长一直保持在3%的范围内。如果消费者价格指数平均增长为2%，这还可以让员工获得超过通货膨胀率的报酬增长。但是，最近随着消费者价格的升高，实际工资收益（超出通货膨胀率的工资增长）事实上已经不存在了。

战略聚焦4.2讨论了大型农业经济企业——鲇鱼养殖场的农场主面对他们的顾客时，是如何通过绑在一起组建合营企业来提高他们的议价能力的。

战略聚焦4.2

提高供方力量：Delta Pride Catfish公司的创立

如果一群供方威胁实施前向整合，就可以提高自己的议价能力。1981年Delta Pride Catfish公司的成立就是这样的一个例子。密西西比州的鲇鱼养殖场老板们一直将其收获供应给大型农业经济公司如康尼格拉和Farm Fresh经营的加工企业。20世纪70年代早期，当农场主们为了回应市场需求的增长而提高了鲇鱼产量时，让他们懊恼的是，他们发现加工商为了保持较高的鲇鱼制品零售价格，迟迟不肯推进增加产能的计划。

农场主们怎么办呢？他们报之以建立合作企业，集资450万美元建立了自己的加工厂。他们自己向自己供货。两年时间里，康尼格拉的市场份额从35%降到了11%，Farm Fresh的市场份额也下降了20多个百分点。

到20世纪80年代末，每年2.8亿磅的美国鲇鱼市场中，

Delta Pride 已经控制了超过 40%。它还通过生产高附加值的产品如面包屑和卤制鲇鱼产品保持继续增长。最近又投产了乡村酥鲇鱼条,这是一款用乡村料调制,可以烤、可以加面包屑的产品。到 2005 年 Delta Pride 的员工数已经超过了 500 人。总数约 100 人的股东大部分是鲇鱼养殖场的农场主,他们经营着 6 万多公顷的鲇鱼养殖场,每年生产 2 亿多磅的鲜活鲇鱼。

资料来源:Cargile, D. 2005. Personal communication. (Vice President of Sales, Delta Pride Catfish, Inc.), February 2; Anonymous. 2003. Delta Pride Catfish names Steve Osso President and CEO. www.deltabusiness.journal. com, February; and Fritz, M. 1988. Agribusiness: Catfish story. Forbes, December 12: 37.

替代产品或服务的威胁 一个行业内的所有企业都和生产替代产品和服务的企业有竞争。替代产品为竞争企业收取的可获利价格设置了一个上限,制约了这个行业的潜在利润水平。替代产品性价比越有吸引力,对该行业利润水平的限制就越紧。

判断一个产品是否属于替代品,需要确定它与该行业中的产品是否有相同功效。这是一项难以捉摸的任务,可以将管理者带入与该行业似乎毫无关系的企业中去。例如,航空业可能不会认为摄像机算得上是个威胁。但是,随着电子技术的进步和无线、其他远程通信方式效率的提高,对很多负责人来说,远程会议就成了商务旅行的替代品。也就是说,替代产品(或服务)的性价比升高了。

正如 IBM 在"Manager Jam"中看到的,远程会议可以省时省钱。31.9 万员工遍布全球 6 大洲——如今 IBM 是世界上最大的企业之一(包括 3.2 万名管理者),也是一个非常复杂的地方。流动性越来越强的工作地点变化意味着很多管理者需要监督他们从未打过照面的员工。为了提高协作水平,IBM 的新任首席执行官彭明盛(Samuel Palmisano)实施了他的第一个重大举措:一个为期两年的项目,探索 21 世纪的新型管理模式。被戏称为"Manager Jam"的这个项目是一个 48 小时实时网络系统。身居 50 多个国家的管理者们,在这个系统中互相交换战略与观点来处理大家共同的问题,而不用考虑地理问题。有 8 100 多名管理者登录公司的内部网络参与论坛上的讨论。

可再生能源资源也是很有前景的替代产品，与矿物燃料相比越来越具有经济竞争力。战略聚焦4.3讨论了这一重要问题。

战略聚焦4.3

可再生资源替代矿物燃料可行性日益提高

现在，由可再生资源提供的能源只占美国能源总量的6%。但是，根据2006年9月世界观察研究所（Worldwatch Institute）和Center for Progress共同发表的一份标题为《美国能源：通向能源安全的可再生之路》（American Energy: The Renewable Path to Energy Security）的联合报告，这一数字在今后几年内可能会快速变大。

报告指出，许多用于可再生能源开发的新技术正在或者即将可以具备与矿物燃料进行经济竞争的能力。强劲的增长速度正在压低成本并刺激技术快速进步。自2000年以来，风能生产已经增长了3倍多；太阳能电池生产增长了6倍多；农作物燃料乙醇生产增长了2倍多；生物柴油生产扩大了将近4倍。自1995年以来，全球范围内每年对"新"可再生能源的投资已经上升了近6倍，这段时间累计投资接近1 800亿美元。报告称："随着石油价格的飞速上升，依赖石油的安全风险正在增加，目前燃料的环境成本也日益显现，面对这些，国家不得不在更大的规模上推广这些技术的应用。"

兰德公司（RAND）2006年11月的一项研究与前面所说的报告得出了一致的结论。该研究坚信，到2025年，如果全国从可再生资源中获取能源总需求的25%，美国经济很有可能会受益，而不是受到拖累。兰德的研究也指出，虽然大部分可再生燃料目前还不能与矿物燃料进行竞争，但其生产成本正在稳步下降。如果这一趋势继续下去，到2025年美国的能源结构将比几年前很多分析人士的预测结果要绿色得多，也清洁得多——而且也不会给经济带来损害。这种发展趋势将会降低美国对石油的依赖，并成为控制温室气体（很多科学家认为这是全球变暖的原因）

排放的重要开端。

资料来源：Clayton, M. 2006. Greener, cleaner... and competitive, www. csmonitor. com. December 4; and Anonymous. 2006. Renewables becoming cost-competitive with fossil fuels in the U. S. www.worldwatch.org, September 18.

同业竞争强度 现有企业之间的竞争主要表现为想方设法地争夺优势地位。企业经常使用的竞争手段有：价格竞争、广告战、产品介绍、增加客户服务和保证等。当竞争者感觉到了压力或者可以借助某个机会提高自己的地位时，就会发生同业竞争。

一些竞争形式例如价格竞争具有高度的不稳定性，容易损害整个行业的平均利润水平。竞争对手很容易就可以追平降价幅度，但这是一种降低所有企业赢利能力的行为。另一方面，广告战可以扩大总需求或提高产品差异化水平，对行业内所有企业都是有利的。当然，同业竞争在不同的行业中的表现也有所不同。在某些行业中，竞争像战争一样痛苦、惨烈；而在其他的一些行业中竞争很温和，有点绅士风范。激烈的同业竞争是几种因素互相作用的结果，这些因素包括：

● **数量众多或者实力均衡的竞争者**。如果一个行业内的企业非常多，不服行业规矩的可能性就会大一些。一些企业认为可以偷偷摸摸地向前移动。即便是企业数量相对较少，企业规模和占有的资源也基本相当，企业拥有不断互相用力报复的资源时，它们之间的争斗也会造成不稳定。

● **行业增长缓慢**。既然每个企业都想扩大销售规模，缓慢的行业增长会使竞争变成对市场份额的争夺。

● **较高的固定成本和储存成本**。较高的固定成本会给所有企业扩大产能带来巨大压力。产能过剩又会带来不断升级的降价。

● **缺少差异化或转移成本**。如果产品和服务被看做一种商品，或者接近于商品，买方的选择会主要取决于价格和顾客服务，这会迫使企业进行激烈的价格竞争或者顾客服务竞争。缺少转移成本，与前文描述的一样，会有同样的后果。

● **规模化增加才能扩大产能**。如果产能必须大规模增加才能获得规模经济效益，产能增加将对整个行业的供需平衡产生严重破坏。

- **高退出障碍**。退出障碍是指：虽然取得的投资收益很低甚至回报为负时，仍然迫使企业继续参与竞争的经济、战略、情感等因素。一些退出障碍包括特定资产、固定退出成本、战略关系（例如，公司内业务部门和其他部门之间在形象、市场推广和共用设施等方面的关系）、情感障碍和来自政府或社会的压力（如政府担心工作岗位减少而不鼓励退出）。

企业间的同业竞争往往只以价格为基础，但是可能会包括其他因素。我们以辉瑞在阳痿治疗市场上的地位为例来说明这个问题。辉瑞公司是第一个研发出阳痿治疗药——伟哥——的公司。医生迅速开出了数千万张处方，销售冲天而起。辉瑞希望将竞争者对这一赚钱优势的挑战阻挡住。

在几个国家，包括英国，辉瑞公司遭到了礼来公司（Eli Lilly & Co.）和伊科斯公司（Icos Corp.）的起诉，两家公司都质疑辉瑞公司的专利保护。这两家公司最近成立了一家联合企业来推广犀利士，一种可以与伟哥竞争的药。英国法院同意并取消了辉瑞公司的专利。

这就为礼来公司和伊科斯公司继续挑战辉瑞公司的市场地位打开了大门。因为犀利士比伟哥的副作用少，如果医生将处方从伟哥转移到犀利士，这种药很有可能会迅速降低辉瑞公司在英国的市场份额。如果将来专利诉讼获胜，辉瑞公司伟哥的销售量就会迅速下降。预计犀利士的年销售规模为10亿美元，辉瑞不得不担心其地位。但是，辉瑞公司也不会停步不前。最近公司将伟哥的广告开支提高了一倍。

图表4—6总结了我们进行行业分析的"五力模型"，反映了规模经济、资本要求等不同因素是如何影响这些"力"的。

图表4—6 竞争分析一览表

在下列情况下新进入者威胁高	高	低
规模经济		×
产品差异		×
资本要求		×
转移成本		×

续前表

	高	低
现有销售渠道控制		×
现有独享知识		×
现有原材料获取优势		×
现有获得政府补贴优势		×
在下列情况下买方力量强	高	低
相对于供方的买方集中程度	×	
转移成本		×
供方产品差异		×
买方后向整合威胁	×	
对买方利润影响程度		×
供方投入对买方最终产品质量的重要性		×
在下列情况下供方力量强	高	低
相对于买方行业的集中程度	×	
替代产品的可获得性		×
顾客对供方的重要性		×
供方产品和服务的差异化	×	
买方转移成本	×	
供方前向整合威胁	×	
在下列情况下替代品威胁高	高	低
替代产品差异化	×	
替代产品的性价比提高率	×	
在下列情况下同业竞争强度高	高	低
竞争者数量	×	
行业增长速度		×
固定成本	×	
存储成本	×	
产品差异		×
转移成本		×
退出障碍	×	
战略利益	×	

互联网与数字技术如何影响五种竞争力

> **学习目标 4**
> 互联网与数字能力如何影响竞争力和行业的利润水平。

互联网和其他数字技术几乎对每一个行业都产生了巨大的影响。这些技术从根本上改变了企业之间和企业与顾客之间的沟通方式。在很多情况下,这些变化带来了很多新的战略挑战,从而影响到了行业的各种力量。在本节,我们将根据互联网及互联网新技术的实际应用分析迈克尔·波特的"五力模型"。

新进入者威胁 在很多行业,因为互联网和基于互联网的技术降低了进入障碍,新进入者威胁增加了。例如,主要通过互联网寻找顾客的企业可以节约其他传统开销,如办公用房租金、销售团队工资、印刷和邮寄费用等等。因为只需要更低的启动投资,所以可能会鼓励更多看到机会的新加入者,凭着能比现有竞争者以更高的效率提供产品或服务的技术来分享市场份额。这样,一个新的网络进入者可以凭借互联网带来的成本节约收取更低的价格,或者与享有规模经济优势的现存竞争者在价格上展开竞争。

另外,年轻的公司可以提供与现有竞争者的产品相当或者更优良的产品和服务,因为互联网经常使这成为一种可能,新进入者凭借更加个性化的服务和对产品细节的进一步关注,可以更高效地服务一个市场。新企业可以在自己的范围内树立起声誉并获得溢出价格收益。这样,新进入者可以争取到当前竞争者的一部分业务并降低行业的利润水平。思考一下互联网语音传输协议(VoIP),这是一种快速发展的传统电话替代品。据估计,到 2009 年将接入 1 210 万个美国家庭。网络语音电话消费者一般都能节约 20%~30% 的费用。这迫使电信行业降低了价格和利润水平。更广泛的意义在于它威胁到了运营商投入巨资建设的电话线路等基础设施的价值。很明显,对当前的电话服务提供商来讲,网络语音电话代表了一个重要的新进入者威胁。

以网络为基础的营业模式的另一项潜在好处是建立销售渠道。通过互联网可以更有效地发现潜在的产品零售渠道,这样的制造商或者经销商可能会受到鼓励,进入它们以前从未进入过的市场。但是,因为某些行业中存在的巨大进入障碍,这种渠道建设不一定能保证成功。可是,互联网与数字技术为很多新加入者提供了更高效率、更低成本的顾客寻找方法。

买方议价能力 通过向顾客提供更多的购买决策信息和降低转移成本,互联网与无线技术可能会提高买方力量。但是,对于那些将购买力集中在少数企业的传统买方渠道中间人,这些技术也会压制它们的力量,因为这些技术让买方有了寻找卖方的新途径。为了弄清这些差别,让我们首先在两类买方之间作一下区分:最终用户和买方渠道中间人。

最终用户,正如其名字所暗示的,是处于销售渠道最后面的顾客。他们是实际购买产品并使用产品的顾客。标注"B2C"——即"企业到顾客"——的互联网买卖活动就是关于最终用户的。互联网可能提高这些买方力量的原因有以下几个:首先,互联网提供了大量的消费信息,这给最终用户提供了购买高质量商品或者砍价所需要的信息。汽车行业为这一现象提供了一个很好的例子。顾客只需要付一点儿钱,消费者联盟[Consumers Union,《消费者报告》(*Consumer Report*)的出版人]等中介机构就会提供关于汽车制造商实际成本的详细信息。这些在线信息,可以被用来压低经销商利润。其次,因为有了互联网,最终用户的转移成本也可能低得多。转移只需要点几下鼠标,就可以在线浏览竞争产品和服务。

相比之下,经销渠道中买方的议价能力可能会因为有了互联网而下降。**买方渠道中间人**,是指批发商、经销商和零售商等以中间人的身份服务于制造商和最终用户之间的人。在一些行业中,这些渠道由强大的参与者主导着,这些参与者可以控制谁能得到最新的产品或者最好的商品。但是,互联网与无线通信使企业与顾客之间的直接联系变得更容易、成本也更低。这样,相对于传统买方渠道的力量来讲,互联网就提高了现有企业的力量。战略聚焦4.4说明了一些互联网影响行业两类购买者的变化。

战略聚焦 4.4

图书行业的买方力量：互联网的作用

互联网影响了两类购买者的力量——最终用户和买方渠道中间人，250 亿美元规模的美国图书出版行业反映了互联网带来的这些变化。在互联网出现之前，图书出版商主要通过大型经销商卖书。这些中间人，例如位于田纳西州的规模最大、力量最强的经销商之一 Ingram，紧紧控制着图书在出版商和书店之间的移动。对于那些规模小、经常发现很难将自己的书放进书店并摆在潜在消费者面前的独立出版商而言，这种控制力量尤其强大。

互联网深深地改变了这种状况。出版商可以直接与亚马逊、Books-A-Million 等网络零售商谈经销协议。这些在线书店的年销售额达到了 40 亿美元。小规模出版商可以直接通过互联网将书卖给最终用户或者公布新书目，而不需要依赖买方渠道中间人来经销自己的书。通过互联网瞄准恰当的市场，2005 年，6.3 万家年收入在 5 000 万美元以下的小规模出版商共同创下 142 亿美元的销售业绩，占了整个行业总销售额的一半还要多。

资料来源：Hoynes, M. 2002. Is it the same for book sales? *BookWeb.org*, www.bookweb.org, March 20; www.parapublishing.com; Teague, D. 2005. U.S. book production reaches new high of 195,000 titles in 2004, Fiction soars. *Bowker.com*, www.bowker.com, May 24; and Teicher, C. M. 2007. March of the small presses. *Publishers Weekly*, www.publishersweekly.com, March 26.

供方议价能力 用互联网与数字技术加速或理顺供应采购流程，已经使经济中的很多部门尝到了甜头。但是，互联网对供方力量的最终影响取决于给定行业中竞争的特点。因为存在买方力量，互联网在多大程度上算作好事还是坏事，与供方在整个供应链中的地位是联系在一起的。

供应商的角色主要是向其他企业提供产品或服务。因此，"B2B"——即"企业到企业"——经常被用来指向其他企业供应产品或销售的企业。互联网对供方议价能力的影响是一把双刃剑。一方面，供应商可能发现会难以抓住顾客，因为买方可以在互联网上如此快速地货比三家，讨价还价，点几下鼠标就可以转移到下一个供应商那里。

这尤其会损害供应链上的中间人,如产品经销商,它们可能无法阻止供应商直接找到其他潜在的企业客户。另外,对供方力量的最大威胁之一是互联网限制了供应商提供高度差异化产品或者特色服务的能力。大部分采购技术都被互相竞争的供应商模仿,而能够实现快速设计并个性化产品的技术,所有竞争者也都在使用。

另一方面,有几种因素也可能促使供方力量变强。首先,以网络为基础的新企业的增加总体上可以为供应商创造更多的下游销售渠道。其次,供应商也可以以网络为基础做出购买安排,简化购买流程,减少顾客转移的想法。例如,在线采购系统在供应商和顾客之间搭建起了既能降低交易成本又能减少文件处理工作的直接联系。再次,使用将买方与供应商网站相连的专有软件可以提供高效率、低成本订定购处理能力,这种能力也会减少顾客寻找其他供货来源的想法。例如,亚马逊网站开发了一键采购技术并申请了专利保护,这一技术就提高了参与顾客订购流程的速度。

最后,根据它们绕开中间人直接接触最终用户可以达到的程度,供应商可以获得更强的力量。以前,供应商经常不得不通过中间人将产品或服务运往市场并为此支付一定费用。但是,一种称为去居间化的方法正在取消负责中间步骤的组织或企业,减少价值链中的流程层级。与互联网正在取代一些商务功能一样,它也带来了新的功能。产生了一个称为增居间化的流程——即在价值链中引入新型中间人的活动。很多新功能都对供应链产生了影响。例如,因为受互联网的影响,配送服务经历了一个大发展。很多顾客选择将产品配送到家门口而不是到外面去取。体育活动门票或者电子邮票等产品的电子配送也日益普遍。

替代品或服务威胁 与传统市场并存,互联网创造了一个新的市场;与传统渠道并存,互联网成了新的渠道。因此,总体上讲,因为互联网提供的任务完成新方式,替代威胁增强了。

在以更低的价格获得可以满足同样需求的替代品之前,消费者一般会选择一直使用同一种产品或服务。互联网经济带来了无数可以替代传统经营的新方式。例如，一个叫做 Conferenza 的公司在为不想花钱和时间去开会的人提供一种参加会议的新方式。网站提供了很多会议活动的总结、按"活动情报"计分的质量评价和未来活动的时间表。

替代的另一个例子发生在电子存储领域。随着桌面计算活动的发展，存储电子信息的需求迅速增加。直到最近，趋势一直是开发越来越大的桌面存储能力和技术以压缩信息，提高存储效率。但是，最近出现了一种可行的替代方法：将信息以数字方式存储在互联网上。My Docs Online Inc. 等公司提供以网络为基础的存储，公司只需要租用在线空间就可以方便存取文件。既然存放地点是虚拟的，在任何只要能上网的地方都可以存取。旅行者不必从一个地方到另一个地方做文件的实际转移就可以读取重要文档或文件，这种技术使其成为可能。网络存储不是免费的，但仍比另买磁盘存储带在身上要便宜，也更方便。

同业竞争强度 因为互联网为竞争创造了更多工具和手段，竞争对手之间的同业竞争可能会更激烈。只有那些可以运用数字技术和网络使自己的形象更突出、创造特色的产品供应，或提供"更快、更智能、更便宜"服务的竞争者才有可能通过这种新技术获得更高的利润。但是，这种收益很难长久维持，因为在很多情况下这种新技术很快就会被模仿了。因此，互联网使企业之间的相互区分变难了，也将顾客注意力转移到价格问题上，很容易使同业竞争的激烈程度提高。

如果转移成本低、产品或服务的差异小，同业竞争就会更激烈。点击几下鼠标就可以货比三家，因为互联网使这成为可能，所以它将以前可能会被认为稀缺或独特的产品"商品化"了。既然互联网消除了区位的重要性，以前必须在地理上相距甚远的店铺才能找到的产品如今在网上很容易地就能找到。这使网络空间里的竞争者好像更势均力敌，因此加剧了同业竞争。

搜索互联网上最低可能价格的购物机器人和信息中介的出现，使推销员遇到的问题更严重了。mySimon 和 PriceSCAN 等消费者网站可以搜索所有出售类似产品的网络位置并提供价格比较。显然，这限制了企业打造独特个性的能力，并使顾客只关注价格。一些购物信息中介，如 BizRate 和 CNET，不仅搜索很多不同产品的最低价格，还对出售相似价位物品的不同网站进行顾客服务质量排名。这样的信息中介服务对顾客来说很好，因为给他们提供了比较价格与服务的机会。但是，对企业来讲，它们把顾客在做购买决定时使用的市场消息合并成几条销售公司无法控制的信息，这样就提高了同行之间的竞争水平。

图表4—7总结了互联网影响行业结构的多种方式。这些影响也会改变企业如何开发和安排战略以获得超出平均水平的利润和可持续的竞争优势。

图表4—7 互联网和数字技术如何影响一个行业

	有益于行业（+）	损害行业（－）
新进入者威胁		• 低进入障碍提高了新加入者数量。 • 很多以互联网为基础的能力很容易被模仿。
买方议价能力	• 在很多销售渠道中降低买方中间人的力量。	• 转移成本降低。 • 在线信息的提供壮大了最终用户。
供方议价能力	• 在线采购方法可以提高应对供应商的力量。	• 互联网使供应商可以找到更多顾客，使其更容易联系到最终用户。 • 在线采购行为限制竞争并降低了差异特征。
替代产品或服务威胁	• 提高以互联网为基础的综合效率可以扩大行业销售规模。	• 以互联网为基础的能力更容易被替代。
同业竞争强度		• 因为区位不再重要，竞争者数量增加了。 • 网络上更难理解竞争者之间的差别。 • 同业竞争倾向于只关注价格，差异化特征被缩小。

资料来源：Bodily, S., & Venkataraman, S. 2004. Not walls, windows: Capturing value in the digital age, *Journal of Business Strategy*. 25(3): 15-25; Lumpkin, G. T., Droege, S. B., & Dess, G. G. 2002. E-commerce strategies: Achieving sustainable competitive advantage and avoiding pitfalls. *Organizational Dynamics*, 30(Spring): 1-17.

行业分析运用：几个警告

要使行业分析有价值，公司必须收集和分析来源广泛的各种信息。随着全球化趋势的加速，关于国外市场和更大范围内的竞争者、供应商、顾客、替代者以及潜在新进入者的信息变得更加重要了。行业分析不仅可以帮助企业评估一个行业的潜在利润水平，还可以帮助企业寻找各种按照"五力"巩固自己地位的方式。但是，我们要提醒一下管理者：首先，**管理者不要总是看不上低利润行业（或者高利润行业中利润较低的部分）**。对于科学合理实施战略的参与者，这些行业仍然可以产生高额回报。下面我们看一看处理工资支付的 Paychex 公司和庞大的健康护理保险公司 WellPoint Health Network 的案例。

Paychex 在服务小企业中获得了成功，收入高达 16 亿美元。现有公司忽视了这些小企业，因为它们以为这些小企业买不起这些服务。当 Paychex 的创始人汤姆·戈利萨诺（Tom Golisano）无法使他在 Electronic Accounting System 的老板相信他们会错过一个重要机会时，他创办了自己的公司。公司现在向 55 万家企业提供服务——每家企业的雇员平均为 17 人。Paychex 销售的税后回报率竟然高达 28%。

1986 年，WellPoint Health Network（当时公司的名称为 Blue Cross of California）蒙受了 1.6 亿美元的损失。那一年，莱昂纳多·谢弗（Leonard Schaeffer）出任首席执行官并向那种认为个人和小企业就是赔钱主的传统观点发出挑战。（这在当时确实是一个"异端"——公司为 65 000 人承保，每年损失 500 万美元。）但是，到 20 世纪 90 年代初，该公司在利润水平上成为行业中的佼佼者。即便是在经济衰退时期，公司也一直保持增长并超过了竞争对手。到 2006 年，其收入和利润分别达到了 600 亿美元和 30 亿美元——两个数字都代表着在最近 5 年的时间内每年都有超过 35% 的增长率。

其次，"五力分析法"暗中假定了一个零和游戏，可以帮助企业确定如何按照"五力"改善自己的地位。但是，这种方法往往是短视的。也就是说，这种方法可能忽视了与供应商和顾客发展建设性双赢关系的诸多潜在利益。与供应商建立长期的互惠关系可以提高企业运用即时存货管理的能力，这使企业能更好地管理存货并快速回应市场需求。最近的一项研究发现，如果一家公司利用自己的强势地位压制供应商，这种行为可能会返回来困扰公司自己。我们看一下通用汽车公司是如何笨拙地对待其供应商的：

> 通用汽车公司一直因使用极具进攻性的战术而名声在外。虽然公司努力镇压最过分的那些企业，但是公司一直对历年供应商满意度调查的最后一名都宣判死刑。"这是一个残忍的过程，"安娜堡的汽车研究中心（Centre for Automotive Research）领导人大卫•E•科尔（David E. Cole）说，"路边常有倒下的尸体。"

> 供应商指出了一个特别讨厌人的伎俩：将它们的技术偷偷买走，看竞争对手能否做得更便宜。有一次，通用汽车公司的一个采购经理将供应商的新刹车设计拿给了 Delphi Corporation，他被炒了。但是，最近的一项调查发现，部分（供应商）负责人说他们愿意将热门的新技术先交给其他的汽车制造商。这也是通用汽车发现在这个竞争激烈的行业中难以取胜的另一个原因。

互补品
对另一个企业产品或服务的价值有影响的产品或服务。

最后，"五力分析法"也一直受到批评，因为它基本上是一种静态分析方法。外部力量和每家企业的战略都在不停地改变着所有行业的结构。在这里扮演了一个重要角色的是互补品——即对另一家企业产品或服务具有提高其潜在价值的产品或服务。那些生产互补品的企业一般被称做互补品生产者。除非有在上面运行的软件，否则强大的硬件设备对于用户来说一点价值都没有。同样，只有有了可支持其运行的硬件，更好的新软件才可能被开发出来。视频游戏行业也是这样，游戏机和视频游戏的销售互相补充。20 世纪 90 年代初期任天堂的成功是源于它们对自己与互补品生产商关系的有效管理。它们在硬件里插入了一个安全芯片，然后将游戏开发权授权给其他公司，每卖出一套游戏，这些公司要向任天堂支付一次版税。版税收入使任天堂可以按照接近成本的价格销售游戏机，因此增加了市场份额，转过来这又带来了更多游戏的销售和更高的版税收入。

尽管都在努力创造双赢局面，互补品生产商之间的冲突还是不可避免的。毕竟，即便是最密切的合作伙伴，期望一方放弃自己的利益来帮助你的想法也是很天真的；即便是最成功的伙伴关系也不是没有麻烦的。力量是造成这个现象的一种因素——如同我们在战略聚焦 4.5 中看到的苹果公司（Apple）的 iPod 案例，这是一款获得巨大成功的产品。

战略聚焦 4.5

苹果公司的 iPod：与互补品生产商的关系

2002 年，史蒂夫·乔布斯（Steve Jobs）开始了他的行动，哄骗大型音乐公司通过在线零售站点 iTunes 音乐商店向 iPod 用户销售音乐。大部分行业负责人被 Napster 和 Kazza 等非法共享文件伤害之后，只希望电子音乐赶快消失。但是，乔布斯激情洋溢的愿景说服了他们重新上了贼船。乔布斯承诺将通过销售反盗版技术降低他们面临的风险和提高口袋产品（iPod）的销量。

但是，2005 年与音乐公司的合同需要续签时，苹果获得了更强大的还价优势。那个时候，iTunes 已经占有了合法下载市场 80% 的份额。每下载一首歌，音乐公司可以获得 60 美分～70 美分，但是它们希望拿到更多分成。它们的推理是：如果 iTunes 音乐商店对每首歌收取 1.5 美元或者 2 美元，它们就可以使收入和利润增加 1 倍或者 2 倍。但是乔布斯知道，如果音乐便宜，他就可以卖出更多的 iPod，所以决定将每首歌下载的价格仍然定为 99 美分，并决定维持苹果公司的利润幅度。考虑到 iTunes 的主导地位，音乐公司除了生闷气外别无选择。

苹果公司在音乐市场上的冒险取得了巨大成功。2006 年 9 月 30 日财政年度末，iPod 的销售已经增长到了 740 亿美元，与音乐相关的其他产品与服务的销售也达到了 190 亿美元。与前年相比，这些数字分别代表着 69% 和 110% 的增长。

资料来源：Apple Computer Inc. 10-K, December 29, 2006; and, Yoffie, D. B. & Kwak, M. 2006. With friends like these: The art of managing complementors. *Harvard Business Review,* 84(9): 88-98.

行业内战略群

在行业分析中，有两个假定不得不提：（1）没有两个完全不同的企业；（2）没有两个完全相同的企业。问题在于如何确定一群相对来讲互相之间更相似的企业，或者称做战略群。这很重要，因为在相同的企业之间同业竞争可能更加激烈。战略群是指分享类似战略的一个企业组。毕竟，关于凯马特是更关注诺德斯特龙还是更关注沃尔玛，以及梅赛德斯（Mercedes）是更关注现代（Hyundai）还是更关注宝马（BMW），答案是显而易见的。

这些例子不是说要淡化战略群概念。将一个行业分成不同的战略群是需要判断的。如果作为一个分析工具是可用的，我们必须注意用什么维度圈定这些企业。维度包括生产线宽度和地理分布广度、性价比、垂直整合程度、销售的类型（如承销、大众经销还是自创品牌等）等等。维度的选择也应该反映行业内各种不同的战略组合。例如，如果行业中所有企业产品差异水平（或者研发密度）都基本相同，这就不是一个可选的好维度。

作为分析工具，战略群概念有何价值？**第一，战略群可以帮助企业确定保护群免受其他群攻击的活动边界**。活动边界是指那些制约企业从一个战略地位向另一个战略地位移动的因素。例如，在链锯行业，保护其高质量/以承销商为中心群体的是技术、品牌形象和建立起来的承销商服务网络。

学习目标 5：
战略群概念及其对企业战略与绩效的意义。

战略群
实施类似战略的一组企业。

战略群的第二个价值是**它帮助企业确定竞争优势小或者脆弱的群**。我们可以预测，这些竞争者可能要退出该行业或者要向其他群转移。这正是近年来美国零售百货行业经历的状况，在这个行业中，JCPenney 和西尔斯百货商店公司经历了极为困难的时期，因为它们被卡在了中间，既不是像沃尔玛一样的折扣参与者也不是像 Neiman Marcus 一样久负盛誉的高级参与者。

第三，战略群可以**帮助我们描绘出企业战略的未来方向**。每个战略群发射出的箭都可以代表这个群（或者群内的一个企业）可能移动的方向。如果所有的战略群都在朝着一个方向移动，这可能预示着未来高度的易变性和激烈的竞争。例如，在汽车行业，小型货车和运动型多功能车领域的竞争近年来加剧了，因为很多企业都进入了这个领域。

第四，战略群**有助于思考行业发展趋势对战略群作为一个整体的影响**。这个趋势是否在降低该群的生存能力？如果是，战略群应该朝哪个方向移动？这个趋势是在提高还是在降低某个群的进入壁垒？这一趋势是否会降低某个群将自己与其他群区分开的能力？这些分析可以帮助我们预测行业发展。例如，利率的大幅提高对高价商品提供者（如保时捷）的影响要小于对低价商品提供者（如雪佛兰 Cobalt）的影响。雪佛兰 Cobalt 的顾客群对价格要敏感得多。

图表 4—8 提供了全世界范围内汽车行业的战略群划分。每个群里的企业都是有代表性的；该图没有列出所有的企业。我们确定了四个战略群。在左上角是高端豪华车制造商，它们瞄准的是一个非常窄的产品市场。这个群里的成员生产的大部分汽车成本都在 10 万美元以上，还有一些是这个数字的好多倍。法拉利 F50 的造价差不多是 55 万美元，兰博基尼 L147（Lamborghini L147）造价 30 万美元（万一你正在考虑如何花掉你的签约奖金呢）。这个市场参与者的客户非常有限，也极少遇到来自其他战略群的竞争。另一个极端是左下角的一个以较低的价格/质量为特征的战略群，目标市场也很窄。这些参与者中的现代和起亚（Kia）通过对自己产品的较低定价来限制其他战略群的竞争。第三个群（靠近中间）是性价比较高而产品种类一般的企业。最后一组是产品种类多、价格分布广的企业。这些企业都有在低端市场竞争的产品（例如福特的

福克斯),也有在高端市场竞争的产品(例如雪佛兰的 Corvette)。

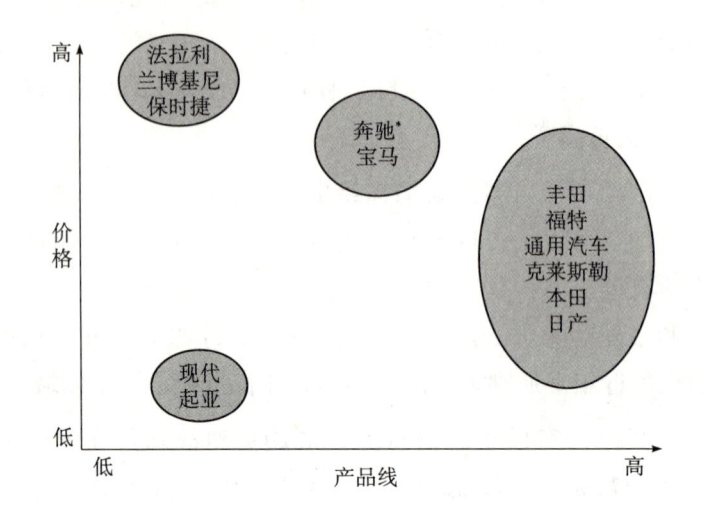

图表 4—8　世界汽车行业：战略群

```
高 ↑
  │   ┌─────┐
  │   │法拉利│
  │   │兰博基尼│      ┌─────┐
  │   │保时捷│      │奔驰*│        ┌───────┐
价 │   └─────┘      │宝马 │        │ 丰田  │
格 │                 └─────┘        │ 福特  │
  │                                │通用汽车│
  │                                │克莱斯勒│
  │                                │ 本田  │
  │                                │ 日产  │
  │        ┌─────┐                └───────┘
  │        │现代 │
  │        │起亚 │
低 │        └─────┘
  └──────────────────────────────────→
   低            产品线              高
```

* 为了说明方便，将克莱斯勒和梅赛德斯（戴姆勒–克莱斯勒的一部分）分开。
注意：每个战略群的成员仅用于举例，并不包括全部。

　　近年来汽车市场一直很活跃，竞争也更激烈了。处于不同战略群的很多企业也在同一产品市场上竞争，例如微型车和运动型多功能汽车。在 20 世纪 90 年代末期，梅赛德斯带着 M 系列加入了这个行列，保时捷最近也带着 2004 年的一款车型 Cayenne 加入了竞争。一些参与者也以自己的产品向高档车进军。最近，现代投产了 XG300，全载车型定价 25 万美元。这把现代公司带入了与其他战略群对手的直接竞争，如丰田公司的凯美瑞和本田公司的雅阁（Accord）。现代公司提供更长的质保期（10 年/10 万英里）以消除顾客对其低质量的印象。也许福特朝高档车的努力最引人注意。不满足于只依赖林肯这块牌子吸引高票买家，与其他的大型参与者一样，福特开始了并购行动，收购了沃尔沃（Volvo）、路虎（Land Rover）、捷豹（Jaguar）和阿斯顿·马丁（Aston Martin）。为了进一步激化竞争，一些主要的汽车制造商也开始提供低价位的产品，梅赛德斯的 C 级车和宝马的 3 系列都是很著名的，定价都在 3 万美元以下，直接与来自"大路货"制造商如福特、通用汽车和丰田汽车的产品竞争。

在这个十年期的前半段，汽车行业的销量波动不大，这些新产品就是在这样一个行业内互相竞争的。另外，买车送大奖的产品对顾客的吸引力也似乎失去了不少，经销店里的存货很多。而且，既然制造商保持着（如果没有增加）生产计划不变，工厂产能没有降低，整体上的竞争必然会加剧。因此，如果大部分车型继续打折，无须吃惊。进入视野的另一项威胁是中国车正在进入主要市场，如美国。

SWOT分析法

> **SWOT 分析法**
> 分析企业内部环境与外部环境的工具，代表的是优势、劣势、机会和威胁。

在思考一般环境和竞争环境时，我们重点关注影响整个行业的趋势与事件。在战略群概念中，我们的注意力集中在了行业内一组竞争者面临的各种情况上。现在我们将重点向前引进一步，来讨论 SWOT 分析法，这是用来分析单个企业状况的工具。SWOT 代表了优势、劣势、机会和威胁。SWOT 分析法为分析一个企业内外环境中的这四个要素提供了一个框架。这种分析方法提供了"原材料"——公司内部和外部的基本情况列表。

SWOT 分析法中优势与劣势部分指的是企业的内部条件——公司在哪些方面很卓越（优势），在哪些方面相对于竞争者来说有欠缺（劣势）。机会与威胁是公司外部的环境条件。这些既可以是一般环境中的因素也可以是竞争环境中的因素。在一般环境中，企业可能会经历一些对所有企业都有利的发展趋势，例如带来借贷成本降低的经济形势改善；或者对一些企业有利而对另一些企业有害的发展趋势，例如对健康关注程度的提高对一些公司来说是个威胁（如烟草公司），对其他公司来说是个机会（如健康俱乐部）。在竞争环境中，在面对同一顾客群竞争的企业之间也存在着机会与威胁。

SWOT分析法的基本思想是一个企业的战略必须：
- 建立在自己的优势之上。
- 努力弥补自己的劣势或者围绕劣势展开。
- 利用环境里出现的机会。
- 保护企业免受威胁。

尽管很简单，但SWOT分析法却一直极度流行。其原因有以下几个：首先，这个方法迫使管理者同时考虑内部环境和外部环境。其次，该方法重视分析机会与威胁，使企业以积极的姿态行动起来而不是被动等待。再次，在匹配环境条件和企业内部优劣时，该方法提高了对战略所发挥作用的认识。因此，SWOT分析法为企业战略的选择"搭建了舞台"。最后，即便是进行简单分析，也可以获得清楚的理解。

战略——基于全球化和企业道德的思考

第5章 公司层面战略

本章学习目标

学习目标1　管理者如何凭借多元化战略创造价值。

学习目标2　公司如何凭借相关多元化战略，通过范围经济和市场势力实现协同效应。

学习目标3　公司如何凭借非相关多元化战略，通过公司重组、母合、组合管理实现协同效应。

学习目标4　实现多元化的各种手段——企业购并、合资企业/战略联盟、内在发展。

学习目标5　影响价值创造的管理者行为。

公司层面战略讨论的是两个互相关联的问题：（1）公司应该到什么行业去竞争；（2）应该如何管理这些业务以获得"协同"效应——也就是说与单打独斗相比，通过一起工作可以创造更多的价值。如同我们将要看到的，这些问题给现在的管理者带来了一个巨大挑战。很多多元化战略都失败了，或者在大部分情况下，给股东带来的利益仅有一点点。因此，确定如何通过进入新市场、引进新产品或开发新技术来创造价值是战略管理中一个至关重要的问题。

我们首先讨论为什么多元化战略一般情况下无法带来预期效益。然后，在接下来的三节，我们详细分析两种可以选择的方法：相关多元化和非相关多元化。在相关多元化中，公司努力开拓与现有业务部门共享部分资源和能力的市场或者提高市场势力。在这里我们介绍了创造价值的四种手段：核心能力借用、活动共享、联合谈判能力和垂直整合。在非相关多元化中，业务部门之间的资源与能力基本没有相似性，但是也可以通过多种途径创造价值。这些途径包括：重组、公司母合、组合管理。在相关多元化中，协同效应来自业务部门之间的横向关系，而在非相关多元化中，协同效应来自公司办公室与业务部门之间的纵向关系。

最后两节讨论的是：（1）可以帮助公司实现多元化的各种手段；（2）损害股东利益的管理者行为（如个人利益）。我们讨论了企业购并、合资企业/战略联盟、剥离、内在发展等手段，每一种手段都需要权衡利弊得失。在管理者的个人利益的支配下，有害的管理者行为主要有"为了增长而增长"、自私、反收购策略等。有些行为会引发道德问题，因为有些时候管理者行事不是以股东利益最大化为指导的。

从错误中学习

我们将要介绍的是被《财富》杂志评为历史上第二失败的购并（仅排在美国在线/时代华纳之后）。2006年，波士顿科技公司（Boston Scientific）以273亿美元的价格收购了盖丹特公司（Guidant）。为什

第5章 公司层面战略

么波士顿科技公司要花如此巨资购买一个充其量算个"模糊奖"的公司？回顾整个事件，这似乎是一个经典的"赢家的诅咒"案例，在激烈的竞标争夺中，赢家最终付出的价格远远高出了卖方的实际价值。可能是市场对了而赢家错了。让我们简单地看看这到底是怎么回事。

2006年8月一个暖洋洋的傍晚，在曼哈顿，医疗设备制造商盖丹特的前领导人和他们的投资银行家在博雷餐厅的一个密室里庆祝他们将公司成功地卖给了波士顿科技公司。呷着稀有的波尔多红酒，他们对波士顿与对手强生（Johnson & Johnson）之间那场惨烈的竞标战欷歔不已。这场战争使他们净赚273亿美元——公司的溢出价格——这是从一个当时诉讼和缺陷产品缠身的公司身上剥下来的。（奇怪的是，大约9个月前，2005年11月15日，强生公司已经与盖丹特公司在一个低很多的价格上达成了协议，只有215亿美元！但是当时波士顿科技公司加入了进来，竞标战开始了。）

交易刚刚结束（4月21日），波士顿科技公司在2006年5月1日举行了自己的庆祝活动。波士顿的投资银行美林证券（Merrill Lynch）和美洲银行（Bank of America）在纽约市瑞吉酒店（St. Regis Hotel）组织了庆祝宴会。但是，活动当天，纽约地区的暴风雨打乱了航班计划。波士顿科技公司的共同发起人佩特·尼古拉斯（Pete Nicholas）、首席执行官吉姆·托宾（Jim Tobin）和首席财务官拉里·贝斯特（Larry Best）在马塞诸塞州Bedford Hanscomb Field狂风劲吹的停机坪上坐等了数小时，而他们的律师、投资银行家和较低层次的管理者狂欢到深夜。暴风雨天气成了一个凶兆：律师和银行家当然为他们的工作获得了大笔的回报，这笔交易却标志着波士顿科技公司高层管理者一连串坏日子的开始。

大约两个月后，7月底，波士顿科技公司发出警告，通知召回5万套盖丹特心脏起搏器，并承认可能需要近两年的时间才能解决其中的安全问题。9月21日，波士顿科技公司发出了让华尔街都震惊的赢利预测，而公司股票本来就已经遭受了重创，这一天又大跌了9.2%。

自从2005年12月公司宣布要收购盖丹特后，波士顿科技公司的股票已经让人头晕目眩地下跌了46%，在短短的一个月时间内使股东手里的财富缩水了180亿美元。

实际上这笔交易可以被认为是历史上第二糟糕的一个，仅排在美国在线／时代华纳的灾难性合并之后。"它就像电影《钱坑》(The Money Pit)，"花旗银行的分析师马修·多德（Matthew Dodds）在评论波士顿的这笔交易时说，"一旦你投入的够多了，你就得走下去，不管它到底值不值钱。"

遇到过这种扫兴收购的不只有波士顿一家。很多大型跨国公司和最近一些大收购商都无法有效地整合买来的资产，要么为收购目标的普通股票付出了太高的价格，要么不知如何将收购来的资产融入到自己的业务中来。有时候，高层管理者可能没有按照股东利益最大化行事。也就是说，收购的动机是提高管理者自己的势力或者声誉，而不是为了增加股东的收益。有时候，可能唯一受益的人是被收购公司的股东——或者是建议收购该公司的投资银行，因为它们首先从中直接收取巨额费用，而不管事后结果！

很多被收购来的业务最终又不得不剥离出去——承认事情没有按照计划发生。实际上，数年以前，《财富》杂志的一位撰稿人悲叹道："研究表明，33%~50%的收购后来都剥离出去了，企业联姻的离婚率直逼男人和女人之间的离婚率。"

实施有效多元化：综述

学习目标1
管理者如何凭借多元化战略创造价值。

并不是所有的多元化行为都会损害企业表现，包括那些涉及购并的多元化。例如石油行业的收购，像英国石油公司收购Amoco和Arco后经营得很好，艾克森—美孚（Exxon-Mobil）的合并也很好。在汽车行业，在卡洛斯·戈恩（Carlos Ghosn）的领导下，雷诺—日产到2006

年底在市场上筹集到的资本增长了4倍——从204亿美元上升到了849亿美元。很多处于领先地位的高科技公司，如微软公司、思科系统和英特尔公司，通过实施各种多元化战略，都大幅提高了收入、利润和市值。它们实现多元化的手段包括购并、形成战略联盟、建立合资企业和实现内在发展。

所以，有一个问题：为什么有的多元化战略取得了很好的回报，而其他的却带来了令人失望的结果？多元化战略——无论是购并、联盟还是合资，或者是内在发展——必须以股东利益最大化为指导。但事实不总是如此。如前面提到的，收购企业在收购目标企业时往往付出了过高的价格。例如，2006年自由港—麦克莫兰（Freeport-McMoRan）为了成为美国最大的金属矿业企业，在收购菲尔普斯·道奇公司（Phelps Dodge）时，支付了30%的溢价。相比之下，你我个人，作为私人投资者可以很便宜就把手里的股票卖掉。因为在线经纪行业竞争激烈，我们只花10美元或者更少的交易费用就可以买成百上千股票——比公司收购公司时支付的30%~40%（或者更高）酬金要低得多。

考虑到这些明显的内在缺陷风险，我们有理由问为什么一些公司还自找麻烦要实施多元化战略呢？答案就是一个词：**协同**（synergy）。这个词来源于希腊语 synergos，意思是"一起工作"。这包含了两个不同但是并不互相排斥的意思。第一，一个企业可以多元化到**相关**业务中去。在这里，主要的潜在利益来源于**横向关系**，也就是说，共享有形资源（如生产设备、销售渠道）与无形资源（如营销等核心能力）。另外，企业通过联合在一起的谈判能力和垂直整合可以提高它们在市场上的势力。例如，通过共享销售资源，宝洁公司获得了很多协同效应。

第二，一家企业可以多元化到**非相关**业务中去。在这种情况下，主要的潜在利益大部分来源于**纵向关系**，也就是说，价值创造来源于公司的办公室。后一种情况包括借用价值链上的一些辅助活动（我们在第3章讨论了这个问题），如信息系统或者人力资源管理等等。

需要注意的是，前面所提到的来源于横向（相关多元化）和纵向（相关和非相关多元化）关系的利益不是互相排斥的。很多在相关领域实施多元化战略的公司也从公司办公室的信息技术优势中获得了利益。同样,在非相关领域实施多元化战略的公司也经常得益于姊妹业务中的"最佳实践",虽然它们的产品、市场和技术可能相差甚远。

图表5—1概括介绍了企业为创造价值实施相关或者非相关多元化的各种手段。

图表5—1 通过相关或者非相关多元化创造价值

相关多元化:范围经济
核心能力借用
• 3M公司将其黏合剂技术能力租借给很多行业,包括汽车、建筑和电信。
活动共享
• 大型销售公司McKesson通过超级仓库中销售很多生产线,包括药品生产线和饮料生产线。
相关多元化:市场势力
联合谈判力量
• Times Mirror Company为广告商提供"一站购物"式的广告服务,通过多种媒体——电视和报纸——在纽约和芝加哥等几个大规模市场上接触顾客,提高了公司面对顾客的势力。
垂直整合
• 大型地毯制造商邵氏产业,自己生产大部分重要原料——聚丙烯纤维,提高了自己对原材料的控制能力。
非相关多元化:母合、重组、财务协同
公司重组与母合
• Cooper Industries的公司办公室通过实施生产运营审计、改善会计业务、联合谈判等活动提高了其收购业务的价值。
组合管理
• 诺华公司、前汽巴—嘉基公司(Ciba-Geigy),通过投资管理改善了各种基本活动,包括资源分配和报酬与考核体系。

资料来源:Reprinted with the permission of the Free Press, a Division of Simon & Schuster Adult Publishing Group, from *Competitive Strategy: Techniques for Analyzing Industries and Competitors* by Micheal E. Porter. Copyright © 1980, 1998 by The Free Press. All rights reserved.

相关多元化：范围经济与收入提高

> **学习目标2**
> 公司如何凭借相关多元化战略，通过范围经济和市场势力实现协同效应。
>
> **相关多元化**
> 企业进入不同的业务领域，可以从核心能力借用、活动共享中获利。
>
> **范围经济效益**
> 在公司内部进行核心能力借用或者相关活动共享而实现的成本节约。

如同前面讨论的，**相关多元化**可以使企业从多元化后各种业务之间的横向关系中，通过核心能力借用或者活动共享（如生产设备和销售设施）等获得利益。这使公司可以从范围经济中获益。**范围经济效益**是指在公司内部的业务之间借用核心能力或者共享相关活动而实现成本节约。如果两部分业务联合起来可以比单打独斗取得更高水平的销售增长，企业也可以取得更多的收入。

例如，拥有几个销售点的运动品商店可以收购其他产品的零售店。这可以使商店借用更多的门店，或者利用很多关键资源——有利的声誉、专业人员和管理技能、高效的采购——这些都是竞争优势的基础。下面我们来讨论如何通过核心能力借用来创造价值。

核心能力借用

> **核心能力借用**
> 反映组织内集体学习能力的战略资源。

核心能力的概念可以通过将多元化的公司形象化为一棵树来说明。树干和大树枝代表了核心产品；小树枝是业务部门；树叶、花、果是最终产品。核心能力由根茎体系代表，它提供养分、养料和稳定性。管理者经常因为只看到竞争对手的最终产品而错误判断它们的实力，就像我们只看到树叶而无法理解大树的力量一样。核心竞争力也可以被看做将现有业务黏合在一起的"胶水"或者驱动业务增长的发动机。

核心竞争力反映了组织学习的情况——如何协调各种生产技能、整合各派技术、推广销售各种产品和服务。将无线电安装到芯片上的必要理论知识本身并不能代表一家公司掌握了生产名片大小微型收音机所需要的技术。为了做到这一点，电子产品制造业的巨人卡西欧（Casio）必须综合微化技术、微型处理器设计、材料科学和超薄精准铸造技术。这些是公司生产微型卡片式计算器、口袋电视和电子表使用的同一种技术。

要使核心能力成为公司的不同业务之间协同效应的必备基础，它必须满足三个标准。

● **核心能力必须能创造卓越的顾客价值进而提高企业竞争优势**。它必须能使企业获得竞争优势。价值链上的每一项活动都有可能成为构建核心能力的重要基础。例如，在吉列公司，科学家们因为彻底理解了剃须中隐藏的几种秘密，投产的感应系统获得巨大成功之后，又开发了锋隐和锋速3等产品。这些秘密包括面部毛发与皮肤生理、刀片强度与锐性的金属性能、刀头划过皮肤的动力性能、剃须刀刀片切割毛发的物理性能等。只有理解了这些核心的东西并具备了将这些技术融入创新产品的能力，产品创新才成为可能。顾客一直很愿意为这种技术上有差异的产品付出更多的钱。

● **公司内的不同业务必须在与核心能力相关的某一个方面相似**。产品或服务本身相似并不重要。重要的是，如果公司要开发其核心能力，价值链上至少要有一个部分需要相似的技能才能带来竞争优势。乍看上去你可能会认为汽车和房子之间没有什么共同点。但是，战略聚焦5.1讨论了丰田汽车公司如何在一项业务——房屋建造——中实现了协同效应，这和公司的核心业务——汽车——没有什么关系。

● **核心技术必须难以被竞争对手模仿或者替代**。与我们在第3章讨论过的一样，如果竞争对手可以很容易地模仿或者替代，竞争优势是不能长时间持续的。同样，如果与企业的核心能力相关的技术也很容易被模仿或者复制，它就不能成为可持续优势的良好基础。我们看一下资产 170 亿美元的家用电器制造业巨头夏普公司（Sharp Corporation）的情况。公司在光电子技术方面拥有一套独享的核心能力，难以复制，也为其核心业务带来了巨大的竞争优势。公司最成功的技术是液晶显示器——所有夏普产品中的关键部件。在这种技术方面的优势使夏普带有液晶显示板的新型录像机非常成功，也带来了一种个人电子控制器——控制板的出现。

战略聚焦 5.1

丰田公司的多元化：房屋建造

寻找市场上最大的丰田？不是当地经销商那里的 Tundra 皮卡和 Sequoia 运动型多功能汽车。相反，你必须得去春日井的丰田工厂。春日井是一个有 30 万人口的城市，位于东京以东约 3 个小时车程的地方。在那里你也不会看到马达或者加速器之类的东西。但是，那里有很多屋子——就像进入了很多卧室、起居室、厨房、卫生间和天井。

在春日井，丰田的房屋 85% 的部分已经在工厂里完成了，然后通过陆路交通工具运输到建造地点，只需 6 个小时就可以盖好。为了提高效率，丰田从自己的虚拟生产系统、即时配送和持续改善理念中借来了窍门。使用汽车生产中运用的技术，防腐漆被均匀地喷在建房用的钢架上。与丰田的所有日本汽车工厂一样，写着"好主意，好产品"的条幅挂在屋顶上。"我们按照丰田的方式造房子。"丰田公司的一位管理者森冈仙太（Senta Morioka）说。

丰田现在每年可以生产 5 000 套预制房。2005 年，公司收购了另一个活动房制造商三泽住宅（Misawa Homes）13% 的股票。

资料来源：Rowley, I. 2006. Way, way, off-road. *BusinessWeek*, July 17:36-37.

活动共享

> **活动共享**
> 在一种业务中完成两种或者多种业务价值链上的活动。

如同我们在上面看到的，借用核心能力需要在公司内不同业务部门之间转移积累起来的技能与经验。如果实施得好，这能带来可以长时间保持的优势。公司也可以获得各业务部门之间**活动共享**而产生的协同效应。可以共享的资源包括共用生产设备、销售渠道、销售团队等价值创造活动。如同我们将要看到的，活动共享可以带来两种基本好处：成本节约和收入提高。

通过活动共享实现成本节约 一般来讲，这是最普通的一种协同效应，也最容易估算。英国化学与制药公司 ICI 的购并负责人彼得·肖（Peter Shaw）将成本节约称为"硬协同"，并认为获得这种协同效应的可能性相当高。成本节约可以来自多个方面，包括职能集中后取消多余的岗位、设备和相关支出，或者采购中的规模经济效益。如果一家公司收购所在国家同一行业的另一家公司，成本节约一般会比较高。邵氏产业公司最近被全国最大的地毯制造商 Berkshire Hathaway 收购了。多年来，这家公司一直通过收购战略主导着市场竞争。购并等活动使邵氏产业公司能够将生产运营集中到几个高效率的工厂，并通过更高的产能利用降低了成本。

共享活动要使成本小于预期获得利益，因为管理共享活动需要更多的协调工作。甚至更重要的是，共享需要在活动的设计和效果上做出妥协才能实现。例如，同时销售两个业务部门产品的销售人员，必须以一种"哪个独立的部门都不会选择"的方式来经营。如果这种妥协损害了部门利益，那么这种共享可能会降低竞争优势，而不是提高竞争优势。

通过活动共享提高收入和产品差异化水平 与依靠公司本身相比，收购公司与其目标公司一起往往可以取得更高水平的销售增长。在吉列公司收购金霸王电池（Duracell）之后不久，公司明确了自己的预期：

利用吉列公司现有的个人护理产品销售渠道销售金霸王电池，特别是在国际市场上提高销量。收购之后的第一年，吉列公司在 25 个新市场上推出了金霸王电池，大幅提高了该产品在成熟国际市场上的销量。同样，被收购公司的销售渠道也可以用来销售收购公司的产品。吉列公司收购派克笔（Parker Pen）时就是这样的情况。吉列公司估计，通过派克笔的销售渠道，公司自己 Waterman 笔的销售可以增加 2 500 万美元。

通过在业务部门之间实现活动共享，企业也可以提高差异化战略产生的效益。例如，共享的订单处理系统可以带来买方看重的特色服务。同样，活动共享也可以降低差异化的成本。例如，共享的服务网络使更先进的远程服务技术在经济上更有可行性。

战略聚焦 5.2 讨论了 Fremantle Media 是如何在红极一时的《美国偶像》（American Idol）节目中通过核心能力借用和活动共享开拓各种收入来源的。

战略聚焦 5.2

《美国偶像》：不仅仅是个电视节目

《美国偶像》是 Fremantle Media（FM）公司红极一时的电视真人秀节目之一。FM 隶属于德国传媒巨头贝塔斯曼，公司的年收入约为 200 亿美元。FM 公司其他著名的电视真人秀节目有：《学徒》（The Apprentice），《天鹅》（The Swan），还有播出 48 年之久的《价格猜猜猜》（The Price is Right）。

《美国偶像》2002 年 6 月在美国首次上演，一夜成名。虽然节目可能有点粗糙，偶尔还有点低俗，但毫无疑问，节目的制作是非常聪明的。它成了一次成功的商业典范：FM 在制作真正的全球节目中获得了极大成功。部分功劳要归于 Fremantle 的创新思想，公司拥有该行业中最优秀的专业人员团队。凭借他们的聪明才智设计出来的电视节目，对来自不同背景、成长于不同环境的人都产生了吸引力。

令人迷惑的是，2001年在英国创作了《流行偶像》（Pop Idol）后，FM又在第30个国家拉开了序幕。包括《比利时偶像》（Belgium Idool），《葡萄牙偶像》（Portugal Idolos），《德国超级明星》（Deutschland Sucht den SuperStar），《哈萨克斯坦超级明星》（SuperStar KZ），当然，还有美国规模最大、最著名的节目《美国偶像》。自从节目开播以来，Fremantle的收入上升了9%，达到了10亿美元，《美国偶像》是主要的来源。根据Fremantle的首席执行官托尼·科恩（Tony Cohen）的说法："可以证明的是，2004年5月《美国偶像》决赛时，有6500万歌迷投了票——相当于2004年美国总统大选投票人数的2/3。"

Fremantle成功的关键不是对流行电视节目做适合各国家的改编，而是全面地借用其核心产品——电视真人秀——创造多重收入。实际上，"Fremantle模式"不仅为真人秀节目提供了榜样，也为所有的行业提供了榜样。它让公司能够利用"生产吸引大众的产品"的核心能力，面向拥有迥异文化、语言和道德观念的不同地区进行个性化改造。然后，公司就开始通过搭售、拓展衍生品、技术创新和推广诀窍等坐等收益。Fremantle的德国母体——贝塔斯曼公司——通过偶像授权创造了各种各样的收入来源。这里统计了《美国偶像》自2002年6月开播以来两年内创造的收入。

● 产品（5 000万美元）。品牌从视频游戏和香水扩展到设计中的带挂绳的麦克风形状的香皂。Fremantle从生产中收取授权费。

● 电视转播权（7 500万美元）。福克斯公司花了大笔版权费，获得了该节目的转播权，然后通过转播销售广告，并拉取有利可图的赞助。

● 光碟（1.3亿美元）。最成功的偶像卖出了数百万张光盘，超过1/3的收入流进了贝塔斯曼音乐集团（BMG）的口袋。与Fremantle一样，贝塔斯曼音乐集团也是贝塔斯曼下属的公司。

● 音乐会（3 500万美元）。虽然艺术家和上级管理部门拿走了大头儿，但是音乐会销售唱片及其他产品，又刺激了下一场偶像秀。

另外，Fremantle Licensing Worldwide 授权华纳兄弟出版公司（Warner Brothers Publications）在美国、加拿大、英国和澳大利亚出版附带光碟的偶像有声图书。新书/光碟——《流行偶像》（英国版）、《澳大利亚偶像》和《加拿大偶像》——加入了《美国偶像》系列图书/光碟的队伍。

资料来源：Sloan, P. 2004. The reality factory. *Business 2.0*, August: 74-82; Cooney, J. 2004. In the news. *License!*, March: 48; and, Anonymous. 2005. Fox on top in Feb: NBC languishing at the bottom, www.indiantelevision.com, March 2.

相关多元化：市场势力

> **市场控制力**
> 通过限制或者控制市场供给或者联合减少投资而获利的能力。

在前一节，我们解释了核心能力借用和活动共享可以怎样帮助企业实现相关多元化，获得规模经济效益和范围经济效益。在这一节，我们讨论企业如何通过**市场势力**（控制力）实现相关多元化。我们还将讨论企业通过市场势力获得协同效应的两种基本手段：联合谈判能力和垂直一体化。管理者通过市场控制力进行多元化的能力是有限制的，认识到这一点非常重要，因为政府法规有时候会限制企业获取过大市场份额的能力。

当通用电气公司宣布要以410亿美元的价格收购霍尼韦尔（Honeywell）公司时，欧盟委员会插手了。如果这笔交易成功，通用电气的市场影响将得到巨大扩展：几种飞机发动机需要的零部件将有一半以上来自通用电气公司。委员会的关注点——也就是他们拒绝这一收购的原因是：通用电气公司可以用公司提高的市场控制力来主导飞机发动机零部件市场并把竞争对手排挤出去。因此，管理者在理解市场控制力的战略优势时，必须得明白法律法规。

联合谈判能力

相似企业一起工作或者一家企业挂靠在一个强大的母体下，这样可以提高企业面对供应商和顾客的谈判能力，提高企业相对竞争者的地位。我们来比较一下一个独立的食品生产商和雀巢公司（Nestle）。成为雀巢公司的一部分会给企业带来更大的影响——与供应商和顾客更强的谈判能力，因为它是一家大公司的一部分，这家大公司可以从供应商那里进行大规模采购，也可以向顾客提供各种各样的产品。得到母体公司的资源越多，越能提高企业面对竞争对手的优势。而且，雀巢的下属企业在抵抗替代和新进入者威胁时也可以得到更多保护。竞争对手不仅会认为该部门是一个更强大的对手，与雀巢的联系也为该企业带来了更多出头露面的机会和更好的形象。

行业联合也可以提高企业的市场控制力。很明显，这是多媒体行业出现的一个趋势。所有这些购并都有一个共同的目标：控制或者借用尽可能多的新闻和娱乐频道资源。我们来看一下论坛报业集团（Tribune Company）花80亿美元收购时代明镜公司（Times-Mirror Company）的案例。

两家公司的合并使论坛报业的规模扩大了一倍，也保住了其在大媒体公司中的顶级地位。规模与范围的扩大使公司能够更有效地竞争于两个日益集中的行业——报纸和电视广播，并提高了增长速度。合并后的公司可以向广告商提供"一站式"服务，对于希望在芝加哥、洛杉矶、纽约等大规模市场上接触顾客的广告商来说，公司提高了针对这些顾客的控制力。公司估计，从全国和跨媒体广告中增加的收入将从2001年的4 000万美元~5 000万美元增长到2005年的2亿美元。合并后，公司也提高了其影响供应商的能力。据估计，公司规模的扩大会提高新闻纸和其他产品的采购效率。

垂直一体化

> **垂直一体化**
> 企业通过合并前续或后继生产过程实现扩张或扩展。

当企业成了自己的供应商或者经销商时就实现了垂直一体化。也就是说，它是通过整合前续或者后继生产过程而实现的企业扩张或扩展，在原材料最初来源的方向上（后向整合）和最终用户方向上（前向整合）企业合并了更多生产阶段。例如，一个汽车制造商可能供应自己的零部件或者生产自己的发动机，这样可以保证供应来源。或者它有可能控制自己的经销商系统，保护其产品的零售渠道。类似地，石油炼化企业可能会租用土地，开发自己的钻探能力以保证原油的稳定供应。或者，扩张到零售业务，控制或者授权加油站向顾客保证油品供应。

很明显，垂直一体化对很多企业来说可能是一个很重要的战略。战略聚焦5.3讨论的是邵氏产业这个通过垂直一体化战略取得行业主导地位的地毯生产商。邵氏产业既成功地实施了前向整合也成功地实施了后向整合。

战略聚焦5.3

邵氏产业的垂直一体化

邵氏产业（现在是Berkshire Hathaway的一部分）是成功实施垂直一体化战略的一家典型企业。通过不懈的努力，持续实施前向整合与后向整合，邵氏成为领先的美国地毯制造商。根据首席执行官罗伯特·肖的说法："我们想尽可能多地涉足地毯生产和地毯销售。这样我们就控制了成本。"例如，邵氏收购了Amoco在亚拉巴马州和佐治亚州的聚丙烯纤维生产工厂。这些新工厂既为内部生产供应纤维也向其他地毯制造商供应纤维。通过这一后向整合，邵氏地毯纤维需求的整整1/4是在内部解决的。1996年早些时候，邵氏产业开始了前向整合，收购了 7 家地毯零售商。这一行动暗示了公司计划实施"巩固分散行业，提高影响零售价格能力"的战略。下面的图片简单说明了邵氏产业垂直一体化的几个阶段。

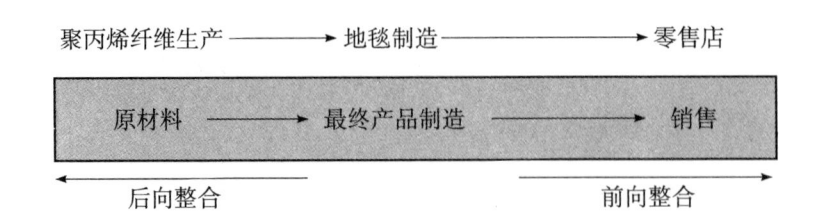

```
聚丙烯纤维生产 ──────→ 地毯制造 ──────→ 零售店

┌─────────────────────────────────────────────────┐
│  原材料  ──────→ 最终产品制造 ──────→ 销售       │
└─────────────────────────────────────────────────┘

←──── 后向整合                         前向整合 ────→
```

资料来源：White, J. 2003. Shaw to home in on more with Georgia Tufters deal. *HFN: The Weekly Newspaper for the Home Furnishing Network,* May 5: 32; Shaw Industries. 1993, 2000. Annual reports; and Server, A. 1994. How to escape a price war. *Fortune,* June 13: 88.

垂直一体化的利益与风险 虽然垂直一体化是企业降低对供应商和经销商渠道依赖的一种手段，但是，它是企业必须仔细思考的一种重要决策。垂直一体化——前向或者后向——带来的利益必须与风险进行谨慎权衡。

垂直一体化的**利益**包括：（1）可靠的原材料供应或者不为外部市场价格变动所左右的经销渠道。（2）使生产配送重要产品与服务所需的资产与服务得到保护与控制。（3）获得新的业务机会和新的技术。（4）因为关键活动都控制在了内部，可以简化采购与管理流程，不再需要与各种经销商和供应商打交道。

可驾驶房车市场上的领导者 Winnebago，以 19.3% 的市场份额证明了垂直一体化可以带来的一些利益。Winnebago 一词对大部分美国人来说是"大 RV"的意思。公司凭借可靠的产品质量获得了最高荣誉。公司位于艾奥瓦州的工厂，从锻压铝制车架到浇筑塑料水箱和油箱，再到生产防护板，什么都做。工厂里的这种垂直一体化可能显得落后，成本也高，但却保证了优异的质量。房车经销商协会（Recreational Vehicle Dealer Association）自 1996 年推出质量奖以来，Winnebago 每年都能赢得。

垂直一体化的风险包括：（1）提供生产设备、原材料投入、企业内经销渠道需要增加资本支出、人力以及与此有关的成本。（2）垂直一体化活动中的大量投资往往难以使用到其他地方，因此致使企业无法快速应对外部环境变化，这造成了灵活性的丧失。（3）价值链上的需求无法满足和生产能力无法平衡问题。（4）管理更复杂的系列活动带来管理成本增加。

在制定垂直一体化战略时，有6个方面的问题需要考虑。

1. 公司对当前供应商和经销商提供的质量价值是否满意？如果垂直链中企业组织的表现——包括供应商和经销商——是令人满意的，一般来讲，不太适合让公司自己来从事这些活动。运动鞋行业里的企业，如耐克公司、锐步公司等一直将生产活动外包到劳动力价格较低的中国、印度尼西亚等国家。既然公司的优势主要是设计和营销，让公司继续将生产活动外包，继续将精力集中在公司能提供最大价值的地方，这应该是可取的。

2. 行业价值链中是否有属于未来利润重要来源的活动？如果有，这些活动现在被外包出去了还是由其他公司独立从事？即便是企业将价值链活动外包给做事可靠的公司，企业也可能正在错失重大赢利机会。为了说明这一点，我们需要思考一下汽车行业的利润池。你可能会想起在第3章，在下游活动（如租赁、担保、保险和服务）中有比在汽车的生产活动中多得多的潜在利润来源。毫无疑问，福特、通用汽车等汽车制造商正在实施前向整合战略，以成就其在这些高利润活动中大玩家的地位。

3. 对企业产品的需求是否有高度的稳定性？需求或销售波动太大时，企业不会对垂直一体化战略产生兴趣。工厂和设备需要较高固定成本，垂直一体化过程也需要经营成本，大幅波动的市场需求要么会拖紧资源（需求水平高时），要么会导致生产能力过剩（需求水平低时）。汽车行业"繁荣—萧条"的反复循环是制造商近年来提高外包投入的一个关键原因。

4. 新增产能中有多少实际上是被现有产品吸收了，或者被预期新产品吸收了？被现有或者未来产品吸收的产能所占比例越小，与产能增加相关的规模经济效益就越低——无论是后向整合（朝着原材料供应方向）还是前向整合（朝着最终用户方向）。同样，如果近期将出现产能过剩，而且如果预期未来产品有扩张，那么垂直一体化战略就很必要。

5. 公司是否具备实施垂直一体化战略的必要能力？如同很多公司证实的一样，成功实施垂直一体化战略是很难的。例如，大型炼油企业 Unocal 曾经拥有很多零售加油站。往来于加油站的顾客对杂货和其他商品有需要，但是公司在开发这些副业时行动缓慢。Unocal 缺少独立开发零售组织与文化的能力。公司最终不得不将资产与品牌卖给了 Tosco［现在是飞利浦石油公司（Phillips Petroleum）的一部分］。

6. 垂直一体化动议是否会给公司股东带来潜在的消极影响？管理者必须仔细考虑垂直一体化战略对现有和未来顾客、供应商与竞争者的影响。在大型国防承包商洛克希德·马丁公司以 91 亿美元的价格收购了电子供应商 Loral Corporation 之后，却遇到了一些令人不快又吃惊的事情。Loral 作为一个曾经仅仅盯住洛克希德·马丁公司的供应商，现在被很多以前的顾客看做了竞争对手。因此，在洛克希德·马丁公司从收购中获得任何净协同效应之前，必须努力补回失去的巨额业务。

非相关多元化：财务协同效应与母合

> **学习目标 3**
> 公司如何凭借非相关多元化战略，通过公司重组、母合、组合管理实现协同效应。

在非相关多元化中，与相关多元化不同，很少有利益会来自**横向关系**——即在公司内不同业务部门之间借用核心能力和共享某些活动。实际上，潜在利益可以来源于**纵向（或者层级）关系**——在公司办公室与独立业务部门之间的相互关系中创造协同效应。这种协同效应的来源主要有两个。第一，公司办公室可以为"母合"或者重组（收购的）

业务作出贡献。第二，将整个公司视为一个家庭或者业务的"组合"，按此分配资源以改善公司的赢利、现金流、增长率等目标，通过这个过程公司办公室也可以创造价值。公司办公室可以通过在各业务部门建立适当的人力资源管理和财务控制来增加价值。

公司母合与重组

到目前为止，我们已经讨论了公司可以怎样开发业务部门之间的协同效应资源，通过相关多元化战略创造价值。接下来我们讨论的是：公司办公室如何通过提供优势支持，在一个业务部门**内**创造出价值来。因此，我们将此看做协同效应的**层级来源**。

> **母合优势**
> 对新企业的一种积极贡献，这种贡献源于公司办公室提供的专业经验与支持，而不是来自对资产、资本构成或管理的大幅调整。

母合 公司办公室的贡献一直被称做"**母合优势**"。在没有明显的传统协同效应来源（如横跨业务部门的）的情况下，很多企业通过控股公司的形式成功实施了多元化战略。BTR、爱默生电器（Emerson Electric）、Hanson 等多元化的上市公司和 Kohlberg、Kravis、Robert & Company、Clayton、Dubilier & Rice 等融资收购的公司都是这样的例子。这些母公司通过管理优势创造价值。怎么创造？它们改进企划与预算，特别是提供充分的中心职能，如法律、财务、人力资源管理、采购等等。另外，它们也帮助分支机构在自己的收购、剥离和新的内生发展决策中做出正确选择。这种贡献经常可以帮助业务部门大幅提高收入和利润。作为公司母合的一个例子，思考一下位于得克萨斯州的 Cooper Industries 对火花塞制造商 Champion International 的收购。

Cooper 运用了一种很有特色的母合方法来帮助它的下属企业改善生产效益。收购来的新企业被"Cooper 化了"——Cooper 审计它们的经营，改进成本会计制度，使它们的计划、预算、人力资源系统与公司制度一致，整合了团体谈判力量。更严谨的控制挤出了多余的现金，然后重新投资到生产效率的提高中，这改善了整体上的经营效益。正如一个管理者观察到的："如果你被Cooper收购了，发生的第一件事就是，一卡车制度手册送到你门前。"很多制造企业通过这种积极的母合，很有效地提高了竞争优势。

> **重组**
> 公司办公室通过大幅调整资产、资本构成和/或管理对新企业实施的干预，包括出售部分业务，调整管理制度，削减工资成本与不必要的支出，调整战略，为企业注入新技术、工艺和薪酬制度等。

重组 重组是公司办公室为企业创造价值的另一种重要手段。其中心思想可以从"低买高卖"这句房地产谚语中悟出来。在这里，公司办公室经常努力寻找具备潜力但表现很差的企业或者即将迎来重大、积极变化的行业中的企业。然后母体进行干涉，经常是出售部分业务，调整管理制度，削减工资成本与不必要的支出，调整战略，为企业注入新技术、工艺和薪酬制度等。当重组完成后，公司可以"高卖"实现价值创造，或者将企业留在公司大家庭内，享受改善经营带来的财务和竞争利益。

年收入达到180亿美元的企业集团洛兹公司（Loews Corporation），经营业务横跨了石油和天然气、烟草、手表、保险和酒店等行业。作为公司战略的一部分，如何成功做到"低买高卖"，该公司提供了一个模范案例。

能源占了洛兹300亿美元总资产的33%。在20世纪80年代，公司购买了6艘油轮，每艘只花了500万美元——这是在油价急剧下跌时买的。损失是有限的，毕竟这些大盒子可以被当做废铁卖掉。但是，没有必要这样做。洛兹买下这些油轮8年后，以每艘5 000万美元的价格卖掉了。

洛兹在接下来的一次能源赌博中也获得了极大的成功——钻探设备。虽然盲目钻探找油是非常冒险的，但向盲目找油的人提供服务却不是——尤其是在经济低谷时买到的资产。洛兹就是这样做的。公司1989年花5 000万美元购买了10套海上钻探设备,并成立了Diamond Offshore Drilling。1995年,洛兹拿出30%资产上市时得到了3.38亿美元。

要使重组战略取得预期效果,公司管理层必须具备眼光寻找价值被低估了的公司(否则收购价格会太高)或者极有可能发生转变的行业中的企业。当然,它们必须拥有必备技术和资源来玩转这个企业,即便是在一个全新的、不熟悉的行业中也得能做到。

重组可能涉及资产、资本结构和管理的变革。

- **资产重组** 需要出售不重要的、没有生产效益的资产,甚至企业的所有生产线。有时候,还涉及加强核心业务的收购。
- **资本重组** 涉及债务股权结构的变化,或者债务股权不同级别的变化。虽然使用股权代替债务在买断企业中更普遍,有时候,母体公司也可能提供另外的股权资本。
- **管理重组** 主要涉及改变高层管理队伍的构成、组织结构和报告关系。紧缩财务控制、严格按照短期至中期绩效目标的实现给予报酬、减少中层管理者人数是管理重组中常见的做法。有些情况下,母体干预可能会导致战略的改变和新技术及新工艺的注入。

英国企业集团Hanson, plc, 20世纪80年代在美国开展了多项此类收购活动,经过几年的成功重组,然后将公司卖掉并获得相当高的利润。Hanson对SCM集团的收购及后续重组是一个经典案例。1986年,经过一番痛苦的接收改造,Hanson以9.3亿美元的价格收购了SCM。当时SCM是一个已经多元化了的工业与消费品制造商,产品包括Smith-Corona打字机、Gildden油漆和Durkee Famous Food。接下来几个月的时间里,Hanson将SCM的纸浆生产线以1.6亿美元的价格卖出,化学部门卖了3 000万美元,Gildden油漆卖了5.8亿美元,Durkee Famous Food卖了1.2亿美元,基本上收回了所有的原始投资。另外,Hanson也将SCM位于纽约的总部大楼以3 600万美元的价格卖掉,并减少了250名员工。它们仍然保留了几个赢利的部门(包括二氧化钛的生产）并施以严格的财务控制，就获得了收益的增长。

组合管理

> **组合管理**
> 一种管理方法：(1) 评估企业组织内各业务的竞争优势地位；(2) 提出针对每项业务的战略选择；(3) 确定资源在各业务间分配的重点。

在 20 世纪 70 年代和 80 年代早期，几家大型咨询公司提出了组合管理的概念。为了更好地理解企业组合（或者家庭）带来的整体竞争优势，每家企业要确定战略选择和资源分配重点。几项研究报告都反映出这些方法在美国企业中应用很广泛。

潜在利益及描述　组合管理模型的主要目的是帮助企业在各种事务之间取得一种平衡。这包括利润水平、增长速度和现金流等，这些事务之间有互补关系，保持平衡能提高企业整体表现。例如，增长机会太少，出现现金过剩，这会导致不平衡；或者现金不足会无法支撑组合中某部分的增长需求。例如，孟山都公司根据组合方案来重组公司的业务组合，剥离了低增长率的日用化学生产业务，收购了生物技术等高增长行业中的企业。

波士顿咨询集团（Boston Consulting Group）的成长率/占有率矩阵（Growth-share Matrix）是这类方法中最著名的。在波士顿方法中，公司的每一个战略业务部门都标在一个二维的矩阵图上，矩阵的两个轴为市场增长率和市场占有率。坐标区域分成四个区。图表 5—2 解释了波士顿矩阵，以下是一些说明：

1. 每个圆圈代表了公司的一个业务部门。圈的大小代表了业务部门的收入规模。

2. 相对市场份额，以各项业务规模和该市场最大竞争者的规模之比表示，按照横坐标分布。

3. 市场份额是波士顿矩阵的核心。这是因为较高的相对市场占有率会因"经验与学习曲线效应"而使单位成本降低，相应地会使企业处于优势的竞争地位。

图表 5—2　波士顿矩阵

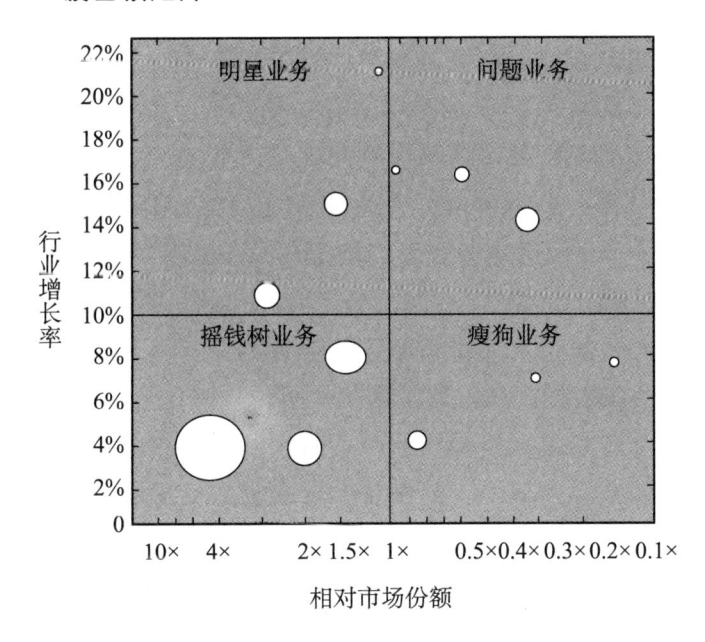

```
         22%
         20%   明星业务        问题业务
         18%
         16%
行  14%
业  12%
增  10%
长   8%   摇钱树业务      瘦狗业务
率   6%
         4%
         2%
          0
            10× 4×  2× 1.5× 1× 0.5×0.4×0.3×0.2×0.1×
                      相对市场份额
```

在坐标的四个分区中，每个区域对以下类别的战略业务都有不同的意义：

- **明星业务**。指处于高增长行业、占有相对较高市场份额的业务。这些业务有长期的增长潜力，需要进行持续的大量投资。

- **问题业务**。指处于高增长行业却占有相对较低市场份额的业务，应该投入资源以改善其竞争地位。

- **摇钱树业务**。指处于低增长行业但是占有较高市场份额的业务。这些业务的长期增长前景有限，但是可以为明星业务或者问题业务提供大量现金。

- **瘦狗业务**。指处于低增长行业且占有较低市场份额的业务。因为地位较弱且发展前景有限，大部分分析认为这些业务应该剥离出去。

利用组合分析方法，企业可以通过几种方式实现协同效应并为股东创造价值。既然业务是不相关的，实现的协同效应只来自公司办公室与业务部门之间的活动（即层级关系），而不是来自业务部门之间的活动（即横向关系）。第一，组合分析反映了公司的业务构成。因此，公司更容易按照前面介绍的标准（如用摇钱树业务提供的现金扶持明星业务）向各业务部门分配资源。第二，公司办公室的优势和资源分析可以指导确定哪些企业对收购更具有吸引力（或者没有吸引力）。第三，公司办公室可以利用公司的整体融资优势向业务部门提供财务资源支持。第四，公司办公室可以为单个业务部门提供高质量的监督指导。第五，组合分析为制定业务经理的战略目标、报酬/考核体系提供了基础。例如，摇钱树业务管理者的收入增长目标可以比明星业务管理者的目标低一些，但是，与明星业务管理者相比，在一些项目上前者可以有更高的利润目标门槛。薪资制度也可以反映这一情况。可以理解，按照业务带来的现金，摇钱树业务的管理者应该比明星业务的管理者获得更多的回报。类似地，为明星业务管理者设立的收入增长标准应该比摇钱树业务管理者的更高。

看一下汽巴—嘉吉公司，就可以看出公司是如何从组合分析方法中获益的。

> 1994年汽巴—嘉吉公司采用了组合分析法帮助公司管理业务部门。公司业务跨越的行业领域非常广泛，包括化学、染料、制药、农作物保护和动物健康等。公司按照波士顿矩阵将业务部门分类。业务部门的目标、薪酬、人选和资源配置都与业务所处的类别紧密地联系起来。例如，被归入"摇钱树"的业务部门在（从公司办公室）获取扩张需要的财政资源时比"问题"业务部门的限制要多，因为后者是公司高度希望能提高未来增长和利润率的业务。另外，摇钱树业务部门管理者的薪酬与为其他部门提供现金的情况紧密联系在一起，而问题业务部门管理者是按照提高收入增长率和市场占有率的能力获得报酬的。组合规划发挥了作用。2006年，汽巴—嘉吉公司（现在的诺华公司）的收入和净收益分别为260亿美元和8亿美元。这说明在过去的两年时间里，公司收入增长了22%，净收益增长竟然高达40%。

局限性 尽管组合模型有很多潜在利益，但也有一些值得注意的局限性。第一，只从两个维度对业务部门进行了比较，并暗中且错误地假定：（1）这些就是唯一重要的东西；（2）在这个基础上可以对每个部门进行精确比较。第二，模型将这些业务部门看做是独立的，而忽视了在各业务部门之间非常有可能带来协同效应的相同核心业务实践和价值创造活动。第三，除非小心谨慎，否则整个过程将变得很机械，不能用过于简单的图表模型代替首席执行官的经验与判断。第四，按照"严格规则"在业务部门之间分配资源可能会损害企业的长期生存能力。例如，根据一项研究，按照波士顿矩阵，超过一半的企业应该是现金使用者，但实际上却是现金供应者。

思考一下 Carbot Corporation 的案例，看看哪里会出问题。

Carbot Corporation 向橡胶、电子和塑料行业供应炭黑。按照波士顿矩阵的思想，Carbot 放弃了摇钱树——炭黑业务，似乎过于积极地想为公司创造更高的收入增长，通过多元化增加了陶瓷和半导体等明星业务。果然不出所料，随着公司从核心能力转移到无关领域的过程，公司的资产收益逐步下降。组合模型的错误在于，将公司指向了脱离核心业务而刺激增长的错误方向。认识到这个错误，Carbot Corporation 重新回到了公司主业炭黑的生产上，并剥离了不相关的业务。2006年，公司以收入25亿美元的业绩成了该行业的领头人。

警告：降低风险是否为多元化的首要目标？

分析人士和学者一直提示说多元化的目的之一是降低企业长期收入与利润变动的内在风险。简单讲，这个论断的意思就是说如果一家企业引进了受季节和经济周期影响的新产品或进入了新市场，企业一段时间内的表现会更加稳定。例如，生产割草机的企业可以在多元化中引进除雪机来平衡其年销售。或者，生产豪华家用家具的企业可以在多元化中引进低价产品，因为富裕和低收入顾客受经济周期的影响是不同的。

乍看上去，以上推理好像很有道理，但是这里有一些问题。首先，与公司整体相比，股东可以以非常低的成本实现投资组合多元化。如我们在本章看到的，个人几乎不用多花任何钱就可以购买股票（即只有支付给折扣经纪人的一点佣金），他们也不需要担心买到的股票在投资组合中的整合问题。其次，预测经济周期及其对一个行业（或企业）的影响几乎没有任何准确度可言。

尽管存在以上问题，一些企业还是通过降低一段时间内的业绩波动（或风险），享受到了多元化的利益，如爱默生电器公司。

爱默生电器公司是一个160亿美元规模的制造商，该公司经营取得了令人难以置信的成功——连续43年保持收益增长。公司的产品范围很广，包括重工业中的测量设备、加热与通风系统需要的温度控制设备和在Home Depot销售的电动工具。最近，很多分析人士质疑为什么爱默生收购了一个向多变的电信行业销售电力系统的公司。为什么？据估计，这个行业最多也只会有一点点增长。但是，首席执行官戴维·法尔（David Farr）坚持认为，因为行业需求的持续降低，这些资产可以很便宜地买到。另外，他说其他业务部门，例如阀门和调节阀向日益繁荣的石油天然气公司的销售，能够将业绩拉上来。因此，虽然电器设备（爱默生的核心业务）部分的净利润大幅下降，爱默生的公司整体利润却上升了1.7%。

总而言之，风险降低本身不是创造股东价值必需的重要手段。是否需要降低风险必须按照公司整体的多元化战略实施。

实现多元化的手段

> **学习目标4**
> 实现多元化的各种手段——企业购并、合资企业／战略联盟、内在发展。

在前两节，对于企业为获得协同效应和创造股东价值所采取的多元化战略，我们讨论了其类型（即相关多元化和非相关多元化）。在本节，我们来讨论企业实现这些预期利益所需要的手段。

兼并与收购

> **兼并**
> 将两个或者多个企业合并为一个法律实体。
> **收购**
> 通过购买将一家公司合并到另一家公司内。

从2001年开始，收购与兼并（购并）的频率降了下来。这种趋势基本上是经济衰退、公司丑闻和股票市场下滑的结果。但是，如今形势又发生了巨大变化。最近，又有了几项大的购并，包括：

- 米塔尔钢铁（Mittal's Steel）330亿美元收购安赛乐（Arcelor）。
- 自由港—麦克莫兰260亿美元收购菲尔普斯·道奇公司。
- 南方贝尔公司860亿美元收购美国电话电报公司。
- Sprint公司390亿美元与Nextel合并。
- 强生公司250亿美元收购医疗设备制造商盖丹特。
- 埃克塞龙（Exelon）120亿美元收购公共服务企业集团（Public Service Enterprise Group）。
- 宝洁公司570亿美元收购吉列。
- 卡玛特股份有限公司（Kmart Holding Corp.）110亿美元收购西尔斯百货公司和罗巴克公司（Roebuck & Co.）。

动机与利益 在各种高科技和知识密集型行业，购并带来的增长在很多公司的成功中起到了关键作用。在这些行业中，技术和市场变化出现得非常快，也难以预测。速度——市场推广的速度、产品定位的速度和成为重要公司的速度——在这些行业中也非常关键。例如，时任美国电话电报公司主席的阿里克斯·曼多（Alex Mandl）在负责对McCaw Cellular的收购时，虽然很多行业专家觉得价格太高，但是他相信蜂窝电话技术对电信业务是非常重要的资产，而且从零开始重建这样的业务极为困难。曼多称："一个简单的事实是收购比建造快得多。"

正如我们在本节前面讨论的，有一些资源可以帮助企业扩大产品供应种类和服务，购并也可以成为获取这种重要资源的手段。例如，网络设备大制造商思科系统公司，在7年的时间里购买了70多家公司。这使得思科公司获得了最新的网络设备。然后公司用其卓越的销售团队向公司客户和电话公司推广这些技术。思科系统公司也向被收购公司的员工提供诱人的激励以挽留他们。为了从收购中获得最大价值，思科系统公司还学会了快速高效地整合被收购公司。

购并也给公司提供了构建协同效应基础的机会，我们已经在前面讨论了这个问题——即核心能力借用、活动共享和提高市场控制能力。思考一下宝洁公司570亿美元收购吉列公司的案例。首先，购并帮助宝洁公司将在市场推广和产品定位中的核心能力借用到个人修饰和护理品牌中。例如，宝洁公司曾经将Old Spice等品牌重新定位（最近这使吉列公司的Right Guard成为除臭剂市场上的第一品牌）。吉列公司在剃刀和刀片上有非常强大的品牌优势。因此，宝洁公司的市场推广优势提高了这些产品的市场定位。其次，购并也提供了共享价值创造活动的机会。吉列公司将得益于宝洁公司在发展中国家建立起来的强大销售网络。在这些国家，该行业产品的潜在增长速度要比美国、欧洲和日本高得多。思考一下宝洁公司首席执行官A.F.拉夫雷（A. F. Lafley）富于远见的观点：

> 20世纪90年代我在亚洲的时候，我们产品的覆盖范围已经超出了中国的500强城市。现在，我们已经深入到农村地区。因此，我们增加了三五个吉列品牌，而我们的销售人员一个都没有增加。

最后，吉列公司的加入提高了宝洁公司的市场控制能力。近年来，沃尔玛、家乐福和好市多（Costco）等世界大型零售商的发展已经在一定程度上损害了消费品行业的定价能力。近来，宝洁公司战略的中心内容是将资源集中到核心品牌提高上。现在在公司514亿美元的总收入中，16个品牌（每个品牌的收入都超过了10亿美元）贡献了300亿美元。105亿美元总收入规模的吉列公司，也贡献了5个品牌，每个品牌的收入也超过了10亿美元。宝洁公司预测，公司"超级品牌"的日益稳定将能帮助公司影响这个行业严峻的定价环境，提高公司应对沃尔玛和塔基特等大型、强势零售商的能力。

潜在局限性 正如在前面一节提到的，购并给企业带来了很多潜在利益。但是，同时，此类公司活动也存在一些潜在的缺点和局限性。

第一，为购并支付的溢价非常高。 十之八九，交易一旦公开，收购公司的股票价格立即下跌。既然收购公司往往需要为目标公司支付超过30%～40%的溢价，收购方必须创造协同效应和规模经济效益并使之带来超过溢价的销售增长收益。公司支付的溢价越高，为绩效设定的要求会越高。例如，家庭国际公司（Household International）在收购Beneficial时支付了82%的溢价。康萨可（Conseco）在收购Green Tree Financial时支付了83%的溢价。从历史上看，在股票价格之外支付高溢价基本上是一个无法赢利的战略。

第二，参与竞争的企业经常可以模仿已实现的优势或者复制购并带来的协同效应。 因此，企业经常会看到，如果希望通过购并活动获取竞争优势，优势很快就会消失。除非这些优势是持续的且难以复制的，否则，投资人会不愿意为股票支付高昂的溢价。类似地，货币的时间价值必须考虑在股票价格中。购并成本是预先支付的。相反，企业的研发、后续市场推广、产能增加等都是以后支付的。这就增加了获取新竞争能力所需要的成本支出。购并的支持者会认为初期的大笔投资是值得的，因为它可以创造长期优势。但是，股票分析人士希望从这样大规模的现金支出中立即看到结果。如果被购并公司不能很快带来效益，投资人经常会将股票卖掉，这会造成股价下跌。

第三，管理者的责任心和个人主义有时候会影响科学的商业决策。 如果购并没有按照预先计划进行，推动这项交易的管理者会发现他们的信誉可能受到了威胁。有时候这些管理者为了保护自己的信誉，会将更多的钱或更多的承诺注入到这个注定失败的运作中去。而且，如果企业想再将失败收购转移出去，必须给出非常低的折扣价格。这些问题进一步增加了成本并使股价更低。

第四，有一些文化问题注定购并的潜在收益无法实现。我们来思考一下约安·蒂伦斯（Joanne Lawrence）的卓见，他作为史克必成的副主席和交流与投资人关系部主任，在史克公司与必成集团的合并中发挥了重要作用。必成集团是总部位于英国的一个以顾客为导向的多元化集团企业。

> 战略合并的关键是创造一种新的文化。在史克公司和必成集团的合并中这是一个巨大的挑战。我们在如此众多的不同文化层面上工作，让人眼花缭乱。我们要合并两种民族文化——美国的和英国的——这使得公司在有两个不同股东基础的不同市场上所面对的挑战更加复杂了。还有两种不同的企业文化：一种文化非常强势、科学、学术化；另一种更加商业化。然后我们还必须得考虑两个公司内的各个业务部门，每一个都有自己的小文化。

剥离："购并硬币"的另一面　当一家企业收购了其他的企业时，一般会在《华尔街周报》、《商务周刊》和《财富》等商务出版物上产生一点"压力"。这是令人兴奋的新闻，而且还有一件事情——大型收购公司会自动提高公司在《财富》500强"排名中的地位（因为排名是完全按照总收入计算的）。但是，管理者也必须仔细考虑购并对现有业务的战略意义。

> **剥离**
> 一个业务部门从企业的业务组合中退出。

剥离，即一个业务部门从企业的业务组合中退出，这也是很常见的。一项研究发现，大型的著名美国公司剥离出去的收购比保留的要多。在企业历史上比较著名的剥离案例有：（1）Novell公司以14亿美元的价格收购了WorldPerfect的股票，后来以1.24亿美元的价格卖给了Corel公司；（2）桂格麦片公司（Quaker Oats）1997年将Snapple Beverage Company以3亿美元的价格转让给了翠亚克公司（Triarc）——这是公司3年前花18亿美元买的。还有2007年，戴姆勒–克莱斯勒公司出售了克莱斯勒公司的大部分股权,这是公司大约10年前购买的。

剥离业务可以实现很多不同的目标*。如以上案例所证明的,剥离可以帮助企业扭转未按照以前计划实现的收购业务,经常可以帮助"止亏"。其他目标包括:(1)使管理者将精力更直接地集中在核心业务上;(2)为企业提供更多的资源以投入到其他更具有吸引力的选择上;(3)回笼资金以资助现有业务。

总之,能够帮助企业减少有形成本(如设备维护、投资等)和无形成本(如机会成本、管理关注等)从而提高竞争地位,而不会影响企业现在或未来的竞争优势。要使剥离取得效果,就要详细理解业务部门为企业创造价值的当前能力和未来潜力。但是,因为这种决策存在大量的不确定性,做出这种判断也是非常困难的。另外,因为管理者的个人利益和组织惯性,企业往往会拖延剥离无效业务。

战略联盟与合资企业

> **战略联盟**
> 两个或多个企业之间的合作关系。
>
> **合资企业**
> 战略联盟中形成的新企业,一般是几个企业——即母公司——通过共同投资设立新法律实体。

战略联盟 是在两个或者多个企业之间形成合作关系。联盟可以是非正式的也可以是正式的、有书面合同的。合资企业是联盟的一种特殊情况,即两个或者多个企业共同出资设立一个新的法律实体。

---

* 企业可以通过几种方式剥离业务。出售、独立、股权分离、资产出售/解散、分立是剥离的集中方式。在出售中,剥离企业私下与第三方谈判以现金/股票的方式剥离一个部门/附属企业。在独立中,母公司把被剥离部门/附属企业的股票在现有股东之间按比例分配,并设立一个新的公司。股权分离与独立比较相似,但是被剥离部门/附属企业的股票是出售给新的股东。清算是指多余资产的出售,但是不一定是像出售中的整个部门/附属企业,有时候只是出售一点。另一方面,分立是剥离的另一种形式,在分立中,母公司分成两个或者更多新的公司,母公司不再存在。母公司的股票换成新公司的股票,具体的分配依个案确定。

战略联盟和合资企业在一些公司（无论大小）的主要战略中起到了越来越突出的作用。这种合作关系具有很多潜在优势，包括进入新的市场、降低价值链中的生产（或者其他）成本、开发和传播新技术等等。

进入新市场 拥有成功产品和服务的公司往往希望进入新的市场。但是，公司可能缺少必需的营销优势，因为公司不能理解顾客需求、不知道如何促销或者无法获得恰当的销售渠道。

时代华纳公司与三家非洲裔美国人拥有的有线电视公司在纽约市的伙伴关系是设立合资企业服务国内市场的例子。时代华纳公司在市区建起了一个覆盖185 000个家庭的有线电视网络，然后交给这三家有线电视公司来运营。时代华纳公司提供产品，有线电视公司提供社区信息和推销有线电视网络。与当地公司的联手使时代华纳公司赢得了有线电视顾客的接纳，并在黑人社区中改善了形象，从而获益。

降低价值链中的生产（或者其他）成本 战略联盟（或合资企业）往往能够使企业集中资本，降低价值创造和设备成本。例如，加拿大的Molson Companies和Carling O'Keefe Breweries成立了一个合资企业来合并两家公司的酿造业务。虽然Molson在蒙特利尔拥有更现代化更先进的酿造厂，而Carling的酿造厂有点过时。但是Carling在多伦多的设施更好一些。另外，多伦多Molson的酿造厂位于水边，拥有更大的房产价值。总体上，在成立合资企业的第一年，更有效利用合并设施所带来的协同效应为公司创造了1.5亿美元的税前收益，既获得了规模经济效益又充分利用了生产设备。

开发和传播新技术 组成战略联盟还可以利用两家或者几家公司的技术优势来开发仅凭一家公司的技术无法实现的产品。意法半导体（ST）是位于瑞士日内瓦的一家高科技公司，公司的繁荣在很大程度上归功于成功的战略联盟。公司开发和生产各种用途的电脑芯片，如手机、机顶盒、智能卡和闪存。1995年意法半导体与惠普公司联手来开发有多种用途、功能强大的新处理器，现在已经快完成了。另一个例子是与诺基亚公司（Nokia）组建战略联盟来开发能延长诺基亚手机电池寿命的芯片。在这项活动中，意法半导体生产的一种芯片能使待机时间延长 3 倍，达到 60 小时——这是一种能使诺基亚在市场上获得巨大优势的技术突破。

公司的首席执行官帕斯奎尔·皮斯德里奥（Pasquale Pistorio）是行业中第一批与其他公司建立研发联盟的人物。现在意法半导体的 12 家最大客户，包括惠普、诺基亚和北电网络有限公司，为公司创造了 45% 的收入。根据皮斯德里奥的说法：“我们的遗传基因里就有联盟。"即便是在困难时期，这种关系也使意法半导体保持了超过平均水平的增长速度。这是因为亲密的合作伙伴不太可能背叛而转向其他的供应商。意法半导体的财务业绩是令人惊讶的，2000 年收入增长了 55%——基本上是行业平均水平的 2 倍。

尽管前景不错，但是很多联盟与合资企业还是因为种种原因而未能实现预期结果。首先，如果没有合适的合作对象，即便是有最好的理由，一家企业也永远都不要考虑实施联盟。每个成员都应该为合作提供大家期望的互补优势。理想的状态是合作伙伴贡献的优势是独特的，这样创造出的协同效应在较长时间内更容易保持。联盟的目标必须是利用合作伙伴的贡献创造协同效应，为双方带来双赢的局面。遗憾的是，很少有企业注意培养密切的、能使合作伙伴团结在一起的工作关系和人际联系。人的因素没有被仔细思考，或者更糟糕的是被当做不重要的因素而放弃了。

内在发展

企业也可以通过公司创业能力和新的发展努力实现多元化。例如，索尼公司和明尼苏达矿业与制造公司（Minnesota Mining & Manufacturing Co., 即 3M 公司）以其创新、研发和尖端技术而著称。3M 公司已经开发了一套完整的企业文化来支撑公司一贯的政策：最近 4 年时间内研发的产品创造了至少 25% 的总销量。在 20 世纪 90 年代，3M 公司超越了这一目标，每年有 30% 的销售来自内部新开发的产品。

豪华酒店连锁丽兹—卡尔顿（Ritz-Carlton）的模范服务向来受到

认可，它是唯一曾两次获得马尔科姆·鲍德里奇国家质量奖（Malcolm Baldrige National Quality Award）的服务公司。通过一项非常成功的内部尝试——向自己的员工和其他公司提供领导力发展培训服务——公司实现了内在发展。我们在战略聚焦5.4中讨论这种内部尝试。

战略聚焦5.4

丽兹—卡尔顿领导力中心：成功的内部尝试

世界上的公司都在努力成为它们所在行业的"丽兹—卡尔顿"。大型豪华连锁酒店丽兹—卡尔顿是唯一曾两次获得著名的马尔科姆·鲍德里奇国家质量奖的服务公司，这两次分别是1992年和1999年被万豪（Marriott）收购后的第一年。在最新的 J. D. Power & Associates酒店调查中，在豪华酒店里的顾客满意度指标上，公司取得了第一名。

直到几年前，做得像"丽兹—卡尔顿"还仅仅是保持一个机械的微笑。但是，在2000年，公司推出了丽兹—卡尔顿领导力中心。中心向内部员工提供了12个领导力发展项目，并对外提供了7个标杆研讨会和工作组培训项目。中心还在场外开展了35次演讲，主题一般是"创建动态的员工岗前培训"、"挑选、挽留优秀员工的关键"。（也许是巧合，丽兹—卡尔顿非领导岗位员工年流失率为25%——是美国豪华酒店平均水平的一半。）

开业后4年，共有800家公司参加了领导力中心的项目，涉及的行业有健康护理、银行金融、餐饮和汽车行业。到目前为止，中心的收入已经超过了200万美元。非营利小企业咨询公司Score的首席执行官肯·扬西（Ken Yancey）说，他学到的理念，就像"服务三部曲"一样，可以直接用于他的公司。"酒店是向顾客提供服务的，"他说，"我们也是。"

为了简要介绍一下领导力中心的项目，让我们看看"传奇服务I"这门课。该课程涉及的主题包括授权、通过顾客认可提高顾客忠诚度和丽兹—卡尔顿质量保障方法。课程共计两天时间，学费为每位学员2 000美元。参加该项目的著名公司有微软、摩根士丹利和星巴克。

资料来源：McDonald, D. 2004. Roll out the blue carpet. *Business 2.0*, May: 53; and Johnson, G. 2003. Nine tactics to take your corporate university from good to GREAT. *Training*, July/August: 38-41.

与购并相比，致力于实现内在发展的企业可以独享自己创新活动所带来的价值，而不用与联盟伙伴"分享财富"，也不用面对联合几个公司的价值链活动或合并企业文化过程中的困难。另一个优势是企业经常只需要用较低的成本就可以开发出新产品或服务，因此可以依赖自己的资源而不需要向外寻找资金支持。潜在的不利方面也有：内在发展可能非常耗时，企业可能会因此丧失速度利益，而购并带来的增长能够保证这一点。对于那些处于快节奏、"行动早"的很关键的环境中的高科技企业和以知识为基础的企业来说，这可能尤为重要。因此，如果希望通过内在发展实施多元化战略，企业必须具备一定的能力，能够从"最初发现机会"快速进入"向市场投入新产品"。

管理者动机如何影响价值创造

> **学习目标5**
> *影响价值创造的管理者行为。*

到目前为止，在本章我们一直暗中假设首席执行官和高层管理者是"理性动物"，也就是说，他们以股东利益最大化为指导，使股东长期价值最大化。但是在现实世界中，事情并非如此。他们经常有可能按照自己的利益行事。接下来，我们讨论一些可能损害而不是提高价值创造的管理者动机。这些包括"为增长而增长"、过度自我主义和各种反收购策略。

为增长而增长

管理者扩大企业规模可以获得很多巨大的奖励,但是很多这种行为却不能增加股东的财富。大型公司的高层管理者,包括首席执行官,一般都喜欢更大的名气、公司在"《财富》500 强"(以收入而不是利润为基础)上有更高的排名、更多的收入、更加安全的工作等等。进行大规模的收购也会让他们很兴奋,或者提高被认可程度。如同哈佛大学的迈克尔·波特所说的:"购并有巨大的诱惑力。它是一个大游戏、大动作。一笔下去你可以在规模上扩大数十亿,创造一个封面故事,给市场带来一个兴奋点。"

有时候,管理者对增长的过度重视会在道德上犯很多小错误,这会给公司带来灾难性的后果。一个(不良行为的)恰当的例子是约瑟夫·贝纳迪诺(Joseph Bernadino)在安达信全球公司(Anderson Worldwide)的领导工作。在以前废弃物管理公司(Waste Management)和 Sunbeam 等客户的丑闻发生之后,贝纳迪诺早些时候是有机会加强控制道德与质量问题的。但是,根据前负责人的说法,他过于看重收入增长了。结果,审计并签发安然、环球电讯(Global Crossing)和世通公司等不名誉的公司错误连篇的财务报告后,公司的声誉迅速遭到了损害。实际上,世通公司案被认为是历史上最大的财务欺诈案。贝纳迪诺最终于 2002 年 3 月在羞耻中辞去了职务,他的公司在同年不久后就解散了。

自我主义

大部分人会认为"自我"本质上没有什么错误,毕竟,一个健康的自我会使领导人自信、头脑清醒,而且能随机应变。从本质上讲,首席执行官无论在办公室,还是在网球场上或者是在高尔夫球场上,都是典型的有强烈竞争意识的人。但是有时候,如果骄傲占据了上风,个人会不遗余力地希望取胜。当然,这种行为不是一种新现象。我们在战略聚焦 5.5 中讨论原来美国大亨之一科纳利乌斯·范德比尔特

(Cornelius Vanderbilt)的例子。

战略聚焦 5.5

科纳利乌斯·范德比尔特：曲线救国

科纳利乌斯·范德比尔特的冷酷无情为很多后来的人物树立了一个榜样。1853年，这位海军准将踏上自己的游艇开始了他的第一次度假——欧洲之旅。回来后却让他大吃一惊，他的两位副手利用他走时授予的代理权，将他在Accessory Transit Company的权益全部卖给了自己。

"先生，"在经典的战斗口号中他写道，"你故意欺骗了我，我不会起诉你，因为法律太慢。我会毁掉你。"他将自己的游艇改造成客船，同他们竞争，并增加了几条船。他开辟了新的航线，大概名字叫做"Opposition"（反对）。不久，他就又将自己的船买了回来，重新控制了公司。

资料来源：McGregor, J. 2007. Sweet revenge. *BusinessWeek*, January 22: 64-70.

商务媒体报道过很多自我主义和欲望如何在企业中蔓延的故事。一些事件被认为是相当惊人的，例如泰科的前首席执行官（现已被判刑）丹尼斯·科兹洛夫斯基（Dennis Kozlowski）从容地花6 000美元购买浴帘和Vodka-Spewing以及米开朗琪罗的《达·芬奇》画像的全幅摹品。其他为人所知的控制权力、过度消费、索要补偿与津贴的人包括：安然公司负责人、里格斯（Rigas）家族（他们被判诈骗Adelphia近10亿美元）、前首席执行官伯尼·埃博斯（Bernie Ebbers）（在世通公司贷款4.08亿美元）等等。

反收购策略

如果一家公司的股票价值被低估，就有可能引来不友好的或者敌意的收购。竞争公司可以大量买入目标公司的流通股，成为大股东。然后发出要约，要求全面控制公司。如果股东接受了要约，敌意企业就实现了对目标公司的收购,然后要么炒掉目标公司的管理团队,要么剥夺掉他们的权力。因此,反收购策略也是很常见的。三种反收购策略是绿邮件、金色降落伞和毒丸。

第一种策略是**绿邮件**。这是目标公司阻止未决收购的一种方法。如果敌对企业买入了足够多的目标公司流通股,且目标公司管理者感觉有人要发出收购要约时,他们就会给出比敌对公司更高的价格,从敌对公司手中买回股票。积极的一面是这经常能阻止收购,不利的一面是相同的价格对以前的股东无效。但是,这可以保护目标公司管理者的工作。

第二种策略是**金色降落伞**。金色降落伞是提前与管理者签订的一份合同,合同约定:在发生敌意收购时,目标公司的管理者可以拿到一笔巨额离职补偿金。虽然高层管理者丢了工作,金色降落伞条款却保护了他们的收入。

战略聚焦5.6解释了如何使用第三种策略"**毒丸**"来阻止收购。毒丸是这样一种计划:公司被另一家公司收购时,该计划自动赋予股东某种权利。毒丸也被称做股东权利计划。

你很容易就会发现,反收购策略经常带来有意思的道德问题。

战略聚焦5.6

毒丸:反收购策略的道德问题

毒丸对管理者几乎总是好的,但对股东却不一定。他们给管理者带来了一个道德难题:如何在自己的利益与对股东的诚信责任之间保持一个平衡。

毒丸是这样发挥作用的。在收购竞价中,现有股东有选择按照比当前市场价格低的折扣价格增持股票的权利。当新股东通过股票收购迅速积累起超过预设比例的股权时(一般为20%),这种行为就会被触发。出现这种情况时,管理者担心投票权和增加的新股东所有权可能会成为一个收购圈套。

为了保护现有股东的利益,股票以折扣价格配售,但是只面向现有股东。因为现有所有权人购买了打折的股票,股票就被稀释了(即现在有了更多的股份,股价更低了)。如果出现按照既定价格的收购要约,公司的总价格会立即上涨,因为股份更多了。这保证股东可以得到一个公平的公司价格。

听起来不错,但是这里有一个问题:公司董事会的负责人保留了股票打折的权力。当即将发生收购时,对现有股东的股价折扣可以发生也可以不发生。这就引出了动机问题:为什么董事会开始就制定毒丸条款?有时候,可能仅仅是为了保护现有股东;其他时候,可能是为了保护董事会成员的利益。也就是说,董事会制定这样的条款不是为了保护股东,而是为了保护自己的工作。

当董事会收到收购要约时,收购公司会知道毒丸条款。这就提高了目标公司董事会成员的谈判力量。他们可能在谈判中要求新公司保留他们董事会成员的地位。作为交换,董事会成员将不实施股价打折计划。现有股东输了,但是董事会成员的工作保住了。

如果一个公司向股东提出了毒丸计划,股东应该注意事情不必像看起来的一样。董事会的动机可能反映了股东的关切,但是另一方面……

资料来源: Vicente, J. P. 2001. Toxic treatment: Poison pills proliferate as Internet firms worry they've become easy marks. *Red Herring*, May 1 and 15: 195; Chakraborty, A., & Baum, C. F 1998. Poison pills, optimal contracting and the market for corporate control: Evidence from Fortune 500 firms. *International Journal of Finance*, 10(3): 1120-1138; Sundaramurthy, C. 1996. Corporate governance within the context of antitakeover provisions. *Strategic Management Journal*, 17: 377-394.

第 6 章 事业层面战略

本章学习目标

学习目标1　竞争优势在战略管理研究中的中心地位。

学习目标2　三种基本战略：综合成本领先战略、差异化战略和聚焦战略。

学习目标3　三种基本战略的成功实施如何帮助企业按照决定行业平均利润水平的五种力提升自己的优势。

学习目标4　管理者在实施三种基本战略时必须避开的陷阱。

学习目标5　企业如何有效运用综合成本领先和差异化等基本战略。

企业应该如何参与竞争、如何获取并保持竞争优势成了战略管理的中心问题。简单说，关键的问题就是：为什么一些企业能超过其他企业并在一段时间内保持优势？这个主题，即事业层面战略，是第6章的核心。

本章以迈克尔·波特提出的三种基本战略框架为基础，即综合成本领先战略、差异化战略和聚焦战略，他认为企业可以凭借这几种战略来超越竞争对手。我们首先对这几种战略进行介绍，并举出例子说明一些企业是如何运用这些战略成功超越行业内竞争对手的。接下来我们讨论这些战略如何帮助企业按照五种力（第4章）取得有利的地位。然后我们提示：要成功实施这些基本战略，管理者必须避开一些陷阱。最后讨论了在什么条件下企业可以有效综合利用这些基本战略来超越竞争对手。

从错误中学习

很少有像星巴克这样成功的公司。1985年，在西雅图Pike Place Market的一家小咖啡店如今已经脱颖而出，成了一个大品牌，收入接近了80亿美元，在全世界开设了13 000家零售店。截止到2007年初，星巴克的市场资本接近了福特公司和通用公司的总和。它们是靠做什么生意取得这个成绩的呢？靠的是卖一杯杯按照同一方法煮好的咖啡——当然，定价足够高。但是，即便非常成功的公司也会犯错误。

星巴克的战略是以创新为基础的——在知名、复杂的配方背后隐藏着一种承诺。为了刺激增长，星巴克投入了大量的精力和金钱来开发新产品。而且，公司不断地研究各种方法诱惑顾客接受新饮料。

但是，星巴克发现，这种复杂、创新的产品供应会带来一种无法预测的成本。这种复杂化延长了向顾客提供服务的时间。结果是，对其劳动密集、个性化饮料的需求下降了。

根据星巴克的研究，"高度满意的顾客"每次光临平均消费4.42美元，平均每个月光临7.2次。相比之下，虽然"不满意的顾客"每次光临的平均消费差不多（3.88美元），但是平均每个月光临的次数只有差不多一半（3.9次）。而且公司的研究发现，75%的顾客很看重友好、快捷、方便的服务，而只有15%的顾客认为改进的新饮料很重要。很明显，虽然创新是星巴克战略的一个关键，但是如果顾客等候时间太长，这就失去了价值。正如人们想象的，星巴克立即采取了纠正措施。星巴克通过对生产过程中各个要素实施自动化和标准化改造，理顺了制作饮料的艺术化方法。而且公司拿出4 000万美元增加人力以减少等待时间。公司还引进了"星巴克卡"来提高付款的速度。结果是：85%的顾客在3分钟内享受到了服务，而以前这个比例只有54%，顾客满意度水平提高了20%。

因为所有公司都努力希望取得超平均水平的利润，所以"管理部门怎样才能做到这一点"这个问题就成了战略管理的核心问题。已经获得可持续竞争优势的企业组织不会过多地依赖某种单一优势——与星巴克过度重视创新的明显做法一样。相反，它们会寻找与竞争地位相关、可以权衡利弊得失的全面战略。当活动不一致时就需要权衡利弊（如创新和快速的顾客服务）。在战略与活动中知道权衡利弊的管理者有更多机会能使公司优势长久保持。

星巴克的竞争优势是以独特的"星巴克经验"为基础的——在友好的氛围中和短暂的等待时间内、由一个知识丰富的销售人员提供服务的卓越产品。就是这种独特性才使得公司能够获取一定的溢价。

竞争优势的类型及可持续性

学习目标1
竞争优势在战略管理研究中的中心地位。

迈克尔·波特提出了三种基本战略，可以帮助企业克服外部环境中的五种力并获得竞争优势。波特提出的每一种基本战略都有可能使企业超越行业中的竞争对手。第一，综合成本领先战略，这是以取得低成本地位为基础的。在这里，企业必须管理整个价值链上各种活动之间的关系并降低整个价值链上各种活动的成本。第二，差异化战略要求企业开发出独特的有价值的产品/服务。这里重点强调的是顾客愿意为之支付溢价的"非价格"特点，如星巴克的咖啡。最后，在聚焦战略中，企业必须将精力集中（或"聚焦"）在较窄的产品线、顾客群或目标市场上，而且必须通过差异化或通过成本领先战略获得优势。综合成本领先战略和差异化战略努力实现的是行业性优势，而聚焦战略是以较窄的目标市场为基础获取优势。图表6—1对三种基本战略从两个维度进行了说明：竞争优势与战略目标。

图表6—1　三种基本战略

战略目标	竞争优势	
	顾客眼里的独特性	低成本领先
全行业	差异化	综合成本领先
特定细分市场	聚焦	

资料来源：Reprinted with the permission of The Free Press, a division of Simon & Schuster Adult Publishing Group, from *Competitive Strategy: Techniques for Analyzing Industries and Competitors* by Michael E. Porter. Copyright©1980, 1998 by The Free Press. All rights reserved.

综合成本领先战略

> **学习目标2**
> 三种基本战略：综合成本领先战略、差异化战略和聚焦战略。
>
> **综合成本领先战略**
> 以低成本的产品或服务和对整个行业市场的吸引力为基础的一种战略。
>
> **竞争平势**
> 一个企业在低成本、差异化和其他战略产品特征方面取得与竞争对手相似的地位或者"相当"。

第一种基本战略是综合成本领先。综合成本领先要求一整套互相联系的策略，包括：

- 积极的效率—规模设施建设。
- 从经验中不断追求成本降低。
- 加强成本与费用控制。
- 避免顾客边缘化。
- 在研发、服务、销售和广告等所有价值链活动中最小化成本。

与综合成本领先战略相关的一个重要概念是经验曲线，这指的是企业从生产经验中学习如何降低成本。也就是说，在大部分行业中，经验可以使单位生产成本随着产出的增加而下降。

为了取得超过平均水平的业绩，追求综合成本领先地位的企业在产品差异方面必须取得相对于竞争对手的**竞争平势**。也就是说，获得平势的企业在产品差异化方面与竞争对手是相似的，或者是"相当"的。差异化竞争平势使成本领先者可以直接将成本优势转化为超过竞争对手的高利润。这样，成本领先者就取得了超过平均水平的回报。

无法通过差异化取得竞争平势的情况可以用汽车行业的一个例子说明——注定失败的尤格（Yugo）。下面的内容是从万豪公司主席 J. W. 马里奥特（J.W. Marriott Jr.）的一篇演讲中节选出来的：

> ……钱是个大问题，但不是唯一的问题。在20世纪80年代，一款新车从铁幕背后进入了北美市场。车名叫尤格，主要吸引力就是价格，大约3 000美元一辆。但最终却落下了一个笑柄。记得一个人对机械师说："我的尤格需要一个气帽。""好，"机械师回答，"听起来像个公平交易。"
>
> 尤格提供的是一个松散的价值组合，汽车在你的眼前就散架了。教训很简单：价格不是构成价值的唯一组成部分。无论价格多么低廉，对价格最敏感的顾客也不会买质量差的产品。

接下来，我们讨论企业如何提高成本领先地位的两个例子。

如果按照其他方式管理，护理机构会过几年紧日子，但是，位于加利福尼亚州 Thousand Oaks 的 WellPoint 公司，在过去 3 年取得了 31 亿美元的利润，年利润增长速度超过了 50%。其主席莱昂纳多·谢弗将此归功于公司重视在增收节支方面的创新。例如，最近，WellPoint 公司请求食品药品监督管理局（Food and Drug Administration, FDA）将过敏药 Claritin 归为非处方药。这让人很惊奇，这可能是第一次由保险公司向食品药品监督管理局提出此类请求。谢弗说，"这是有点让人发晕"，但是，食品药品监督管理局答应考虑一下这个请求。对 WellPoint 来说，这是非常聪明的一步。如果被批准为非处方药，Claritin 将减少患者见医生的次数，也不需要开处方了——这两项开支是可以报销的。如果不是非处方药，WellPoint 需要承担这部分费用。

通用磨坊公司（General Mills）的首席执行官史蒂芬·桑杰（Stephen Sanger）最近想到了一个主意，可以帮助公司削减成本。为了提高生产效率，他让机械师在一次全国赛车协会（NASCAR）比赛期间去观看维修团队的工作。这个经验启发了机械师，让他们想出了办法，将开关工厂生产线的时间从 5 小时减少到了 20 分钟。这给我们上了很重要的一课：很多有意思的标杆可能发生在该行业之外很远的地方。往往是，生产过程的改进需要参考其他行业的最佳做法，将其改造后运用到自己的企业中来。毕竟，如果以本行业的一个企业为标杆，结果往往是复制和追赶。

战略聚焦 6.1 讨论了一个开发独特综合成本领先战略的公司——瑞安航空（Ryanain）。有人可能会说该公司是一个 "一跃而起的" 西南航空公司！

战略聚焦 6.1

瑞安航空：高效的综合成本领先战略

瑞安航空股份有限责任公司的首席执行官迈克尔·奥利里（Michael O'Leary），不会为自己的斤斤计较道歉。想检查行李？每个包你得付 9.5 美元才能享受这项特权。想要免费的饮料和点心？你会失望的。一瓶水都会收你 3.4 美元。受影响的不仅仅是旅客。机组人员要自己掏钱买制服,瑞安航空在 Spartan Dublin Airport 总部的员工必须自己买笔。一个顾客为收取的 34 美元轮椅费起诉瑞安航空后,公司在每张票上增加了 63 美分的"轮椅押金"!

美国的低价航空运输公司采取了与瑞安航空相反的做法,提供真皮坐椅、实况电视和商务舱等。"所有低成本运输公司的成本都有点失控。"Boyd Group 的总经理提姆·塞伯(Tim Sieber),他同时也是科罗拉多州 Evergreen 的航空咨询师)说。很明显,瑞安航空没有追随同行。

瑞安航空一直非常成功。2006 年,公司的收入达到了 21 亿美元——只有英国航空公司(British Airways)的 1/7,但是其运营利润率是 22.7%——这是英国航空公司的 3 倍。还有,瑞安航空 140 亿美元的市场融资(2007 年初)超过了英国航空公司(125 亿美元)——而且不经意地超过了西南航空公司(121 亿美元)。当然,后者一直是这个行业中低成本战略的模范。

奥利里的秘密是什么?他像个零售商一样思考问题,对每件小东西都要收费。把坐椅想象成手机:免费得来的,或者基本上免费,但是主人却卷走了各种服务上的开支。

但是,奥利里在坐椅上失去的收入,他更多地补了回来。他将飞机和瑞安航空网站变成商店,挂满了充满诱惑力的小商品。他甚至对提前登机和选择座位等这种"好处"都要收费。

听起来很气人?也许会,但是这一战略明显是起作用的。虽然平均票价只有 53 美元,与西南航空公司的 92 美元相比,瑞安航空的净收益率是 18%,是西南航空公司 7% 的 2 倍还要多。航空分析师尼克·范登布鲁(Nick van den Brul)说:"瑞安航空是长翅膀的沃尔玛。"奥利里给出了很好的总结评论:"要豪华,去别的地方吧。"

瑞安航空几项其他做法:

- 空乘人员销售数码相机(137.5 美元)和 iPocket MP3(165 美元)。

机上娱乐和手机服务：快有了。

- 坐椅不能后倾，拆除了靠背后面的袋子以减少清洁时间和提高飞机的周转率。没有娱乐，靠背后的小桌子很快就会加上广告。
- 瑞安航空98%的机票都是在线销售的。公司网站提供保险、酒店预订、汽车租赁和更多——甚至包括在线赌博。

资料来源：Capell, K. 2006. "Wal-Mart with Wings," *Business Week*, November 27: 44-45; Kumar, N. 2006. Strategies to fight low-cost rivals. *Harvard Business Review*, 84（12）：104-113; and *Ryanair Annual Report*, 2006.

> **学习目标3**
> 三种基本战略的成功实施如何帮助企业按照决定行业平均利润水平的五种力提高自己的优势。

综合成本领先：按照五种力提高竞争地位 综合成本领先定位可以使企业在激烈的竞争中也能获得超过平均水平的回报率。这可以在同业竞争中保护企业，因为即便是竞争者在激烈竞争中降低了利润水平，更低的成本也可以让企业获得回报。低成本定位也可以帮助企业抵抗强大买方的压力，买方施压降价只能到次高效率的生产商的水平。而且，低成本定位能让企业更灵活地应对强大的供应商因成本增加而提出的要求。带来低成本优势的因素也构成了坚固的规模经济壁垒和成本优势壁垒。最后，低成本定位使企业在面对新竞争者或现有竞争者投入的替代产品时处于一个有利的地位。

有几个例子可以说明这几点。瑞安航空对成本的密切关注可以保护公司免受买方力量和激烈同业竞争的威胁。因此，它们能够降低成本并获得面对顾客的较高谈判能力。通过提高生产率和降低单位生产成本，通用磨坊公司（及同行业的竞争者）取得了更大的规模经济效益并向其他希望进入这个行业的人竖起了更高的壁垒。最后，像WellPoint一样，通过向食品药品监督管理局申请将一些药物变成非处方药来降低成本，这样的竞争者更不容易受到如以网络为基础的竞争者的替代威胁。

综合成本领先战略的潜在陷阱 包括：

> **学习目标 4**
> 管理者在实施三种基本战略时必须避开的陷阱。

- **过于关注价值链上的一个或者几个活动**。如果一个人为了省钱而取消了订报纸和外出就餐，但却申请好几张信用卡，每月要还几百美元的利息，你会认为他精明吗？当然不会。类似地，企业需要注意价值链上的所有活动。管理者往往是砍掉一些经营成本，而不过问每年资本项目上的支出。或者管理者可能决定减少销售和市场推广支出而忽视了制造成本。管理者应该将**所有**价值链活动，包括这些活动之间的关系，作为可能降低成本的目标。

- **所有竞争对手使用一样的投入或者原材料**。在这里，企业在生产要素价格上涨面前显得非常无奈。既然是用成本来竞争，它们就不太可能将价格上涨传递出去，因为顾客可能会将生意带到价格更低的竞争对手那里去。思考一下 2001 年初能源价格高涨时化肥生产商们经历的困难。每千立方英尺天然气的价格上涨了 4 倍，达到了 10 美元。价格的这一上涨迫使很多企业关停了近一半的生产能力。为什么？天然气占了化肥成本的 70%。根据北美第二大化肥制造商加拿大 Potash Corporation of Saskatchewan, Inc. 的高级副主席贝蒂－安·海格（Betty-Ann Hegge）的说法："在这个价格上，很多公司连现金成本都不能收回。"

- **很容易被模仿**。成本领先战略的一个缺陷是：企业战略可能由非常容易被模仿的价值创造活动构成。这就是近年来在线经纪人遇到的情况。2001 年初，差不多有 140 家在线经纪人，对于一个难以模仿的行业，这很难算得上是个象征。但是根据摩根士丹利的金融服务分析师亨利·麦克维（Henry McVey）的说法，"我们觉得你需要 5 个到 10 个"在线经纪人。

为什么会这样？首先，虽然在线经纪人每天能够处理 120 万笔交易，但是交易量已经下降到大约 834 000 笔——下降了 30%。这样，业务竞争加剧了。其次，股票市场下滑时，很多投资人不太相信自己的直觉而转向提供差异化服务的经纪公司寻求专业指导。国际咨询公司 A. T. Kearney 的艾里克·拉金德拉（Eric Rajendra）称："在行业压力面前，这种模式（在线经纪人）是不够的。"

- **在差异化方面缺少平势**。正如前面说的，希望获得成本领先优势的企业必须在差异化上获得一定程度的平势。向全日制工作的成人提供在线学位项目的组织可以给出低价格。但是，除非提供的教学指导可以与传统提供者的不相上下，否则它们可能不会成功。对于它们来说，平势可以在差异化上取得，如声誉、质量和通过全国、地区认证机构认证等信号机制取得。

- **顾客可得到的价格信息增多时会降低成本优势**。随着互联网的发展，顾客可以得到的价格和成本结构信息大幅增加了，这日益成为一个更加严峻的挑战。提供终身保险的寿险公司提供了一个有意思的例子。一项研究发现顾客使用互联网每增加10%，顾客保险的价格相应地会降低3%~5%。最近，全国的结余（或者换个说法，保险提供商的收入减少）在1.15亿美元到1.25亿美元之间。

差异化战略

> **学习目标 2**
> 三种基本战略：综合成本领先战略、差异化战略和聚焦战略。
>
> **差异化战略**
> 通过创造顾客认为在整个行业内独特且被看重的一些东西，使企业提供的产品或者服务有差别。

正如标题所提示的一样，**差异化战略**是指：通过创造顾客认为在整个行业内独特且被看重的一些东西，使企业提供的产品或者服务有差别。差异化的形式有许多：

- 声誉和品牌形象（Adam's Mark Hotel，宝马汽车）。
- 技术（马丁吉他，Marantz Stereo Component, North Face 野营装备）。
- 创新（Medtronic 医疗设备，诺基亚手机）。

- 特色（Cannondale 山地自行车，本田 Goldwing 摩托车）。
- 顾客服务（诺德斯特龙百货商店，Sears lawn equipment retailing）。
- 经销商网络［雷克萨斯汽车（Lexus Automobile），卡特彼勒土石挖掘设备］。

企业可以同时从几个方面实现差异化。例如，宝马汽车因其较高的声誉、卓越的性能和优越的质量而著名。哈雷—戴维森的差异化战略主要是在品牌形象和经销服务方面体现的。

如果企业的溢价超过了制造独特化产品而增加的额外成本，就能取得和保持差异化优势并能获得超过平均水平的业绩。例如，宝马和哈雷—戴维森必须提高顾客成本以抵消增加的市场推广支出。因此，实行差异化战略的企业总是要找出让自己区别于相似对手的方法，使高出差异化成本的溢价变得合理。很明显，实行差异化战略的企业不能忽视成本。毕竟，企业的溢出价格会受到劣势成本地位的损害。因此，相对于竞争对手，企业必须获得一定的成本平势，降低所有不影响差异化的成本，才可以做到这一点。例如，保时捷投入巨资用于发动机的设计——顾客要求在这个领域要有卓越表现——但是公司不怎么关心仪表盘设计或者收音机按钮布局，在这方面投入的钱也少。

很多公司都成功地实施了差异化战略。例如，联邦快递的首席执行官和创始人弗雷德·史密斯（Fred Smith）说："公司成功的关键是创新。"他承认，1971 年公司成立时，他的管理队伍不明白他们的真正目的是什么："我们以为我们卖的是货物运输；实际上，我们卖的是放心。"为了这个目的，他们为每个司机都配备了笔记本电脑和传输设备，使顾客通过家里的台式电脑就能确定自己包裹的位置。

战略聚焦 6.2 讨论了三家公司是如何通过有效的差异化战略取得成功的。与星巴克相似，这些公司生产的都是日常用品，却把它们变成了高价商品。

战略聚焦 6.2

模仿星巴克模式的成功差异化者

把买杯咖啡变成了享受美味，星巴克在这方面获得了巨大成功。有几家公司复制了这种模式，出现了几种咖啡馆经营理念。这里是三个例子：

- 芝加哥地区有十家Ethel's巧克力商店，现在卖的是高档单块巧克力，口味有莫吉托、浓咖啡和Cinna-Swirl等，每块1.5美元。店面以粉色和巧克力色为主调，装饰着褶边。顾客来到这里，会花15美元买一两块巧克力干酪，或者来一杯茶加松露。如果顾客知道Ethel是M&M的制造者玛氏公司（Mars Inc.）旗下的，这一地位可能会受到削弱。

- Sprinkles Cupcakes在加利福尼亚州的比弗利山开设了一家装修别致而又极简单的店。这里的杯形蛋糕有柠檬椰奶味、茶香拿铁咖啡味的，3.25美元一个。使用的调料可不是低价的普通商品——香草不是普通的香草，而是马达加斯加波旁香草。蛋糕在"奥普拉·温弗莉秀"上做了个推广，第二天，销量增加了50%。

- Cereality是一家新开的连锁店，在伊利诺伊州、宾夕法尼亚州和亚利桑那州都有分店。它们发现人们愿意花3.5美元买一碗早餐粥。就这3.5美元，员工会给你送上两勺粥、一份浇头（水果、坚果、蜜饯等）和牛奶。粥是混搭着卖的，装在像中餐纸盒一样的容器里。最流行的混合是4美元的现调粥，有麦片、杏仁、香蕉和蜂蜜。

资料来源：Danigelis, A. 2006. Customers find local hereo: Cereality. www.fastcompany.com: np; Caplan, J. 2006. In a real crunch. *Inside Business*, July: A37-A38; Luna, N. 2006. Sprinkles bakery to open in Corona del Mar. *The Orange County Register*, May 18: np; and Gottfried, M. 2006. What hath Starbucks wrought? *Forbes*. April 10: 52.

> **学习目标3**
> 三种基本战略的成功实施如何帮助企业按照决定行业平均利润水平的五种力提升自己的优势。

差异化：按照五种力提高竞争地位 差异化提供了防御同业竞争的保护，因为品牌忠诚降低了顾客对价格的敏感程度，同时提高了顾客转移成本。差异化提高了企业的利润率，相应地就避免了对低成本地位的依赖程度。因为有了顾客忠诚度和企业提供独特产品和服务的能力，更高的进入壁垒就形成了。差异化也给企业提供了更高的盈余，使企业能够应对供应商力量；也降低了买方力量，因为买方找不到相当的可选产品，所以对价格不那么敏感了；供应商力量也降低了，因为成为高度差异化产品或服务生产商的供应商，会带来一定的荣誉。最后，差异化提高了顾客忠诚度，因此降低了替代威胁。

我们的例子说明了这几点。雷克萨斯面对买方一直享有较强的力量，因为在 J. D. Power 上的顶级排名使买者愿意支付溢价。这减少了同业竞争，因为买方对价格变得不那么敏感了。其品牌声誉也降低了供应商力量，因为盈余比较高。供应商可能希望使自己与著名品牌有点联系，这样就降低了它们抬高价格的动机。最后，与服务提供者（如联邦快递）有关的忠诚度和"放心"使这样的企业在面对同业竞争或者替代产品或服务威胁时不那么脆弱了。

差异化战略的潜在陷阱 包括：

> **学习目标 4**
> 管理者在实施三种基本战略时必须避开的陷阱。

- **缺少价值的独特性**。差异化战略必须能提供一些独特的、顾客极为看重的产品和/或服务。仅仅"不同"是不够的。一个例子就是 Gibson 的 Dobro 低音吉他。Gibson 想出了一个独特的主意：设计开发一款声学低音吉他，音量足够大，大到可以不用扩音器。因为其他声学低音吉他有一个问题：低音键的频率低，不能发出足够大的音量。于是，Gibson 在传统声学吉他的音箱上增加了一个共鸣板，这样就提高了音量。Gibson 以为这款产品可以满足一个特殊市场的需求——蓝草音乐家和民歌艺术家的需求，因为他们经常与其他声乐家"挤"在一起演奏。遗憾的是，Gibson 不久就发现，目标市场对已有的产品很满意：一把竖立的低音吉他，用麦克风放大声音，或者用声学电吉他。因此，虽然 Gibson 开发了独特的产品，但是潜在客户却不认为这有什么价值。

● **过度差异化**。企业可能力求使质量或服务超出顾客预期。这样，对于那些能以更低成本提供适当质量的竞争者，这些企业就显得脆弱了。让我们看一下昂贵的梅赛德斯 S 级汽车，这些车的价格在 7.5 万美元到 12.5 万美元之间。《消费者报告》将其描述为"奢华"、"安静而豪华"和"驾驶乐趣"。杂志也认为这是美国最靠不住的汽车。根据测试项目的负责人戴维·钱皮昂（David Champion）的说法，问题出在了电器上。"工程师有点失控，"他说，"他们装上了能想到的所有铃和喇叭，但是有时候没有注意这样的系统是否有用。"他们设计的一些特征包括：悬挂系统由计算机驱动，急转弯时可以降低车身滚动的可能性；与其他车距离太近时巡航控制系统可以自动降低车速；坐椅有 14 种调节方式，用 8 个风扇通风。

● **过高的溢价**。这个陷阱与过度差异化有点相似。顾客可能对这种产品很期待，但是他们被高昂的价格吓了回去。例如，金霸王电池（吉列公司的一个部门）最近对电池的定价过高。公司试图以高质量的产品吸引顾客，但是大众市场却没有被说服。为什么？就是因为价格差别太大。离吉列公司的总部不到一个街区，在 CVS 药店里，四节装劲量（Energizer）AA 电池促销价为 2.99 美元，而金霸王的四节装是 4.59 美元。在最近两年时间里金霸王的市场份额下降了 2%，利润下跌超过了 30%。很明显，顾客并不接受金霸王的性价比。

● **容易模仿的差异化**。如同我们在第 3 章讲到的，容易被模仿的资源无法带来可持续优势。类似地，企业可能力求——甚至是获得了——一时成功的差异化战略，但是优势很快就因被模仿而降低了。在战略聚焦 6.2 中我们讨论了 Cereality 的创新性差异化战略——供应各种各样的粥。与预期的一样，一旦某个想法证明是成功的，竞争者就进入这个市场，因为初期的大部分风险已经没有了。出现的竞争对手包括艾奥瓦州的一个叫做 Cereal Cabinet 的餐馆、迈阿密州的 Cereal Bowl 和位于佛罗里达州 Gainesville 的 Bowls 连锁粥店。Cereality 的发起人之一戴维·罗斯（David Roth）说："无论想出什么好主意，你都会发现有一些人，他们看见你发现了秘密然后就想来捞上一笔。"

● **产品线延伸淡化品牌的认可度**。如果企业在差异化战略中引进价格较低或者质量较次的产品/服务，可能会损害高质量的品牌形象。短期上虽然这可能会提高收入，但是从长期看可能是有害的。我们来思考一下古琦（Gucci）的做法。在20世纪80年代，古琦公司想进一步开发公司的著名品牌名称，于是实施了一项大胆的增收战略。公司在产品线上增加了一系列的帆布制品。公司也将这些制品极力推向百货商场和免税渠道，并让其名字出现在很多授权商品上，如手表、眼镜和香水等等。在短期内，这个战略发挥了作用。销售冲天而起。但是，这个战略也让公司付出了高昂的代价。古琦公司不加区别地扩张产品和销售渠道的做法影响了原品牌的纯正性。高端产品（有较高的利润盈余）的销售降了下来，利润也降低了。

- 买方和卖方对差异化的理解可能不同。这个问题就是"情人眼里出西施"。公司必须明白，虽然它们可能认为自己的产品和服务是有差别的，但是，在顾客的眼里，可能就是一种普通商品。实际上，在当今的市场上，很多产品和服务都成了普通商品。因此，如果不得不通过降价来验证真实市场，企业可能会对产品定价过高，同时会丢掉自己的利润率。

聚焦战略

> **学习目标2**
> 三种基本战略：综合成本领先战略、差异化战略和聚焦战略。
>
> **聚焦战略**
> 以吸引行业内细分市场为基础的战略。

聚焦战略是建立在行业内较窄竞争市场基础之上的。实施这一战略的企业会选择一块或者几块细分市场，并调整战略专门服务这一块市场。聚焦战略的本质是发展独特的市场定位。如同你可能想到的，狭窄的聚焦本身（就像实施差异化战略者仅仅做到"不同"一样）并不足以带来超越行业平均水平的业绩。如图表6—1所示，聚焦战略有两个变体。在成本聚焦战略中，企业努力在细分的目标市场上创造出成本优势；在差异化聚焦战略中，企业寻求在细分的目标市场上实现差异化。聚焦战略的两个变体有一个共同的前提，即对于那些基础深厚而又希望服务同一市场的竞争者来说，实施聚焦战略的企业能提供更好的服务。成本聚焦战略充分利用了某些市场上成本定价行为间的差异，而差异化聚焦战略充分利用的是市场上买者的特殊需求。

让我们看看两个企业成功实施聚焦战略的例子。Network Appliance（NA）开发了一种存储和分配计算机文件的方法，可以更节约成本。公司最大的竞争对手 EMC 也开发了一款框架结构的产品，该产品既能存储文件也能调节互联网流量，售价在 100 万美元以上。NA 开发的产品价格在 20 万美元以下，适用于互联网内容缓冲存储（临时存储）等特殊存储需求。聚焦于这种细分市场当然给 NA 带来了可观的回报，公司取得了连续 20 个季度收入增长的成绩。

贝西默信托公司（Bessemer Trust）是从事私人理财业务的公司。作为差异化聚焦战略的实施者，公司瞄准了资产在 500 万美元以上的家庭，因为这些家庭既希望资本能保值，同时又希望能积累财富。换句话说，这些人不是那些把自己所有的"鸡蛋都放进网站篮子"的人。贝西默设计了一款高度个性化的服务产品：为每 14 个家庭安排 1 名会计主管。走访客户更多的是在客户的大牧场或者游艇上进行的，而不是在贝西默的办公室。贝西默提供了各种各样的个性化服务，如投资管理、地产管理、油气投资管理、赛马和飞机投资账务管理等。尽管该行业中会计主管的报酬和人力成本（按营业费用比例计算）都相当高，但据估计，贝西默的差异化聚焦战略带来了业内最高的投资收益。

> **学习目标 3**
> 三种基本战略的成功实施如何帮助企业按照决定行业平均利润水平的五种力提高自己的优势。

聚焦：按照五种力提高竞争地位 聚焦战略要求企业在战略目标上要么达到低成本地位，要么实现高度差异化，或者两者兼有。如同我们在讨论成本战略和差异化战略中看到的，这种地位可以抵抗各种竞争。聚焦战略也可以用来选择"替代威胁"或者"竞争者势力最弱的"

细分市场。

让我们用一些例子来对这几点做一下说明。首先,贝西默信托公司向一个细分市场提供服务,这个细分市场上的消费者对价格不太敏感,因此贝西默信托公司遇到的竞争较少,买方议价能力也较低。竞争对手只依靠更低的价格很难将客户从贝西默信托公司吸引走。类似地,这一品牌激发出来的品牌形象和质量观念也提高了竞争对手进入该市场的壁垒。我们可以据理推断,因为具有相对较高的声誉、品牌形象和顾客忠诚度,贝西默信托公司也抵抗了替代威胁。而对于成本聚焦战略,在计算机存储行业中,与 EMC 成功竞争的 NA,因为成本结构比较低,所以能更好地消化供应商涨价带来的不利影响,因此降低了供应商的力量。

聚焦战略的潜在陷阱 包括:

> **学习目标 4**
> 管理者在实施三种基本战略时必须避开的陷阱。

- **在细分市场上影响成本优势**。随着时间的发展,如果成本优势受到影响,成本聚焦战略的优势也会丧失。例如,虽然行业标准一直未变,戴尔公司在个人电脑行业首创的直销模式一直受到来自惠普等竞争对手的挑战和影响,它们已经学会了戴尔的销售方法。类似地,因为竞争对手进入了公司产品的市场,一些公司发现自己的利润幅度降低了。

- **即便是高度聚焦的产品或服务供应也会遇到来自新进入者和模仿者的竞争**。一些实施聚焦战略的企业,因为选择了较窄的市场,面对较少的竞争对手,可能会获得一些暂时的优势。但是,这些优势是非常短暂的。一个显著的例子就是众多的网络公司,它们瞄准了极窄的市场,如宠物用品、民族食品、老式汽车配件等等。但是,因为进入壁垒越来越低,买方忠诚度也不高,所以竞争就变得相当激烈。既然大部分竞争对手使用的市场战略和技术都不具有独占性,模仿是非常容易的。随着时间的推移,收入会下降,利润幅度也会受到挤压,结果是，只有最强的参与者才能从这种危机中幸存。

● 实施聚焦战略的企业可能会过于聚焦不能满足买方需求。一些试图通过聚焦战略获取竞争优势的企业有可能过于细化了产品或服务，如一些零售企业。Ace 和 True Value 等五金连锁企业的市场份额正在逐渐丧失，而被劳氏和家得宝占领，因为劳氏和家得宝提供成套成系列的家用和园艺用设备与配件。鉴于这种全国连锁店拥有巨大的采购能力，专业零售商很难取得成本平势。

组合战略：综合低成本与差异化整合

> **学习目标 5**
> 企业如何有效运用综合成本领先和差异化等基本战略。

关于组合基本战略的利益，主流媒体和学术研究中有大量的例子。对企业来讲，组合低成本战略与差异化战略的主要好处是：竞争对手很难模仿。这种战略能使企业为顾客提供两种价值：特色（如高质量、品牌身份、声誉）和更低价格（源于企业价值创造活动中的低成本）。因此，这种战略的目标就是：以适当的方式向顾客提供独特的价值。一些企业能同时取得这两种优势，如因为只需较少的返工生产、保修、较少客服人员处理客户投诉等等，所以卓越的质量也能促使成本降低。因此，组合战略的两种利益是可以相加的，而不仅仅是权衡。接下来，我们思考组合低成本战略与差异化战略的三种方法。

自动化与灵活制造系统 鉴于计算机辅助设计和计算机辅助生产等制造技术和信息技术的进步，很多企业已经能够在较小的规模上以较低的成本生产独特的产品——这是一种被称做"规模定制"的概念。

让我们思考一下明尼苏达州 Andersen Windows of Bayport 的例子。这是一个向建筑行业供应窗子的制造商，规模是 10 亿美元。20 年前，Andersen 还是个一组组生产各种标准窗的制造商。为了满足不断变化的顾客需求，Andersen 不断扩大产品范围。结果是，公司的产品种类越来越多，可选产品让家庭和承包商眼花缭乱。经过 6 年的时间，产品种类增加了两倍,报一次价需要几个小时的时间,出错率也上升了。这不仅损害了公司的声誉,也增加了生产成本。

为了实现彻底转变,Andersen 将提供给经销商和零售商的印刷目录开发成了互动的计算机化目录。销售人员可以按照顾客需求定制每一个窗子,查询科学的结构设计并给出报价。这个系统基本上是不出错的,顾客所找到的就是他们想要的,报价和设计开发产品的时间减少了 75%。展示产品的计算机都与工厂相连,客户可以用一个号码来跟踪订单。新开发的制造系统允许使用一些标准部件,但最终产品仍可以有各种样式。尽管公司为此系统投入了巨资,但确实降低了成本、提高了质量并增加了产品款式,也缩短了向顾客反馈的时间。

下面是几个企业通过灵活制造系统向顾客提供规模定制的例子。

● 在 Nikeid.com 上,顾客可以按照自己的要求在线设计运动鞋或者休闲鞋,从鞋垫的材料到鞋带的颜色,顾客几乎可以选择任何东西。

● Eleuria 销售个性化香水。通过调查生活习惯和喜好,公司先计算出使用者的个性特征。每件产品都是按照使用者的特征生产的。Eleuria 还以很低的成本提供一份样品供用户确认。

● Lands'End 销售个性化衬衫和裤子。消费者通过公司的网站确定款式参数、大小和材料。这些设置都会储存起来,回头客很容易就可以再订一件一样的衣服。

● Cannondale 允许消费者指定公路自行车的车架参数,包括个性化颜色和题字。用户可以在公司的网站上提供这些参数,并安排通过经销商送货。

充分利用利润池概念获取竞争优势　利润池可以理解为:在一个行业内,行业价值链各节点上利润的总和。虽然这个概念比较简单,但是利润池的结构可能会非常复杂。价值链上某些部分的潜在利润池比其他部分的要深,其深度在不同的部门可能也会不同。根据顾客群、产品类别、地理市场或者销售渠道的不同,部门利润水平会差别很大。另外,在一个行业内,利润的集中方式和收入的创造方式一般情况下也会不同。

思考一下图表 6—2 中汽车行业的利润池。在这里我们可以看到在收入创造和利润获得之间没有什么关系。制造部门创造了最多的收入，但是这种价值创造活动的利润比其他价值创造活动的利润要小得多，如金融部门和维修服务部门。因此，当汽车制造商承受巨大压力提高生产汽车的效率时，大部分（至少是部分）利润却是在前面提到的"下游业务"中获得的。因此，如果有人告诉汽车制造商只聚焦于汽车制造而将下游业务外包出去，那可就错了。

图表6—2　美国汽车行业的利润池

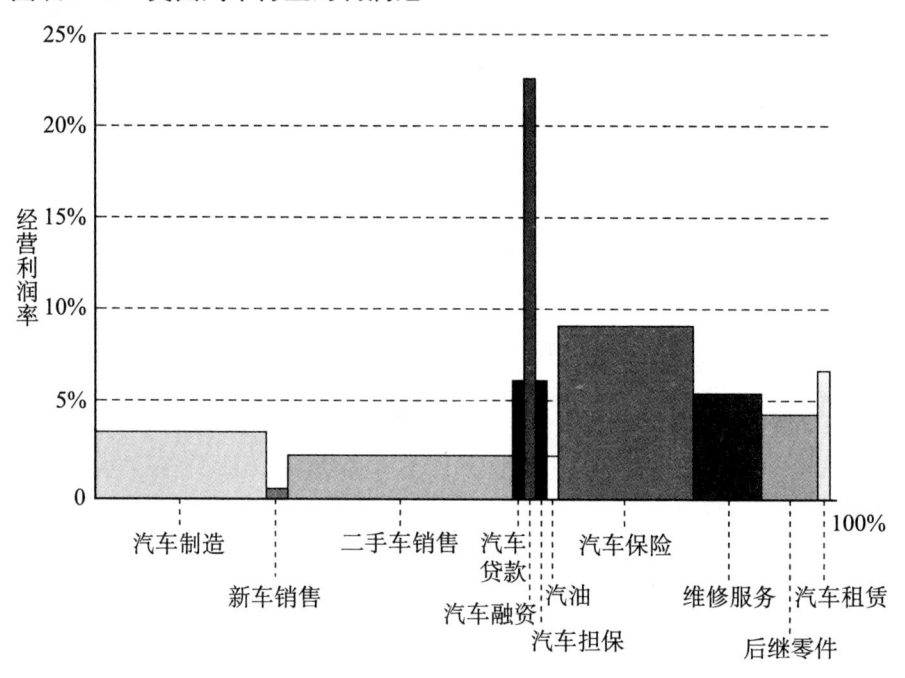

资料来源：Adapted and reprinted by permission of *Harvard Business Review*, Exhibit from "Profit Pools: A Fresh Look at Strategy," by O. Gadiesh and J. L. Gilbert, May-June 1999. Copyright © 1999 by the Harvard Business School Publishing Corporation. All rights reserved.

利用信息技术协调"扩展"价值链　很多企业利用信息技术将自己的价值链与其他顾客和供应商的价值链联系了起来，这样就协调了整个"扩展"价值链上的活动，也因此获得了成功。这种方法使企业不仅可以通过自己的价值创造活动增加价值，还可以通过顾客和供应商的价值创造活动增加价值。

实施这种战略常常需要重新定义行业的价值链。数年前，沃尔玛仔细分析了其行业价值链并决定重新组织竞争性挑战。竞争者主要聚焦于零售——推广和促销——而沃尔玛决定更多地聚焦于运输物流和通信而不是零售。在这里，扩展价值链之间的联系就成了中心问题。这个问题也成了沃尔玛选择战略的战斗背景。通过重新定义获取优势的竞争规则，沃尔玛获得了竞争优势并主导了该行业。

整合低成本领先战略和差异化战略：按照五种力提高竞争地位 成功整合差异化和成本优势的企业会创造出一个让人羡慕的地位。例如，沃尔玛通过整合信息系统、物流和运输，既帮助公司降低了成本又提供了广泛的产品选择。对于那些既没财力也没物力来与沃尔玛面对面进行竞争的对手来说，这种优势竞争地位竖起了较高的进入壁垒。沃尔玛的规模——2006年销售规模 3 160 亿美元——也给这个连锁店提供了面对供应商的巨大议价能力。公司的低价策略和广泛的产品选择也降低了买方（顾客）力量，因为几乎没有哪个竞争对手能提供可以相比的成本／价值结构。这也降低了同业面对面激烈竞争的可能性，如蔓延的价格战。最后，沃尔玛的整体价值构成也使潜在替代者（如互联网上的竞争者）的威胁降低了。

整合低成本领先战略和差异化战略的陷阱 包括：

- 无法同时实施两种战略的企业可能会落个两头空而被夹在中间。战略管理的关键是创造出能使企业获得平均水平以上回报的竞争优势。一些企业如果希望同时获得成本优势和差异化优势，可能会被夹在中间。我们都熟悉的一个例子应该是"三大"美国汽车制造商。它们深深困扰于高昂的、与养老和健康义务相关的"继承成本"。它们也长期受制于顾客感觉的"不好不坏"——比欧洲和日本对手的质量要低。虽然事实上"三大"汽车制造商与它们日本和欧洲的竞争者在 J. D. Power 最近的调查中基本上打成了平手，烦人的质量印象仍然无法改变。

- 低估了协调扩展价值链中价值创造活动的挑战与费用。成功整合企业、供应商和顾客价值链上的活动需要在财务和人力方面大量投资。

技术投资、管理时间与精力、顾客和供应商要求的参与和投资等，管理者一定不能低估与这些需要相关的费用。企业一定要相信自己能够创造出足够大的经营规模与收入来平衡所有相关费用。

● **错误计算所在行业的收入来源和利润池**。企业可能无法准确估算价值链上的收入和利润来源。出现这一情况的原因可能有几种。例如，一个管理者可能会受到职业背景、工作经验和教育背景等的不同影响。与一个有市场推广和销售等"下游"价值链活动经验的人相比，如果管理者的背景是工程，他可能会觉得制造、产品和工艺设计能创造更高比例的收入和利润幅度。或者，政治可能使管理者"编造"对其营业部门有利的数字。这可能会使企业的更多利润归功于他们，因此提高了他们的谈判地位。

与此相关的一个问题是，将大量的管理时间、精力、资源等引导到利润率最高的价值创造活动上来——这会对其他重要的活动带来影响，虽然这些活动的利润率可能没有那么高。例如，一个汽车制造商可能会过度关注下游活动，如质保的履行和金融服务，而影响了汽车本身的差异化和制造成本。

第 7 章 创建有效的组织结构设计

战略——基于全球化和企业道德的思考

本章学习目标

学习目标1　组织结构和"无边界"组织概念在战略实施中的重要性。

学习目标2　传统的企业组织结构类型：简单结构、职能制结构、事业部制结构和矩阵制结构。

学习目标3　传统组织结构的相对优点和缺点。

学习目标4　无边界组织的不同类型——无障碍组织、模块化组织和虚拟组织——及其相对优点和缺点。

要使战略成功实施，企业必须拥有合适的组织结构。这包括一些整合机制与过程，这些整合机制与过程能使内部活动之间和外部各方（如供应商、顾客和联盟伙伴）之间的边界有足够的灵活性和穿透性。如果企业的管理者不仔细思考企业组织结构设计的这些特征，企业的绩效就会受到影响。

在第一节，我们讨论了传统组织结构的不同类型——简单结构、职能制结构、事业部制结构和矩阵制结构——及各种结构的相对优点和缺点。

第二节讨论了"无边界"组织的概念，我们不是说企业不应该在内部和外部设立边界，实际上，我们希望提示的是：在飞速发展和无法预测的环境中，企业组织应该使自己的内部和外部边界既有灵活性又有可穿透性。我们提示了三种不同类型的无边界组织结构：无障碍组织、模块化组织和虚拟组织。

从错误中学习

2007年刚刚开始，空中客车公司（Airbus）A380双层客机的生产已经比原计划推迟了两年，让60多亿美元的潜在利润白白流失掉了。空中客车公司问题的根源在哪里？让我们看一看：

空中客车公司在德国和法国的工厂使用的是不兼容的设计软件。汉堡的工程师在使用二维电脑软件设计图纸，而图卢兹的工程师工作中用的是三维软件。因此，德国汉堡生产的电缆到了图卢兹的总装工厂后才发现无法安装到飞机上。正如圣地亚哥咨询公司Tecop International的首席执行官汉斯·韦伯（Hans Weber）所说的："空中客车公司在各地的工厂使用自己的原有软件、方法、工艺，而空中客车公司从来没有成功统一过这些工作。"（每架A380客机上捆绑的线路总长超过了348英里。）

A380的惨败成了民用航空史上代价最大的失误，这一失误将空中客车公司拖进了危机。首席执行官克里斯蒂安·斯特雷夫（Christian Streiff）上任仅仅3个月后，2006年10月便辞去职务。他与空中客车公司的母公司欧洲空中防卫与航空公司（EADS）在如何突破困局方面发生了激烈冲突。欧洲空中防卫与航空公司最后可能会在接下来的4年内损失60亿美元的潜在利润——按照延期交付造成的预期收益损失计算。而且，资金短缺也会拖延空中客车公司的另一项计划，它们计划开发一款新式中型宽体飞机，来挑战波音公司非常成功的787梦幻客机。到2006年9月，在订单总数上，空中客车公司已经远远落后于波音公司了，空中客车公司只拿到了226架飞机订单，而它们的美国对手已经拿到了723架飞机订单。

哪里出错了呢？软件带来的灾难暴露出了空中客车公司的一个显著问题。虽然公司表现出来的是一个无缝隙的、泛欧洲的形象，但是空中客车公司被严重地割离开了。公司在德国、法国、英国和西班牙的工厂一直固守着旧有的经营方式，并且各国之间相互猜忌。正如斯特雷夫在法国《费加罗报》（Le Figaro）一次采访中告诉记者的："从一定程度上说，它（公司）仍然是并列的四个公司。"

四个公司中，就像人们想到的一样，每个都是直属于政府的。实际上，数十亿美元低息政府贷款帮助公司启动了新的计划，但是，不断的政治干涉却成了空中客车公司付出的代价。政客们手里握有强大的武器，对空中客车公司的工作如何在16个工厂之间分配施加影响。正如《华盛顿邮报》（Washington Post）记者斯蒂文·皮尔斯特恩（Steven Pearlstein）评论的："……这是一群愚顽的……合作伙伴，他们更关心工作如何在各国之间分配，而不那么关心空中客车公司能卖多少架飞机。"这种态度既降低了效率又增加了产品故障风险。摩根士丹利的首席欧洲经济学家艾里克·钱尼（Eric Chaney）强调："童话变成了梦魇，即便是欧洲最大胆的怀疑论者也不可能想象得到的梦魇。"

但是，所有这一切都是好消息——对于波音公司。空中客车公司A380的延迟交付为波音公司创造了一种良性循环。首先，它们迫使航空运输公司改签了订单，如国际租赁金融公司（International Lease

Finance）和联邦快递都改签了。第二，客运版 A380 的延迟交付意味着潜在客户不得不在客运服务中更长时间地使用旧飞机，如波音 747—400 系列，而不是将这些飞机改造成货运飞机——这比买新飞机要便宜得多。周围没有了可以改造的旧飞机就意味着对新货运飞机的需求更多——这正是波音公司想要的。

传统的企业组织结构类型

> 学习目标 1
> 组织结构和"无边界"组织概念在战略实施中的重要性。
> 学习目标 2
> 传统的企业组织结构类型：简单结构、职能制结构、事业部制结构和矩阵制结构。

组织结构是指连接企业任务、技术和人员的互动关系所形成的模式。有效的组织结构可以保证资源能够按照企业组织的使命得到有效利用。有效的企业组织结构也是平衡两种冲突力量的手段：将任务划分为有意义群组的必要性和整合群组以保证效率和效益的必要性。组织结构要确定企业的执行、管理和行政部门并明确责任与等级关系。企业组织结构也会影响信息的传递和人员互动的环境与本质。

大部分企业成立时都非常小，后来要么死掉要么仍然很小。那些幸存并繁荣发展起来的企业都依赖于提高整体经营规模的战略和让企业进入新产品市场的战略。这种增长给管理者带来了日益增加的压力，他们不得不控制和协调企业日益增大的规模和发展中出现的差异。最恰当的结构随企业增长的内容和量级不同而不同。接下来，我们讨论几种结构形式，它们的优点和缺点，以及它们与企业组织所实施的战略之间的关系。

简单结构

> **简单企业组织结构**
> 企业组织结构形式的一种。业主经理制定大部分决策，控制活动，员工像最高负责人的延伸。

简单企业组织结构是最古老、最常见的组织结构。很多企业非常小，产品线非常窄；在企业中，业主经理（最高负责人）制定大部分决策。实际上，业主经理控制一切活动，员工的服务就像最高负责人的延伸。

> **学习目标 3**
> 传统组织结构的相对优点和缺点。

优点 简单结构是非常不正式的，任务协调是通过直接监管完成的。决策制定高度集中，任务不是专业化的，规则和规定少，考核与激励制度也很不正式。虽然业主经理密切地参与到几乎所有阶段的业务中来，但是经常需要另外一个管理者监督日常经营。

缺点 简单结构往往会培养出创造性和个人主义，因为企业内部几乎没有什么规则与规定。但是，这种"非正式性"也可能会带来问题。员工可能会无法很明白地理解自己的责任，这会造成冲突和混乱。员工也可能会利用规则与规定的缺失而按照自己的利益行事。这种行为可能会损害员工的积极性与满足感，并可能导致组织资源使用不当。而且，较小的组织结构是扁平的，限制了员工上升的机会。未来没有进步的可能，招聘和留用人才将会非常困难。

职能制结构

> **职能制企业组织结构**
> 企业组织机构的一种形式，在这种结构中，企业主要职能在内部划分成了不同的组，如生产、推广、研发和财务。

当企业组织规模很小时，没有必要设立各种正式的安排和活动分组。但是，随着企业规模的变大，越来越要求业主经理获取和处理经营企业必需的所有信息。业主有可能并不擅长所有的专业（如会计、工程、生产和营销）。因此，他需要在不同的职能部门雇用专业人员。这种企业规模和复杂性的增加使职能制结构成了必要。在这种结构中，企业主要活动在内部划分成了不同的组。职能部门之间的协调和整合是最高负责人的首要任务之一。图表7—1给出了**职能制企业组织结构**图。

职能制结构一般会存在于产品或服务比较单一或者紧密关联、产量比较大、而且有一定的垂直一体化的企业中。企业开始可能会通过挤入新市场、在市场上引进类似产品或者提高垂直一体化程度等手段来扩大整体经营规模。这种扩张明显扩大了经营的规模和复杂性。幸运的是，职能制结构保证了高度的集权，这种集权确保了对相关产品市场上的活动或价值链上各种基本活动（从内向物流到生产到市场推广、销售和售后服务）的整合与控制（我们在第3章讨论了这一问题）。

图表 7—1 职能制企业组织结构

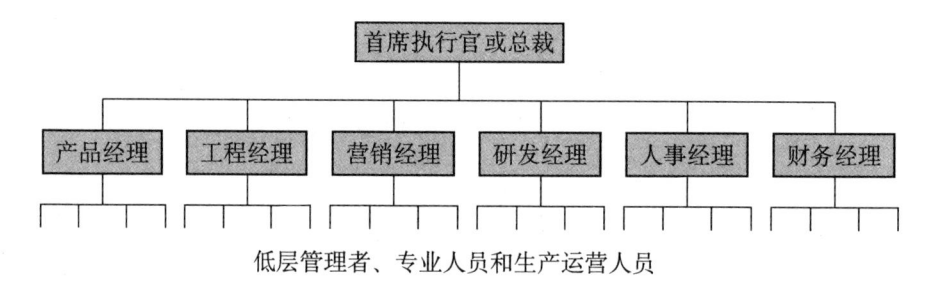

```
                    ┌─────────────────┐
                    │ 首席执行官或总裁 │
                    └─────────────────┘
    ┌──────┬──────┬──────┼──────┬──────┬──────┐
  产品   工程   营销   研发   人事   财务
  经理   经理   经理   经理   经理   经理
    │      │      │      │      │      │
          低层管理者、专业人员和生产运营人员
```

战略聚焦7.1给出了一个有效的职能制组织结构的例子——帕克代尔纺织厂（Parkdale Mills）。

战略聚焦7.1

帕克代尔纺织厂：成功的职能制企业组织结构

年收入近10亿美元的帕克代尔纺织厂，在过去的80多年时间里一直领导着棉花和棉纱生产行业。它们的专业经验来自只集中于单一的产品线，完善生产工艺，积极创新。根据首席执行官安迪·沃利克（Andy Warlick）的说法："在新设备与机器人上，我想我们比任何两个竞争者加起来花的钱都要多。我们之所以这样做，是因为我们要在全球市场上竞争。在这个市场上很多竞争对手拥有更低的工资和补贴结构，而我们没有，所以我们不得不更加关注我们的协调性和成本控制。"棉纱生产一般被认为是一种普通商品业务，而帕克代尔是该行业中的低成本制造商。

任务是高度标准化的，权力都集中在创始人和主席杜克·金贝尔（Duke Kimbrell）与首席执行官安迪·沃利克手中。整个企业的生产没有多少人，只有几个高层负责人。大家认为金贝尔和沃利克对棉花市场、技术、顾客忠诚和激励报酬都非常敏感。

资料来源：Stewart, C. 2003. The perfect yarn. *The Manufacturer.com*, July 31;www.parkdalemills.com; Berman, P 1987. The fast track isn't always the best track. *Forbes*, November 2: 60-64; and personal communication with Duke Kimbrell, March 11, 2005.

优点 通过将专家集中到一个职能部门，企业能够提高在各个职能领域的协调能力和控制能力。这种结构也能保证决策集中在高层。这改善了组织层面（相对于职能部门）对组织内各职能部门的看法。另外，职能制组织结构能保证更有效地使用管理和技术人才，因为职能领域的专业经验被集中到了一个部门（如市场推广部门），而不是分散在各种各样的产品市场区域。最后，也有助于职业前途和在专业领域的职业发展。

缺点 职能制组织结构也有一些缺点。首先，各职能领域的价值观念和倾向之间的差异可能会妨碍沟通和协调。埃德加·沙因（Edgar Schein）认为，以人员的相似背景和经验为基础，组织内职能部门周围常形成一些共同的假想。这会带来一种常被称做"大烟筒"或者"导弹井"的现象，在这种现象中，职能部门把自己看做是分离的、自足的一个单位而不需要与其他部门互动或者进行协调。这会妨碍沟通，因为职能团队可能不仅有不同的目标，还会有不同的用词含义和概念。

按照沙因的说法：

"marketing"一词对于工程师来说意味着产品开发，对于产品经理来说意味着通过市场调查研究顾客，对销售人员来说意味着推销，对于生产经理来说意味着不断地改变设计。当他们在一起工作时，他们经常会将意见不一致归罪于个人性格，而没有注意到深层次的、共同的、影响职能部门思维方式的一种假想。

这种狭隘的倾向也可能会造成短视的思考方式，这种思考方式基本上以自己职能部门的利益最大化为基础，而不是以整个企业组织的利益为基础。例如，在一个制造型企业，销售部门的人员可能希望提供更多个性化产品以吸引顾客；研发部门可能会过度设计产品和部件以期取得技术上的优势；生产部门可能倾向于朴实无华、低成本又可以批量生产的产品。另外，职能制结构可能会给高层负责人带来过大负担，因为，既然没有负责某类具体产品的管理者，冲突往往会被"往上推"到企业组织的高层。最后，职能制结构难以在企业组织内建立统一的绩效标准。以生产规模和成本控制来考核生产经理可能还相对比较简单，但是为工程、研发和财务部门建立考核测评标准就比较困难了。

事业部制结构

> **事业部制企业组织结构**
> 企业组织结构的一种，产品、项目或者市场在内部被集中到一起。

事业部制企业组织结构（有时候也称多事业组织结构或者M-form）是围绕产品、项目或市场来组织的。反过来，每个事业部都有自己的职能专业人员，他们一般会被分配到一个部门中。事业部制企业组织结构包含了一系列既受公司中心办公室控制又相对独立的部门。运营的事业部门之间相对独立，产品和服务也差别较大。在大型的企业里，经营决策的制定向企业的高层管理者提出了更多的要求。

第7章 创建有效的组织结构设计

为了照顾更广泛、更长期的问题，高层管理者必须授权底层管理者制定某些决策。因此，事业部门的负责人起到了一个关键作用。他们帮助企业层的负责人一起决定事业部门的产品市场和财政目标，以及自己部门占企业绩效的比例。报酬基本上取决于财务绩效指标，如净收益和收入。图表7—2 说明了事业部制企业组织结构。

图表7—2　事业部制企业组织结构

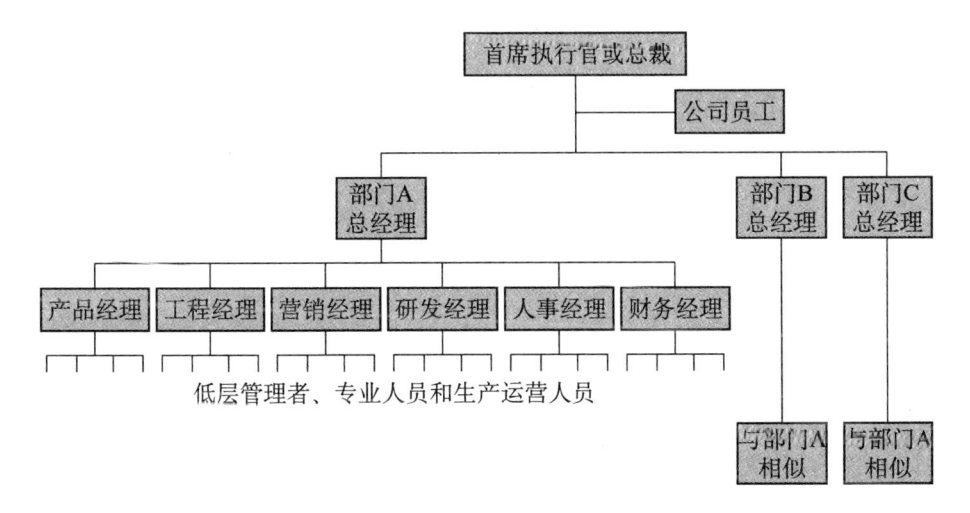

```
                        首席执行官或总裁
                              │
                           公司员工
          ┌───────────────────┼──────────┬──────────┐
       部门A                            部门B      部门C
       总经理                            总经理      总经理
   ┌─────┬─────┬─────┬─────┬─────┬─────┐
  产品   工程   营销   研发   人事   财务
  经理   经理   经理   经理   经理   经理
   │     │     │     │     │     │
  低层管理者、专业人员和生产运营人员        与部门A   与部门A
                                         相似      相似
```

美国通用汽车公司是最早采用事业部制企业组织结构的公司之一。在 20 世纪 20 年代，公司形成了五个主要的产品事业部门（凯迪拉克、别克、奥兹莫比尔、庞蒂克和雪佛兰）和几个工业事业部门。从那时起，很多公司就发现，当公司通过多元化进入新产品市场时，事业部制组织结构——因为强调单一职能部门——无法管理整个企业日益增加的复杂性。

> **学习目标 3**
> 传统组织结构的相对优点和缺点。

优点　通过创立独立的事业部门来管理每一个产品市场，企业实现了战略控制与经营控制的分离。也就是说，事业部门管理者可以集中精力经营自己负责的产品市场，公司领导者可以更投入地思考整个企业的全局性战略问题。事业部门负责人对该部门产品与市场的关注提高了企业快速应对外部环境中重要变化的能力。因为企业的每个事业部门下又有职能部门，在职能部门之间共享资源的问题得以最小化。最后，因为存在很多层的综合管理者（也就是说负责整合所有职能区域的负责人），综合管理人才的培养也提高了。战略聚焦 7.2 讨论了 Brinker Corporation 将企业组织结构从职能制改变为事业部制背后的基本原理。

战略聚焦 7.2

Brinker International 开始实行了事业部制企业组织结构

虽然 Brinker International 有一个传统的职能制结构，但竞争前景的变化迫使管理层仔细审视了公司的组织结构设计。公司旗下拥有各种各样的餐馆连锁和面包房，包括 Wildfire，Big Bowl 和 Chili's。

公司有这么多利益群，管理这些不同的实体就变得非常困难了。这个分裂的、3.3 亿美元规模的餐馆与面包房组合，迎合的是高度集中的一小块市场。随着公司规模的扩大，Brinker 连锁的传统职能设计显现出了一些缺点。按照职能划分的这些区域现在难以将精力集中在一个餐馆连锁上了。餐馆与面包房服务的多元化市场也开始失去了中心。

结果，Brinker International 改成了事业部制企业组织结构。这使公司可以将一直在一个面包房或者餐馆连锁工作的人集中到一个独立的事业部门。Brinker 将这称为概念组，每个概念组负责一条业务线的经营。这种集中的努力理顺了公司的能力，使公司能够全神贯注于面包房和餐馆服务的每一个微小市场。

资料来源：CEO interview: Ronald A. McDougall, Brinker International. 1999. *Wall Street Transcript,* January 20: 1-4.

缺点 事业部制结构也有潜在的缺点。首先，成本可能非常昂贵。也就是说，因为每个事业部门都要为自己的各种职能部门配备人员，所以会出现人员、生产、投资的重叠，这可能会带来成本的增加。在事业部门之间也可能会出现不正常的竞争,因为每个事业部门只关心自己部门的生产。而且,事业部门的管理者经常是按照同样的标准测评的,如资产回报率和销售增长率。这样,如果这些目标有冲突,可能会有一种"零和"游戏的感觉,这会挫伤为了公司的共同利益分享观点和资源的积极性。

另一个潜在缺点是,不同的事业部门提供不同的产品与服务,有可能会使形象与质量在不同的事业部门之间有差异。例如,一个事业部门可能会供应简单的、低质量的产品,这种产品会损害其他部门高质量、高差异化产品的品牌声誉。最后,每个事业部门都是按照财务指标考核的,如投资回报率和收入增长率,这经常会迫使事业部门只关注短期绩效。例如,如果公司管理层用季度利润作为主要的绩效指标,事业部门管理层可能会重点强调"制造数字"并尽可能减少一些活动,如广告、维修和资本投资,因为这会降低部分短期绩效。

在向下进行之前,我们来讨论事业部制企业组织结构的两个变体:战略业务单元(strategic business unit,SBU)和控股公司结构。

战略业务单元结构 高度多元化的企业可能会有十几个事业部门,如120亿美元规模的食品制造商康尼格拉。如果康尼格拉使用的是单纯的事业部制企业组织结构,办公室几乎不可能规划和协调公司的活动,因为需要控制的面太宽了。相反,为了实现协同效应,康尼格拉将各种业务分为三个基本的战略业务单元:食品服务(餐馆)、零售(杂货店)和农产品。

> **战略业务单元结构**
> 企业组织结构的一种形式,在这种结构中,产品、项目或者事业部门被划归到同一个组。

在**战略业务单元结构**中,为了获得一些协同效应,拥有相似产品、市场和/或技术的事业部门被划归到同一个组。这包括第5章讨论的相关多元化,如核心能力借用、基础设施共享和市场控制力等。一般来讲,公司内相关业务越多,需要的战略业务单元越少。公司内的每个战略业务单元都围绕一个利润中心来经营。

> **学习目标 3**
> 传统组织结构的相对优点和缺点。

优点 战略业务单元结构的主要优点是它使公司办公室规划和控制的任务更具备可管理性。而且，随着权力的进一步下放，与所有事业部门都需要向公司办公室直接报告相比，具体业务部门可以更迅速地应对市场上的重大变化。

缺点 战略业务单元结构也有一些缺点。因为事业部门被划分成战略业务单元，可能很难在战略业务单元之间获得协同效应。也就是说，如果被归入不同战略业务单元的事业部门之间有潜在的协同效应来源，协同效应的实现将变得非常困难。增加的管理层也增加了人员数量和人头费用，而多出来的层级也会进一步使公司办公室远离具体的事业部门。这样，公司办公室可能会难以了解到影响重大发展的情况。

> **控股公司结构**
> 事业部制组织结构的一个变体，在这种结构中，各部门之间以及部门和总部之间都保持相对较高的自治性。

控股公司结构 控股公司结构（有时候也称企业集团）也是事业部制结构的一个变体。当具体业务（或者事业部门）之间存在相似性时，经常使用战略业务单元结构，而控股公司结构适用于公司内各业务之间没有多少相似性的时候。因此，潜在协同效应是有限的。

控股公司结构最适合实施非相关多元化的企业。汉森信托公司（Hanson Trust）、ITT 和泰国的 CP 集团等公司都使用了控股公司结构来实施非相关多元化战略。因为业务部门之间没有多少相似性，这些公司的办公室给予经营部门相当大的自治权，并依靠有效的金融控制和激励机制来刺激具体业务部门实现高水平绩效。这些公司的管理人员队伍比较小，因为他们仅有限地参与各种业务的综合管理。

> **学习目标 3**
> 传统组织结构的相对优点和缺点。

优点 控股公司结构的一个重要优点是因为公司办公室规模较小、层级较少，因此人员配备少、日常费用低，会形成成本节约。另外，控股公司结构的自治提高了对各事业部门负责人的激励水平，并促使他们对市场机遇和威胁快速做出反应。

缺点 控股公司结构的主要缺点在于这种结构本身就使公司层负责人对部门负责人缺少控制与依赖。如果关键部门的负责人离开了公司，就会发生大问题，因为公司办公室很少有"替补力量"——也就是说，没有其他的管理人才可以随时补上这些关键空缺。如果部门出现问题，可能会很难扭转业务局面，因为公司办公室仅能提供有限的人员支持。

矩阵制结构

矩阵制企业组织结构 企业组织结构形式的一种，在这种结构中，多条权力线并存，部分人员需向至少两位管理者报告工作。

有时候，管理者可能会发现以上描述的所有结构都无法全面满足需要。可以克服其他结构形式内在不足的一种方法就是**矩阵制企业组织结构**。实际上，它是职能制结构和事业部制结构的组合，一般情况下，是以项目为基础，将职能部门与产品小组结合起来。例如，产品小组可能想要开发生产线上的新产品，为了这个项目，小组可以从职能部门请来人员，如市场推广、生产和工程部门。在这个项目期间，这些人受产品小组经理的领导，项目时间可能会变化，可能是几个星期，也可能是没有截止日期的一段时间。在矩阵制组织结构中工作的个人要对两个经理负责：项目经理和职能部门经理。图表7—3说明了矩阵制组织结构。

图表7—3 矩阵制企业组织结构

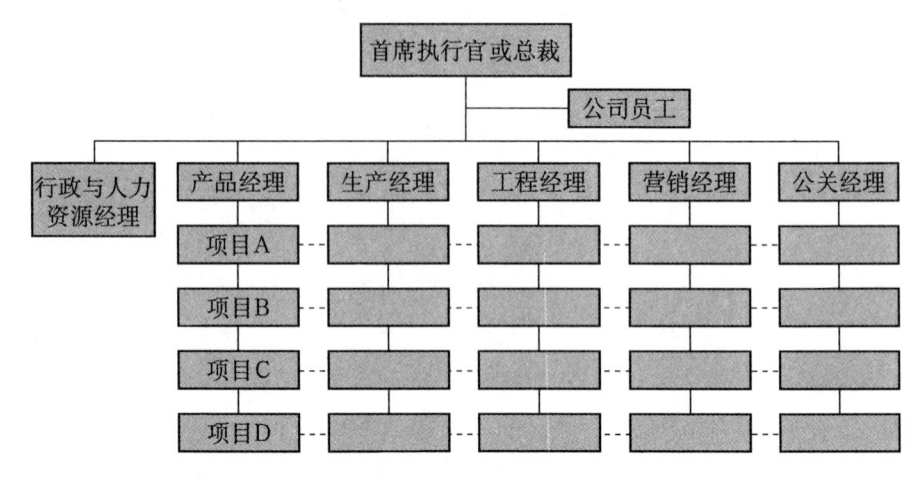

除了这种产品—职能矩阵，矩阵中也可能涉及其他方面。一些大型跨国公司依赖矩阵制结构将产品组与地理单元组结合在一起。产品经理负责全球范围内自己产品的研发、制造和销售，而地区经理负责企业在本地区的赢利能力。

戴尔电脑公司在提高责任和培养总经理方面就依靠了矩阵制结构——双重报告责任。根据前首席执行官凯文·罗林斯（Kevin Rollins）的说法：

> 我们公司是按照销售地区和产品组的矩阵制结构组织起来的。然后我们将这个组进一步细分为次级产品和次级销售地区。与同等规模的大部分公司相比，戴尔拥有更多的损益中心经理和更小的业务单元。这不仅提高了对顾客的责任，也帮助培训了总经理（随着能力发展，将他们从较小的业务单元移到较大的业务单元）。
>
> 我们的矩阵组织还有第三层——我们的业务委员会。例如，我们在每个国家都有一个小企业销售团队，还有产品开发人员，他们非常熟悉小企业顾客要买什么。另外，我们还有世界小企业委员会，由我们所有的小企业总经理和产品经理组成。委员会中的每个人都看到了别人的损益，因此这也提供了

另一种核查与平衡的方式。

优点 矩阵制结构的一个主要优点是这种结构有利于对专业人员、设备和设施的利用。不像在以产品为基础的事业部制结构中,职能会有重复,在这种结构中,资源是共享的。有较多专业技能的个人可以在多个项目之间分配时间。这种资源共享与合作使企业能更有效地利用资源,而且能更快速有效地应对竞争环境中的重大变化。另外,矩阵制结构自身的灵活性扩大了专业人员的责任范围,这种经验能帮助他们发展自己的技术和能力。

缺点 矩阵制结构有很多潜在缺点。双重报告制度可能会带来不确定性,引起激烈的权力争夺以及在人员和资源分配上的冲突。另外,工作关系变得更加复杂了。这可能会导致过度依赖小组程序和团队工作,还会造成责任扩散,这反过来会影响决策的及时制定。图表7—4简要总结了职能制、事业部制和矩阵制企业组织结构的优点和缺点。

图表7—4　职能制、事业部制和矩阵制企业组织结构:优点和缺点

职能制结构	
优点	缺点
•将专家集中到一起,提高了协调和控制能力。	•职能部门的不同倾向可能会妨碍沟通与协调。
•决策集中,改善了组织对各职能部门的看法。	•专业人员可能会发展出短视的观点与较窄的职能倾向。
•有效使用管理和技术人才。	•职能部门之间的冲突会给高层决策者带来过大负担。
•有利于职业前途和在专业领域的职业发展。	•建立统一的绩效标准比较困难。
事业部制结构	
优点	缺点
•提高了战略与经营控制,公司负责人可以集中精力解决战略问题。	•人员、生产、投资的重叠会带来成本的增加。
•快速应对环境变化。	•事业部门之间的不正常竞争影响企业的整体表现。
•集中了对产品和市场的关注程度。	•难以维护企业的统一形象。

续前表

• 最小化了跨职能部门资源共享带来的问题。	• 过于重视短期绩效。
• 有助于综合管理人才的培养。	

矩阵制结构	
优点	缺点
• 通过专业同事之间的协同与合作提高了对市场的反应速度。	• 双重报告制度可能会带来责任的不确定性。
• 允许更有效地利用资源。	• 激烈的权力争夺可能导致冲突升级。
• 提高了灵活性、协调能力和沟通效率。	• 工作关系可能会更复杂,造成人力资源重叠。
• 专业人员责任范围的扩大促进了职业发展。	• 过多依赖小组程序和团队工作,影响决策的及时制定。

企业组织结构如何影响战略制定

对企业组织结构与企业战略关系的讨论中,大部分都暗示应该按照企业战略设计企业组织结构。也就是说,企业选择的战略支配了企业组织结构的构成要素,如任务划分、活动整合的必要性和组织内的权力关系等等。但是,现存的企业组织结构也可能会影响战略的制定。例如,一旦企业组织结构建立起来了,改变会很难,也需要付出很大代价。负责人可能会无法大幅修改自己的职权和责任,也不喜欢工作地点转移造成的分离。而且,聘用、培训和替换负责人、管理人员以及经营人员也需要成本。因此,不考虑结构因素,战略是无法制定的。

企业组织结构的类型也会严重影响企业的战略、日常经营和绩效表现。我们已经讨论了 Brinker International 为了更集中地向市场提供服务,将餐馆组织成不同的单元,推行事业部制结构。这种结构应该能使企业更快地按照变化进行调整,并使各个品牌的餐馆能更有效地进行创新。

第7章 创建有效的组织结构设计

无边界组织结构设计

> **学习目标4**
> 无边界组织的不同类型——无障碍组织、模块化组织和虚拟组织——及其相对优点和缺点。

"无边界"一词可能会让人想起一个混乱的组织结构,什么都有可能发生。但事实并非如此。如通用电气公司的前首席执行官杰克·韦尔奇曾经提示,无边界并不是说所有内部边界和外部边界都彻底消失了。虽然边界继续以某种形式存在,但是它们变得更加开放,也更容易穿透了。战略聚焦7.3讨论了边界的四种类型,并给出例子说明企业如何使其更具有可穿透性。

战略聚焦7.3

边界类型

制约组织的边界基本上有四种类型。在当今多变的商业环境中,应对各种层次的外部影响和可穿透性需要有不同的边界类型。

1. **组织内各层级之间的垂直边界**。史克必成公司针对临床试用数据管理,动员各层次的员工集思广益。所有人的意见都被综合到了行动计划中,这些计划大幅减少了创新药物的审批时间。如果组织内各层次之间的边界升高,这完全是不可能的。

2. **职能部门之间的水平边界**。为了让顾客在与公司做生意时获得更加全面的体验,富达投资集团(Fidelity Investments)将推广、生产和顾客服务等各事业部门之间的职能边界变得更易穿透。顾客有问题可以找任何一个人,员工也将顾客服务视为自己的工作,这减少了顾客在员工之间跑来跑去的可能。在富达,顾客服务是每个人的事情,不分职能部门。

3. **企业与顾客、供应商和规范者之间的外部边界**。通用电气照明公司（GE Lighting）通过与零售商密切合作，按照单一业务方式在整条价值链上发挥职能。这使通用电气可以跟踪销售点的采购情况，使公司能更好地进行存货管理。

4. 地点、文化和市场之间的地理边界。 如今，商业环境全球化的特征刺激普华永道会计师事务所（PricewaterhouseCoopers）使用全球分组系统。这使公司可以同时与世界上的 26 个办公室保持联系。

资料来源：Ashkenas, R. 1997. The organization's new clothes. In Hesselbein, F, Goldsmith, M., and Beckhard, R.（Eds.）. *The organization of the future:* 104-106. San Francisco: Jossey Bass.

我们不建议用无边界组织设计替代传统形式的组织结构，它只是对传统结构形式的补充。例如，夏普公司施行了职能制结构，希望凭借公司的应用研究和制造技术获取规模经济效益。但是，为了实现这个目标，夏普实施了几种整合机制与流程。

> **无边界组织设计**
> 组织内的边界，包括垂直、水平、外部和地理边界都可以穿透。

为了防止职能团队成为阻碍产品开发的直烟筒，夏普的产品经理有责任——而不是权力——协调整个价值链上的活动。公司成立了数量众多的跨部门委员会与公司委员会，保证那些共享活动（包括公司研发部门和销售团队）得到最优化的配置并分配到不同的产品线上。夏普在这种时间密集的合作上投入了大量的精力，希望最大限度地减少冲突。当不同部门共享一种重要活动时，这种冲突是不可避免的。

我们将讨论三种使边界更具穿透性的方法。这些方法可以推动知识和信息跨越组织的内部和外部边界得到广泛共享。我们首先从无障碍类型开始，这种类型的结构需要使所有组织边界——内部的和外部的——更容易穿透。我们将重点介绍团队概念，因为团队是构建无边界组织结构的基础。在接下来的两节，**我们介绍模块化和虚拟化组织**。

这两种类型的结构形式强调创造与顾客和供应商之间的紧密关系。模块化结构强调非核心活动的外包，而虚拟（或网络化）组织强调独立实体之间为充分利用某个市场机遇而建立的联合。

无障碍组织

> **无障碍组织**
> 组织结构形式的一种，这种结构形式有助于公司克服文化职能和目标之间的实际差异，找出有助于信息共享和其他合作的共同基础。

"边界"思维模式深深植根在官僚主义中。"这不关我的事"和"我是从公司来帮忙的"等这样的陈词滥调就是证明。在传统公司中，边界被清楚地描述在结构设计中。它们的基本优点是，管理者与员工的职责简单、清楚、界定明确、可以长久保持。一位高科技负责人在作者访谈中指出了这种结构形式的一个主要缺点："这种结构容易引起不和，会引起区域纷争。"

如今，这种结构已经被不固定的、模糊的、故意不清楚的任务和角色取代。但是，仅仅是工作角色无法清楚界定，并不意味着技术、权力和智力之间的差异就消失了。

无障碍组织使企业能够在不同的文化、职能和目标之间架起一座桥梁，找出有利于信息共享和其他合作形式的共同基础，消除了抑制生产效率和创新的多重边界，可以提高整个企业的潜在能力。

战略聚焦 7.4 描述了联合技术公司（United Technologies Corporation）如何运用无边界概念开发出了革命性的产品 PureCycle。

战略聚焦 7.4

联合技术公司 PureCycle：无边界概念的有效运用

联合技术公司是一个好事不断的巨型制造企业集团，2006 年的收入和利润分别达到了 480 亿美元和 37 亿美元，这说明，在最近4年的时间里，公司的年增长速度超过了15%。

与很多多元化企业一样，联合技术公司在开发跨部门协同效益时也遇到了挑战。联合技术公司多样化的产品包括：开利公司的采暖和空调；汉胜公司（Hamilton Sundstrand）的航天系统和行业相关产品；奥的斯公司的升降机和自动扶梯；普惠公司（Pratt & Whitney）的飞机发动机；西科斯基公司（Sikorsky）的直升机；联合技术消防安保公司（UTC Fire & Security）的系统；联合技术动力公司（UTC Power）的燃料电池。整体上看，联合技术公司投入了巨资用于研发——大约占总收入的3.5%。

由于历史原因，联合技术公司特别重视分散的决策机制，每个运营单元之间几乎完全相互独立。这种方法可能在员工激励方面有好处，也可以使各单元集中精力。但是，这却造成了"井底业务单元"现象，妨碍了公司在业务单元之间的空白处进行创新。

这种业务方式困扰了联合技术公司资深副主席约翰·卡西迪（John Cassidy）和公司研究中心的主任卡尔·奈特（Carl Nett）。研究中心拥有500多名科学家、工程师和职员，他们负责"在产品中找到未来技术的切入点"。他们两个都相信在各业务单元之间的连接处存在巨大的增长潜力。但是，这种合作与联合技术公司的历史、工作惯例和文化标准不协调。实际上，卡西迪觉得在不同的业务单元之间整合专业技术是"不自然的行为"。

怎么办呢？2002年，两位负责人邀请了各业务单元的高层技术专家，召开了几次头脑风暴会议。目标是将专家各种智慧集中到一起创造一种产品并开发一个新的市场。

刚刚开始，在制冷、取暖和动力部门之间的交锋中就出现了一个潜在的赢家。来自开利公司、普惠公司和联合技术公司研究中心的工程师认识到，使用制冷和取暖设备可以将一种新发电概念变成一款具有革命性的产品。产品叫做PureCyle，这款产品实际上并没有什么新内容。但是，它却提供了一种突破性的价值组合：客户可以将废弃热量转化成电力，而费用大大低于其他设

第7章 创建有效的组织结构设计

备。这款产品具有非常光明的前景，因为美国的工业工厂释放的废热大约相当于一座500亿瓦特电厂的发电量（完全能满足美国多数大城市的用电）。

回想起来，参与PureCycle项目的工程师发现，很难相信以前没有人想到过这个主意。到联合技术公司研究中心领导这个项目的开利公司前工程师蒂埃德·乔马德（Thierry Jomard）解释道："开利人受的培训是如何通过热量交换制造冷空气——这是个有意义的结果，压缩机就在那里移动着液体。另一方面，普惠的工程师是考虑动力的人。他们关心的结果是动力，所以他们使用了涡轮机。"直到他们开始合作之前，没有人认识到机会就摆在他们的眼前。

资料来源：www.utc.com; 2005 *UTC Annual Report;* Davidson, A. 2007. Conglomerates: United Technologies. *Forbes,* January 8: 96; and Cross, R., Liedtka, J. & Weiss, L. 2005. A practical guide to social networks. *Harvard Business Review,* 83（3）: 92-101.

搭建可穿透的内部边界 要使无障碍组织有效运转起来，企业组织内所有部门之间的相互信任度和利益共享水平需要得到提高。相应地，企业组织需要提高员工在更民主的组织里工作所必需的技术。无障碍组织也要求将对"有潜力个人"的投资转移到"启动所有个人智慧"上来。

团队可能是无障碍组织结构的一个重要方面。杰弗里·普费弗（Jeffrey Pfeffer）写过几本见解深刻的书，包括《人力资源方程式》（*The Human Equation*），他提示说团队有三个基本优点。首先，团队用"对等控制"管理工作活动代替了等级控制。实际上，员工控制他们自己，减少了投入监管的时间和管理精力。

其次，团队经常会发现更有创造性的问题解决方案，因为他们鼓励共享个人知识。头脑风暴或小组解决都提高了集中大家的想法和技能，争取团队成员（至少是一个人）发现解决当前问题方法的可能性。

最后，用对等控制代替等级控制，团队允许减少等级的层数，消化以前由专业人员负责的行政管理任务，这就避免了层层监督带来的成本。正如诺曼·奥古斯丁在《奥古斯丁法》(Augustine's Law)中幽默地指出的:"如果足够多的管理层一个一个叠起来,可以保证灾难没有不发生的可能!"

与外部选民发展积极关系　在无障碍组织里,管理者也要在组织与内部选民(即员工)和组织与外部选民(即顾客)之间创造出灵活的、多孔的企业组织边界,并建立通畅的信息沟通渠道和互利关系。戴尔电脑的创始人和首席执行官迈克尔·戴尔特别信奉培养与顾客的紧密关系。在一次访谈中,他解释道:

> 我们不再仅仅是你的个人电脑贩卖商。我们将成为你们个人电脑的信息技术部门。例如,波音公司有10万台戴尔电脑,我们有30个人就住在波音公司,如果你看看我们为它们和其他顾客做的事情,你会发现我们不像供应商,我们更像波音公司的个人电脑部。我们紧密地融入到它们的个人电脑需求规划和网络配置中。

> 我们不是自己做出这样的决定的。波音当然是在用它们自己的人为公司找到了最好的答案。但是,一起围绕个人电脑工作的人,包括戴尔的人也包括波音的人,以一种非常亲密的方式理解用户的需求。他们用着电脑,与它同呼吸,与说"这是你的电脑,再见"的传统电脑贩卖商相比,这形成了鲜明的对比。

到目前为止,我们认为,无障碍组织可以创造与内部选民和外部选民的成功关系。但是,还有一些其他的选民——竞争对手,一些组织通过发展与它们的合作关系也从中获得了利益。

例如,多年来,通用磨坊公司看着送完货的空卡车从仓库驶回生产工厂,于是公司与16个竞争对手组成了一个团队。它们成立了一个点子商务企业,帮助公司寻找货箱空了的卡车,把货物捎回给生产工厂附近的经销商。这增加了所有网络成员的收入,也降低了燃料成本。

风险、挑战和潜在缺陷　尽管存在着诸多潜在利益,很多企业发现创立和管理无障碍组织可能会非常令人泄气。例如,位于堪萨斯州列涅萨市的呼吸设备制造商 Puritan-Bennett Corporation 发现,公司采用团队管理方法后,产品开发时间增加了一倍还要多。研发部主任罗杰·J. 多利达(Roger J. Dolida)将这种失败归咎于高层管理者不够专注、团队成员的高流失率和不经常开会。一般情况下,在僵化的等级体制下培训出来的管理者会发现:实现工作方式转变,适应团队工作更民主、更需要参与的方式,是非常困难的。

克里斯托弗·巴恩斯(Christopher Barnes)现在是亚特兰大普华永道会计师事务所的一位咨询师,以前在密西西比州杰克逊市 Challenger Electrical Distribution(Westinghouse 的一个下属公司,现在是 CBS 的一部分)的一个开关工厂里做工业工程师。他的任务是领导一队工人,他们来自生产的最后环节——装配部门——一个非常混乱的部门,任务是:"让事情变好。"毫无疑问,这种观念注定了这个团队的失败。

经过一年的徒劳,这个团队解散了。回顾起来,巴恩斯找到了几个导致失败的原因:(1)有限的信任——他被看做一个"外行";(2)不够团结——每个人都是被迫加入这个队伍的;(3)沟通无效——没有人被告诉这个团队为什么重要;(4)有限的自治——部门经理拒绝将控制权交给团队成员;(5)无效的激励机制——公司的习惯做法是更看重个人表现而不是团队表现。巴恩斯的经历对所有类型的团队都有启发意义,无论他们是管理团队、专业团队、行政团队还是生产团队。无障碍结构的优缺点总结在了图表7—5中。

图表 7—5　无障碍结构的优缺点

优点	缺点
●发挥所有员工的智慧。	●难以克服组织内外的政治和权力边界。
●在职能部门、事业部门、战略业务单元和外部选民之间改善合作、协调和信息共享。	●缺少强有力的领导和共同观念,这可能会带来协调问题。
●能够使企业通过单一目标集中,更快地应对市场变化。	●耗时、难以管理的民主流程。
●可以与主要供应商、顾客与联盟伙伴协调取得双赢局面。	●缺少高度互信,这可能会妨碍表现。

模块化组织

> **模块化组织**
> 企业组织结构形式的一种,把不重要的职能外包,充分利用供应商的知识和专业技能,但是保留了战略控制权。

《非理性时代》(*The Age of Unreason*)一书的作者查尔斯·汉迪(Charles Handy)曾经评论说:

> 企业组织已经认识到,让所有的人随时都在身边待命,掌控所有工作人员的时间,这虽然方便,但是却是一种挥霍式配置必要资源的方式。将他们留在组织外,自己雇用自己或者受聘于专业的承包商,需要时再购买他们的服务,这种方式要便宜得多。

与汉迪的想法一致,**模块化企业组织**把不重要的职能都外包出去,发掘一流供应商的知识和专业技能,但是保留了战略控制权。外行人可以用来制造零部件,处理物流,或者从事会计活动。如同我们在第3章讨论的,价值链可以用来确定一个企业创造价值时需要从事的基本活动和辅助活动。但关键问题是:哪些活动要留在内部?哪些活动要外包给供应商?企业组织成了一个由外部供应商和专家网络包围着的中心连接器,就像乐高玩具(Lego)的积木,可以加上去也可以取下来。制造单元和服务单元都可以成为模块结构。

服装业是一个模块概念得到广泛应用的行业。例如耐克和锐步,都集中在了自己的优势上:设计和销售高科技时尚运动鞋。耐克只有几个生产工厂,而锐步则没有自己的工厂。这两个公司实际上都将自己的鞋类制造外包给了位于中国、越南和其他劳动力成本较低的国家的供应商。因为避免了在固定资产上进行巨大投资,这使得它们从很小的销售增长中就可以获得巨大的利润。另外,因为供应商已经成了迅速改组生产线投产新品的专家,所以耐克和锐步与市场上的喜好变化一直保持着同步。

在模块化企业里,非核心职能外包带来了三个优点:

1. 企业可以降低总成本；通过雇用比自己内部员工更优秀的供应商，刺激新产品开发；避免产能闲置；减少存货和避免被锁进一种特殊技术。

2. 外包能够使企业将稀缺资源集中到企业具有竞争优势的领域。这些利益可以转化成为研发、聘用最优秀工程师、为连续的员工销售与服务培训等提供更多资金。

3. 通过发掘供应链上专业合作伙伴的知识和专长，外包为企业增加了关键技术，并加快了企业学习进程。

模块化使企业只运用相对较小规模的资本和较小的管理队伍就可以实现看起来似乎无法实现的战略目标。由于不必在固定资产上进行大量投资，模块化企业可以实现快速增长。模块化组织结构的成功也需要一些必要的前提条件。首先，企业必须与供应商保持密切合作，保证各方利益都得到满足。企业需要找到忠诚、可靠、会保守商业机密的卖方。它们也需要保证供应商会利用自己的财力、物力、人力来努力实现自己的战略目标，如降低成本或者第一个进入市场。

其次，模块化企业组织必须确信自己将恰当的能力留在了内部。对于耐克和锐步，核心能力是设计与营销，而不是制鞋；对于本田，核心能力是发动机技术。这些公司不大可能将任何涉及公司核心能力的活动外包出去。企业组织必须避开一些因素，以免外包危及公司的长期竞争优势。

外包的战略风险　虽然采用模块化结构有一些明显的优点，但是管理者必须衡量相关风险。主要的战略风险有：（1）关键技术丧失或者开发了错误技术；（2）丧失跨职能部门技术；（3）丧失对供应商的控制。

过多外包可能导致一个企业"送出"过多技能和控制权。外包可以将企业从"维持制造必要部件所需要的技术水平"中解放出来。这些技能原本属于公司知识基础的一部分，经过一段时间后却消失了。曾有一段时间，半导体芯片好像成了可以外包的简单技术。但是现在，它已经成了各种各样产品的必要部件。随着技术的升级，已经将这些芯片生产外包出去的企业会面临着丧失制造芯片能力的风险。因此，这些企业会更加依赖供应商。

跨职能部门技术指的是在企业内部各部门人员的相互关系中获得的技能。一般情况下，这种相互关系可以帮助一个部门解决问题，因为员工可以超越职能部门与其他人接触。但是，如果企业外包了关键职能，如生产，跨部门沟通可能会变得更困难。这是因为，企业和员工必须将自己的活动与一个新的、外部供应商整合在一起。在协调共同努力中，这显然会带来新的挑战。

当产品外包让供应商的力量更强大时，会出现另一种不利局面。对制造商成功起关键作用的供应商，事实上可以将制造商"抵押"出去。耐克是通过向供应商工厂派遣全职"产品特使"来控制这一潜在问题的。而且，耐克也经常召集供应商管理团队和技术团队的高层成员到公司总部来。通过这种方式，耐克能紧密跟踪感知新的发展动向，培养与供应商的互信和密切关系，发展长期关系以防止"抵押"的发生。图表7—6总结了模块化结构的优缺点。

图表7—6　模块化结构的优缺点

优点	缺点
·指导公司的管理和技术人才投入到最关键的活动。	·依靠外来人员会阻止达成共识。
·能保证对大部分重要活动的全面战略控制——核心能力。	·如果外包了关键技术和核心能力，会削弱未来的竞争优势。
·在价值链的每一个环节上都可以取得一流表现。	·由于市场变化，将现在创造价值的活动收回企业的难度会增加。
·通过外包，可以以较小资本投入借用核心能力。	·带来对跨职能部门技术的损害。
·鼓励信息共享并促进企业学习进程。	·减少了对生产的控制，并有可能丧失对供应商的控制。

虚拟组织

与指导传统组织结构设计的"依靠自己"的思想相反，当今的战略挑战已经成了"如何利用更少的资源做更多的事情"和"向企业外部寻求解决问题的机会与方法"。"虚拟组织"提供了一种借用资源和发现机会的新手段。

> **虚拟组织**
> 虚拟组织是一个不断发展变化的网络,它由互相独立而又连接在一起的公司组成,这种连接的目的是共享技术、分担成本和进入对方市场。

虚拟组织可以被看做一个不断发展变化着的网络,由独立的企业——供应商、顾客甚至是竞争者——连在一起组成,目的是共享技术、分担成本和进入对方市场。虚拟组织的成员通过集中和共享每个成员的知识和专业技能,比在独立状态下"知道"更多,也可以"做"更多。通过一起紧密工作,从长期看,每个成员都从个人和组织的学习中得到了好处。虚拟一词,经常用在计算机行业中,意思是"效果上是,实际上并不是这样"。计算机表现出来的存储空间比实际存储空间更大,这种能力称做虚拟内存。类似地,通过将各个实体的资源组合在一起,虚拟组织看起来具有的能力可能比实际拥有的更大。

不同的组织在追求共同的战略目标时,联合起来共同利用互补技术,由这些组织的一部分组合在一起,就形成了虚拟组织。一个例证就是洛克希德·马丁公司利用三个实体——公司、学术界和政府——之间的专业联合提高了竞争力。前首席执行官诺曼·奥古斯丁说:

> 这种方法的美妙之处在于它迫使我们眼光向外。无论你的规模有多大,你必须广泛地寻找新思想、新方法和新产品。在冷战最紧张的时期,洛克希德·马丁公司刚刚成立就以一种让人吃惊的方式使用了这种方法来制造隐形战斗机和导弹。技术构想来自莫斯科的无线电工程学院(Institute of Radio Engineering)在20世纪60年代发表的研究成果,该研究成果做过宣传,这在学术媒体上是相当公开的。
>
> 尽管在政府、学术界和私人企业之间存在巨大的差异,我们还是找到了一起工作的方式,而且产生了非常积极的结果,不仅

仅是让我们具备了在全球范围内竞争的能力。

虚拟组织不是永久存在的，参与企业也可能会涉足多个联盟。虚拟组织中可能会有不同的企业从事互补的价值创造活动，或者不同的企业一起从事价值创造活动，如生产、研发和销售。与合作伙伴一起从事的活动在所有活动中所占的比例根据联盟的不同可能会有非常大的差别。

虚拟组织结构与模块化组织结构是怎么区分的呢？不像在模块组织结构中核心企业仍保有全部的战略控制权，虚拟组织的特点是参与企业放弃部分控制权并认可互相依赖。参与企业追求的是一种能够让它们通过合作应对不确定性的集体战略。这样做的好处是，就像虚拟内存提高了存储能力，虚拟组织提高了参与企业的能力或者竞争优势。战略聚焦7.5讨论了生物技术行业中的各种合作关系。

战略聚焦 7.5

生物技术行业的合作关系

生物技术行业的合作给很多企业带来了好处。与安进公司合作的一些小企业包括ARRIS，Envirogen，Glycomex，Interneuron。这些公司联合开展市场推广项目，将研发专家集中到一起寻找开发新药物的机会。作为与小公司科学家和市场推广人员专业经验的交换，如果确定了新产品机会，安进公司将提供财力和技术支持。

另一个与竞争对手发展合作关系的生物科技公司是Biogen。这家大型医药公司曾经将新药的临床试验外包出去。但是现在，公司将其他企业的专家请到Biogen实验室来与自己的科学家一起工作。

最大的制药企业之一、拥有7 500多名员工的Chiron，也广泛利用与竞争对手的合作关系。公司目前与1 400多家公司在合作，发掘该领域内研发专家的知识，他们拥有各种各样的技术和专业经验。Chiron 认为这个网络是它们的核心能力之一。

资料来源：Powell, W. W. 1998. Learning from collaboration: Knowledge and networks in the biotechnology and pharmaceutical industries. *California Management Review*, 40（3）: 228-240; Williams, E., & Langreth, R. 2001. A biotech wonder grows up. *Forbes*, September 3:118.

与其他企业一起建立虚拟组织的每家企业（战略聚焦7.5中说明的），贡献出来的都是自己的核心能力。这种组织结构强调了将决定性能力与其他能力联系起来的必要性，这可以将各企业最擅长的技术匹配起来。

挑战与风险　尽管虚拟组织结构拥有诸多优点，这种联合也经常无法达到预期。例如，1991年初，IBM和微软公司的联合出现了问题，当时微软开始用Windows直接与OS/2竞争，OS/2是IBM和微软联合开发的。Windows的迅速成功挫伤了IBM设立行业标准的能力。作为反击，IBM开始与微软的夙敌Novell结成联盟，开发网络软件来和微软的LAN Manager竞争。

虚拟组织需要一套独特的管理技能。管理者必须培养与其他公司的关系，与涉及的各方达成双赢协议，寻找有一致目标与价值观的适当伙伴，在自由与控制之间保持一种平衡。另外，必须设计并整合信息系统来帮助与当前和潜在伙伴的沟通。

管理者在搭建联盟时必须清楚自己的战略目标。一些目标是有时间限制的，一旦目标实现，联盟就要被解散。一些联盟可能会有相对较长时间的目标，需要监督和培育才能创造出共同的献身精神并避免对控制权的激烈争夺。例如，在极为活跃的个人电脑行业，一个特点就是在硬件、操作系统和软件制造商之间的各种临时联盟。但是在比较稳定的汽车行业，雷诺—日产、马自达（Mazda）—福特等联盟就有长期目标，也相对比较稳定。图表7—7总结了虚拟结构的优缺点。

图表7—7　虚拟结构的优点和缺点

优点	缺点
• 使成本可以分担，技能可以共享。	• 因为参与者之间存在密切的互相依赖关系，难以确定什么时候结束，什么时候开始。

续前表

优点	缺点
• 提高了进入世界市场的机会。	• 在合作伙伴之间可能会丧失经营控制权。
• 提高了市场反应速度。	• 导致新技术战略控制权的丧失。
• 因为每个伙伴都将核心技术投入到联盟中,创造了"一切都是最好的"组织。	• 需要新的、难以获取的管理技能。
• 鼓励个人与组织知识共享并加速组织学习进程。	

资料来源:Miles, R. E., & Snow, C. C. 1986. Organizations: New Concepts for new forms. *California Management Review*, Spring: 62-73; Miles& Snow. 1999. Causes of failure in network organizations. *California Management Review*, Summer: 53-72; and Bahrami, H. 1991. The emerging flexible organization: Perspectives from Silicon Valley. *California Management Review*, Summer: 33-52.

无边界组织:让其运转起来

设计一个组织,让它同时支持组织战略的需要,又与环境需求相一致,还可以被管理者周围的人有效落实,这对任何一个管理者都是苛求。最有效的解决方案一般是将几种组织类型合并起来。也就是说,一个企业可以将价值链上的很多部分外包出去,以降低成本、提高质量,同时可以加入到多个联盟中,以利用技术发展、进入新市场,或者可以打破组织内的边界以提高灵活性。在战略聚焦7.6中,我们可以看到 Technical Computer Graphics 这个很有创新精神的公司是如何综合利用无障碍组织和虚拟组织结构的。

战略聚焦7.6

Technical Computer Graphics:无边界组织

Technical Computer Graphics(TCG)集团生产手持条码阅读器等产品和扫描软件。公司建立了13个"联盟"或者小项目团队,雇用了共200名员工。每个团队要么负责具体的目标顾客

第7章 创建有效的组织结构设计

要么负责具体的项目。联盟团队共用基础设施，但是他们可以不经上级管理部门批准就开发新的业务机会。项目机会经常在聆听顾客说的话时出现。

TCG集团采用了"三角构成法"——包括供应商、顾客和其他联盟的联盟。提供资金的供应商和顾客从项目最开始就参与进来。联盟认识到，获得最初的顾客资助是很重要的。这激励它们重点关注顾客有什么要说的。由于强调速度，新产品很快就能投入市场，为公司与合作伙伴带来了看得见摸得着的利益。有时候另一个联盟扮演了顾客或供应商的角色并提供资金。

虽然每个联盟是独立的，但它们也分担其他联盟团队的财务关切。当新业务机会被发现时，一个联盟会从其他联盟抽取技术专长。其目的不只是获取另外的知识，还可以分享积累起来的学识。掩藏信息是没有好处的：从一个软件项目得来的学识对于另一团队正在承担的项目可能会非常有价值。信息的这种技术扩散生产出了能快速投入市场的产品。

TCG集团的正式结构设计的目的是保证知识的扩散。公司文化也鼓励这一点。TCG文化吸引的不仅是创业者，同时也吸引以团队为中心的人。在TCG三角中，"与众多利益相关者一起工作"的模式迫使员工聆听顾客的声音并快速做出反应。因为顾客比职能头衔更重要，为顾客提供价值就能获得收益，作为对分享这一收益的回报，团队之间互相出借专长。

资料来源：Snow, C. 1997. Twenty-first century organizations: Implications for a new marketing paradigm. *Journal of the Academy of Marketing Science*, Winter: 72-74; Allred, B. Snow, C. & Miles, R. 1996. Characteristics of managerial careers of the 21st century. *Academy of Management Executive*, November: 17-27; Herzog, V. L. 2001. Trust building on corporate collaborative teams. *Project Management Journal*, March: 28-41.

当一个组织面临外部压力，出现资源短缺和业绩下滑时，一般会更加关注内部，而不是朝着管理和提高与现有及潜在外部利益相关者的关系努力。我们认为，仔细分析价值链活动，评估采用模块化、虚拟化、无障碍组织结构形式的潜力，这对于管理者来说是最好的时机。

不管企业组织最终选择了什么结构形式，企业人力资本潜力最大化必需的协调与整合，需要的不仅仅是搭建一种新的企业结构。协调与整合组织价值链上重要活动所必需的技巧和流程是非常关键的。团队是构建新组织结构的基础，团队工作要求用新的、灵活的方法实现协调与整合。

在僵化的等级体制下培训出来的管理者会发现，为了适应团队工作更民主、更需要参与的工作方式，实现转变是非常困难的。如《团队的智慧》(The Wisdom of Teams)一书的合著者道格拉斯·K·史密斯(Douglas K.Smith)指出的："一个变化的团队必须就同一目标取得一致意见，不是说某一个负责，而是要找出如何与其他人一起工作的办法。最重要的是，他们必须知道，如果这个团队失败了，这是大家每个人的错误。"在恰当的组织设计框架内，管理者必须选择各种工具与技巧，并加以平衡利用，以便于重要活动的协调与整合。一些必须注意的问题包括：

- 相同文化与共同价值观念。
- 横向组织结构。
- 横向系统与流程。
- 沟通与信息技术。
- 人力资源实践。

相同文化与共同价值观念　　相同的目的、共同的目标、高度的互信对无边界组织的成功非常重要。按照传统观念"控制"供应商、顾客或者联盟伙伴是既不可行也不可取的。在一个灵活多变的新组织结构环境中，相同的文化、共同的价值观念和精心匹配的激励机制实施起来成本要小得多，而且，与规则、边界和正式程序相比，这往往是一种更有效的战略控制手段。

横向组织结构　　在横向组织结构中，相似或者相关业务单元会归到同一管理控制之下，这种组织结构有助于共享资源与基础设施，实现各业务单元之间的协同效应，并有助于创造共同目标感。在各业务单元建立相似结构和培训，两者之间的一致性有助于轮岗和交叉培训的实施,并可以增进对共同问题和机遇的理解。跨职能团队、跨部门委员会和任务组都是业务单元之间增进互相理解、促进合作的重要机会。

横向系统与流程 组织系统、制度、程序是进行职能部门整合的传统手段。但往往是,和在传统模型内一直存在的壁垒制度化一样,现存政策与程序也都不起作用。业务再造这一概念主要关注那些内部流程和程序。从理解基本业务流程开始,使用一种或几种投入,创造出对顾客有价值的产出,以这样的一系列活动为背景,迈克尔·哈默(Michael Hammer)和詹姆斯·钱皮(James A. Champy)1993年的畅销书《企业再造》(Reengineering the Corporation)勾画出了重新设计内部系统与程序的方法。该方法得到很多企业不同程度的认可。支持者称,成功的再造可以降低成本,减少存货和周转时间,提高质量,提高反应速度和组织灵活性。其他人则认为减少周转时间、全面质量管理等也有类似好处。

沟通与信息技术 信息技术的有效使用改善了沟通方式,这在缩小差距和打破组织边界中起到了重要作用。电子邮件和视频会议可以跨越遥远的距离和多个时区,可以改进横向沟通并克服传统沟通模式的很多障碍。在理顺内部业务流程和组织结构再设计中,在改善与供应商和顾客关系的协调整合中,信息技术是一个强大的工具。互联网技术已经消除了采购中的文书工作和很多买卖中的发票等文件,也可以使合作公司降低存货水平、缩短配送周期和降低经营成本。如今,信息技术必须被看做组织整体战略的一个重要组成部分,而不单单是比较传统的行政管理助理角色。

人力资源实践 无论是在结构上、流程上还是程序上,变革总会涉及并影响组织中的人。吸引、发展、挽留人才对价值创造来说非常重要。随着无边界组织结构的实施,业务流程被再造了,组织也越来越依赖复杂的信息技术了,工人与管理者的技能等必须进行升级才能使全部利益变成现实。

第8章 战略控制

战略——基于全球化和企业道德的思考

本章学习目标

学习目标1　有效的战略控制系统在战略实施中的价值。

学习目标2　"传统"与"当代"控制系统之间的主要区别。

学习目标3　面对复杂多变的竞争环境和一般环境，当代控制系统的必要性。

学习目标4　在文化、薪酬与激励、边界与制约三种行为控制杠杆之间保持适当平衡的好处。

一个企业组织要想成功实施自己的战略，必须进行有效的战略控制，这些控制系统包括进行信息控制的系统和进行行为控制的系统。

在本章，我们通过对比两种信息控制方法，说明实施有效信息控制的必要性。我们称做"传统"的第一种方法具有高度的序贯性。先设定目标，然后实施战略，经过一段时间后，将企业表现与预期目标进行比较。相反，被称做"当代"的第二种方法具有更强的互动性。在这种方法中，企业内部环境和外部环境时时受到监督，管理者决定战略自身是否需要进行调整。如今，考虑到几乎所有行业的快速变化，当代控制方法是必要的。

接下来，我们要讨论行为控制。在行为控制中，企业必须努力在文化、薪酬与激励、边界与制约三者之间保持适当平衡。我们也认为，拥有强大、积极的文化与薪酬体制的企业可以较少地依赖规章和制度等边界的制约。如果企业里的每一个人都吸收并内化了企业目标与战略，行为监督的必要性就小了，管理者的精力也可以更多地集中到企业重要目标上去。

从错误中学习

激励机制的设计是为了提高生产效率和帮助企业实现既定目标。只要设计激励机制时处处考虑到企业的目标，就会收到这样的效果。如果激励机制的设计无法使员工目标与企业目标协调一致，很快就会出现问题。

让我们思考一下 Lantech 公司的情况。这是一家位于美国肯塔基州路易斯维尔地区的公司，公司资本为 1 亿美元。该公司主导了其开创的一个市场——拉伸包装设备，这种设备可以将货板上的物品（如凯洛格麦片）用透明薄膜包装起来运送给顾客。

Lantech 希望提高工人的生产效率，非常简单的一个办法似乎就是用生产效率奖金奖励效率高的部门。公司的每个生产部门都有机会获得生产效率奖金，奖金可以使部门内员工的收入提高 10%。

但遗憾的是，结果恰恰是管理者担心的问题。奖金以每个部门的生产率为基础，而生产率的一个计算指标是成本收入比，员工开始想方设法减少本部门的生产成本。他们不是去努力降低成本，而是将精力集中于成本的转移上去。

Lantech 的生产需要部门之间的合作，每个部门都需要其他部门提供的零部件和工程专业经验。企业在制定奖励计划时没有想到这会鼓励工人将成本转移给其他部门并将收入归到自己部门的名下。工人在谁应该承担分担成本这个问题上争论不休，因为没有哪一个部门愿意接受自己的份额。但是，毫无疑问，他们都愿意对收入负责。甚至有的部门想将更大比例的卫生纸成本分给另一个部门，因为该部门某性别的员工人数多，他们称这一性别的员工比另一性别的员工使用卫生纸多！

主席帕尔·兰切斯特（Pal Lancaster）称，自从他实施这一新的奖励计划后，他 95% 的时间都用在了解决这种争论上。他说："这一奖励计划使管理者更注重短期利润，而偏离了长期的顾客满意度。他们过于忙着争论谁应该负责什么，顾不上决定什么对顾客好了。"首席执行官——他的儿子吉姆·兰切斯特（Jim Lancaster）说，这个新制度带来了"那么多的小秘密、拉拢、巴结，你都不敢相信"。

实施不久，这一计划就停止了，这应该没有什么令人吃惊的。取而代之的是 Lantech 制定的一种利润分成办法，在这个办法中，只有整个公司的效益好了，员工才能获得利益。核心是奖励办法必须使员工的额外收入欲求与公司的利益需要协调一致。

学习目标 1
有效的战略控制系统在战略实施中的价值。

在本章，我们将重点讨论企业组织如何开发并实施有效的战略控制。我们将详细分析战略控制的两个重要方面：（1）信息控制，即有效应对坏境变化的能力；（2）行为控制，即企业文化、薪酬与激励、边界与制约之间的适当平衡与调整。

确保信息控制：有效应对环境变化

> **学习目标 2**
> "传统"与"当代"控制系统之间的主要区别。

在本节，我们将讨论两类控制系统。我们称为"传统"的第一种方法基本上以反馈机制为基础：也就是说在规定的一段时间内，不采取措施修改战略、意图和目标。我们称为"当代"的第二种方法强调随时监测环境（内部环境和外部环境）趋势与事件的重要性，这些趋势与事件提示了修正企业战略、意图和目标的必要性。随着一般环境和竞争环境变得越来越复杂而难以预测，当代控制系统的必要性提高了。

战略控制的传统方法

> **战略控制的传统方法**
> 一种序贯性的企业战略控制方法，在这种方法中：(1) 制定好战略，高层管理者设定战略意图；(2) 实施战略；(3) 按照既定意图检测实施效果。

如图表 8—1 所示，**战略控制的传统方法**是序贯性的：(1) 制定好战略，高层管理者设定战略意图；(2) 实施战略；(3) 按照既定意图检测实施效果。

这种控制方法的基础是从绩效测评到战略制定的信息回馈圈。这一回馈过程需要一个较长的时间周期，一般与企业的年度计划周期相结合。如果企业环境稳定且相对简单、战略意图与目标的衡量有高度的确定性、绩效测评不复杂，那么这种方法是最恰当的。销售限额、经营预算、生产计划等类似的量化控制方法都是比较典型的例子。企业战略或者绩效标准的恰当性很少受到置疑。

管理良好的企业应该按照详细准确的计划前进，这种观点已经受到了攻击。达特茅斯学院（Dartmouth College）的詹姆斯·布赖恩·奎因

（James Brian Quinn）认为，精准的宏伟设计和仔细整合的计划很少有奏效的。相反，大部分战略改变都是持续增进的——每次一步。领导者应该为变化过程增加一定的方向感、在渐进步骤之间增加一些逻辑。

图表 8—1 战略控制的传统方法

战略形成 → 战略实施 → 战略控制

麦吉尔大学（McGill University）的亨利·明茨伯格（Henry Mintzberg）曾专门就领导人"手工艺般"制定战略写过文章。明茨伯格将制定战略的人比喻为制作陶艺的人，他指出，制作陶艺的人在开始工作时，对于他想创作的陶艺，脑子里只有一个大概的想法，但是设计的细节——甚至不同设计的可能性——都是随着工作的进展才形成的。对于复杂动荡环境中的企业来说，手艺人的方法比传统的、更理性的计划人的方法更恰当。前者帮助我们处理的是从设计变成现实过程中的不确定性，也允许创造性的存在。

与奎因一样，明茨伯格对僵硬的规划和目标设定流程提出了质疑。对于在难以预测的竞争环境中竞争的企业，固定的战略目标也失去了作用。在这种情况下，需要根据机遇经常修改战略。机械地将精力投入到预设目标上会妨碍良好战略所需要的适应性。

即便过去极为成功的企业也可能会自满，或者无法按新的环境调整自己的目标与战略。思科系统公司就是这样，该公司的市值曾惊人地高达 6 000 亿美元，但是到了 2007 年初，仅剩 1 600 亿美元。通过改善信息控制系统，思科公司已经最小化了将来再发生这种问题的可能性。Siebel Systems（现在是甲骨文公司的一部分）等其他公司在预测变化和修正战略方面就比较成功。我们在战略聚焦 8.1 中讨论这几个公司的问题。

毫无疑问，进行战略控制的传统"反馈"方法存在一些重大局限性，有没有其他更好的方法呢？

战略聚焦 8.1

当技术泡沫破裂时

我们可以从跌落的巨星身上学到一些教训。思科系统公司，强劲无敌的股票一度受到华尔街的追捧，在 21 世纪之初，它却突然跌倒了。什么地方出错了呢？

问题始于思科宣布注销 22 亿美元的库存时，结果华尔街狠狠惩罚了公司的股票。经验那么丰富的思科系统公司怎么会没有预测到问题的发生呢？思科犯了一个常识性的错误：按照过去预测未来。

过去需求强劲，但是顾客对公司产品的需求越来越少。融资很便宜——对于思科这样的公司，即便是在前景不明朗的情况下，进行生产融资也不是问题。思科被自己的胜利冲昏了头脑，没有预测到顾客需求的下降。麻省理工学院的约翰·斯特曼（John Sterman）总结说："如果你是做面条生意的，你需要了解的应该是人们做饭吃多少面条，而不是他们现在买多少，当然更不是超市或者销售商从工厂订购多少。"消费者最终决定需求；思科未抓住重点并错误地预测了新销售订单情况。当订单无法完成时，大堆的存货就积压在了架子上，而华尔街则对投资人与其钟爱的思科之间的这场婚姻宣告无效。

相比之下，Siebel Systems 公司就着眼于未来。公司奖励销售团队提供准确的未来需求信息。销售人员不仅按照销售额获得佣金，还能按照提供的预测信息获得佣金。斯坦福大学的海姆·孟德尔森（Haim Mendelson）评论道，这使公司能"深入理解顾客下一步要做什么"。

资料来源：Weber,J.2001.Management lessons from the bust *Business* Week, August 27:104-112; Morrison, S. 2001. Positive sales news takes the sting out of Cisco revamp. *Financial Times Online*. August 26; Reuters, 2001. Siebel sees economic rebound late 2002: August 20.

战略控制的当代方法

> **学习目标 3**
> 面对复杂多变的竞争环境和一般环境，当代控制系统的必要性。

预测内外环境变化并依此做出适当调整是战略控制的一个组成部分。如图表 8—2 所示，战略制定、实施和控制之间的关系是高度互动的。该表也说明了两种不同类型的战略控制：信息控制和行为控制。**信息控制**主要是问企业是否在"做正确的事"，而**行为控制**问的是在战略实施中，组织是否在"正确地做事"。战略控制的信息要素和行为要素都是成功实施战略的必要条件，但不是充分条件。也就是说，一个设计良好却不能实施的战略有什么好处呢？或者说，一个活跃、积极的销售团队如果瞄准了错误的战略目标又有什么用呢？

图表8—2 战略控制的当代方法

```
      战略形成 ←——————→ 战略实施
            ↘           ↙
       信息控制        行为控制
               ↘    ↙
              战略控制
```

> **信息控制**
> 组织控制的一种方法，在这种方法中，公司从内部环境和外部环境中收集信息并进行分析，以保证在组织目标、战略和战略环境之间实现最佳配合。
>
> **行为控制**
> 组织控制的一种方法，在这种方法中，公司通过文化、薪酬与激励、边界与制约来影响员工行为。

世界上最大的工资税收处理公司 John Weston——ADP——的前首席执行官，抓住了当代控制体系的精髓。

在 ADP，39+1 大于 40+0。40+0 型的员工是苦恼的，他一周 40 小时都试图与篮子"里"的东西保持一致。他努力做他以为自己应该做的事情。因为他低头工作，他没有一分钟时间思考他在做什么，为什么要做，他做得怎么样。他需要做这些吗？而另一方面，39+1 型的员工在每周的 40 小时中至少拿出 1 小时的时间来思考他在做什么和为什么要做。这就是另外 39 个小时效率更高的原因。

信息控制既涉及内部环境也涉及外部环境，讨论的是为企业战略提供依据的假设和前提。因此，关键问题是：企业的目标与战略是否还"适合"当前的战略环境？根据企业的不同类型，这种假设可能与技术、顾客喜好、政府规范和行业竞争的变化有关。

这里面有两个关键问题：首先，如我们在第 4 章讨论的，管理者必须浏览、监督外部环境。库尔斯酿酒公司未能预测低糖啤酒的发展趋势并使行动失败的例子说明了这一点。同样，与我们在第 3 章讨论的一样，企业内部环境条件也可能会发生变化，这就要求企业必须改变战略方向。这可能包括主要负责人的离职、生产设备安装延迟等例子。

在当代方法中，信息控制是组织学习这一持续过程的一部分，组织学习不断地更新和挑战企业战略背后的假设。在这种情况下，企业组织的假设、前提、目标和战略受到持续的监督、测试和修正。持续监督的好处是显而易见的——时滞大幅缩短了，环境变化能够更早被发现，企业灵活快速应对变化的能力也提高了。

关键的问题又成了：这是怎么实现的呢？当代控制系统必须具备四个特征才能发挥作用。

1. 系统必须以持续变化的、高层管理者确认具有潜在战略重要性的信息为重点。

2. 信息的重要程度足以使组织内各层次业务管理者给予经常的有规律的注意。

3. 控制系统得来的数据和信息在上级、同僚和下属的面对面会议

第8章 战略控制

中得到充分理解和讨论。

4. 当代控制系统对背后数据、假设和行动计划的持续讨论是一个重要催化剂。

负责人交互使用控制系统的决定——换句话说，投入时间和精力来审视和评估新信息——向组织传递了一个清晰的信号，告诉组织什么是重要的。在这一交互过程中出现的对话和讨论经常会带来新的战略和变革。

战略聚焦8.2讨论了《今日美国》的母公司甘内特集团（Gannett Co.）是如何审查每周五发出的信息的。

战略聚焦8.2

《今日美国》的交互控制系统

甘内特集团旗下《今日美国》的高层管理者每周五都要聚到一起讨论正在实施的战略。每周，他们都审核日常经营和年度数据等各种信息。那些信息使高层管理者可以定期感触该行业的脉搏，最大限度上减少那些经常让其他公司苦恼的惊人之事，其他公司往往就没能够密切监督各种现有信息。高层管理者和业务层面管理者经常碰头，激烈讨论分析每周的信息。这些信息控制高层次会议的结果是，使报纸经营核心的管理者可以在一个几乎是实时的基础上应对行业趋势和事件。

通过控制这些信息，《今日美国》的管理者可以：

- 比较预计的广告量与实际的广告量。
- 按客户类别估算新广告收入以更好地瞄准客户市场。
- 在出现大问题前快速发现收入上的不足。
- 意识到经常能带来创新的意外成功。

这些每周的会面给《今日美国》带来了巨大的回报。作为这种高度信息控制的结果，已经实施的创新包括：

- 针对汽车行业（潜在的大量广告来源）的一项新市场调查

服务。

- 增加未满页彩色广告（提高了使用色彩做广告的广告商数量，这样就提高了广告收入）。
- 扩大发行员的工作职能，让他们负责按地区销售广告位。
- 针对具体顾客和产品开发广告插件程序。

资料来源：Simons, R.1995.Control in an age of empowerment.*Harvard Business Review.*73（2）：80-88；Caney, D. 2001. Gannett,Knight Ridder Walloped by ad slump. Reuters, July 17.

下面让我们将注意力转移到行为控制上来。

实施行为控制：
平衡文化、薪酬与激励、边界与制约

行为控制以实施为核心——正确地做事情。战略的有效实施要求使用三个重要"杠杆"：文化、薪酬与激励、边界与制约。图表8—3说明了这三种杠杆。而且，有两种迫切理由要求在进行行为控制时提高文化和薪酬的重要性。

图表 8—3　行为控制的基本要素

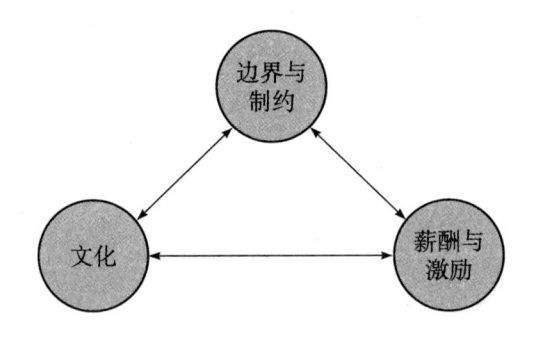

> **学习目标 4**
> 在文化、薪酬与激励、边界与制约三种行为控制杠杆之间保持适当平衡的好处。

第8章 战略控制

首先,竞争环境越来越复杂且难以预测,这要求企业既灵活又迅速地应对挑战。由于企业在努力减少跨组织边界协调的规模,同时又面临着日益增加的跨组织边界协调任务,所以,以僵化的战略、规章制度为基础的控制系统基本上就无法发挥作用了。因此,用文化、薪酬与激励来调和个人与组织目标就变得越来越重要了。

其次,组织与主要员工之间的隐性长期合同已经受到了侵蚀。如今的年轻管理者受到一些限制,将自己看做"自由代理人",并将事业看做是一系列的机遇挑战。由于管理者被要求"专业化、推销自己、有事做",文化、薪酬与激励在构建组织忠诚中的重要性更高了。

各个杠杆——文化、薪酬与激励、边界与制约——必须按照一种平衡一致的方式发挥作用。让我们来看看每种杠杆的作用。

打造强大有效的文化

> **组织文化**
> 一套共享的、可以影响一个企业的人、组织结构和控制体系并形成行为标准的价值观和信念。

什么是文化?与我们在第3章中讨论的一样,**组织文化**是一套共享的、可以影响一个企业的人、组织结构和控制体系并形成行为标准(我们在此做事情的方式)的价值观(什么是重要的)和信念(事情是怎样运转的)。文化有多重要?非常重要!多年来,无数畅销书,如《Z理论》(*Theory Z*)、《企业文化》(*Corporate Cultures*)、《追求卓越》(*In Search of Excellence*)、《从优秀到卓越》(*Good to Great*)等,都强调了文化对组织内事务及其运转方式的强大影响力。

柯林斯和波拉斯在《成功长青》(*Built to Last*)中认为,取得持续优异业绩的关键因素就是一种崇拜式的文化。你无法触摸、无法写下来,但是它确确实实地存在,存在于每个组织中,其影响无孔不入。它可能对你有好处,也可能有坏处。优秀的领导知道它的重要性,并努力影响它,把它作为战略控制的一个重要杠杆。

文化的作用　文化有很多叫法,但每一种文化都是由价值观念这种材料编织成的,这些价值观念支撑了组织竞争优势的主要来源。如:

- 联邦快递与西南航空公司以顾客服务为核心。
- 雷克萨斯(丰田公司的一个部门)与惠普强调产品质量。
- Newell Rubbermaid 和 3M 公司高度重视创新。
- 纽柯钢铁公司(Nucor)和爱默生电器最关注经营效率。

文化在着装、道德问题、企业组织的经营方式中竖起了隐性边界——可接受行为的非书面标准。通过搭建共同价值观的框架,文化鼓励个人按照组织及组织目标进行身份识别。这样,文化就成了减少监督成本的一个手段。

维护有效的文化　强大的组织文化不是一夜之间形成的,没有整个组织内领导者的全心全意投入——既在语言上也在行动上——文化也保持不住。重要的带来丰硕成果的企业组织文化可以被加强并维护下去。但是,文化却不能被"建造"或者"组装"起来,相反,它必须得培育、激励并"施肥"。

讲故事是传播高效文化的一种方式。很多人都熟悉的一个故事是:Art Fry 开发强力胶的努力失败了,这却为 3M 公司的 Post-it 便笺带来了巨大的成功机会。另外一个也许不太为人熟知的故事是关于弗朗西斯·G·欧吉(Francis G. Okie)的。1992 年欧吉想出了一个主意,向男士销售砂纸代替剃须刀刀片。很有意思的是,欧吉开发的这种技术使 3M 公司开发出了自己的第一款广受欢迎的产品:汽车行业必需的一种防水砂纸。这些故事强调了冒险、实验、失败免责和创新的重要性——这都是 3M 公司文化的重要组成部分。

高层负责人召集见面会或者"动员会"也可以起到加强企业文化的作用。已故的山姆·沃尔顿以他在当地沃尔玛商店动员集会而著称于世。一年四次,家得宝的创始人——首席执行官伯尼·马库斯(Bernard Marcus)和亚瑟·布兰克(Arthur Blank)——以前常常穿上橙色的围裙一起准备早餐，这是一个早晨6点半的动员例会，通过公司的闭路电视网络向4.5万名员工现场直播。

西南航空公司的"文化委员会"是使公司文化高度成功的一个独特传播媒介。下面是从公司内部的一份出版物上摘来的一段文字，这段文字描述了"文化委员会"的目标：

> 委员会的目标很简单——确保我们独特的公司文化充满活力……文化委员会的成员代表了我们整个系统的所有地区和部门，他们被挑选出来的基础是：展示过模范的、为我们第一次赢得三连冠的"非常服务"；向我们的顾客和自己的同事持续展示出的"西南精神"；拥有高度的热情、无限的激情、独特的创造力、一直表现出的团队精神和对同事的热爱。

用薪酬与激励来调动积极性

薪酬与激励机制是一种强大的手段，可以影响企业文化，使企业将精力集中到优先任务上，促使个人与集体一起提高成绩。如同文化主要影响组织内人的信念、行为和态度一样，薪酬制度——通过确定谁能得到薪酬，为什么能得到——是一种有效的激励与控制机制。思考一下10亿美元规模的软件安全公司——赛门铁克（Symantec）——的约翰·汤普森（John Thompson）是如何按照贡献大小分配经济报酬的。

> 当汤普森刚进入赛门铁克时，任何被提升为副主席的负责人都会自动得到一辆宝马汽车。高层管理者的奖金是按季度发放的，并严重地向现金倾斜——而不是股票。汤普森说："按照这个样子，如果股票表现不好，他们并不会关心。现在我们实施一项股票期权计划，这个计划是基础宽泛的，而不是统一的。我们之前认识到的一个问题是如果我们按照过去的增长速度继续保持增长，我们不得不仔细考虑股票期权应该给谁才不会稀释我们的股票价值。我们要做的第一件事就是确定哪些员工对公司是有价值的，并且不需要股票就可以来工作，对于他们的补偿，我们主要

考虑现金奖励。然后，对于工程师和在公司的长期成功中起到重要作用的人，我们会给予更多的股票。"通过以不同的方式补偿这两类人员，新的薪酬计划确认了他们之间重要性的差异。

潜在缺陷 一般来讲，组织内的人做事都会比较理性，受个人利益最大化的驱使。但是，组织内员工的个人行为加起来并不会总是符合组织的利益最大化。也就是说个人理性不能保证组织理性。

随着公司的发展与变化，公司经常会发展出有着多种薪酬体制的不同业务单位。这些业务单位之间的差别可能源自行业环境、业务状况、产品生命周期阶段，等等。因此，组织内的次文化可能会反映出不同职能、产品、服务和部门之间的差别。在薪酬机制强化行为标准、态度和信念体系的程度上，团结降低了；重要信息被隐藏了起来而不是拿出来共享，个人工作开始瞄向了不同目标，他们失去了整体目标意识。

这种冲突在很多企业中都很常见。例如，销售和推广人员承诺不切实际的送货时间来挣取生意，但是这会让生产和物流部门很郁闷；研发部门的过度研发会让制造部门头疼等等。当部门利益成为主要的补偿标准时，部门之间就会出现这样的冲突。随着这种恶意和愤怒的增加，人际关系与业绩也会受到影响。

创建有效的薪酬与激励制度 要想取得更好的实际效果，薪酬与激励制度需要强化基础的核心价值观念，增进团结和提高对企业目标的执著精神。这一制度必须与组织的整体使命和目的协调一致。

在通用磨坊公司，管理者年终奖的一半与业务部门核算绑在一起，一半与个人表现绑在一起，管理者在部门整体绩效中的利益保障就是通过这样一种制度实现的。例如，如果一个管理者只是追赶上了竞争对手的业绩，他的收入差不多会少5%；但是，如果一个管理者负责的产品实现了收益增长与资本回报率名列行业前10%，管理者的总收入可以比行业平均水平高出30%。

有效的薪酬与激励制度有一些共同特征。例如，"公正平等"观念是极为重要的。类似地，随着企业前进方向和目标的变化，企业必须具备应对需求变化的灵活性。近年来，很多企业都开始更加重视增长。爱默生电器就是一个将重点从成本削减转移到促进增长上来的公司。为了确保变革的实现，管理者薪酬的计算方法也进行了调整，从主要关注结果变成了重视增长、新产品、收购和国际扩张。关于利润的问题是与此分开的，冒险文化也得到了鼓励。

图表8—4给出了高效薪酬与考核制度的一些基本特征。

图表8—4　高效薪酬与考核制度的基本特征

• 目标明确，得到全面理解和广泛接受。
• 薪酬与绩效和预期行为联系清楚。
• 绩效指标清晰可见。
• 反馈迅速、清楚、无歧义。
• 薪酬"制度"被认为公平合理。
• 结构灵活，可以调整以适应变化的环境。

设置边界与制约

在理想状态下，强大的文化和有效的薪酬机制应该足以保证所有个人和下级部门朝着整个组织的共同目的与目标努力。但是，实际上，一般都不会这样。个人利益驱动、对目的和目标缺乏清晰理解或者完全的渎职行为等都会产生阻碍生产的行为。如果运用得当，边界和制约可以有效服务于组织的很多目的，包括：

- 将个人精力集中于战略重点之上。
- 提供引导努力方向的短期目标和行动计划。
- 提高效益和效率。
- 最大限度减少不当或不道德行为。

集中努力于战略重点之上　在聚焦企业战略重点的过程中，边界与制约起到了非常重要的作用。战略边界的一个著名例子就是杰克·韦尔奇（通用电气的前首席执行官）的要求，即要求公司所有业务必须在行业中占到第一或者第二的位置。类似地，礼来公司将其研究工作集中在了五个比较广泛的疾病领域，十年前是八个到九个。这种努力与资源的集中为公司提供了更强的战略聚焦能力，提高了在相关领域取得更强竞争优势的可能性。

洛克希德—马丁公司的前主席诺曼·奥古斯丁为"密切关联"的多元化业务目标提出了四个标准。它们必须：（1）是高科技的；（2）是以系统为导向的；（3）是面向大客户（企业或政府）而不是消费者的；（4）是处于上升行业中的。奥古斯丁说："我们发现，如果我们符合这些标准，我们可以进入相邻的市场并实现增长。"

在非营利领域也存在边界问题。例如，一个英国救援组织整理了一份企业名单，它们既不吸引也不接受这些企业的捐赠。这个组织使用这样的一套制度来监督自己的战略边界。这种边界显然已经超出了高调颂扬道德的范围，但是这对于维护现有捐赠者或潜在捐赠者的合理性具有重要意义。

提供引导努力方向的短期目标和行动计划　短期目标和行动计划代表了一种边界，这种边界可以帮助企业按照最优化的方式配置资源并引导整个组织内各层面员工的努力。为了达到实际效果，短期目标必须具备以下特征：

- 必须是明确的、可以衡量的。
- 目标的实现必须有一个明确的时间限制。
- 是可以实现的，但是具有充分的挑战性、足以激励管理者努力完成。

研究发现，如果个人受到鼓励去实现具体、有难度但可以实现的目标（与模糊的"尽你最大努力"的目标相反），个人表现会得到提高。

短期目标应该有一个适当的方向，同时具有足够的灵活性，保证企业能够跟上外部环境变化节奏并预测其变化。这种变化可能包括新的政府规章、竞争者引进的替代产品或者消费者口味的改变。另外，企业内部的意外事件也可能要求企业对战略目标和短期目标做出重大调整。例如，新兴行业的出现可能对相对传统行业的产品或服务需求带来极为严重的影响。

与短期目标一样，行动计划对既定战略的实施也是非常重要的。除非行动计划非常具体，否则难以保证管理者能预想到实施战略需要的全部资源。另外，除非计划很具体，否则管理者可能无法理解要实施的是什么，或者无法确定明确的时间框架。这对于安排必要活动来讲是非常重要的。最后，具体的管理者必须负责行动计划的落实。这可以督促按时实施计划，并让实施者有一种"主人翁感"。战略聚焦 8.3 说明了一个小规模飞机内饰产品制造商的行动计划是如何融入使命说明和目标陈述的。在这里，图表 8—5 给出了完成企业目标的详细"行动计划"。

战略聚焦 8.3

制定有意义的行动计划：飞机内饰产品有限公司

美国矿业安全应用公司（MSA）的飞机内饰产品有限公司（Aircraft Interior Products, Inc.）是位于得克萨斯州 San Antonio 市的一个制造企业，1983 年由迈克·斯普拉金斯（Mike Spragggins）和罗伯特·普兰吉（Robert Plenge）共同设立。公司的两种主要产品基本满足了航空业中一块高利润市场的需求。

公司对 Accordia 组装遮阳板拥有专利权，该产品重量轻，可以独立安装。MSA 的飞机座舱系统是一套一流的组合产品，由窗板、侧板、顶篷内衬和悬挂系统组成。MSA 的产品被安装到了各种类型的飞机上，包括：湾流系列飞机；塞斯纳飞机；波音 727，波音 737，波音 757 和波音 707 系列飞机。

MSA 的大部分成功可以归功于与公司使命和目标一致的、仔细清晰传达的行动计划。在过去 5 年里，MSA 的年销售增长保持在 15%~18% 之间，也成功地将很多著名公司变成了自己的客户。以下是 MSA 公司使命说明与目标陈述的一段，以及实现年销售增长 20% 的行动计划。

使命说明

● 在航空、航海、汽车行业里成为一个公认的可靠供应商，具有创新精神，为高端、个性化交通提供高质量内饰产品。

● 设计、开发、生产内置设备及部件，开发新的设计方式，使精心设计的、工厂化生产的产品在保持卓越性能、可靠性和可维护性的同时，还能保持装饰设计的灵活性。为顾客提供卓越的价值。

● 增长，赢利，为所有权人和股东创造公平的、与风险相称的回报。

目标陈述

1. 在今后三年实现持续的赢利增长：

● 20%的年收入增长率；

● 12%的税前利润幅度；

● 18%的股东投资收益率。

2. 扩大公司的收入来源，2010年前，开发引进两款或更多年收入能超过800万美元的新产品。

3. 继续积极拓展Accordia遮阳板的市场和应用范围，目标是至少今后3年保持或者超过20%的年增长率。

图表8—5详细列出了目标3的行动计划。

图表8—5　目标3的行动计划

描述	主要负责人	目标日期
1.制定实施2008年市场推广计划，包括隼—20翻新项目和扩大机舱壳销售的具体计划。	R.H.普兰吉（销售部副主席）	2007年12月15日
2.与湾流宇航公司（Gulfstream Aerospace）洽谈新供货合同。	M.斯普拉金斯（主席）	2008年3月1日
3.继续并完成超轻薄窗体的开发，使其单套制造成本低于900美元，为生产部门准备好经全面测试的文字设计材料。	D.R.皮尔森（生产部副主席）	2008年8月15日

续前表

描述	主要负责人	目标日期
4. 开发适用于 L1011 型飞机和类似宽体飞机的窗体设计，使其单套制造成本与波音窗体相当，为生产部门准备好经全面测试的文字设计材料。	D. R. 皮尔森（生产部 副主席）	2008 年 9 月 15 日

资料来源：For purposes of confidentiality, some of the information presented in this spotlight has been disguised. We would like to thank company management and Joseph Picken, consultant, for providing us with the information used in this application.

提高效益和效率　以规章为基础的控制制度最适合具有下列特征的企业：

- 环境稳定并且可以预测。
- 员工主要为非技术熟练工且可以相互替换。
- 产品或服务的前后一致性非常重要。
- 渎职行为的代价极高（如在银行或者赌博经营中），必须实施控制制度，防止不当行为。

例如，麦当劳公司制定了各种各样的规章制度来规范加盟店的经营。规范手册中说："厨师必须翻动汉堡，而不能抛起来。如果没有被买走，巨无霸出炉后 10 分钟必须扔掉，薯条是 7 分钟。收银员必须与顾客进行眼神沟通并且对每位顾客保持微笑。"

在设定开支限额和员工／管理者自主权范围时，指南也具有同样的效果。如丽兹—卡尔顿的老板授权员工，安抚不满意顾客需要花钱时最多不超过 2 500 美元。规则也可以用来提高员工工作效率。Computer Associates 将员工使用电子邮件的时间规定为每天上午 10 点到中午和下午 2 点到 4 点之间。

最大限度减少不当或不道德行为　指南可以用来规范与企业顾客和供应商的适当关系。例如，很多企业对于商业行为都明确规定禁止任何形式的薪酬、贿赂或者回扣。例如吉百利·史威士（Cadbury Schweppes）在对行贿的控制中，一直使用一种非常简单但是有效的办法，公司规定：任何款项，不论多么特殊，都要记录在公司的账簿上。公司主席阿德里安·吉百利爵士（Sir Adrian Cadbury）称，这种做法会使管理者停下来思考一下该笔款项是否属于贿赂或者属于做生意的必要和正常成本。典型地，咨询公司也有很多规章制度来保护顾客的机密和利益冲突。

制度与严厉的惩戒也可以帮助企业避免不道德的经营方式。受 21 世纪初公司丑闻余波和《萨班斯—奥克斯利法案》（与其他规定一起，提高了对财务报告中不端行为的惩罚力度）的影响，很多首席财务官都已采取措施，确保在准备财务报表过程中遵守道德。例如，家得宝公司首席财务官卡罗尔·B·托姆（Carol B.Tome）就改进了公司的操守规范并制定了更严格的指南。现在她的 25 位下属必须全部签署个人声明保证他们的财务报表都是正确的——按照议会立法要求，她和首席执行官也得这样做。

组织内行为控制：情景因素

我们已经讨论了战略控制的行为因素。在这里，重点是确保组织内各层面的个人行为都与组织的意图与目标保持一致。三种基本的控制手段是文化、薪酬与激励、边界与制约。一个组织可以根据内外环境的不同，使用一种手段或者几种手段一起使用。

不是所有的企业组织都同样重视某一种控制手段的。例如，在从事基础研究的高科技企业中，员工工作具有高度自主性。在这种情况下，因为研发活动的工作周期很长，个人表现一般很难准确衡量。因此，内化标准和价值观就变得非常重要了。

如果个人产出或表现的测评标准比较简单明了，控制手段就基本上依赖于给或者不给薪酬。一般情况下，销售管理人员的薪酬是以佣金和奖金的形式出现的，这是直接与其销售量绑定在一起的。在这种情况下，薪酬吸引力对个人行为的影响要大于组织文化中隐含的标准与价值观对个人行为的影响。而且，产出的可衡量性排除了运用复杂规章体系控制行为的必要性。

官僚组织的控制是成员遵从一套形式化规章制度。在这种情况下，因为基本上不存在创新或者创造性活动，大部分活动都是常规性的，预期行为也可以详细规范。例如，管理组装工厂要求严格执行很多规则和准确的组装操作程序。在公共部门，如大部分地区的机动车管理部门，在发放或更新驾驶执照时必须按明确规定的程序操作。

图表8—6给出了可供选择的其他行为控制方法和相关情景因素。

图表8—6 组织行为控制的其他方法

方法	一些情景因素
文化：一套未成文的规章体系，构成了一种内化的行为影响力。	• 常见于专业组织中。 • 与高度自治有关。 • 标准是行为的基础。
规章：对行为产生外部制约的书面明示指南。	• 与标准化产出相关。 • 任务常常是反复的、形式化的。 • 不需要创新或创造性活动。
薪酬：用绩效为基础的薪酬制度来激励行为。	• 产出或绩效考核比较直接简单。 • 非常适合实施非相关多元化战略的企业。 • 薪酬可以用来加强其他控制手段。

从边界向文化和薪酬演进

在大多数情况下，企业组织应该努力提供一套薪酬与激励机制，配以强大的文化，强大到足以使边界内化。这就降低了规章制度等外在控制的必要性。我们提示朝这个方向前进的几种途径。

第一，聘用正确的人——已经认同组织的主流价值观念并具有与之相同特征的人。微软公司的大卫·普里查德（David Pritchard）非常清楚用人失当的后果：

> 如果我聘用了一群傻大个，这会给我们造成伤害，因为还需

要花时间清除他们。他们开始渗入整个组织，然后他们自己开始聘用更差的人。在微软，我们总是在寻找比我们自己更优秀的人。

第二，培训扮演了非常重要的角色。例如，在绿色贝雷帽（Green Berets）和海豹突击队（Navy Seals SEALs）等优秀的军事单位中，培训部门将文化如此彻底地内化了，以至于个人在实际中已经忘记了自己的身份。团队成了他们个人能力至高无上的关切和注意点。在联邦快递等一些公司，培训不仅仅提高了技能，而且在建设以组织主流价值观念为基础的强大文化中也起到了重要作用。

第三，管理角色的模范作用是非常重要的。当开始领导英特尔时，安德鲁·格罗夫不需要（或者不想要）众多繁文缛节来确定谁负责什么、谁应该向谁报告，或者谁应该坐头等舱（没有人坐）。他不要成功的外表，鼓励开放性——他与其他专业人员一样，在一个小方格子里办公。你可以想象出一个新上任的管理者会问他是否可以坐头等舱吗？格罗夫的个人模范作用打消了这种想法。

第四，薪酬体制应该清楚地与组织目标保持一致。你认为在哪个公司的行为控制中规章制度更重要——是拥有丰厚奖金和股票期权计划的家得宝公司，还是不提供同水平薪酬与激励的凯马特公司？

第 9 章 战略管理案例分析

战略——基于全球化和企业道德的思考

本章学习目标

学习目标1　在分析复杂经济问题时，战略管理案例分析如何帮助提高分辨、推测和整合能力。

学习目标2　进行战略管理案例分析的步骤。

学习目标3　如何通过财务分析评估公司当前状况和未来前景。

学习目标4　如何从案例分析中学到最多东西。

案例分析是学习战略管理的最有效方法之一。通过运用战略管理工具与方法处理实际企业问题，案例分析对其他教学方法形成了一种补充。战略管理案例详细描述了企业领导者或者负责人所面临的管理挑战。通过研究案例背景和分析案例中的战略困局，你首先会发现企业面对的情况经常会复杂而艰难；然后需要你来分析，要做出怎样的决定来应对案例中的情势，你推荐的行动对企业会有怎样的影响。因此，本书讨论的分析、制定和实施战略的过程可以应用到实际生活情境中。

为什么要分析战略管理案例

经常有人说找到好答案的关键是提出一个好问题。战略管理者和企业领导人经常需要评估方案、做出选择、找出应对每天挑战的办法。为了做到这一点，他们必须能提出正确的问题。战略管理研究提出了同样的挑战。战略分析、战略制定和战略实施过程就提出了很多好问题。

- 为什么一些企业成功了而其他的失败了？
- 为什么一些企业表现得比其他企业要好？
- 什么信息是战略规划过程所需要的？
- 竞争价值观和信念如何影响战略决策的制定？
- 有效实施战略需要的技巧和能力都有什么？

> **学习目标 1**
> 在分析复杂经济问题时，战略管理案例分析如何帮助提高分辨、推测和整合能力。

学习战略管理的学生怎样回答这些问题呢？通过战略案例分析。**案例分析**模拟了战略管理者和企业领导者在确定企业最佳经营方式的过程中所遇到的真实经历。案例分析将学生置身于实际情境之中，并

第9章 战略管理案例分析

要求他们想出该做什么。

提出正确的问题只是进行案例分析的开始。在前面的章节中我们已经讨论了管理者面对的问题与挑战,并提供了理解背景情势的分析框架。但是这些分析完成后,必须得制定决策。案例分析迫使你在不同的选项中做出选择,并根据你的选择制定行动方案。但是,即便至此工作仍没有完成。战略案例分析也要求你解决如何实施行动方案并确定一项行动对其他行动的意义等问题。

> **案例分析**
> 学习环境分析、决策过程和战略行动实施等复杂战略管理概念的方法,这种方法将学生置身于实际情境之中,并要求他们想出该做什么。

战略管理案例就是对企业所面对挑战性情境的详细描述。它往往包括一连串的事件和广泛的辅助材料,如财务报表、产品列表和员工访谈记录等。虽然有时候为了保证匿名性,名字和地点做了修改,但案例材料基本上可以真实地反映实际情况。

分析战略管理案例的一个主要目的是培养严格评估企业情势的能力。在案例分析中,仅仅记住关键词和概念框架还不够,从课本指导和快速寻找答案中跳出来是很重要的。这就要求你必须深入分析案例材料包含的信息,找出造成企业困局的根本原因。

有效的战略管理案例分析需要的各种技巧可以使学生在实际企业情势中受益。案例分析丰富了学生的学习经验,可以帮助学生得到或者提高某门课程无法教授的技能。在案例分析中可以学习到的三种技能对战略管理者来说尤为重要——分辨、推测和整合。这里列举了案例分析提高这些技能的方式:

1. **分辨**。有效的战略管理要求同时评估情境中的许多不同因素。在案例分析中也是如此。分析案例时,确定重要事实、弄清假象是否有用、区别好坏信息等,都是非常重要的。在影响案例情境的因素之间做出区分对做好案例分析很重要。战略管理者知道,很多问题往往是复杂的，而且是多层次的。这也适用于案例分析。问一下问题是发生在经营层面、业务层面还是发生在公司层面。问题的发生是缘于内部价值链上的弱点还是来自外部环境中的威胁？要向深处挖掘。太轻易地接受最简单或最没有争议的解决办法往往无法触及问题的核心。

2. **推测**。战略管理者需要凭想象来构建一个可能仍不明朗的解释或解决方案。案例分析也是一样。能够想象出不同的前景或者考虑到决策的后果会有助于案例分析。管理者也要具备处理不确定情况的能力，因为大部分决策都是在不完全了解环境的情况下做出的。进行案例分析也是一样。案例材料往往似乎缺少数据或者反映出来的信息前后矛盾。推测未知细节的能力或者推测行为结果的能力会是非常有用的。

3. **整合**。战略管理需要以组织宽度的视角从整体上看问题。战略管理案例分析也是一样。虽然本书各章将内容按照适用于企业不同部分的主题作了安排，但是所有的信息必须整合到一套影响整个企业的推荐方案中。战略管理者需要理解影响企业组织的所有因素是如何相互作用的。这也适用于案例分析。企业组织中一个部分发生的变革会影响到其他的部分。因此，必须具备一个整合各种决策影响和环境影响的全盘视角。

在企业中，这三种活动有时候会互相"争夺"你的注意力。例如，一些决策制定者天生能够分辨一个问题的不同方面，但是不具备将这些问题充分整合的能力。有些人天生创造能力较强，能构想出解决方案或者在信息缺失的情况下填补空白，但是他们在坚硬的数字和冷冰冰的事实面前可能会遇到很多困难。因此，这些能力都是非常重要的。优秀战略管理者的标志是同时具备既能从细节上做出分辨又能从整体上进行构想的能力，具备在关注当前现实的同时又能想象出未来景象的能力。因此，进行案例分析的另一个目的是培养和训练分辨、推测与整合的能力。

案例分析可以带着学生体验管理者遇到的所有问题。案例分析超越了教科书对概念和案例的描述，要求学生以战略决策者的身份实践一下，学习严谨地分析形势。

负责人和所有者每天只能凭着周围有限的信息和纷乱的商业活动制定决策。

如何进行案例分析

> **学习目标 2**
> 进行战略管理案例分析的步骤。

战略管理案例分析的过程有几个步骤。在本节，我们先回顾一下准备案例分析的方法。开始之前，需要记住两件事情，这有助于学生加深对这一流程的理解，也使分析结果更有意义。

首先，除非学生对案例讨论进行了准备，否则，在讨论中什么都学不到，更没有什么可以讲给别人听的。再高效的战略管理者也无法解决问题，除非他提前做足了功课——调查形势，分析研究可能的解决方案，有时候还需要征求别人的意见。好的解决方法经常需要决策者深入理解环绕问题的事实、可选方案及其含义。在案例分析中，这要求开始前先要阅读，充分理解案例材料。

第二点与第一点是相关的。要想从案例分析中学到最多的东西，学生必须将自己置身于案例之中——也就是说，要像案例情景的实际参与者一样进行思考。这里有几种可以扮演的角色，我们在下一段讨论这个问题。

- **战略决策制定者**。这是负责解决案例困局的高级负责人所扮演的角色。他可能是首席执行官，或者企业所有权人，或者重要决策位置上的战略管理者。
- **董事会**。因为董事会代表了公司的所有权人，当管理危机威胁到公司时，董事会有责任介入。作为董事会成员，你可能会以特殊身份来解决问题。
- **外部顾问**。董事会或者高层管理者都有可能决定聘请局外人士。

顾问经常具有一定优势，因为他们可以客观地看待形势。但是他们也可能有劣势，因为他们没有将决策付诸实施的权力。

在开始分析之前，设想自己担任了其中的某种角色是有用的。然后，随着你研究分析案例材料的深入，你可以做出判断，给出符合身份的建议方案。从不同的角度看问题，你可能会发现，身份不同，对形势的看法也会发生变化。例如，作为一个外部顾问，你可能很容易就得出结论，要解决案例中的问题，某些个人需要被替换掉。但是，如果你的身份是首席执行官，你了解这些个人和他们所面对的挑战，你可能不愿解雇他们而希望找到其他的解决办法。

角色扮演在很多方面与现实是相同的。生活中，你可能在一个企业组织内工作，而外部顾问、银行家、律师或其他专业人员会建议你如何解决问题或如何改进做法。他们的观点会与你的不同，但是却有助于你从他们的角度理解问题。相反，你也可能是会计服务公司审计组成员，或者银行贷款委员会的成员。在这种情况下，从企业领导者的角度来理解情势将会很有帮助，因为企业领导会在其他建议和你的建议之间进行比较。案例分析可以帮助你培养从多角度看问题的能力。

企业中最有挑战性的一个角色是企业的创始人或者所有者。对于小企业或者初创企业来讲，创始人可能有多重角色——主要决策制定者、主要股权持有人和首席执行官。聘用外部顾问可能不是一个理想的选择。但是，年轻企业与其他企业遇到问题没有多大差别，特别是在制订行动计划时。初创企业集资或者进行商业扩张的计划一般都会围绕几个关键问题展开，无论企业规模大小或是历史长短，这几个问题都需要解决。战略聚焦9.1回顾了分析案例时需要重点考虑的企业规划问题，特别是从企业创始人或者所有者的角度应如何看待这些问题。

战略聚焦9.1

运用企业规划框架分析战略管理案例

已成立的企业经常需要改变现有业务以提高竞争地位，或者仅仅是为了生存下去。要使变革取得实际效果，企业往往需要一个规划。企业规划已经不再仅仅是创业人员需要的东西了。市场

第9章 战略管理案例分析

分析、决策制定和行动规划等被认为是新企业的标准做法,这也会为希望进行变革、抓住机遇或向新方向挺进的现存相关企业带来好处。

但是,最好的企业计划不是那种长篇累牍的、十几年时间的逐月财务预测,或者那种需要严格执行活动安排(根本无法预测的活动安排)才能实现的计划。

好的企业计划只重点关注对新兴企业成功至关重要的四个要素。同样的要素在案例分析中也很重要,因为它们触及了战略管理案例中很多问题的核心。

1. **人**。哈佛大学教授威廉·沙曼(William Sahlman)说:"我拿到一份企业计划后,总是先看人员简历部分。"对投资人至关重要的人的问题包括:他们有什么技能;他们有多少经验;他们的声誉如何;他们是否以团队的方式一起工作过。这些相同的问题也可以用在案例分析中,来评价战略管理案例中个人的作用。

2. **机遇**。商业机遇会以多种形式出现。这不仅仅是对新兴企业来说的。进入新市场、引进新产品或与竞争者联盟等等这些可能性都构成了战略管理案例中常见的诸多挑战。这些行为的结果是什么;提出的变革方案是否会影响企业的经营理念;有什么因素可能会阻碍企业的成功。相同的问题同样会出现在战略管理案例分析中。

3. **环境**。所有事情都是发生在不受企业管理者控制的环境之中的。一般环境更是如此,在一般环境中,社会趋势、经济变革或者如2001年"9·11"恐怖袭击等事件可能会一夜之间改变一个企业。在分析战略管理案例时,需要提出的问题是:企业是否明白环境对企业的影响;如果环境变了,企业会怎么做;企业能否以对自己有利的方式影响环境。

4. **风险与回报**。在新兴企业中,创业者和投资人承担风险,但也得获得回报。在战略管理案例中,风险与回报往往会延伸到更多其他利益相关者，如员工、顾客和供应商。在进行案例分析时，需要问一问：管理者做出的选择将来会有回报吗；报酬是公平分配的吗；如果案例中的形势变化了，一些利益相关者是否会承担更大的风险；如果形势不变，是否会有更大的风险。

无论企业是在扩大还是在缩小，规模是大还是小，是工业导向型的还是服务导向型的，人的问题、机遇的问题、环境的问题以及风险与回报的问题都会对企业表现产生巨大影响。因此，在分析战略管理案例时，一定要记着这四个要素。

资料来源：Wasserman, E. 2003. A simple plan. *MBA Jungle,* February: 50-55, DeKluyver, C. A. 2000. *Strategic thinking: An executive perspective.* Upper Saddle Rive, NJ: Prentice Hall; Sahlman, W. A. 1997. How to write a great business plan. *Harvard Business Review,* 75（4）：98-108.

接下来，我们来回顾一下进行战略管理案例分析需要的五个步骤：熟悉材料，确定问题，运用战略管理工具和眼光分析战略问题，提出可选解决方案，提出建议。

熟悉材料

写下来的案例材料经常会包括很多内容。材料可能会很复杂并包括详细的财务数据或者长长的文章。即便如此，要理解案例及其含义，你必须先熟悉案例材料内容。有时候，关键信息不是摆在表面上的，可能隐含在表格的脚注中或隐藏在与下级员工的访谈里。有些案例的重点很难掌握，因为主体可能会很陌生。当你拿到一个战略管理案例时，试着通过以下方法来加强对材料的理解。

- 快速通读案例，得出对案例材料的整体印象。
- 通过阅读判断案例材料与战略管理概念的可能联系。
- 再次仔细通读案例。边读边做笔记。
- 判断战略管理概念如何提示重大决策或可选择的解决方案。
- 形成初步建议后，再次快速翻查案例以判断所建议行动的后果。

确定问题

进行案例分析时，最重要的任务之一是发现问题。早先时候我们说过，进行案例分析的主要目的是找出解决方案。但是，除非你先找到了问题，否则是无法找到解决方案的。有一句谚语你可能听说过："准确的诊断是成功治疗的一半"。换句话说，你一旦确定了问题是什么，就已经在确定合理解决方案的路上走了很远了。

有些案例中的问题不止一个。但是这些问题往往是有联系的。假设一个例子，如，A公司的客户正在流失到竞争者那里去。经过分析发现，虽然竞争者的产品质量要低一些，但配送速度要高出一倍。A公司的管理者无法理解顾客为什么会愿意接受较低的质量。后来发现，A公司没有人告诉顾客公司的产品质量更高。另一个问题是，销量的下降促使A公司缩小了销售队伍的规模。因此，这里有两个相互关联的问题：较差的配送技术和不足的销售力量。

在确定问题时，要避免被"症状"迷惑。要找准问题的所在。例如，在上面A公司的例子中，症状是顾客流失。但真正的问题是对销售力量的投资不足和人员配备不足，以及过时的配送技术。要努力透过表面的症状看到更深层次的问题。

准备案例分析的另一个建议是记住问题。将问题说明写下来，可以作为案例分析过程中的参考。这是很重要的，因为制定战略和分析实施办法的过程可能会使你偏离最初要解决的问题。一定要保证你推荐的解决方案解决的是你已确定的问题。

确定问题时的另一件事是：有时候只有在进行一番分析之后才能使问题浮出来。有时候问题是明摆着的，可能在案例材料的第一段或者最后一页。但是，在有些案例中，只有对案例中的事情进行分析之后，问题才能显现出来。接下来我们讨论如何分析战略管理案例。

进行战略分析

本书已经给出了很多分析工具（如五力分析法和价值链分析法），

可能有用的指导框架（如在什么时候使用相关多元化战略而不用非相关多元化战略）和其他评估战略形势的方法。前面8章讨论了战略管理中常见的做法，但是，研究这些做法和概念只能学到这么多。理解这些方法的最佳方式是将其运用于具体的案例分析。

> **学习目标3**
> 如何通过财务分析评估公司当前状况和未来前景。
>
> **财务比率分析**
> 通过计算会计价值比例评估企业绩效和财务表现的方法，包括短期偿债能力、长期偿债能力、资产利用率、赢利能力和市价比率。

第一步是确定案例分析都涉及哪些战略问题。是不是公司的竞争环境有问题？或者是内部问题？如果是内部的，这个问题和企业组织结构有没有关系？进行战略控制？使用新技术？或许公司给员工任务太多了，或者未充分利用智力资本？公司是否错误地进行了合并？或者选错了多元化战略？拙劣地拼凑了一个新产品介绍？这里的每个问题都与前面讨论的某个或者几个概念有关。要确定与问题有关的战略是什么。还需要记住的是：现实生活中的大部分案例都会涉及密切联系的几个问题。即便是在只有一个主要问题的案例中，解决问题所需要的战略管理过程也可能涉及企业组织的几个部分。

确定了适用于案例的战略后，就可以进行分析了。例如，你可能要做一个五力分析或者要分析一下公司的竞争战略。也许你需要判断公司的资源是否是稀缺的、有价值的、难以模仿或替代的。也许，因为母国形势的变化，国际扩张的模式需要重新评估。为了改善企业组织的学习能力，向员工授权的方法可能需要改进。无论对于什么样的案例，本书介绍的所有战略管理理念中都包括了有效性评价方法。判断一个公司这些事情做得怎么样，是进行案例分析的核心。

财务比率分析是用来分析案例的基本工具之一。本章末尾的附录是一个财务比率的例子及相关讨论。财务比率分析经常用在对企业绩效和财务状况的评价中。图表9—1总结了本章附录9.1中的各种财务比率。

在整个战略分析过程中,检验自己对案例的推测这个阶段也是很重要的。首先,你对案例材料做出的推测是什么?你对案例内容的理解可能与队友或同学的理解不同。弄清楚这些推测对于如何分析案例是很重要的。其次,你推测的最佳问题解决方法什么?试问自己为什么选择这种分析方法而不选择另外一种。这种推测检查过程有助于确定你是否找到了问题的核心,还是仅仅在处理表面现象。

如前面所提到的,有时候案例中的重要问题只有在进行分析后才能得出。但是,到这个阶段结束时,你应该明确了问题并进行了一次彻底分析。然后你就可以进入下一步了:找出解决办法。

提出可选解决方案

在战略管理案例分析中,很少有唯一正确的答案或者最佳的办法,记住这一点很重要。即便是班里或小组的所有成员都同意案例所讲的困局是什么问题,他们可能也不会都认可某种解决问题的方法。因此,思考几种不同的解决方案是很必要的。

确定了问题,完成战略分析之后,要列出一个解决方案表。可能的解决方案是什么?怎么取舍?首先要列出你能想到的所有解决方案,不要对任何一种方案抱有偏见。记住,不是所有的案例都需要重大决策或者全盘变革。一些公司只需要进行一些小调整。实际上,"无为"在某些情况下也可能是一种合理的可选方案。虽然这种情况很少见,但是如果公司什么都不做,将会怎么样?思考一下这个问题可能是有用的。这一点说明了准备可选方案的目的:估计公司在选择某种方案后会出现什么后果。

因此,在案例分析的这个阶段,你需要评价每种可选方案并知道该方案意味着什么。在该部分分析中,任何企业都可能需要注意的一个方面就是战略实施。所有企业都会问:选择的战略怎样实施?似乎很明显的问题解决方案,实施后也有可能会产生更大的问题。但是,

图表 9—1　财务比率分析技法总结

比率	衡量标的
短期偿债能力或者流动性、比率	
流动比率	运用资产清偿债务的能力。
速动比率	运用流动资产快速清偿债务的能力。
现金比率	运用现金清偿债务的能力。
长期偿债能力或者财务杠杆、比率	
负债比率	负债总额与资产总额之比。
负债权益比	比较公司资产多少来自债务,多少来自权益。
权益乘数	总资产与负债总额之比。
利息收入倍数	利息成本债务的清偿能力。
现金偿付比率	公司经营现金收入的能力。
资产利用或流转比率	
存货周转率	所有存货在一年时间内的周转次数。
日销售存货率	存货被销售出去需要的天数。
应收账款周转率	公司一年几次收取应收账款。
日销售应收账款比率	回收赊销款的平均天数(平均收款周期)。
总资产周转率	销售收入与总资产之比。
资本密度	总资产与销售收入之比。
赢利能力比率	
利润率	每销售1美元所获得的利润。
资产收益率	企业利用资产创造收益的综合效率。
股东权益收益率	企业利用股东投资创造收益的总和效率。
市场价值比率	
市盈率	投资者支付价格与收益比。
市场价值—账面价值比	公司投资市场价值与投资成本之比。

也要记住,如果不实施,任何战略或者战略性"修整"都不会发挥作用。一旦列出可选方案,就要问:

- 公司有实施的实力吗?对底线会有怎样的影响?

- 解决方案是否可能会引发竞争反应？
- 公司员工会接受这种变革吗？解决方案对士气会有什么影响？
- 解决方案对其他利益相关者会有怎样的影响？顾客、供应商和其他人是否会买账？
- 这种解决方案是否适合公司的愿景、使命和目标？
- 公司的文化和价值观念是否会受到这种方案的影响？是积极的影响吗？

这部分案例分析的重点是找出一种既能解决问题又切实可行的方案。仔细思考各种可选方案的意义一般都会让你得出一个既周全又全面的最终建议。

提出建议

案例分析的基本目标是找到解决问题的方法。你只有推荐了行动措施后，分析才算完成。这个阶段的任务是提出一套能用你的分析来支撑的建议。准确描述需要做的事情都有什么，解释为什么这些行动措施能解决问题。推荐的方案也应该包括方案的最佳实施办法，因为所推荐的行动及其对企业表现的意义与企业的未来是紧密联系的。

要记住你建议的方案应该解决你发现的问题。这一点不能过度强调；学生推荐的方案往往是解决了表面现象，而未能触及案例问题的核心。问题如何引出分析，分析如何引出方案，要做这种逻辑分析。记住，分析本身不是目的，只有能得出解决方案，分析才是有用的。

你所建议的行动方案应该是公司接下来立即采取的措施。例如，不能说："如果公司有更多的市场调研，那么我将建议如下行动方案……"相反，要让市场调研成为你所推荐方案的一部分。还是上面这个例子，如果依据市场调研的结果后续行动会有所不同，而你也想对这些行动提出建议，那倒无所谓。但是不要用公司可能会也可能不会采取的行动给你最初的建议附加上条件。

总而言之，案例分析可能是一个可以得到很多收获的过程，但是，你可能也会想象到，这个过程也可能会很具有挑战性或者令人沮丧。

如果你按照以上介绍的步骤来做，你就能解决全面分析中的重要问题。这种方法能给你的分析提供一个坚实的基础。然后，即便是对如何确认事实、分析问题和解决问题有不同的观点，你也会很自信你没有丢掉寻找最佳行动方案的任何重要步骤。

学生经常被要求口头陈述案例信息和最佳方案分析。这经常是以小组作业的方式布置的。或者在课堂上你可能被叫起来陈述一下你对课上所讨论的案例和解决方案的观点。图表9—2给出了准备口头案例陈述的一些技巧。

图表9—2 准备口头案例陈述

规则	描述
组织自己的观点	从熟悉材料开始。如果你们是小组一起做，那么可以比较一下各个成员对案例中关键问题所做的笔记，分享下其他成员可能从图表分析中得出的一些见解。然后勾勒出一个框架。这是组织陈述顺序和内容的最好方法之一。
强调战略分析	案例分析的目的是诊断问题并找出解决方案。在这一过程中，你可能需要打乱案例材料顺序，然后按照更容易分析的方式重新组织起来。按照一种能进行自我分析的方式来组织材料——不要重复描述案例内容。这包括三个有如下重点的类别：背景/问题说明 10%~20%；战略分析/选项 60%~75%；推荐方案/行动计划 10%~20%。如你所见，你陈述的重点应该是放在分析上。这可能会要求你重新组织材料，方便使用战略分析工具。
要有逻辑并前后一致	杂乱无章难以听懂的陈述会使听众感到困惑，难以引起积极的讨论。逻辑清晰地讲出你的论证和解释。用事实支持你的观点。适当时候做一点财务分析。一定要保证你所推荐的方案针对的是你所发现的问题。
坚持自己的立场	一般情况下，口头陈述后会有一个课堂讨论。估计一下其他人在什么地方可能会有不同看法并坚持你的观点。这表明你熟悉你的选择和推荐方案的意义。要明确你做出的推测，能够详细陈述你的分析。
分担陈述职责	战略管理案例分析经常是在小组内进行的。在口头陈述中，每个小组成员应该有一个明确的角色，最好是发言的角色。调整陈述的不同部分，使之成为一个有逻辑、流畅的整体也是很重要的。小组一起工作的效果如何在口头陈述中经常会很明显地体现出来。

如何从案例分析中学到最多东西

> **学习目标 4**
> 如何从案例分析中学到最多东西。

作为一种学习工具，案例分析如此有成效的原因之一是它调动了很多课本之外的资源与技巧。在学习战略的过程中尤其如此。为什么？因为战略管理本身是一个综合性很强的任务，从个人到整个社会，需要各层面上很多领域中的专业知识。因此，要想从案例分析中学到更多知识，必须从课本概念中跳出来，扩大视野，从自己的知识库中寻找见解。这里有几个提示：

- **保持一个开放的心态**。与任何热烈的讨论一样，案例分析讨论经常会引出强硬的观点并激发高涨的情绪。但是，就是各种观点的不同才使案例分析如此有用的：观点多会让分析更完整。因此，不要让对另一个人的风格或观点的情绪化反应影响了你对他所讲内容的倾听。一旦你确定了他说的是什么，你可以不同意或者当做谬论而丢掉。但是，除非你首先保持了一个开放的心态，否则你可能会错过他人贡献中的重要之处。而且，人们经常会对好听众的观点高看一眼。

- **坚持你信奉的立场**。虽然保持一个开放的心态很重要，积极表达自己的观点也很重要。不要试图分析你的朋友或者老师想要听什么。按照你自己的背景和信念体系来分析案例。例如，你可能会觉得某项决策不道德或者某些管理者误解了事实。在讨论中不要担心强调这些问题。首先，如果你的立场很强硬，这会鼓励别人更仔细地分析问题。这会带来更透彻的研究和更有意义的课堂讨论。

- **参考你的个人经历**。你工作的经历或者作为顾客的经历可能会给案例中的问题带来一些启示。虽然案例分析的一个目的是运用本书介绍的分析工具，你也可以运用你的个人经验或背景来对讨论进行补充。当然，你不能太极端，也就是说，不要认为只有你的角度才是唯一重要的！对案例分析的整体质量来说，一手经验经常代表了受欢迎的贡献。记住这一点就可以了。

● **参与、说服**。直言不讳的人经常会影响他人的观点。但是要做到这一点，你必须得有所准备并且有说服力。有说服力比声音大和冗长要重要得多。这需要理解论辩的各个方面并能够驳斥反对自己观点的意见。这些努力可以使案例讨论更加活跃。这与现实世界中发生的事情是一样的：在企业中，人们经常会分享一些观点并试着说服别人按自己的方式看问题。

● **言简意赅**。在前面的建议中，我们鼓励学生在讨论中说出并"推销"自己的观点。但是你必须清楚你推销的是什么。尽量使你的论辩组织得简洁、直接，强调最重要的一点。要简洁。不要在几个话题之间跳来跳去，多点出击。要避免一上来就试图解释整个案例形势。要记住，其他同学最憎恨一直不停、占用很多"广播"时间、翻来覆去说废话的人。避免这一点的最佳方法就是集中、具体。

● **跳出圈子思考**。主动一点没有什么不好，有时候这是坚持立场的结果。但是，在制定推荐方案或决定如何实施解决办法时，创造性和思考能力也同样重要。阿尔伯特·爱因斯坦曾经说过："想象力要比知识重要"。原因是，战略性管理要求的不仅仅是记住概念。战略管理思想必须依个案情况的不同加以应用——仅仅知道原则是不够的。想象力和跳出圈子思考的能力可以帮助我们以独特新颖的方式运用战略管理知识。

● **了解他人的观点**。对于一个案例，在拿定主意之前，先听听别的同学有什么要说的，了解一下第二种观点、第三种观点或者第四种观点等。当然，如果需要把你的分析写下来，你是无法提前了解别人观点的。但是，在案例讨论中，可以观察一下别的同学是如何提出问题并寻求解决方法的。这种观察技巧也可以成为在案例中寻找答案的关键。例如，人们都倾向于相信权威数据，因此，他们可能会更重视公司主席之类人物说的话。但是，有些时候，中层管理者的介绍可能代表了一种对解决案例问题更为有用的观点。

● **应用从其他案例分析得来的见解**。在整本书中，我们使用了真实企业的一些例子来解释战略概念，目的是告诉你企业如何思考和如何解决商业问题。在课上，作为学习的一部分，可能会要求你做几个案例分析。做了几个案例分析之后，你就可以了解课本中的一些概念是如何应用到实际企业问题中的。将你从课本案例和以前案例讨论中学到的思想运用到你所分析的新案例中来。

- **严格分析自己的表现**。绩效考核是很多工作的标准构成部分。考核用来确定晋升、提薪或分配工作任务。在一些组织中，从负责人以下的所有人都需要接受这样的审查。即便是在业主或首席执行官不受别人评估的情况下，他们也经常发现，问自己"我的工作有效吗"是很有用的。这也可以用来评价你在案例分析中的表现。你可以问自己：我的评论有深度吗？我的贡献有用吗？下次我可以怎么改进呢？用你评价别人的同一标准来评价自己。你会给自己多少分？这种方法不仅会使你对别人的评价更公平，也能够确定如何提高自己的表现。

- **开展外部研究**。很多时候，你可以通过研究案例材料之外的东西提高对案例情景的理解。例如，你可能想更仔细地研究一个行业或者一个公司势均力敌的竞争对手。购并或产品引进等近期动向可能会在商业媒体上有报道。公司在自己网站上或年报中也可能提供一些有用的信息。这些信息通常会引起更多的讨论并丰富案例分析。最好提前请教老师是否鼓励这种课外研究。因为引入外部研究可能会与老师的教学目标相冲突。如果老师鼓励这种外部研究，你可以在下列优秀的网站中找参考资料：

  www.annualreports.com 和 www.carol.co.uk

  这两个网站提供美国和欧洲各类公司的年报。

  www.sec.gov

  证券交易委员会的网站上有上市公司必须定期提交的年度报表等财务文件。

  www.hoovers.com

  胡佛在线（Hoover's Online）提供了关于许多公司、行业和负责人的一些信息。

  finance.yahho.com

这个网站上有美国市场、世界市场、数据来源、公司财务比率、投资报告和商业新闻等信息。

关于如何从案例分析中学到更多知识，以上建议的几点只适合用于公开的案例讨论，如在课堂上的讨论。关于如何准备书面的案例分析，图表9—3给出了更多指导建议。

图表9—3 准备书面案例分析

规则	描述
要彻底	图表9—2中关于口头陈述的很多观点也都可以用于书面案例分析。但是，书面案例分析要更彻底。这意味着要把问题说明写下来，清楚说明假设条件。给你的论断提供一些支撑也很重要，如案例材料附注或者更具体的其他事实。
协调整个小组的工作	书面案例分析经常是由一个小组来准备的。在小组内，就像在课堂上的讨论，你可能不同意别人的判断或者推荐的行动方案。如果这能帮助你更充分理解案例材料，倒是好事。但是，在将你的想法落笔于书面之前，一定要保证理顺了你们的观点。不要使书面案例分析前后矛盾或者像拼凑在一起的零散观点。
避免重复陈述明显的事实	没有理由去重复陈述每个人都已经熟悉的材料，即案例内容。在书面案例分析中，学生很容易用大量篇幅来重述案例细节——这一点用都没有。一定要集中在关键点上。只需要重复陈述分析中最核心的信息。
信息图表化	一般情况下，图表、图例和其他表格是表述事实论据材料的最佳方式。例如，盈亏平衡分析、灵敏度分析或投资回报率等财务分析，用图表能最直观地表达出来。即便是产品名录或者员工排班表等量化信息也可以通过表格进行有效地总结和快速地浏览。
进行质量控制	准备书面案例分析时，要正确使用语法、避免拼写错误，移开打字稿和其他分散注意力的东西也是特别重要的。在口头陈述或者课堂讨论中可以一带而过的错误出现在书面上时就会非常显眼。使你的书面陈述越专业越好。不要让书面分析的外表妨碍了读者欣赏分析的质量和重要性。

案例1　安然：天使与我们同在

"天使与我们同在。我们取得了难以动摇的垄断地位。在我们涉足的所有生意中，我们都是做得最好的。"

——杰弗里·斯基林（Jeffrey Skilling），安然公司董事长兼首席执行官

在当选首席执行官那天，安然董事长杰弗里·斯基林登上了2001年2月12日《商业周刊》杂志的封面。他身着黑色高领毛衣，右手握着一个发光的电子球，看起来更像魔术师而不是执行官。安然冲进了放松管制的能源市场，斯基林为安然的这一行动辩护道：

> 天使与我们同在。我们取得了难以动摇的垄断地位。在我们涉足的所有生意中，我们都是做得最好的。

到2001年8月，这一努力已付诸东流，斯基林仅仅做了6个月的首席执行官，就辞职了。2000年9月，安然的股票价格还在85美元至90美元的水平；到2001年11月已跌至不到1美元。2002年1月，安然的一位董事约翰·克林福特·巴克斯特（John Clifford Baxter）去世，明显死于自杀。安然在加利福尼亚市场的一位交易员提摩西·贝尔登（Timothy Belden）承认密谋操纵加利福尼亚能源市场，而另一位交易员约翰·福奈（John Forney）因在加利福尼亚同一市场密谋和进行电信诈骗被捕。看起来天使又落回了地上。

从管道商到贸易商

1984年6月，天然气分销公司休斯敦天然气公司（Houston Natural Gas）董事会聘用肯尼斯·莱（Kenneth Lay）为董事长兼首席执行官。他的首要任务是通过再次强化核心业务，阻止休斯敦天然气公司被收购。在1990年的一次演讲中，莱是这样描述他的领导力的：

为了完成这一任务，在1984年6月至1985年1月间，6.32亿美元的非天然气业务被卖掉了，同时收购了12亿美元的天然气业务。正如一位总监开玩笑讲的那样，董事会给了我无限的权力，而我却超越了它。

1986年通过合并休斯敦天然气公司、因特诺思（InterNorth）和其他几家公司，莱创立了安然公司，专做天然气和石油生意。因特诺思是一家天然气管道公司。作为这一合并的缔造者和安然的第一任首席执行官，莱似乎是意识到美国放松管制及海外私有化中机会的少数人之一。到20世纪90年代早期，安然已经在阿根廷拥有4 100英里长的管道，这开启了公司在全球能源市场上的业务。

1994年，安然被《财富》杂志评为一个新业务种类——管道业务中的第一，并在"全美最受敬仰的企业"中位列第39。到1996年安然跃升至第22位。20世纪90年代，安然忙于扩大业务范围，进入了如能源产生、宽带以及金融市场等领域。但安然仍然保持其在主要业务——管道行业中的主导地位，截至2001年2月，公司整体排名仍在前20之列。同年，《财富》杂志连续第二年授予安然美国最具创新精神公司的称号。公司第一次获得此称号是在1997年。自1994年至2001年，安然公司在《财富》杂志的"全美最受敬仰的企业"排名中稳步上升。公司的股价也出现了暴涨：1996年12月31日，安然的股价为 $21\frac{7}{16}$ 美元（1999年分割调整）；2000年12月31日，股价为 $83\frac{1}{8}$ 美元。在公司大堂挂着一个巨大的条幅，上面写着"世界领先企业。"斯基林的车牌上曾经是"WLEC"（世界领先能源企业的缩写），现在改成了"WMM"（我们开拓市场）。

2001年，随着安然股价的暴跌，公司在行业内的排名也由第一位跌至末位。在谨慎使用公司资产和管理质量方面，安然在530家企业中排名第523位，在财务稳健上排名第521位。

"干吧，现在就干吧。快拿奖金。"

莱组建了一支管理团队，不是天然气和能源行业的人，主要是MBA。丽贝卡·马克（Rebecca Mark）——一位从兼职交易员成长起来的安然国际公司董事长、阿祖里克斯水务公司（Azurix）董事长和能源专家，将安然的员工分为退伍军人、哈佛商学院派和前企业家几种类型。《财富》杂志的一篇文章将公司员工描述为"激进的、报酬优厚的交易员"。安然已经从一家石油及天然气勘探和管道公司发展为衍生品交易公司。在公司的办公大楼里，位于7层的行政办公室审视着6层，那里有一个庞大的衍生品交易机构。

安然的管理层将创造力和人力资源看做企业未来发展的真正资源。在1999年给股东的年度报告信中，莱写道：

> 创造力是脆弱的商品。将一个富有创造力的人置于一个官僚主义的环境中，创造力将会消亡。我们用最具创新精神的文化支持员工，衡量员工的不是他们犯了多少错误，而是他们尝试了多少次。

2000年7月1日，每一个员工收到一份《行为准则》，还有一封来自莱的备忘录，其中一部分是这样写的：

> 作为安然公司的官员和员工……我们有责任在做业务时遵守所有相关法律并诚实守信，坚守道德……员工不应有直接或间接损害公司最大利益的行为，或因与公司有雇佣关系而直接得到个人经济利益……我们希望能以安然为荣，也知道安然公司因秉持公平和诚信而受到尊重……**让我们一起维护这一声誉**。

2002年4月，莱这样描述安然的文化：

> 我们在安然最大的成功之一就是创造了一种文化、一个氛围，在这个氛围中，人们能够尝试发挥天赋的潜能。但是当然，我希望这一文化严格遵守道德和伦理标准。在这一点上，在任何方面，我已做了我能够做的一切。

斯基林在安然的文化上留下了自己的印记。铺张浪费成风。在一次会议上，马克与另一位董事骑着一辆哈雷摩托车登台。在另一次会议上，他们牵进来了一头成年大象。一位董事开着一辆装满昂贵跑车的拖车参加员工聚会。停车场的地板上印满了用以提醒员工的受器重的性格：勇敢、创新、机智、团结、有抱负、有造诣、足智多谋、创造力、有信心、敢于冒险、适应力和无畏。

在安然公司，存在两种真实的生活：股票价格和同僚审查委员会（Peer Review Committee）。其他的什么都不重要。迈克尔·J·米勒（Michael J. Miller）——安然高速互联网服务投资（该项投资以失败告终）的一位经理，将这种文化描述为"干吧，现在就干吧。快拿奖金。"在法务部的一块亚克力镇纸上，对该部门的任务是这样描述的："在前瞻性和成本效益的基础上为安然提供快速一流的法务服务。"接下来是"释义：在不惹恼安然公司的情况下，我们做大额、复杂和冒险的生意。"只要收益能快速入账，无论长期后果如何，员工都能获得奖励。安然两位董事签订了注定失败的印度达博尔发电厂项目，仅仅因为签下了合同就获得了5 000万美元的奖金。

与20世纪90年代的许多网络公司一样，安然有一套高薪酬的结构制度。安然公司有2 000多名员工是百万富翁。员工都有免费的笔记本电脑和手持设备、昂贵的人体工学坐椅，可以在休斯敦最好的餐厅吃午餐。安然的董事会成员同样也报酬优厚。由管理层选出的董事，每年收入为总值30万美元的现金和股票。

招聘有时候是通过长期、密集的面试，也有时候是在无上装酒吧或脱衣舞夜总会进行的。一旦通过第一次面试，候选人就令被邀请参加一个8人的"超级星期六"活动，进行50分钟面试。聘用合同会在几天内发出，对不愿来的候选人，还会有签约奖金或其他财务奖励诱惑。

斯基林的PRC是安然人力资源政策的核心，就是后来众所周知的"评级与封杀"。每半年时间，员工要挑选5个人（4位同事及其直接主管）对自己的表现进行打分。结果将反馈到PRC评级会议，评级会议将员工评为1（优秀）至5（最差表现）级。PRC是闭门进行的，但能够被看见，因为交易层的内墙都是玻璃的。被评估者的照片会出现在幻灯片上，在管理层讨论评估结果时楼层里的所有人都能够看见。PRC是一套强制性评级系统，15%的人必须被评为5级。这些员工将被"重新调配"，意味着他们不得不在公司内从事新的工作或被解雇。

在交易楼里，男员工会评论哪个女员工可以成为月历模特。"候选人"之一走上楼层时，有人会大喊该月份的名字以提醒其他人她来了。在安然赌博也十分盛行。有一年，美国大学联盟锦标赛（NCAA）的篮球比赛赌注估计近9万美元。

这种文化溜出了房门，进入了安然与其他公司的关系中。有一次，一位花旗集团的银行家询问安然的首席财务官安迪·法斯托（Andy Fastow）是否明白办公室隔壁的会议室白板上的公式。法斯托答道："我从一本书中抄来的，是拿来吓唬人的。"

听过季度收益报表电话会议的分析家，如果对细节有疑问就会被嘲笑。在2001年4月17日的电话会议中，斯基林汇报完财务数据后，在回答问题时，Highlands资本管理公司的一位管理总监理查德·格鲁伯曼（Richard Grubman）问到了安然的资产负债表和现金流量表。这两个报表安然都没有提供。当格鲁伯曼说安然是唯一一个不能提供资产负债表或现金流量表来解释收益来源的金融机构时，斯基林抢着说道："嗯，非常感谢！我们谢谢您。"（骂人的语气）

安然与资本市场

在就职于安然公司之前，斯基林的身份是麦肯锡咨询公司顾问，为安然提供咨询服务。1989年，为了帮助天然气生产商和批发供应商规避风险，在斯基林的极力推动下，安然公司推出了天然气银行（Gas Bank）。双方可以按固定价格安排期货合同（在将来买或卖商品的合同），而安然可以向其他感兴趣的投资者出售金融衍生合同以转移期货合同的风险。1990年，安然在纽约商品交易所（New York Mercantile Exchange）进行期货和掉期交易，成了一个天然气市场的庄家和金融清算所。同年，莱聘请斯基林担任安然天然气服务公司（Enron Gas

Services，EGS）的首席执行官，而斯基林聘请法斯托出任首席财务官。安然天然气服务公司后来被重新命名为安然资本和贸易资源公司（Enron Capital and Trade Resources，ECT）。

安然资本和贸易资源公司为安然公司及其贸易伙伴提供财务和风险管理服务。这一过程，即资产证券化，涉及出售对未来现金流的权利。股份公司，如抵押贷款公司，会接手风险投资并将其出售给其他金融机构，如投资银行。进而，投资银行会将一些类似投资收拢在一起，根据风险级别分割现金流，并将剩下的部分变成下一步将要出售的债券。对于有抵押的资产证券化*，投资银行可能提供两种证券，一种是以本金为基础的，另一种是以利息支付为基础的。根据风险级别，每种证券的投资回报率可能会不同。资产证券化在两个方面对始发公司具有吸引力：它将风险转移给了投资银行，并且通过获得即时现金流降低了融资成本。

安然资本和贸易资源公司的作用有两个。首先，它为安然天然气和石油实体公司提供资产证券化服务，使这些实体公司可以获得更多利润。其次，它使安然公司进一步朝着莱的梦想，即使公司成为多种商品的"庄家"迈进。随着风险管理和资本流转的实现，原则上讲安然可以买卖任何东西。在整个20世纪90年代，安然迅速成为以休斯敦为基地的商品交易市场。甚至天气变化风险也被商品化并可以交易了。作为补充的还有被斯基林称为"asset-lite"的计划（"资产精简"计划）：将原来由安然公司控制的硬资产通过交易安排卖出去，大部分是卖给了由安然公司设立的特殊目的实体（special-purpose entities，SPEs）。

两个关键因素：市值计账法和特殊目的实体

作为金融服务公司，安然通过十分复杂的金融操作，利用市价估值记账的会计方法和特殊目的实体，为公司的发展进行融资。市价估值记账法以前称作模型记账法（mark-to-model），其目的是为投资者评估证券价值提供一些参考。它首先按照一系列的假设构建一个模型，

---

*主要是指住房抵押贷款证券化。——译者注

然后根据该模型对证券价值进行评估。在实际操作中，这些假设价格都是由计算机生成的，而不是来自市场交易。在没有可参考的价格的情况下，安然就用这种方法来为新商品（例如天气）设定定价（有些时候高得不切实际）。

安然使用的第二个方法是创建特殊目的实体。特殊目的实体是为使公司在财务和风险管理上更具灵活性而专门设计的金融工具。特殊目的实体必须满足两个条件才能合法存在：首先，必须有3%的外部权益投资；其次，外部资本必须明显处于风险之中。

法斯托为安然公司成立了许多特殊目的实体，比较著名的是合伙企业Chewco，JEDI，LJM1和LJM2，以及四个名为Raptors的投资公司。1993年，投资额为5亿美元的联合能源开发投资公司（Joint Energy Development Investment，JEDI）是第一个特殊目的实体，由安然公司和加州公务员养老基金（California Public Employees Retirement System，CalPERS）合伙创立。该合伙公司一直存续到1997年，后来CalPERs将其股份出售给了Chewco，Chewco是安然为购买CalPERs在JEDI的股份而专门创立的一个特殊目的实体。安然公司希望通过这次收购，能够鼓励CalPERs向一项估计为10亿美元的合资企业JEDI II投资。

特殊目的实体是用来解决安然财务问题的。安然的身份不仅是商品合同的居间人，实际上还买卖天然气。较高的违约风险会毁掉安然的掉期业务。特殊目的实体使安然能不断将债务从资产负债表上转移出去，这样就保持了公司的较高信用级别并使掉期业务得以继续下去。

当安然不断增加特殊目的实体的数量时，安然要求新投资者要满足SPE的条件，即有3%的外部权益投资。法斯托和迈克尔·科珀[Michael Kopper，安然全球金融公司（Enron Global Finance）的管理总监，直接向法斯托报告工作]推出了"安然的朋友"（friends of Enron）。这些"朋友"实际上是安然董事会董事的亲戚或朋友。法斯托和科珀通过这些人向外转移资金，为特殊目的实体的"外部产权"提供资金。

安然对高信用等级的需求促使公司创建了 3 000 多个特殊目的实体，才使其将债务从资产负债表上剥离出去。市场的成熟意味着利润的降低，但利润是维持安然贸易方式的必要条件。获取更多利润的唯一途径是搭建新的商品市场，充分利用，然后创造更新的市场。这一战略的关键是特殊目的实体，它能够使债务不出现在账本上并为公司提供融资。因为能将债务剥离，使其积累到特殊目的实体中去，这样，安然公司的股价戏剧性地出现了暴涨。

特殊目的实体使安然公司能够掩藏债务与亏损，但是却不一定能带来现金流。安然公司先将特殊目的实体抵押出去，发行股票，然后再创立特殊目的实体，再吸引银行等实体公司向该特殊目的实体投资。之后，安然将本该自己处理的特殊目的实体合同"卖掉"，换成现金或者期票，并作为收益入账。有一次，安然签订了一份远期合同，购买安然投资成立的网络公司的股票。还有一次是购买"暗光纤"，即那些已经铺设但还没有投入使用的光缆。在这两次交易安排中，安然与特殊目的实体都安排了"提前赎回"合同，以确保特殊目的实体不会赔钱。但是，即使网站泡沫破灭了，互联网公司的股价下跌了，暗光纤等价值下降了，安然仍能避开损失，保持资产负债表是平衡的。

因为是以安然的股票为基础建立起来的，这些特殊目的实体安排中存在一些机关，即估值点（valuation points），在这些点上可以确定是否需要注入更多安然股票或其他抵押才能保证交易的正常开展。例如，在一个名为 Osprey 的特殊目的实体安排中，如果安然的股价跌破 59.78 美元，安然就必须得发行新股或者提供资金支持以使 Osprey 不会破产。在另一个例子中，安然股价的下跌迫使安然在 2000 年 12 月对 4 个特殊目的实体进行重组，即 Raptor I、Raptor II、Raptor III 和 Raptor IV，然后又要求它们在 2001 年第一季度注入更多股票以支撑其下跌的信贷能力。到重组快完成时，Raptor II 和 Raptor IV 又欠下了安然 2.6 亿美元的债务。

投资银行关系

安然对高信用等级的需求也影响了公司与投资银行的关系。作为业务回报，安然积极寻求可以将贷款伪装成销售收入的短期交易，然后，公司将不能赢利的实体短期内从安然的资产负债表上拿掉。在 1992—2001 年这段时间内，安然以表面为天然气贸易实为贷款的形式从花旗集团和摩根大通共借款 80 亿美元，使安然的债务被低估了 40 亿美元，而且公司还将其 32 亿美元的业务现金流水夸大了 50%。一位独立银行调查员尼尔·巴特森（Neal Batson）发现，安然通过与 6 家投资银行的类似交易，共将 14 亿美元贷款以利润的形式入账。

安然的控制体系

> 我们的理念是不阻挡员工的路，所以我们坚持不用逐级审批的制度。但是，我们确实很关注他们做事是否谨慎，并严格评估和控制我们做事的风险。

安然公司的文化不是没有制衡体系，特别是在金融交易中。董事会在批准与特殊目的实体的交易和法斯托在各特殊目的实体中的身份时，都会使用这些制衡体系。分析每项交易并给予适当注意是风险评估与控制委员会（Risk Assessment and Control）的任务。风险评估与控制委员会负责监督和批准安然参与的所有交易，每年有 400 多笔。每笔交易都附有一份由负责该业务的部门准备的交易审批单（Deal Approval Sheet）。审批单上有对交易的描述、初始信息、经济数据、现金流模型、风险构成、财务审批表和批准页等内容。公司规定，交易需要获得相关业务部门、法务部门、风险评估与控制委员会和上级管理层的批准。但是，很多设立特殊目的实体的审批表都没有完整的授权。特别是，在许多与 LJM 相关的审批表上，斯基林该签字的地方都是空白的。

随着与 LJM 交易数量的增多，作为一道控制程序，又增加了一份单独的 LJM 审批单。审批单都是印制好的，所有审核的标记已经标注好了。对于各方在交易中的权利，不需要任何第三方文件来证实。结论被当成了问题（"这一交易是否是严格依照正常商业制度进行的？"），而其他的则揭露出标准之低（"是否有任何第三方从财务角度提醒过安然这一交易是不公平的？"）。

安然与 LJM1 和 LJM2 安排的交易共有 20 项。在设立特殊目的实体 LJM 时，董事会放弃了安然行为准则（Enron's Code of Ethics），允许法斯托做一般合伙人，仅在LJM1中的投资就高达十亿美元。当法斯托将创建LJM实体的方案报告给董事会时，他将其描绘成另一个安然资产的购买者，并对安然出售的资产给出了可能过高的估价。事实上，对于出售给特殊目的实体的绝大部分资产而言，根本不存在其他买家。

董事会做过两个重要的假设。第一，董事会认为，既然每个部门的经营结果都是不确定的，因此每个部门都积极地希望将资产卖出去。第二，董事会认为安达信公司对LJM交易的指导意见都是独立的。董事会以理查德·考西（Richard Causey，首席会计官）和理查德·比伊（Richard Buy，首席风险官）的审查作为第一重控制手段。另外，董事会下属的审计与财务委员会（Audit and Finance Committees）被赋予的任务是审查上一年度的交易。董事会还要求斯基林审查和批准所有与LJM的交易，并审查法斯托在安然公司和LJM中的经济利益。

LJM交易的很多审批表上，作为首席运营官和首席执行官的斯基林并没有签字。没有证据表明斯基林知道法斯托通过LJM挣了多少钱。在一张便条上，斯基林只是说，法斯托的首要职责是对安然负责，因为他在安然拿到的薪水和股票期权比他在LJM中可能拿到的报酬要多。

无论股东还是分析家都发现，监督安然的总体表现不是件容易事。金融交易的信息，特别是那些特殊目的实体交易的信息，难以获得。特殊目的实体交易的信息都是在委托说明书透露出来的，或者是在年度报表和季度报表的脚注中透露出来的。一方面，会计准则要求要提供充分信息，使管理层确定关联交易与被取代的非关联交易相当，而另一方面，详细信息却已经被略掉了。在2000年的年度报表中，安然称："安然以1.23亿美元的价格赎回了特殊目的实体Raptor对安然2 170万普通股的期权。"安然实际购买的只是期权，其股价怎么能不下跌！

三笔国际交易

丽贝卡·马克是安然开发公司（Enron Development Corporation）的董事长。印度达博尔发电厂项目是她的业务成绩之一，虽然该项目给安然带来的总价值越来越少。1995年，马克与通用电气公司和柏克德工程公司（Bechtel）一起签下了这笔 30 亿美元的大单（安然股份占 65%，通用电气和柏克德各占 10%）。其余 15% 由印度马哈拉施特拉邦电力公司（Maharashtra Electric Utility）所有。除了以上合伙人，四个贷款公司（印度工业发展银行、花旗银行、美洲银行和一家美国政府机构美国海外私人投资公司）又投入了 20 亿美元。

达博尔发电厂项目从一开始就与当地政府的麻烦不断。在莱的要求下，克林顿政府派商务部部长罗纳德·布朗（Ronard Brown）于 1995 年前往印度，以使这个项目顺利执行下去。但是在施工过程中，有人报道保安侵犯人权。安然想与这样的事情脱离干系，声称公司仅负责租赁房屋，但实际上公司也支付了保安的工资。

当地也从这个项目中获得不少好处。道路修建起来了，因为就业和消费的增加，当地经济也获益不少。但是，当 1999 年发电厂开始发电时，却爆发了大规模的反抗行为，因为电价上升了 4 倍。马哈拉施特拉邦政府废止了合同，发电厂关闭了。

马克还谈下了巴西的库亚巴项目。在该天然气发电厂及附属管道项目中，安然占据了 65% 的股份。施工费用超出预算 1.2 亿美元，而且还不知道什么时候能赢利。1999 年，LJM1 以 1 130 万美元的价格购买了该项目 13% 的股份，这使安然能够从公司的资产负债表上掩盖掉相关债务。除此之外，这项交易安排使安然用按市值计账的方法处理了一份相关的能源供应合同。通过实施这项交易和对该项合同的认可，安然在 1999 年下半年共将 6 500 万美元以利润的名义入账。为了保证 LJM1 的利润，安然与 LJM1 签订了一份回购股份的秘密协议。回购是在 2001 年实施的，价格是 1 372.5 万美元。

阿祖里克斯是安然 1998 分拆出来的一个公司。马克在公司中担任主席兼首席执行官，并有权决定在水处理方面的合同。安然的战略是使自己成为国际市场上水供给行业的庄家。随着阿祖里克斯从安然拆分出来，这些交易会在安然的监督下实施，但债务却不会在安然的资产负债表上显示出来。1999 年阿祖里克斯上市，共融资 6.95 亿美元。

1999 年，阿祖里克斯收购了英国韦塞克斯供水公司（Wessex Water），代价是 24 亿美元现金和 4.82 亿美元债务。之后不久，阿祖里克斯收购了一家阿根廷水处理设施。这两项收购迅速打乱了阿祖里克斯、马克和其他涉及硬资产的安然战略。这家阿根廷公司受到了水污染和工会问题的困扰。英国政府降低了韦塞克斯供水公司的水价。马克被迫于 2000 年夏天辞职并离开了安然。韦塞克斯供水公司也于 2002 年以 7.77 亿美元的现金价格被卖给了杨忠礼电力国际公司（YTL Power International）。这是一家马来西亚公司，杨忠礼电力国际公司也接手了韦塞克斯供水公司 9.1 亿美元的债务。

终结

斯基林 2001 年 2 月 12 日就任首席执行官，6 个月后，突然于 2001 年 8 月 14 日正式宣布辞职。他在安然 15 年的历史结束了，但安然还会困扰他很长时间。斯基林称辞职的原因是"私人原因"，但大家都推测背后另有原因。

图表 1 显示了安然在 1998—2000 年间的盈亏账目。总利润逐年降低，表明安然的非派生业务一直在赔钱。所有赢利都来自公司的派生业务。事实上，安然公司派生业务的利润与高盛公司（Goldman Sachs, Inc.）的年纯收入大致相等。

图表 1　安然公司及分支机构综合收益表（2000 年）　（单位：百万美元）

	2000年	1999年	1998年
非衍生收入	93 557	34 774	27 215
非衍生支出	94 517	34 761	26 381
非衍生毛利润	（960）	13	834
衍生收益（亏损）	7 232	5 338	4 045
其他支出	（4 319）	（4 549）	（3 501）
运营收益	1 953	802	1 378

资料来源：Testimony of Frank Partnoy in Hearings before the United States Senate Committee on Governmental Affairs, January 24, 2002.

在 2000 年底至 2001 年初 Raptor 的重组中，Raptor 开出的一些期票以股东权益增加的名义入了账，总计 10 亿美元。2001 年 8 月，安达信的会计师宣布，Raptor Ⅰ、Raptor Ⅱ 和 Raptor Ⅳ 会计操作不规范，并要求修正。2001 年 11 月 8 日，莱宣布股东权益净值减少 12 亿美元，另外，由于 Raptor 与安然的合同之间存在差额，在账面上又减去了 2 亿美元。除了在账面上将股东权益调低了 12 亿美元之外，安然又将特殊目的实体进行合并，恢复到 1997 年的规模。因此，Chewco、JEDI 和 LJM 的资产负债表成为了安然资产负债表的一部分。这些调整使安然的收入减少了 5.91 亿美元，债务却增加了近 26 亿美元。一些人担心这次重报并没有将问题完全揭露出来。

在此次重组期间，2001 年 10 月 22 日，美国 Milberg Weiss Bershad Hynes & Lerach，LLP 律师事务所代表安然股东，向法院提出集体诉讼。法院透露了此案的卷宗中安然内部卖出股票人员的姓名和数量，包括一些高级管理人员和总监（见图表 2）。

图表 2　被控进行内部交易的高级管理人员和董事会成员名单

高级管理者和董事会成员	1998 年 10 月—2001 年 11 月安然股票交易实现的收益（美元）
J.Clifford Baxter[a]	34 734 854
Robert A.Belfer[b]	111 941 200
Norman P.Blake Jr.[b]	1 705 328
Richard B. Buy[a]	10 656 595
Richard A.Causey[a]	13 386 896
James V.Derrick Jr.[a]	12 563 928
John H.Duncan[b]	2 009 700
Andrew S.Fastow[a]	33 675 004
Mark A. Frevert[a]	54 831 220
Wendy L.Gramm[b]	278 892
Kevin P.Hannon[a]	"未知，但数额巨大"
Ken L. Harrison[a]	75 416 636
Joseph M. Hirko[a]	35 168 721
Stanley C. Horton[a]	47 371 361
Robert K Jaedicke[b]	841 438
Steven J. Kean[a]	5 166 414

续前表

高级管理者和董事会成员	1998年10月—2001年11月安然股票交易实现的收益（美元）
Mark E. Koenig[a]	9 110 466
Kenneth L. Lay[a,b]	184 494 426
Rebecca P. Mark[a,b]	82 536 737
Michael S. McConnell[a]	2 506 311
Jeffrey McMahon[a]	2 739 226
Cindy K. Olson[a]	6 505 870
Lou L. Pai[a]	270 276 065
Kenneth D. Rice[a]	76 825 145
Jeffrey K. Skilling[a,b]	70 687 199
Joseph W. Sutton[a]	42 231 283
Lawrence Greg Whalley[a]	"未知，但数额巨大"

a 员工，安然公司。
b 成员，安然董事会。

资料来源：Cruver, B. 2002. *Anatomy of greed*: *The unshredded truth from an Enron insider.* New York: Carroll and Graf Publishers: 132-133.

在此期间，安然还有一线希望，就是与美国能源商 Dynegy 合并。该公司曾被安然的员工认为是个无足轻重的竞争对手。这一合并计划同样也因困扰安然的问题而流产：不知道还有没有什么内幕没有透露出来。合并计划是11月9日宣布的，正是安然公司重报的第二天。11月28日，标准普尔将安然的债务评级调低到"垃圾"级别，Dynegy 宣布合并失败，同时安然的股价从开盘时的3.69美元跌至收盘时的0.61美元。2001年12月2日，安然按照破产法第十一章申请了破产保护。2002年1月23日，肯尼斯·莱辞职后杰夫·麦克马洪（Jeff McMahon，执行副总裁，安然公司财务及出纳主管）被任命为总裁兼首席执行官。麦克马洪也于2002年4月辞去了职务。

余波未平

刑事调查

在一系列国会听证会之外，安然破产案还引来了政府对犯罪行为的调查。2002年4月，戴维·邓肯（David Duncan）——安达信会计师事务所负责安然项目的总审计师，因销毁与安然账目有关的文件而被判犯有妨碍司法公正罪。科珀于2002年8月承认犯有欺诈罪与洗钱罪，并答应上交在各项特殊目的实体交易中非法获得的近1200万美元。2002年10月，因为法斯托在安然和特殊目的实体中的各种角色，他被指控犯有78项罪名，他的个人账户也被冻结了。2004年1月13日，法院判决法斯托有两项罪名成立，一项为掩盖财务问题，另一项为公司欺诈，并被判在联邦监狱服刑10年。他的妻子莉·法斯托（Lea Fastow）也被判税务欺诈一项罪名成立，并获刑1年。2004年2月21日，杰弗里·斯基林和理查德·考西被判刑；2004年7月7日，肯尼斯·莱也认罪被判刑。

退休金付诸东流

安然曾是许多大型基金的重要持有人，特别是本应该投资于各行业部门的养老基金。安然员工的养老金基本都投入了安然的股票，而且公司要求他们只有在55岁之后才可以出售这部分股份。许多人将养老金只投向了安然一家。直至2001年夏天，肯尼斯·莱还预言称安然将会重新收回股价下跌造成的损失。在通知斯基林辞去首席执行官一职，自己继任该职位的电子邮件中，结尾他是这样写的：

> 我们的业绩从未如此之好，我们的运作模式从未如此活跃，我们的成长从未如此保险；而最重要的是，我们的公司从未拥有过如此大规模和如此优秀的人才队伍。如今，我们拥有美国企业历史上最完美的组织结构。携起手来，我们将使安然成为世界领先的公司！

然而与此同时，莱正在忙于出售他所持的大部分安然股票。2001年间，莱报告共转让了7000万美元的安然股票。在将近一年的时间里，他平均每个工作日卖掉了 3 000 股至 4 000 股。他将部分股票卖回给安然公司，以偿还自己在安然公司的贷款。通过这一方式，他不仅处理掉了股票，而且还绕开了内部出售股份需要报告的法律要求。

或多或少，每个州的养老金都投资了安然的股票。估计这些养老基金的损失有 15 亿美元。佛罗里达州损失 3.28 亿美元，加利福尼亚州损失 1.42 亿美元，佐治亚州损失 1.22 亿美元。

会计职业

余波也在整个会计行业中扩散开来，在安然解体的整个过程中，不断有报告称对会计行业监管不力。2001 年秋，安达信公司休斯敦办公室销毁了与安然账目相关的文件。安达信芝加哥办公室的一位内聘律师南茜·坦普（Nancy Temple）给安达信负责安然项目的总审计师戴维·邓肯发送了一封电子邮件，提醒他公司有要求保留备忘录的制度，这促使安达信休斯敦办公室毁掉了大量文件。邓肯后来被判犯有妨碍司法公正罪，而坦普也被一个大陪审团裁定为鼓励销毁文件的"腐败教唆者"之一，一共有 4 人到 5 人被做了如此裁定。安达信会计师事务所也被吊销在美国从事审计业务的执照，之后关门倒闭。

《萨班斯—奥克斯利法案》的一个主要特征要解决安然破产案引发的一些观点冲突：咨询与审计业务是否可以混业经营。安达信向安然公司既提供审计服务，又提供咨询服务，2001 年共赚得 5 200 万美元，其中咨询费和审计费几乎各占一半。安然是安达信最大的客户。从此以后，国家禁止审计公司向被审计的客户提供咨询服务。另外，许多其他服务，如保险精算、专家鉴定及投资银行等服务也被禁止了。简而言之，审计公司所提供的以增加额外收入为目的的许多服务都被禁止了。

慈善余波

安然及一些董事会成员不仅对家乡休斯敦十分慷慨，对全国教育机构和董事会成员喜好的其他慈善事业也同样慷慨。相关活动包括资助安然棒球场（Enron Field，休斯敦太空人队主场），提供大学奖学金，

案例 1　安然：天使与我们同在

向联合之路（United Way）及大学捐款等。

安然对几位董事的事业也相当慷慨。例如，当安德森癌症中心（M.D. Anderson Cancer Center）总裁约翰·曼德尔森（John Mendelsohn）成为安然董事会成员和审计委员会委员后，安然和莱向该中心捐款 332 150 美元。在向乔治·梅森大学（George Mason University）的一个智囊团捐出的 6 万美元中，有 4.5 万美元是温迪·李·格莱姆［Wendy Lee Gramm，参议院议员、得州代表菲尔·格莱姆（Phil Gramm）的妻子，中心合伙人之一］成为安然董事会独立董事后捐出的。考虑到利益冲突和对董事独立的威胁，美国众议院配合"安然法案"又通过了一项法案，要求向与董事会成员有关的组织提供的一些捐助或赠送非现金礼品公开化。

结论

本案仍然没有完结。许多利益相关人将永远也无法从损失中恢复过来。刑事审判使一些人进了监狱，还有一些人也被起诉正等待审判。两家投资银行——花旗集团和摩根大通分别花费了 25.75 亿和 22 亿美元解决投资者提起的诉讼。其他投资银行仍面临着民事诉讼的可能。联邦立法者正在辩论《萨班斯—奥克斯利法案》某些条款带来的成本。这一案例将继续发展下去。

附录 A　安然大事记

1984 年　肯尼斯·莱就任休斯敦天然气公司首席执行官。

1985 年　休斯敦天然气公司与因特诺思合并。莱就任新公司的首席执行官。

1986 年　公司更名为安然，并迁至莱的家乡休斯敦。

1990 年　斯基林离开麦肯锡咨询公司，加入安然并担任安然天然气服务公司首席执行官。

斯基林从银行业中聘来安德鲁·法斯托。

1991 年　安然采用市值记账法战略，以重置成本记录收入及资产价值。法斯托组建了第一个合法特殊目的实体。

1993 年	世界能源市场放松管制。安然开始施展经营手段，与加州公务员退休基金组建第一个特殊目的实体——JEDI，投资于天然气项目。
1994 年	随着美国逐步放松能源管制，安然开始涉足电力交易。
1996 年	安然开始了印度达博尔发电厂项目的建设，莱将斯基林晋升为安然总裁兼首席运营官。
1997 年	安然收购了第一家电力公司——波特兰通用电力公司（Portland General Electric）。法斯托升职为新成立的财务部主管。安然将能源交易模式应用到新商品交易市场，如天气派生物、煤、纸浆和纸以及宽带业务。创建 Chewco（另一个特殊目的实体）来购买加州公务员退休基金在 JDEI1 的股份，以便使加州公务员退休基金能参与一项更大的合作——JDEI2。Chewco 从未拥有 3% 的外部权益投资，也从来就没有取得合法地位。
1998 年	法斯托出任首席财务官。安然开始在阿根廷从事能源交易，成为首个能源供应商，并控制了巴西的电力公司。安然收购了英国韦塞克斯供水公司并组建了全球性水务公司阿祖里克斯。随后阿祖里克斯上市，安然保留了 69% 的股份。安然将安然石油和天然气公司的资产大部分换成了现金，并投资于在印度和中国的资产。
1999 年	全新的休斯敦太空人队棒球场被命名为安然棒球场。斯基林和法斯托向董事长陈述 LJM 合作方式。

2000 年

2 月　《财富》杂志连续第 5 年将安然评为"全美最具创新精神公司"。

4 月　安然创建第一个 Raptor 特殊目的实体。

8 月　由于阿祖里克斯业绩不佳，并且与斯基林关系紧张，丽贝卡·马克辞职。安然股价达到创纪录的 90 美元，收入超过 1 000 亿美元，成为《财富》500 强"上位列第七的公司。

2001 年

2 月　莱辞去首席执行官一职。总裁兼首席运营官斯基林接替莱的职位。

8 月　斯基林辞职，莱重新就任首席执行官。安然会计师谢隆·瓦特金（Sherron Watkins）向莱递送了匿名备忘录，警告可能会出现会计丑闻。

案例1　安然：大使与我们同在

9月　安达信会计师事务所迫使安然改变激进的会计操作手法，使安然权益减少了12亿美元。

10月　证券交易管理委员会（SEC）开始调查安然资产负债表以外的合作业务。安然换掉了养老金计划负责人，并阻止员工在30天内出售安然股票。法斯托被安排休假。安然成立特别委员会调查第三方交易即"能源报告"（Powers Report）。安然股价跌至11美元。

11月　安然努力达成与最大竞争对手Dynegy的协议，Dynegy要求安然提供更多的财务信息。安然股价跌至低于1美元。

12月　安然申请破产保护，并解雇了4 000名员工。

2002年

1月　瓦特金的备忘录透露给了国会。美国司法部对安然破产案展开了刑事调查。安然宣布不再聘用安达信公司。安然将其能源交易业务出售给UBS投资银行。将韦塞克斯供水公司出售给一家马来西亚公司，并关闭了宽带业务。莱辞职，麦克马洪出任首席执行官。随着政府调查的深入，安然前副主席克里夫·巴克斯特（Cliff Baxter）自杀。

2月　斯基林在国会作证。莱引用美国宪法第五修正案，拒绝回答问题。瓦特金在国会作证给莱写过备忘录。

4月　安达信解雇7 000名员工。麦克马洪6月1日辞职。

8月　科珀承认犯有洗钱罪和合谋诈骗罪。答应与当局合作。

10月　法斯托被指控犯有78项罪名，包括诈骗、同谋和洗钱。

2003年

5月　联邦检察院指控法斯托与另外两人犯有其他罪行。以诈骗和其他刑事犯罪为名起诉法斯托的妻子和其他7名安然前董事。

2004年

1月　法斯托两项罪名成立，被判在联邦监狱服刑10年。莉·法斯托的税务诈骗罪名成立，判处一年有期徒刑。

2月　斯基林和考西被指控犯有42项罪名，包括证券诈骗、诈骗和内部交易。

7月　莱被指控犯有11项罪名，包括诈骗和银行诈骗以及做伪证。

附录 B　术语表

Adjustments:	调整，财务报表上减掉坏账等损失时的差额。
Asset-lite:	轻资产，安然对短期或非资本密集型资产的专用称呼。
CalPERs:	加利福尼亚公共员工退休系统。
DASH:	交易审批单。
Derivative:	衍生品，金融工具的一种，其特点和价值取决于原生资产的特点和价值，主要有商品、债券、权益或外汇等。
Downgrade:	降级，分析师对证券评级的负向调整。
Hedge:	套期，为降低证券价格反向变动的风险，通过增持相关证券的对冲仓位而进行的投资。
Insider stock Sales:	内部人士股票销售，董事会成员、负责人或员工转让本公司股票的行为。
JEDI:	联合能源开发投资公司——安然创建的一个特殊目的实体。
Mark-to-Market:	市值记账法，以证券、投资组合或账户每天的价格或价值为基础计算盈亏，或确定是否实现了预定的利润率的方法。
Off-balance Sheet:	资产负债表外项目，从债务或权益之外的项目中获得的融资，如联合企业、研发合作和租赁经营等。
Options:	期权，在约定的未来时期内，以约定的价格买（看涨期权）或卖（看跌期权）一定数量的货物的权利（而不是买或卖的义务），如股票、商品、外汇、指数或者债务等。
Premium:	溢价，买卖债券或股票时超出实际价值的差额。
Privatization:	私有化，从政府控制体系向个人经营、赢利体系转化的过程。
Put Options:	看跌期权，期权合同的一种，允许持票人在指定的未来时间内（到期日）按约定的价格向签约人出售指定数量指定商品。

案例1 安然：大使与我们同在

RAC:	风险评估与控制委员会，安然公司的一个部门。
Rank and Yank:	评级与封杀，安然公司员工对安然员工测评制度的叫法。
Securitization:	资产证券化，将贷款或房产抵押等资产凭证转化为可流通证券的一个过程。
SPEs:	特殊目的实体。
Write-down:	减记资产账面价值。
Yields:	收益率，以百分比表示的年投资回报率。

案例2 QVC

2007年2月22日，世界最大的多媒体零售商之一QVC在美国寄出了其第十亿件包裹。这个包裹是寄给密歇根坎顿玛丽·佩（Mary Pew）的，作为第十亿个顾客她收到了24小时购物狂欢卡和一张1万美元的QVC购物卡。在一天中的每个小时，通过其家庭电视购物频道，公司还对指定的商品提供免邮费和手续费等优惠。"这是我们答谢数百万忠诚顾客的机会，是他们使我们的这一里程碑成为可能。"公司新任总裁兼首席执行官迈克·乔治（Mike George）说。

自1986年开业以来，QVC迅速成长为最大的电视销售网。虽然进入市场的时间比竞争对手家庭购物网（Home Shopping Network）晚了几年，公司却取得了领先地位。到2006年公司网络已经覆盖了全美95%以上的有线电视用户和2 500多万卫星电视用户。2006年它向全球顾客寄出1.4亿多个包裹，销售额近71亿美元，营业利润超过10亿美元（见图表1和图表2）。公司顾客超过1 000万，包括在美国、英国、德国和日本观看公司电视节目的顾客（见图表3）。其中的近1/5是在QVC电视购物上买东西的人。

QVC的成功很大程度上取决于公司家庭电视购物节目宣传的种类广泛、引人注目的产品，许多产品是公司独有的。公司组织在全美各城市寻找适合顾客的产品，并将这些新产品提供给顾客。在这些工作中，公司需要浏览上百种商品并筛选出适合提供给顾客的。在其近期的一次搜索中，QVC评估了商品的吸引力，例如能够收纳碎指甲的指甲剪，为大屁股人设计的自行车座，以及造型像棺材的新奇物品。

这些年间，数千家企业加入了

图表1 销售增长（单位：美元）

2006年	7.1亿
2004年	5.7亿
2001年	3.8亿
1998年	2.4亿
1995年	1.6亿
1992年	0.9亿
1989年	0.2亿

资料来源：Liberty Media, QVC.

QVC 的产品搜索,试图通过这一流行的家庭购物频道销售产品。能有机会向 QVC 全国电视观众展示产品,这可能将一人公司变成一个面向数十亿人的企业。"数十年来,我们成功故事中的供应商在过去的 10 年中,通过 QVC 完成了 10 多亿美元的销售。"玛丽莲·蒙特罗斯频道供应商关系总监(Marilyn Montross)说。

图表 2 损益表 (单位:百万美元)

	2006 年	2005 年	2004 年
净收入	7 074	6 501	5 687
销售成本	(4 426)	(4 112)	(3 594)
毛利润	2 648	2 389	2 093
经营支出*	(579)	(570)	(497)
销售、综合及行政费用	(413)	(397)	(366)
经营现金流量	1 656	1 422	1 230
股票薪酬	(50)	(52)	(33)
折旧与摊销**	(476)	(449)	(437)
经营收益	1 130	921	760

注:财政年度截止到 12 月 31 日。
* 经营支出包括佣金与许可证费用、订单处理与客服、信用卡处理费和坏账准备金。
** 折旧与摊销包括与自助媒体集团(Liberty Media)收购QVC股票相关的无形资产摊销。
资料来源:Liberty Media, QVC.

2007 年初,QVC 在 *Search for the Next Big Idea* 节目中与奥普拉·温弗瑞开始合作。在 2007 年 3 月 QVC 主办的芝加哥、洛杉矶、费城三个全国贸易展览会上,奥普拉邀请有抱负的企业家展示他们富有创意的产品。这些活动的 10 位决赛选手将有机会在"奥普拉·温弗瑞秀"(*The Oprah Winfrey Show*)中展示自己的发明,现场观众将为自己喜爱的发明投票。获胜的发明将在 QVC 家庭购物频道播出。对于通过这种特殊途径寻找产品,QVC 的一位新闻负责人是这样评论的:"这是零售界的《美国偶像》。"

追求领先地位

QVC由约瑟夫·塞格（Joseph Segel）于1986年6月创立，并于同年11月开播。1986年初，塞格离开刚刚营业两年的家庭购物网。他对该公司粗制滥造的节目和低端市场的产品没有产生什么特别的印象。但是塞格相信，有个电视购物网应该能吸引一个足够大的顾客群。他还感到，这样一个企业应该能够获得巨大利润，因为购物网的运营成本可以相对很低。

接下来的几个月中，塞格筹集到了3 000万美元作为启动资金，雇用了一些经验丰富的电视制作人，创立了他自己的购物网。在宾州西契斯特的总部，QVC向顾客提供全天24小时、每周7天的家庭电视购物广播。在开业后的第一年，QVC卫星电视和有线电视已经覆盖了1 300万户家庭。70万观众已经做了顾客，这给公司带来了300万份订单。销售额已超过1亿美元，事实上公司已经开始赢利了。

图表3　收入地理分布　　　　　　　　　　　　　　（单位：百万美元）

	2006年	2005年	2004年
美国	4 983	4 640	4 141
英国	612	554	487
德国	848	781	643
日本	631	526	416
	家庭		（单位：百万户）
	2006年	2005年	2004年
美国	90.7	90.0	88.4
英国	19.4	17.8	15.6
德国	37.9	37.4	35.7
日本	18.7	16.7	14.7

注：财政年度截止到12月31日。

资料来源：Liberty Media, QVC.

塞格将其公司的迅速成长归功于电视购物的潜能。"电视融合了视觉、听觉和感情，是推销产品的最佳途径。这比书面介绍产品或仅仅把产品摆在商店的架子上有效得多，"他说，"成本效益来自有线发布系统，它远比直邮、印刷广告或传统的零售店发布要实惠得多。"

1988年秋，塞格收购了戴梦丽克公司（Diamonique）的制造设施、专利技术和商标，该公司制造各种人造宝石和首饰，可以在QVC电视节目中销售。在接下来的几年，塞格收购竞争对手如Cable Value Network的购物频道等，使QVC得到了扩张。

至1993年，QVC已超过家庭购物网，在销售额和利润额上成了领先的电视购物频道。公司已经覆盖了80%以上的有线用户和300万卫星电视用户。同年，塞格退休，将公司控制权交给了巴里·迪勒（Barry Diller）。从那时起，QVC的销售业绩以惊人的速度保持着持续增长。结果，在销售额上，公司远远地超过了最大的竞争对手家庭购物网。

实现运营效率

多年来，QVC一直试图将自己打造成一个永不关门的全球卓越虚拟购物中心。公司的电视购物频道是一个全球顾客都能够也确实在购物的地方，在任何时间，每秒钟都有5个以上的顾客在买东西。将描述和现场主持的示范结合起来，公司可销售的产品种类繁多。QVC每一项产品的展示都有统一的安排，摆放出诱人的造型，由主持人和供应商代表进行详细介绍。QVC努力为每一款精心制作的产品制定介绍，以引起观众的共鸣。如有必要，还在电视上对售出产品提供详细的使用说明。

另外，大多数产品都是在定期播放的节目中提供的，每期节目只关注一类产品和一个明确的顾客群（见图表4）。每期节目基本持续一小时，并都有一个主题，如"烹饪时间"或"清洁方法"。QVC还邀请名人如时装设计师或作家在特别节目时段到现场推销他们自己的产品。在某些情况下，顾客能够打电话并与节目主持人和嘉宾现场交流。

过去一年中，QVC一直努力利用基于现实的节目的推动发展。公

图表 4 QVC 周节目播出表

东部标准时间	星期一	星期二	星期三	星期四	星期五	星期六	星期日
上午 7:00—8:00	The QVC MORNING SHOW	THE QVC MORNING SHOW	THE QVC MORNING SHOW	THE QVC MORNING SHOW	THE QVC MORNING SHOW FASHION FRIDAY	Select Comfort Sleep Number	AM STYLE
上午 8:00—9:00	PATRICIA WEXLER, MD DERMATOLOGY	SPRING SPOTLIGHT	NutriSystem Nourish WeightLoss Program	SUSAN GRAVER STYLE	SLEEP SOLUTIONS	AM STYLE	
上午 9:00—10:00	CITIKNITS	BATH SHOP	FINE JEWELRY COLLECTION	ORGANIZE IT ALL	TRAVELING WITH KIDS	CREATING KEEPSAKES MAGAZINE PAPER CRAFTING	MODERN SOUL KNITWEAR
上午 10:00—11:00	HOME STYLE	DENIM&CO	ELLIOTT LUCCA HANDBAGS	WHITE MOUNTAIN FOOTWEAR	IMPERIAL GOLD	BY PDPULAR DEMAND	DIALOGUES THE NEW LANGUAGE OF STYLE
上午 11:00 下午 12:00	BEAUTY BEAT	NOW YOU'RE COOKING	14K GOLD JEWELRY	EATING SMART			
下午 12:00—1:00	LINEN CLOSET	LINEA BY LOUIS DELL'OLIO	B.O.C FOOTWEAR	BY POPULAR DEMAND	THE FAMILY ROOM	RATIO & GARDEN	LINEA BY LOUIS DELL'OLIO
下午 1:00—2:00							

案例2 QVC

续前表

东部标准时间	星期一	星期二	星期三	星期四	星期五	星期六	星期日
下午 2:00—3:00	OUTDOOR ENTERTAINING	LINEA BY LOUIS DELL'OLIO	QON ASLETT'S CLEANING SECRETS	NINA LEONARD COLLECTION FASHION	BIRKENSTOCK COLLECTIONS	SMASHBOX COSMETICS	SUMMER FUN FASHION
下午 3:00—4:00	DENIM&CO	EPIPHANY PLATINUM CLAD SILVER & AMONIQUE JEWELRY	PROACTIV SOLUTION SKIN CARE		INSTANT FLOWER GARDEN	ANNA GRIFFIN ELEGANT CRAFTING	CITIKNITS
下午 4:00—5:00	QVC SAMPLER		In-Home Care	AUTO SHOP		CREATING KEEPSAKES MAGAZINE-PAPER CRAFTING	STATEMENTS ON STYLE
下午 5:00—6:00	ETIENNE AIGNER	FOCUS ON FASHION	JEWELRY SHOWCASE	PATRICIA WANG JADE STUDIO	AROUND THE HOUSE	SCRAPBOOKING DAY CELEBRATION	DENIM&CO
下午 6:00—7:00	HOME STYLE	KITCHEN IDEAS	NutriSystem Nourish WeightLoss Program	QVC SAMPLER	KITCHEN IDEAS	Select Comfort Sleep Number	
下午 7:00—8:00	PATRICIA WEXLER,MD DERMATOLOGY	LINEA BY LOUIS ELL'OLIO	KEEP IT CLEAN	MADE FOR iPOD	ELECTRONICS TODAY	SATURDAY NIGHT BEAUTY	SUSAN GRAVER STYLE

资料来源：QVC.

司开始在自己的购物节目中加入了一些来自流行节目的概念。在其近期推出的一档节目"居间改进"（Room for Improvement）中，购物频道介绍了如何对一个家庭的卧室和厨房进行大规模改进。节目介绍的产品卖得非常好。在另一档节目中，在 QVC 卖珠宝的菲娜·瑞希吉丝（Finola Hughes）计划精心打扮一位参与者。

QVC 的主题节目每周 7 天、每天 24 小时通过电视播放，在美国有 9 000 万收视家庭，全世界共 1.6 亿收视家庭。购物频道将其现场节目从公司位于宾州的中央制作基地传至卫星上。QVC 的全部订单中，90% 以上是在 48 小时内由配送中心寄出的。QVC 的一位物流经理保罗·戴（Paul Day）解释了公司是如何保证向顾客快速送货的："整个供应链都必须运转起来，从买家如何下单和指定收货日期到我们如何收订单等。" 配送中心加起来的面积达 460 万平方英尺，相当于 103 个橄榄球场的大小。

为了使观众更容易购买在家里的购物频道上看见的产品，QVC 还提供了信用服务项目，允许顾客在几个月的时间内支付货款。公司出售的所有产品也有 30 日内无条件退款保证。而且，QVC 不附加任何其他隐性收费，如退货的补货费。对于那些能看到但无法触摸或感受的产品，这些政策能帮助购物频道吸引顾客。

寻找高利润产品

100 多个经验丰富、消息灵通的采购人员定期为 QVC 在全球搜寻新产品。购物频道关注于能够通过电视直播展示的独特产品。而且，这些产品价格必须足够高，以使观众愿意支付额外的运输费和手续费。通常，QVC 一年中提供的产品超过 5 万种，近 1 700 种每周时间都提供，其中的 15% 或 250 种都是新产品。QVC 的供应商既有一些世界级大公司，也有小型私人企业。

但是，所有新产品必须通过 QVC 的内部质量保证实验室的严格测试。很多情况下，检测都是由公司员工手工完成的。只有 15% 的产品第一次就通过了公司的严格质量检测，有 1/3 永远不会面世，因为它们怎么也通不过。QVC所有人的努力都是确保每项产品在寄出前能正常使用，其包装在运输中能真正保护产品。"在质量检测合格前我们不会寄出任何产品，"戴说，"因为我们的产品是直接面对消费者的，对于产品质量问题，我们无法维修或更换。"

QVC约1/3的销售来自到处可见的全国品牌。通过提供这些知名品牌的产品，公司已经在消费者中间建立起了信任。QVC还靠与一些公司的联合促销活动完成了另外1/3的销售。它与戴尔、塔吉特及Bath & Body Works等公司签订协议，推出特别限时促销活动。但QVC在独家销售产品方面或者在其他销售渠道上还未出现的产品销售方面是最成功的。虽然这些产品只占据了销售的另外1/3，但是公司从这些独家销售的产品上获得了更高的利润率，这些产品大部分来自刚刚起步的企业或刚进入美国市场的公司。

除了独家销售产品，QVC也一直努力减少一些低利润的产品种类，如家电和小电器。公司逐步扩大增加新的高利润产品种类，如化妆品、服饰、食品及玩具。在过去的几年，这些新产品在购物频道上表现出强劲的增长速度。

购物频道也寻找时尚设计师的产品，如阿诺德·斯卡西（Arnold Scassi）、海蒂·克拉姆（Heidi Klum）及戴娜·布奇曼（Dana Buchman）等。许多设计师也被QVC吸引过来，因为公司拥有非常广阔的市场。最近，公司开始提供专用设计师专为大众设计的服饰、珠宝和配饰。2004年末，QVC与马克·包沃（Marc Bouwer）签订协议，合作开发只在公司家庭购物频道出售的M系列产品。包沃的首批作品包括一件标价50美元的日式女衫，一条50美元两边有裂口的粗针织裤，一条标价149美元的前面带褶的丝绸连衣裙。"在哪里你能几分钟内卖出几千件去？"包沃问。

基于顾客的扩展

2005年，QVC购物频道几乎已进入美国全部有线电视和卫星电视用户。公司仍在努力提高销售，让顾客在购物频道上按一下遥控器就可以购买公司的任何产品，公司希望通过这种特色的互动服务使顾客购物更加便利。公司还依赖着相对较好的声誉，调查也显示 QVC 在当前主要顾客中的声誉非常好。正如其名称缩写所示，QVC 承诺将向观众提供高质量（quality）、价值（value）和便捷（convenience）的服务。超过 3/4 的购物频道顾客为其可信赖度打了 7 分，满分也是 7 分。这表明大部分顾客有经常在此购物的倾向，并有可能推荐给朋友。

通过向北美以外的顾客提供购物广播，QVC 也尝试着进入新市场。在过去 10 年间，QVC 已经扩张到英国、德国和日本，覆盖了这 3 个国家近 7 000 万新家庭。部分地看，由于进入了新的市场，过去几年间购物频道强劲销量增长的一大部分来自持续增加的新顾客。在一个正常的月份，QVC 可以在全球吸引 20 万新顾客，其中的许多人都成了回头客。公司的顾客群分散在几个不同的国家，总规模接近 4 500 万人。

QVC 也得益于劳动力市场上女性比例的增长，因为这使双份收入家庭迅速增多。虽然公司的现有顾客群跨越了几个社会经济群体，但仍由年轻的职业家庭所引领，他们的可支配收入高于平均水平。与传统消费者相比，他们也喜欢追求各种各样的刺激，也更乐意将购物当做是一项休闲活动。

1995 年，QVC 推出了自己的零售网站，以补充家庭电视购物频道。这项被称为 iQVC 的 24 小时服务使公司能够进入美国 1 亿互联网用户家庭。有些产品种类在家庭电视购物频道上表现一般，但是在网站上却做得非常出色。例如，图书、电影和音乐链接有 50 多万本书、10 万多部电影和 15 万多张 CD 光盘。2006 年，QVC 的网站运营取得了 10 亿美元的销售业绩。

近期，通过与 AOL 合作，QVC 也新增了名牌视频点播频道。这包括 AOL 视频门户网站的首个流媒体直播频道。QVC 广播的流媒体频道能够播放购物频道 24/7 的直播格式。另一个 QVC 点播频道将包括 400 多段视频，内容来自各种日常演出和事件，而且不断更新。"QVC 在寻找新的方式，进入顾客想购物的各个角落，"QVC.com 的高级副总裁鲍勃·迈耶斯（Bob Myears）说，"在 AOL 播出我们的流媒体视

案例 2　QVC

频将使更多的电子商务消费者体验 QVC 和我们的创新产品销售。"

未来成长定位

在过去的一年中，QVC 积极开展了市场推广活动，为公司创造更大的知名度。新任市场总监杰夫·钱尼（Jeff Charney）在员工中展开了一场竞赛，身着 QVC T恤、赢得最多顾客关注的个人将获得 1 万美元奖金。截至 2006 年 9 月比赛结束前，公司有 725 名参赛选手，这些员工身着 QVC T恤参加各种活动，包括在跳伞时在空中组成一个"Q"字、录制音乐在 YouTube 吸引 5 000 名观众，等等。

2003 年，约翰·马龙（John Malone）在收购公司时给出了高达 141 亿美元的价格。显然马龙认为家庭电视购物频道会继续发展，虽然家庭电视购物面临的各种竞争也在发展。这些年来，QVC 的销售实际上已与网络销售巨人亚马逊公司持平。但亚马逊这个网络公司在努力实现赢利时，QVC 已经挣得了大量现金。而且，QVC 确实看起来对其购物频道、网站和流媒体视频定位很恰当，使其各类商品销售保持了持续增长。

事实上，自推出公司网站以来，QVC 正在努力成为电子零售业的创业者。公司网站已远远超出了最初的功能，开始时网站只是为电视购物频道推出的产品提供补充信息。购物频道最近推出的互动服务代表了屏幕互动（on-screen interactivity）的首次推出，在这种互动中，观众可以只用遥控器就可以与电视内容进行交互。展望未来，QVC 已经瞄向了新的成长途径，例如那些能够通过手机提供的零售服务。

技术的不断发展可能会使 QVC 继续向现有市场和未来市场提供更高利润的产品。品牌开发副总裁道格·罗斯（Doug Rose）称，公司各业中的互动，包括电视购物频道的互动，在未来只会变得更加明确，使顾客更容易地对看到的内容做出回应。QVC 相信公司还有很大的发展空间，因为目前仅有 2%～3% 的电视观众在买东西。

"上个月我与员工一起过周年纪念时，他们展示了 QVC 10 年前的一个片段，"罗斯说，"我想，我已经完全震惊了，它看上去那么原始！

我真的期望10年后，我能看到我们现在所做事情的片断，并觉得'多么原始！'变化是如此巨大，而我们仍像婴儿在学步。我们确实仍像个婴儿。"

案例3　捷蓝航空公司：蓝在褪色吗？

2007年情人节期间，没有哪家航空公司像捷蓝公司一样那么严重地受到恶劣天气的影响（见图表1）。上千名旅客滞留在机场超过10个半小时，每天的500多个航班中有差不多一半因冰雪天气被迫取消，而且因情人节恶劣天气的滚雪球效应，另有1 100多个航班被取消，这个本该为梦幻企业的航空公司——捷蓝——遇到了运营效率问题。为了维护公司的品牌形象和公共关系，公司拿出了1 400万美元来办理退票和包租其他公司的飞机来运送旅客，公司又拿出1 600万美元专款向受影响顾客提供免费机票券。大卫·尼勒曼——捷蓝公司的首席执行官——公开道歉并承诺永远不会再出现这样的事情。

图表1　2007年2月13—15日，因天气恶劣而被迫取消的航班

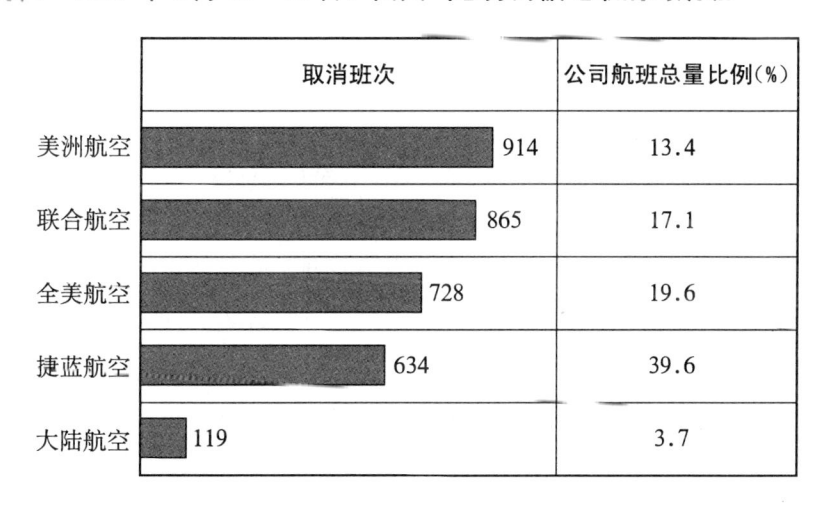

	取消班次	公司航班总量比例（%）
美洲航空	914	13.4
联合航空	865	17.1
全美航空	728	19.6
捷蓝航空	634	39.6
大陆航空	119	3.7

资料来源：FlightStats.

在短短的一周时间内，摩根士丹利和其他投资银行都降低了捷蓝的股票评级，称在税前利润中将增加2 500万美元到3 000万美元的成本。摩根士丹利分析师威廉·格林（William Greene）在研究报告中写

道，（捷蓝公司）股票"现在是死钱了"（见图表2股票表现）。为了采取挽救措施，大卫·尼勒曼宣布了一项顾客权益保障计划（customer bill of rights），包括承诺航班延误和取消时通知顾客，对地面延误超过5小时的航班的旅客重新安排航班。"这是对捷蓝敲响的警钟，"尼勒曼说，他又补充道，"如果不幸之中仍有万幸，那就是我们公司会变得更强，更好地准备为我们的顾客服务。"

图表2　捷蓝公司、西南航空公司股票与标准普尔500（截至2007年5月24日）

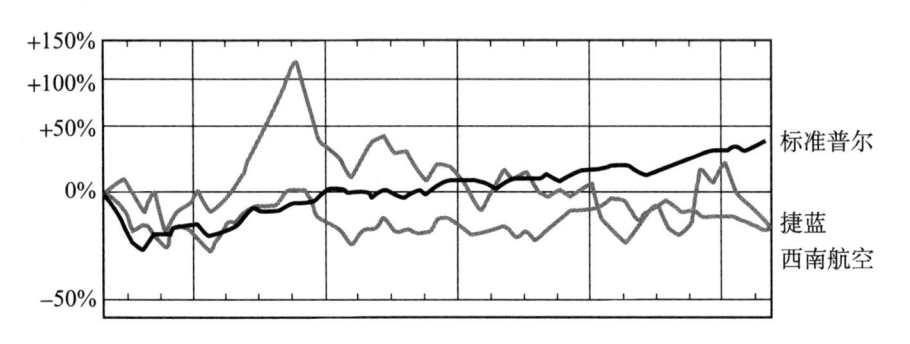

资料来源：http://finance.yahoo.com/.

但是，这个警钟似乎发出了另一种声音。事故发生后不到3个月的时间内，2007年5月尼勒曼被赶下了首席执行官的职位。航空公司老将、首席运营官戴夫·巴格（Dave Barger）取代了他的职位。尼勒曼自1998年担任首席执行官到现在，今后将只担任总裁一职。一些专家认为，在2007年2月份出现运营事故以前，公司早就已经在谋划领导层变动了。"这个事件可能就是最后那根稻草，但是他们已经在朝那个方向移动了，"内德尔（Neidl）说，看到公司4月份的财报后，他将自己的推荐降低到了"中性"，"捷蓝已经增长到了一定的规模，他们需要一个更坚决、更有经验的管理者。"尼勒曼说他同意这个管理调整的决定。"如果你是个创始人，又是个创业者，还陷入经营中去，这对所有人来讲不一定是好事。对我们的继续前进来说这是一个好得多的结构。这是董事会的建议，我说：'太好了，那我们就开始吧。'"管理层的这种变化会解决捷蓝公司的问题吗？抑或使问题更加严重？

美国的航空业

1978年美国航空业放松管制,将竞争引入了这个原本受到保护的行业。几家低成本廉价运营商进入了西南航空公司开创的这个竞争领域。1971年,西南航空公司作为一个地方性航空运营商开始营业,但是到1990年时,公司收入超越10亿美元大关,一举成为一家干线航空公司。西南模式的基础是:运营单一型号机队、较高的实用效率、单一的座位等级和简单的票价结构,以及人力和其他资产的较高生产效率。而"中枢—轮辐"模式却提高了劳动力成本,而且,各种型号机队的增加也使干线航空公司的成本结构变得非常臃肿。航空运输业主要分为三个档次,按照美国交通部的定义,干线美国航空公司是指年收入超过10亿美元的航空公司。这类航空公司有11家,最大的包括美洲航空公司、大陆航空公司(Continental Airlines)、德尔塔航空公司(Delta Air Lines)、西北航空公司(Northwest Airlines)和联合航空公司(United Airlines)。这些公司在美国和国际大城市之间都有定点航班,同时也在众多小城市设有航班。绝大部分干线航空公司都采用了"中枢—轮辐"航线安排模式。在这种模式下,运营主要集中在有限的一些中枢城市之间,而其他地点则通过经停或者中枢对接提供服务。截止到2007年初,共有16家干线航空公司。地方性航空公司主要在客流量比干线小的航线上运营小型飞机。与廉价航空公司不同,地方性航空公司没有独立的航线系统,它们主要与干线航空公司合作,在"轮辐"(支线)上——即大型中枢城市与小城市之间运送旅客。截止到2007年,美国共有5家地方性航空公司。而廉价航空公司提供的是"点对点"运营,拥有自己的航线系统。廉价航空公司的目标区域是对票价敏感的休闲或者商务人士,面对较高的票价,他们要么会换乘其他交通工具,甚至干脆就不会去旅行。廉价航空公司刺激了这个层次的需求,也成功地从干线航空公司那里争得了部分顾客。美国廉价航空公司主要有4家。航空运输业竞争的基础是机票定价、顾客服务、航线安排、航班、机型、安全记录、声誉、代码共享关系、舱内娱乐系统和常旅客计划。

20世纪90年代后期的经济低迷和2001年9月11日对世界贸易中心与五角大楼的恐怖袭击严重影响了航空运输业。乘飞机旅行的需求大幅度下降,这导致了旅客数量和航空公司收入的下降。对安全的担心、安检成本和对破产的担心上升了。更低的票价和低成本航空公司运输能力的增加使传统航空公司更加无利可图。自2001年以后,很多传统航空公司都申请了破产或者进行了财务重组、合并和/或联合。通过这些重组,很多航空公司都能够大幅度降低劳动力成本,重组债务,并且一般都创造了更有竞争力的成本结构。干线航空公司在保持联合优势、常旅客计划、航线网络扩展的同时,也能够提供与廉价航空公司相似的创新服务。低成本航空公司与传统航空公司之间的差距被大幅缩小。在2005—2006年,整个行业出现了进一步的联合,这可以带来更加合理的航线布局和更低的运营成本,这也可以带来激烈的未来竞争。

尼勒曼和捷蓝

大卫·尼勒曼出生于巴西圣保罗,在盐湖城长大。在犹他大学读完一年级后就辍学了,回到巴西做起了牧师。做了两年牧师工作之后,他很谨慎地开始了建立自己的事业,在夏威夷出租Condominiums。然后他建立了自己的旅行社,包租飞机在盐湖城和夏威夷岛之间接送租赁业务的潜在客户。尼勒曼的销售天赋引起了琼·莫里斯(June Morris)的注意,他当时拥有犹他州最大的合作旅行社。之后不久,在1984年,尼勒曼和莫里斯在犹他州创办了"Morris Air"——一个包机运营公司。Morris Air完全按照西南航空公司的模式组建,西南航空公司当时是美国传奇式的廉价航空公司。尼勒曼把西南航空公司的创始人赫伯·凯勒格(Herb Kelleher)看做自己的偶像。他研究凯勒格所做成的一切并努力做得更好,这意味着除了各种运营和战略选择外,还要保持低成本,让飞机快点飞起来。在追随西南航空公司模式的同时,他还将自己的创新思想运用到企业中。他开创了"居家机票代理"——航线咨询电话打到代理家中以节省办公室租金和基础设施费用。他还开发了航空运输业中的第一套电子订票系统。到1992年,Morris Air已经发展成一个拥有定点航班的航空公司,在被西南航空公司以1.29亿美元收购时，公司已经准备好了上市。西南航空公司对 Morris Air 的低成本和高收入印象极深。尼勒曼成为了西南航空公司的执行副总裁。但是，尼勒曼无法跟上西南航空公司做事的步伐。到1994年，他已经与高层负责人意见相差甚远，在签订了一项5年内不得从事竞争性工作的协议后，他离开了公司。在离开西南航空公司后到建立捷蓝公司的这个空当时间里，尼勒曼将在 Morris Air 引进的电子订票系统发展成了世界上最简单的航空订票系统：Open Skies。1999年他将 Open Skies 卖给了惠普公司。在这段时间里，他还担任了一家刚刚成立的加拿大廉价航空公司——WestJet Airlines——的顾问。1999年与西南航空公司的非竞争协议到期后，尼勒曼创立了自己的航空公司。他在短短的两周时间内就筹集到了1.3亿美元资金，这对一个刚刚成立的航空公司来说是史无前例的。Weston Presidio Capital 和 Chase Capital 以前都是资助尼勒曼的风险投资公司，现在成了回头客，金融大鳄乔治·索罗斯也被拉进了这场交易。"大卫是个赢家，我知道，他摸过的任何东西都可以变成金子，"Weston Presidio Capital 的迈克尔·拉撒路（Michael Lazarus）说，该公司以前也向 Morris Air 提供过资助，"我们被他廉价航空公司的主意触动了心弦。"有了风险投资公司的强力资助，捷蓝成为了美国航空运输历史上获得最高资助的初创航空公司。

2000年8月，捷蓝航空公司正式对外营业，约翰·肯尼迪国际机场是公司的主要运营基地。2001年，捷蓝公司从基地延伸到了西海岸地区的 Long Beach Municipal Airport，该机场主要向洛杉矶地区提供服务。2002年公司在纳斯达克上市，代号为 JBLU。捷蓝公司预计上市时以24美元~25美元/股的价格卖出550万股。实际上，公司通过主要承购商摩根士丹利和美林银行以27美元/股的价格售出了587万股。股票交易当天以47美元收盘，上涨18美元。捷蓝公司的股票上市成为当年最热门的上市事件之一。捷蓝航空公司的建立目标是成为领先的、为顾客提供差异化产品和高质量顾客服务的廉价客运航空公司。公司的定位为：低成本、低票价、在点对点航线上提供高质量顾客服务的航空公司。捷蓝公司拥有地理上分布较广的航班安排，既包括短途航线也包括长途航线。根据大卫·尼勒曼的说法，公司的使命是"将人性化重新带入航空旅行"。为了刺激需求，航空公司瞄准了服务不充分的市场和平均票价较高的大城市地区。"捷蓝效应"立志于压低票价、增加客流量，捷蓝公司最后得到了滚滚而来的生意（见图表3）。

图表3　捷蓝效应

航线	每日乘客增长（%）	平均机票价格下降（%）	捷蓝公司占管内交通份额（%）
纽约—迈阿密/罗德代尔堡	14	17（121.50美元）	23.1
纽约—洛杉矶盆地	2	26（219.31美元）	18.0
纽约—布法罗	94	40（86.09美元）	61.2

2003年第二季度数字。
资料来源：Data from Back Aviation Solutions: adapted from W. Zeller. 2004. Is JetBlue's flight plan flawed? *Business Week*, February 16.

捷蓝公司一直努力保持低成本。为了实现这个目标，公司原来运营的只有空客320飞机的单一型号机队，这与更流行但成本更高的波音737飞机形成了对比。空客320飞机有162个座位，而波音737上只有132个座位。根据捷蓝公司的说法，空客320飞机因此维护成本更低，也更省油。因为捷蓝公司的所有飞机都是新的，因此维护成本也很低。另外，单一型号的飞机也使得培训成本较低，并提高了人力的使用效率。捷蓝公司是第一家使用"无纸座舱"的公司。在座舱内，飞行员都配备了笔记本电脑，可以随时查看总部不断更新的飞行手册。因此，飞行员可以迅速计算飞机的重量、平衡和起飞效果，而不用先下载，再打印，然后计算。因为减少了纸面工作，无纸座舱因此确保了更短的起飞时间，提高了飞机使用效率。飞机上不提供餐饮，为了尽量缩短飞机停留在地面上的时间，如果需要，飞行员要随时准备好打扫飞机上的卫生。航空公司尽量选择不那么拥挤的机场，对此也有很大帮助。创新是随处可见的，例如，没有浪费的纸质机票，也不向经常旅客邮寄里程明细。友好的、以顾客服务为中心的员工、新飞机、有36个免费直播电视频道的宽大真皮坐椅、100个免费XM卫星广播频道和FOXInflight提供的电影频道、更宽的腿部空间（空客320飞机上的一排坐椅被拆除了，以留出更多的空间），捷蓝公司向其顾客承诺了一种非常独特的飞行体验——"捷蓝体验"。基本上没有顾客被拒绝登机，较高的完航指数（99.6%，其他干线航空公司为98.3%），最低的行李延误、出错或者丢失率，排名第三低的顾客投诉率，公司实际上树立了行业内低成本运营的标准。在《康德纳斯旅者》（Conde Nast Traveler）上，通过投票，公司被评为最佳国内航空公司，连续5年获得了"读者的选择奖"，2006年被《私家地理》（Travel+Leisure）杂志读者评为世界最佳国内航空公司。另外，公司还获得了《世界航空》（Air Transport World）杂志颁发的"客户服务奖"。

扩张与增长

自公司成立以来短短7年时间，捷蓝公司的服务范围已经覆盖了21个州和波多黎各、墨西哥、加勒比地区，共50个目的地。对17个目的地的新服务开始于2006年（见图表4）。2007年3月，捷蓝公司增加了从纽约怀特普莱斯到佛罗里达的航班，4月，航班服务又从波士顿扩展到了圣迭戈和加勒比地区的阿鲁巴岛。同样是在2007年夏天，公司计划将从盐湖城起飞的航班数量增加一倍，并开通从盐湖城飞往圣迭戈和圣弗朗西斯科的航班。

另一方面，公司偏离了原有模式，这是显而易见的。公司原来只运营一种型号的飞机，这也是保持低培训成本和人力资源管理灵活性的基础等，公司现在开始增加了另一种型号的飞机——Embraer 190。公司现在仍然还不习惯运营这种型号的飞机。而且，2002年捷蓝公司用4 100万美元现金收购了LiveTV, L.L.C.公司，并且还清了LiveTV公司3 900万美元的债务。收购并不能代表捷蓝公司核心竞争力的延伸。而且，公司还在没有经验的道路上开始了新的尝试。2007年2月6日，《今日美国》称捷蓝公司计划与爱尔兰航空公司（Aer Lingus）组成联盟。组建联盟的目的是希望使顾客在两个公司航班之间转机更加便利，但是两家航空公司并不销售对方的机票。与传统的代码共享联盟不同，这种联盟意味着顾客需要分别向两个航空公司预订座位。

2007年2月14日，捷蓝公司宣布了第一个代码共享协议，是与Cape Air签署的。按照这个协议的约定，旅客从波士顿洛根机场乘捷蓝航空公司的航班可以飞往Cape Air公司在整个科德角及周边岛屿地区的所有目的地。根据协议安排，两家航空公司的座位只需要一次就可以预定完成。

图表4　捷蓝公司的增长

年份	目的地个数	员工人数	运营飞机（架）		
			自有飞机	租赁飞机	总计
2000	12	1 174	4	6	10
2001	18	2 361	9	12	21
2002	20	4 011	21	16	37
2003	21	5 433	29	24	53
2004	30	7 211	44	25	69
2005	33	9 021	61	31	92
2006	49	10 377	70	49	119

资料来源：JetBlue SEC filings 2006.

另一方面，升高的油价、激烈竞争的机票价格以及相关成本的升高使得捷蓝公司维持其增长速度和利润水平越来越困难。2005年，公司经历了自上市以来的第一个年度亏损。公司宣布2006年12月31日财年结束时，公司亏损100万美元，2005年亏损为2 000万美元，主要原因是油价的升高。见图表5、图表6。2006年，公司调整了增长计划，减少空客320飞机和2010年交货的Embraer190飞机的数量，并出售5架空客320飞机。在2006年年度报表中，公司也称将降低以前宣布的未来增长水平。正如公司独特文化极力吹捧的一样，2006年，国际机械师协会（International Association of Machinists）试图将捷蓝公司的停机坪服务工人组织起来。虽然因为只有不到35%的合格员工支持选举，组织申请的工会被美国国家仲裁委员会（National Mediation Board）解散了，但是工人联合是未来发展的一种可能。这一切对捷蓝公司的文化构造意味着什么，目前仍然不清楚。

案例3 捷蓝航空公司：蓝在褪色吗？

图表5 运营数据表　　　　　　　　（单位：百万美元，股票数据除外）

运营数据报告	2006年	2005年	2004年	2003年	2002年
经营收入	2 363	1 701	1 265	998	635
经营支出：薪资与福利	553	428	337	267	162
飞机燃油	752	488	255	147	76
机场起降及租赁费用	158	112	92	70	44
折旧与摊销	151	115	77	51	27
飞机租赁费	103	74	70	60	41
销售与推广	104	81	63	54	44
维护材料与修理	87	64	45	23	9
其他经营支出	328	291	215	159	127
经营总支出	2 236	1 653	1 154	831	530
经营收入	127	48	111	167	105
政府补贴	—	—	—	23	—
其他收入（支出）	-118	-72	-36	-16	-10
税前收益（亏损）	9	-24	75	174	95
收入税支出（福利）	10	-4	29	71	40
净收入（亏损）	-1	-20	46	103	55
普通股每股收益（亏损）					
每股基本赢利	—	-0.13	0.3	0.71	0.49
每股摊薄赢利	—	-0.13	0.28	0.64	0.37
其他财务数据					
经营利润率	5.4	2.8	8.8	16.8	16.5
税前利润率	0.4	-1.4	5.9	17.4	15
收益—固定费用比	—	—	1.6	3.1	2.7
运营提供现金净额	274	170	199	287	217
运营支出现金净额	-1 307	1 276	-720	-987	-880
筹资活动提供现金净额	1 037	1 093	437	789	657

注：财政年度截止到12月31日。

图表 6　运营统计（未审计）

	2006 年	2005 年	2004 年	2003 年	2002 年
收益乘客（千人）	18 565	14 729	11 783	9 012	5 752
收益乘客里程（百万英里）	23 320	20 200	15 730	11 527	6 836
有效座位里程（百万英里）	28 594	23 703	18 911	13 639	8 240
载客率（%）	81.6	85.2	83.2	84.5	83
盈亏平衡点载客率（%）*	81.4	86.1	77.9	72.6	71.5
飞机使用率（小时/天）	12.7	13.4	13.4	13	12.9
平均票价（美元）	119.73	110.03	103.49	107.09	106.95
乘客里程收益（美分）	9.53	8.02	7.75	8.37	9
有效座位里程乘客收入（美分）	7.77	6.84	6.45	7.08	7.47
有效座位里程运营收入（美分）	8.26	7.18	6.69	7.32	7.71
有效座位里程运营成本（美分）	7.82	6.98	6.1	6.09	6.43
有效座位里程运营成本，扣除燃油（美分）	5.19	4.92	4.75	5.01	5.51
有效座位里程公司运营支出（美分）*	7.76	6.91	6.04	6.08	6.43
起飞架次	159 152	112 009	90 532	66 920	44 144
平均航段距离（英里）	1 186	1 358	1 339	1 272	1 152
当期经营飞机架数	106.5	77.5	60.6	44	27
每加仑平均燃油成本（美元）	1.99	1.61	1.06	0.85	0.72
燃油消耗量（百万加仑）	377	303	241	173	106
当期捷蓝网站销售比例	79.1	77.5	75.4	73	63
当期末全职员工人数*	9 265	8 326	6 413	4 892	3 572

注：财政年度截止到 12 月 31 日。

* 不包括与航线经营无关的 Live TV, L.L.C. 的经营结果及员工。

见案例附录：重要条目词汇表。

运营事故及其背后

2007 年情人节是捷蓝公司迄今辉煌历史上的噩梦，原因不止一个。这个事件不仅毁掉了捷蓝公司顾客友好的声誉，还让尼勒曼丢掉了工作，而且还暴露出了航空公司运营管理系统中的弱点。

案例3 捷蓝航空公司：蓝在褪色吗？

情人节暴风雪到达东部海岸之前已经在中西部地区肆虐了几天时间，并带来了麻烦。不像在芝加哥等城市出现的暴风雪和严寒，天气变成了冻雨，雨夹雪袭击了中东部大西洋沿岸地区，在一些主要公路上造成了大混乱，一些机场也最终被迫关闭。为了应对暴风雪，其他航空公司大都取消了数十个航班。但是，捷蓝公司的管理者却选择了等待。因为公司的政策是尽最大可能完成每一个航班，即便是要等上数小时，因此早晨8点，公司仍将飞往外地的飞机送上了纽约约翰·肯尼迪机场的跑道。这是为了保证一旦天气转好，它们能立即起飞。但是，天气不但没有转好，反而变得更糟糕了。联邦航空指南不允许飞机在漫天冰珠的条件下起飞，飞机和一些设备很快就冻在了柏油跑道路面上了。下午3点，飞机还没有能起飞的希望，公司开始安排公共汽车将乘客接送回航站楼。但是，此时问题已经发生了。约翰·肯尼迪机场越往里越严重，航站楼里挤满了等待搭乘飞机的旅客；使问题进一步严重的是，又有数百名怒气冲冲的乘客离开飞机后挤了进来。"事情很快就失控了，我们做了一件非常恐怖的事，"在第二周开始时的电话会议上，尼勒曼说，"我们让自己落入了滚动取消航班的困境中，而不是大规模取消。通信瘫痪了，我们无法联系到乘客，而他们继续赶到机场来……这产生了级联效应。"混乱局面又持续了一周才得以控制。

根据公司的新首席信息官查尔斯·米斯（Charles Mees）的说法，公司信息系统中的一系列缺陷应该对此次灾害负有不可推卸的责任，他是事件发生前几个月刚刚加入公司的。例如，预定系统没有扩容到可以满足极大的顾客电话量。情人节事件的严重性显露出来之后，捷蓝公司位于盐湖城的预定办公室负责人才开始给那些不当班的代理打电话，请求协助处理预期的大量电话咨询。这些代理一般情况下主要在自己家里工作，通过互联网通信系统进入公司的 Navitaire Open Skies 预订系统（总部位于明尼阿波利斯市，Navitaire 负责托管捷蓝公司和其他几家廉价航空公司的预订系统）。被赶下飞机的乘客或者赶到约翰·肯尼迪机场或者东海岸其他机场的乘客发现他们预订的捷蓝航班被取消了，他们只有一个选择就是重新订座位：向捷蓝公司预订办公室打电话。捷蓝公司的顾客不能用机场的公用信息服务亭在网站上重新订票。自2006年12月起，公司已经着手解决在线重新预订的问题，但是到2007年2月，该项服务还没有能推出使用。结果，盐湖城的预订代理们突然之间就被电话淹没了，怒气冲冲的顾客要么要求改订其他航班要么要求可能的赔偿。米斯给Navitaire打去了加急电话，系统只能扩容到向950个代理同时提供服务（在原来650个的基础上增加了300个），但是此时已经碰壁了。即便扩容了，也难以找到足够的人来接听电话。未当班的工作人员和机场人员提供了志愿服务，但是他们并不了解如何使用这个系统。

  一团乱的还有行李处理系统。旅客挣扎着预订座位时，他们的行李已经在机场堆成了山。非常有意思的是，捷蓝公司没有可用的计算机化系统来记录追踪丢失的行李。因为航空公司基本上很少取消航班，如果有行李被落在了飞机上，机场工作人员会查看旅客标签看看是谁的。但是，在发生大规模取消航班的情况下，这种方法是完全失效的。早在2003年，公司就已经和汉莎航空公司签订了一项协议，购买一个称做BagScan的系统。但是该系统从来就没有安装过。米斯承认："我们没有给予足够的重视——可能是因为我们太关注SAP项目了。"捷蓝公司增长飞快，需要改进的SAP ERP系统来解决人力资源管理问题。

  公司还有其他令人头疼而又需要解决的系统问题。作为其核心运营基础设施的一部分，捷蓝公司使用了沙博顾问公司（Sabre Airline Solutions）的一些应用软件，该公司位于得州南湖。这是一个在Navitaire预订系统之外的系统。Sabre Flight Control Suite软件可以帮助航空公司管理、安排、跟踪飞机和工作人员，而Sabre Dispatch Manager用于安排实际的航班计划。另一套软件Flite Trac嵌在Flight Control Suite之内，与Navitaire预订系统是衔接的。这些应用软件可以向管理者提供实时信息，如航班状况、燃料信息、乘客名单、原定、修改、计划和实际到达时间等。Sabre CrewTrac是另一个软件，可以记录工作人员的任务分配，确保能达到法定要求，并允许机组人员和乘务人员通过安全的网站查阅自己的工作安排。在这次灾难性事件中，捷蓝公司本来希望借此能找出最佳应急方案，但Sabre应用软件和Navitaire的SkySolver之间出现了一些小故障。

尼勒曼说："我们公司里有这么多人都想帮忙，但是都不知道怎么帮忙。我们的紧急事务中心挤满了人，但是都不知道该做什么。我们的乘务员在旅馆房间里待了3天却联系不上我们。飞行员发电子邮件给我说：'我没事，我可以做什么？'"米斯说他完全无法理解为什么信息传递不过来，系统之间的不兼容性为什么以前没能发现。"当然，"他补充道，我们还有很多每天需要管理的其他重要事情。"任何迅速成长的公司，在积极战斗的时候，你总是会试图去解决最棘手的问题，"米斯说，"但是你必须不断提醒自己，你要退一步，照顾一下眼前出问题的事情——找出临界点是什么——在这些事情能影响你之前。"

相比之下，西南航空公司在这段时间取消了大部分服务，比较轻松地度过了情人节的灾害天气。捷蓝公司在这一显而易见的解决方案上似乎完全迷失了方向（见图表7 直接竞争对手比较）。

航空公司的声誉降到了最低点。公司宣布了巨额赔偿方案，向顾客退票和发放未来机票兑换券，这让公司花掉了3 000万美元。此外，尼勒曼立即宣布了顾客权益保障计划。顾客权益保障计划大致规定了在公司遇到运营问题时或者不能在"合理"时间内及时调整因天气原因取消的航班时，公司的自我惩罚和对乘客的补偿计划。例如，保障计划包括了承诺在计划离港、航班取消、机场转移等之前通知旅客飞机延误情况及原因。公司还承诺如果飞机在地面延误超过5小时，公司要采取必要措施为旅客重新安排航班。而且，如果飞机着陆后30分钟内无法滑行与接机口对接，旅客可以获得25美元到全额单程机票优惠券不等的赔偿（优惠券将来可以兑换捷蓝公司的机票），数额多少取决于延误时间的长短。

图表7 直接竞争对手比较

	捷蓝	美利坚公司	西南航空	联合航空	达美航空	大型航空公司
市值（10亿美元）	1.89	6.22	11.16	3.76	3.60	3.81
员工数	8 393	86 600	32 664	55 000	51 300	49 960
收入季度增长率	24.10%	1.60%	8.90%	-2.10%	11.40%	8.90%

续前表

	捷蓝	美利坚公司	西南航空	联合航空	达美航空	大型航空公司
收入（10亿美元）	2.48	22.65	9.27	19.25	17.60	17.60
毛利润率	30.88%	28.13%	62.99%	15.06%	18.14%	28.13%
未记息、税、折旧及摊销利润（10亿美元）	0.311	2.57	1.36	1.53	1.98	1.53
运营利润率	5.12%	5.27%	8.28%	2.43%	4.04%	4.38%
净收益（百万美元）	9.00	404.00	531.00	86.00	-4 260	275.57
每股收益（美元）	0.051	1.5	0.652	0.738	-21.606	1.5
市盈率	208.04	17.24	21.92	45.18	N/A	15.3

资料来源：http://finance.yahoo.com/ as of May 2007.

所有的这些承诺，即便加上公开道歉，显然是无法一下子就收拾好这个烂摊子的。2007年5月10日，尼勒曼被赶下了首席执行官的位置。在捷蓝公司超越新兴企业这一身份时，这一举动被认为是早在谋划之中的管理变革。是否如前人所想，捷蓝公司站到了薄冰之上呢？

附录：重要条目词汇表

飞机使用率（aircraft utilization）：机队中每架飞机每天平均飞行小时数。

有效座位里程（available seat miles）：可供乘客使用的座位数乘以该座位可飞行的里程数。

平均票价（average fare）：每航段付费乘客的平均单程票价。

平均航段距离（average stage length）：每航班平均飞行的里程数。

盈亏平衡点载客率（breakeven load factor）：假定每乘客里程的收支不变，保持运营收入与支出平衡的乘客搭载率。

载客率（load factor）：实际使用的座位比例（付费乘客里程除以有效座位里程）。

有效座位里程运营成本（operating expense per available seat mile）：运营成本除以

有效座位里程。

有效座位里程运营收入（operating revenue per available seat mile）：运营收入除以有效座位里程。

有效座位里程乘客收入（passenger revenue per available seat mile）：乘客收入除以有效座位里程。

付费乘客里程（revenue passenger miles）：所有付费乘客搭载航段的里程。

付费乘客（revenue passengers）：所有航段内付费乘客数。

乘客里程收益（yield per passenger mile）：每一乘客飞行一单位里程获得的收入。

资料来源：JetBlue, SEC filings, 2006.

案例4　强生公司

2007年4月17日，健康护理产品制造商强生公司预测，受药物涂层支架安全隐患的影响，销售出现下滑，但是当年的销售和利润不会受到影响。每年的销售增长速度都超过了10%，强生公司设法使这个速度保持了20多年，但在过去几年中，公司的收益增长开始下降。为了应对这一缓慢的增长速度，强生公司努力维持公司股票的价格，这与20世纪80年代中期以来升值20倍的股票表现形成明显的反差。

强生公司增长主要来源于过去这些年中展开的收购，它们收购的主要是那些正在开发有前景新产品的小公司。在过去的10年中，公司进行了60多次收购，总价值超过300亿美元。但是，最近在收购盖丹特公司的争夺中，强生公司败给了波士顿科技集团公司。要是这次收购成功了，这会是公司120年历史中最大的一次收购，能够使强生公司在增长最迅速的心律除颤产品市场上确立优势地位。

公司董事长兼首席执行官威廉·C·韦尔登（William C. Weldon）意识到，对于强生公司来说，依靠收购维持公司增长速度越来越难了。2006年间，公司最大的一笔收购是166亿美元收购辉瑞公司的消费品。虽然这些产品也表现出巨大的增长势头，但是利润率却相当低。而且，寻找研发有前景的药物的小公司和避免与其他开展同类收购业务的公司竞争也变得越来越难了。"寻找适合公司模式的收购业务，并借此为公司的增长作出贡献，现在是越来越难了。"瑞银华宝（UBS Warburg）的分析师戴维·罗森（David Lothson）警告说。

最近，韦尔登告诉投资者，公司将寻找其他的收入增长方式："我们会通过各种方式实现收入增长，同时提高高端和低端产品的增长速度。"特别是，他一直在努力从强生公司的现有业务中"挤出"更多的增长。韦尔登还希望减少公司对药品的依赖，制药曾一直占公司收入和运营利润的一半左右。与制药行业的其他公司一样，由于专利保护到期和竞争的加剧，强生公司一直在关注最畅销药物收入的减少问题。

考虑到强生公司涉及的业务范围，韦尔登感觉到不同部门之间加强合作可能会带来最佳的机会。综合公司在制药、医疗和诊断设备及消费品方面的优势，公司有能力开发出新产品。但是韦尔登也意识到，强生公司的成功是以各部门的相对自主和独立为基础的，这种独立自主地位是公司给予的。任何推动进一步合作的努力必须以公司的创业精神为基础，而公司的这种创业精神是多年来通过企业的这种组织结构建立起来的。

创建自治的业务部门

随着公司的成长，强生已经发展成了一个非常复杂的企业，200多个不同的业务部门组成了三大业务部门。众所周知的那个部门生产的是消费品，如邦迪创可贴、Aveeno护肤霜和各种婴儿用品。但强生公司近期增长的大部分来自公司的药品、医疗设备和诊断设备。年收入超过500亿美元，强生公司已经成为美国最大的健康护理公司之一（见图表1和图表2）。该领域的竞争者也意识到，是强生公司整合科技专长与营销手段的能力帮助它们取得了领导地位。

然而，在很大程度上，强生公司三大部门和各业务部门的成功是与公司独特的企业结构和文化联系在一起的。每一个影响广泛的业务部门其经营模式都像一个独立的企业（见图表3）。公司能够将自己变为一个动力室，其原因就是：无论是公司收购来的还是公司创建起的每一个业务部门，都获得了近乎完全的自主权。这种独立意识培养了一种创业精神，这使得强生公司在其他公司犹豫不决时也能保持激烈的竞争。给予各业务部门相对自主权，这使公司有能力对新兴机遇做出迅速反应。

换句话说，业务部门可以非常自由地确立自己的战略。除了开发自己的战略，这些部门还可以自主安排内部资源。许多业务部门甚至拥有自己的财务和人力资源部。虽然这种程度的权力下放带来了相对较高的日常成本，但强生公司没有哪位董事，包括韦尔登在内，认为这一代价过于昂贵。"其实公司运营最像是一个互助基金。"晨星公司

（Morningstar）的证券研究总监帕特·多西（Pat Dorsey）说。

图表1　损益表　　　　　　　　　　　　　　　　　　　（单位：百万美元）

年度损益表	2006年12月31日	2006年1月1日	2005年1月2日	2003年12月28日	2002年12月29日
销售	53 324	50 514	47 348	41 862	36 298
销货成本	15 057	13 954	13 422	12 176	10 447
毛利润	38 267	36 560	33 926	29 686	25 851
推销及管理费用	17 433	16 877	15 860	14 131	12 216
科研费用	7 125	6 312	5 203	4 684	3 957
外购发展中研发费用	559	362	18	918	189
利息收益	829	487	195	177	256
利息支出融资后净值	63	54	187	207	160
其他收入（支出），净值	671	214	（15）	385	（294）
总收入（支出），净值	23 680	22 904	21 088	19 378	16 560
税前收益——美国	8 110	7 381	7 895	—	—
税前收益——国际	6 477	6 275	4 943	—	—
收入税提留前收益	14 587	13 656	12 838	10 308	9 291
美国税——现行	3 625	2 181	3 654	2 934	2 042
国际税——现行	1 077	1 110	1 173	897	726
现行税总额	4 702	3 291	4 827	3 831	2 768
美国税（津贴）——延期	（726）	228	（70）	（409）	20
国际税（津贴）——延期	（442）	（274）	（428）	（311）	（94）
延期税总额（津贴）	（1 168）	（46）	（498）	（720）	（74）
收入税提留	3 534	3 245	4 329	3 111	2 694
净收益	11 053	10 411	8 509	7 197	6 597
加权平均流通股——基本	2 936.4	2 973.9	2 968.4	2 968.1	2 998.3
加权平均流通股——摊薄	2 961	3 012.5	3 003.5	3 008.1	3 054.1
年末流通股数	2 893.23	2 974.478	2 971.023	2 967.973	2 968.295
每股净收益——基本	3.76	3.5	2.87	2.42	2.2
每股净收益——摊薄	3.73	3.46	2.84	2.4	2.16
普通股红利	1.455	1.275	1.095	0.925	0.795
员工总数	122 200	115 600	109 900	110 600	108 300
普通股股东人数	176 808	181 031	187 840	187 708	—

资料来源：J&J, Mergentonline.com.

图表2　资产负债表　　　　　　　　　　　　　　　　（单位：百万美元）

	2006年12月31日	2006年1月1日	2005年1月2日	2003年12月28日	2002年12月29日
现金和现金等价物	4 083	16 055	9 203	5 377	2 894
可售证券	1	83	3 681	4 146	4 581
应收账款（毛）	8 872	7 174	7 037	6 766	5 590
-坏账准备	160	164	206	192	191
应收账款（净值）	8 712	7 010	6 831	6 574	5 399
原材料与供货	980	931	964	966	835
半成品	1 253	1 073	1 113	981	803
产成品	2 656	1 955	1 667	1 641	1 665
存货	4 889	3 959	3 744	3 588	3 303
应交收入税	2 094	1 845	1 737	1 526	1 419
预付款项	3 196	2 442	2 124	1 784	1 670
流动资产合计	22 975	31 394	27 320	22 995	19 266
可售证券（非流动）	16	20	46	84	121
土地及土地改良	611	502	515	594	472
厂房及厂房设施	7 347	5 875	5 907	5 219	4 364
机械与设备	13 108	10 835	10 455	9 558	7 869
在建工程	2 962	2 504	1 787	1 681	1 609
财产、厂房与设备，成本	24 028	19 716	18 664	17 052	14 314
-累计折旧	10 984	8 886	8 228	7 206	5 604
财产、厂房与设备，净值	13 044	10 830	10 436	9 846	8 710
无形资产净值	15 348	6 185	11 842	11 539	9 246
商誉，净值	13 340	5 990	—	—	—
未付收入税	3 210	385	551	692	236
其他资产	2 623	3 221	3 122	3 107	2 977
资产总计	70 556	58 025	53 317	48 263	40 556
贷款与应付票据	4 579	668	280	1 139	2 117
应付账款	5 691	4 315	5 227	4 966	3 621
应计负债	4 587	3 529	3 523	2 639	3 820
应付折扣、返还和促销费用	2 189	2 017	2 297	2 308	—

续前表

	2006年12月31日	2006年1月1日	2005年1月2日	2003年12月28日	2002年12月29日
应付薪资	1 391	1 166	1 094	1 452	1 181
应付税	724	940	1 506	944	710
流动负债合计	19 161	12 635	13 927	13 448	11 449
可兑次级信用债券	182	202	737	—	—
债券	1 250	1 250	1 250	—	1733
票据	591	578	596	—	166
长期负债	2 023	2 030	2 583	—	2 099
-流动部分	9	13	18	—	77
长期负债总计	2 014	2 017	2 565	2 955	2 022
未付税	1 319	211	403	780	643
养老金	2 380	1 264	1 109	—	643
退休后利益	2 009	1 157	1 071	—	907
失业后利益	781	322	244	—	193
未付补偿	631	511	397	—	335
员工债务	5 584	3 065	2 631	2 262	1 967
其他负债	3 160	2 226	1 978	1 949	1 778
负债总计	31 238	20 154	21 504	—	—
普通股	3 120	3 120	3 120	3 120	3 120
员工股权应收票据	—	—	（11）	（18）	（25）
外币折算	（158）	（520）	（105）	（373）	—
未实现证券收益（亏损）	61	70	86	27	—
养老金负债调整	（2 030）	（320）	（346）	（64）	—
衍生保值收益（亏损）	9	15	（150）	（180）	—
其他累计综合收入（亏损）	（2 118）	（755）	（515）	（590）	（842）
未分配收益（累计赤字）	49 290	41 471	35 223	30 503	26 571
库藏前总权益	50 292	43 836	37 817	33 015	28 824
-普通股库藏（成本	10 974	5 965	6 004	6 146	6 127
股东权益总计（赤字）	39 318	37 871	31 813	26 869	22 697

资料来源：J&J, Mergentonline.com.

图表3　部门信息

强生公司是由 200 多个不同公司组成的，大部分都是陆续收购来的。这些不同的公司被划分到三个不同的组。
制药
占公司 2006 销售额比例：44%
占公司 2001 年销售额比例：46%
占公司 2006 年经营利润比例：46%
占公司 2001 年经营利润比例：63%
医疗设备
占公司 2006 年销售额比例：38%
占公司 2001 年销售额比例：35%
占公司 2006 年经营利润比例：43%
占公司 2001 年经营利润比例：25%
消费品
占公司 2006 年销售额比例：18%
占公司 2001 年销售额比例：20%
占公司 2006 年经营利润比例：11%
占公司 2001 年经营利润比例：12%

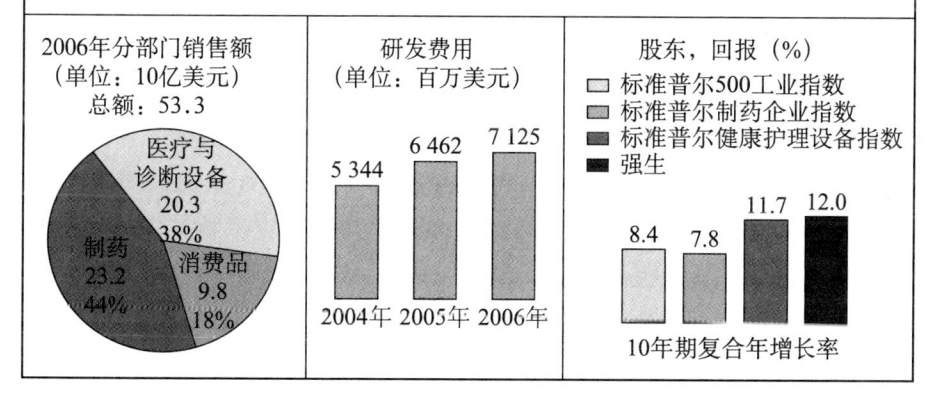

2006年分部门销售额（单位：10亿美元）总额：53.3
- 制药 23.2 44%
- 医疗与诊断设备 20.3 38%
- 消费品 9.8 18%

研发费用（单位：百万美元）
- 2004年：5 344
- 2005年：6 462
- 2006年：7 125

股东，回报（%）10年期复合年增长率
- 标准普尔500工业指数：8.4
- 标准普尔制药企业指数：7.8
- 标准普尔健康护理设备指数：11.7
- 强生：12.0

资料来源：J&J.

尽管强生公司通过给予各单位相对自主权而获得了不少好处，但是人们越来越感觉到，各业务部门无法再以一种近乎孤立的状态运营下去。与行业中的大部分人一样，书尔登开始意识到，21 世纪医药行业中的最大突破很可能会取决于将一个领域的先进科学技术应用到另一个领域中的能力。因此强生公司应通过充分利用三大部门中不同业务部门的各种技能，使公司在寻求新机遇中获得领先优势。

努力实现协同效应

韦尔登非常相信，强生公司在综合制药、治疗设备和诊断技术优势方面处于绝对获利的地位，因为很少有公司能够在这些基础领域拥有可匹敌的优势或者范围。根据韦尔登的说法："有一种聚合，将使我们能够做以前从未做过的事情。"事实上，在每个类别中，强生公司都有顶级的产品（见图表4）。过去几年中，公司研发预算的增长每年都超过10%，这使公司成为在研发上支出费用最多的公司之一。如今，强生研发费用占销售收入的13%，或者说是65亿美元，聘用了9 000多位科学家，工作在全球各地的实验室中。

但是，韦尔登相信，找到能使极度独立的业务部门协同合作的方式，强生公司就能够在这种聚合中实现赢利。将这些部门的资源集中到一起，韦尔登相信公司能够成为实现协同效应的少数者之一，这种协同效应观点大家都在说，但是很少真正实现。公司的一些新产品，如新的 Cypher 药物涂层支架，很明显是来自影响广泛的各业务部门之间的共同努力和观点分享（见图表5）。

韦尔登对新的强生公司的愿景可能来自1998年他接手公司后不久对制药业务的再造措施。当时，强生公司的医药业务收益一直非常稳定，这源自流行药物的贡献，如治疗贫血药物普罗克里特（Procrit）和精神病药物利培酮（Risperdal）等。但韦尔登也预见到法规制约和竞争挑战将会减少公司从制药业务获取的收益和利润。

因此，韦尔登认为强生公司应加强努力，开发能够广受欢迎的新药。为了实现这个目的，他还设立了一个新的岗位，监督各制药部门的研发工作。他还组建了一个部门委员会，将研发部门、销售和推广部门的负责人集中起来，共同决定哪些项目是要开绿灯的。在那以前，研发团队都是自己做出重大决定的，没有任何其他部门的参与。

图表4 主要品牌

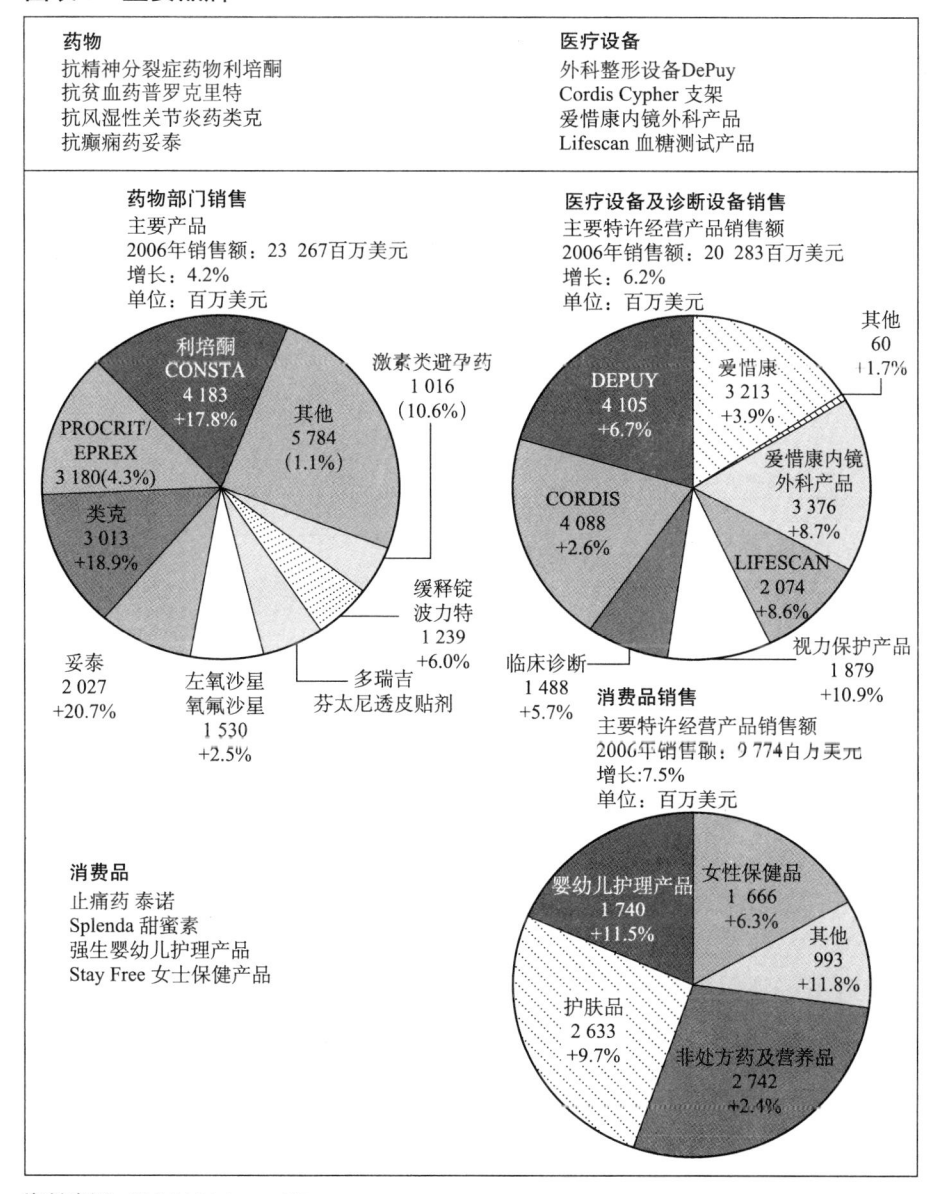

药物	医疗设备
抗精神分裂症药物利培酮	外科整形设备DePuy
抗贫血药普罗克里特	Cordis Cypher 支架
抗风湿性关节炎药类克	爱惜康内镜外科产品
抗癫痫药妥泰	Lifescan 血糖测试产品

药物部门销售
主要产品
2006年销售额：23 267百万美元
增长：4.2%
单位：百万美元

- 利培酮 CONSTA 4 183 +17.8%
- 激素类避孕药 1 016 (10.6%)
- 其他 5 784 (1.1%)
- PROCRIT/EPREX 3 180 (4.3%)
- 类克 3 013 +18.9%
- 妥泰 2 027 +20.7%
- 左氧沙星/氧氟沙星 1 530 +2.5%
- 缓释锭波力特 1 239 +6.0%
- 多瑞吉芬太尼透皮贴剂

医疗设备及诊断设备销售
主要特许经营产品销售额
2006年销售额：20 283百万美元
增长：6.2%
单位：百万美元

- DEPUY 4 105 +6.7%
- 爱惜康 3 213 +3.9%
- 其他 60 +1.7%
- 爱惜康内镜外科产品 3 376 +8.7%
- CORDIS 4 088 +2.6%
- LIFESCAN 2 074 +8.6%
- 视力保护产品 1 879 +10.9%
- 临床诊断 1 488 +5.7%

消费品
止痛药 泰诺
Splenda 甜蜜素
强生婴幼儿护理产品
Stay Free 女士保健产品

消费品销售
主要特许经营产品销售额
2006年销售额：9 774百万美元
增长：7.5%
单位：百万美元

- 婴幼儿护理产品 1 740 +11.5%
- 女性保健品 1 666 +6.3%
- 其他 993 +11.8%
- 护肤品 2 633 +9.7%
- 非处方药及营养品 2 742 +2.4%

资料来源：J&J 2006 Annual Report.

但韦尔登认为，通过加强制药、医疗器械、消费品部门下各业务部门之间的合作，公司可以继续增加新产品的开发，并降低公司对药品的依赖度。推动沟通与合作的这种努力，可以帮助公司实现韦尔登所寻求的那种协同效应。但任何推动各业务部门合作的努力都不影响带领企业成长至今的创业精神。战略决策咨询公司（Strategic Decision Group）的管理总监杰里·卡考特（Jerry Caccott）强调，培养这种联合"在任何组织中都是一种挑战，尤其是在一个曾经以权力下放而取得如此成功的组织"。

图表5　强生公司的协同效应

改良药品
强生的制药部门与施药部门Alza合作，研究出了抗癫痫药妥泰（Topamax）的新配方。该药也有助于减肥，这使该药更有利于对肥胖患者的治疗。
新药试验
新诊断部门与药物研究者合作，利用药物研究者取得的数据，他们可以（例如，通过一种基因测试）来确定患者对试验阶段癌症治疗配方的反应。
极具优势的消费品
2002年，强生推出新创可贴品牌——液体创可贴，用于手指、关节等难覆盖部位的液体涂层。这种产品是根据伤口愈合产品中的一种材料研发出来的。而那种伤口愈合产品是强生公司的医院专供部门爱惜康（Ethicon）销售的。

资料来源：Barrett, Amy, "Staying on Top," *BusinessWeek*, May 5, 2003. p. 60.

转变公司文化

　　与公司历史上的所有其他领导一样，韦尔登也是从公司底层慢慢做起来的。在公司的长期任职使他成为强生体制的一个忠实信徒。显然，他不想削弱那种源于公司业务部门自治的创业精神。因此，虽然韦尔登滔滔不绝地谈论协同效应和聚合，但是，在采取实际措施推动强生各部门间合作时，他仍然非常小心。

　　主要原因是，韦尔登一直使自己致力于开发一个新系统，以促进强生公司各分散业务之间更顺畅的沟通和更多的合作。在其他事情上，他与强生副主席兼总裁詹姆斯·勒纳翰（James Lenehan）合作，从整个公司调用人员集中研究特定疾病，要求研究团队成员每6个月汇报一次可能的战略和项目。

　　虽然韦尔登在强生公司制定的大多数改革方案短期内不太可能产

生实际结果，但已经有证据表明这种新的合作是有效的。可能这种方式带来的最有前景的结果是强生公司的药物涂层支架，称做 Cypher。公司产品群中新增的这个成功产品就是药物部门与仪器部门人员共同努力的结果。他们合作生产支架，这种支架植入血管后会将血管撑开。韦尔登称，如果强生不将各种特长集中到一起，在没有外力的帮助下，是无法开发出这种支架产品的。

消费品部门与制药部门加强了合作，结果，公司著名的消费品品牌也表现出了增长。公司的液体邦迪这一新产品是以一种伤口愈合产品中所使用的材料为基础研制成功的，而这种伤口愈合产品是公司一个医院专供业务部门销售的。而且，公司也根据抗菌药 Nizoral 的配方开发出了一款去屑洗发水。事实上，主要通过这种跨部门培育的形式开发出来的新产品使公司的消费品品牌在过去 4 年时间内每年都出现了 2%～3% 的增长。

强生公司目前正在开展的一些项目也能带来更有意义的结果。公司实验室中从事染色体研究的工作人员正在根据与特定疾病或某人对特定药物的可能反应相关联的基因图谱建设一个大型数据库，韦尔登鼓励他们与其他各业务部门共享这些数据信息。结果发现，诊疗团队正在研究的一项测试，可以被制药部门的研究人员用来预测试验中的一种癌症疗法适用于哪些病人。

保持压力

虽然韦尔登积极鼓励各业务部间的合作，但是，他仍继续追求最高水平的业绩表现。那些比较了解他的人会说他施加的是强制竞争。大家知道，韦尔登不止一次说过："做亚军没意思。"他曾是一个十分卖力的运动员，最终决定放弃打篮球时，差不多快把双膝毁掉了。

韦尔登没有被挫折吓倒，如强生公司在制药业务上遇到的问题。在这一点上，强生的许多重要药物产品都受到了竞争对手的攻击。公司大牌止痛药芬太尼（Duragesic）专利最近到期了，致使该产品的销售出现了大幅下跌。公司著名的贫血药普罗克里特也遇到了日益加剧的竞争和安全顾虑。而且，为替代传统畅销药利培酮，公司近期推出了一款名为 Invega 的新抗精神病药物，但在开始的几个月中销量平淡。其他新药的推出也遇到了食品和药品管理局制度上的限制。"我们看到，因受对无风险药物政治情绪的影响，管理者越来越不喜欢风险"，韦尔登解释道。

韦尔登相信各部门能够寻找到解决当前挑战的途径。根据公司制药业务部门的副总裁克里斯廷·普恩（Christine Poon）的说法："我们会像以前一样应对这些来自外部的挑战。"事实上，虽然面临专利到期和竞争加剧的挑战，抗精神分裂药物利培酮和风湿性关节炎药Remicade 的销售，仍然保持了增长。尽管人们对 Cypher 安全有所顾虑，但是强生公司的这一药物支架继续在市场上保持了领先地位。

在大多数情况下，韦尔登也让他的经理们自己决定在各个项目中怎样合作。他通常喜欢每月听取一次项目的进展汇报。除此之外，韦尔登称他喜欢相信手下的人。"他们是了解市场、医院，了解心脏病医生的专家，"韦尔登在评价 Cypher 支架团队时是这样说的，"我对他们有极大的信心。"

虽然韦尔登试图让经理们自己处理各种事情，但他也明确希望经理们在追求目标时要像他自己在晋升过程中一样，表现出坚忍精神。在强生公司里不断晋升的过程中，韦尔登最为知名的是为员工设定几乎不可能的目标并要他们实现。对于那些无法达到目标的人，韦尔登明确表示自己不喜欢失望。强生的一个新药务部门 Centocor Incorporated，2000 年时没有完成巨大的销售目标，韦尔登在最后一周之前就到了部门总部。公司里的每个人都知道，他们决不允许自己明年再达不到目标。

有治愈希望吗？

韦尔登意识到，在未来几年，公司在研发新的大牌产品以代替那些增长潜力降低的产品时可能会遇到一些挑战。在其医疗设备和制药业务中，公司遇到了日益增长的安全顾虑，即更激烈的竞争和更大的价格不确定性。结果，短期内公司可能不得不接受较低的增长速度。"我们不奢望每年两位数的增长，但在较长的时间内我们确实希望达到这样的增长目标。"波恩说。

强生公司对辉瑞个人健康护理业务的收购已经进入最后一个阶段，这将使公司拥有更多大众熟悉的品牌，如李施德林漱口水和Visine眼药水。对辉瑞品牌的收购将继续降低公司对不稳定制药业务的依赖，并使消费品增至销售总额的约25%。在评论这一收购时，韦尔登解释说："这规避了一些风险，因为这不像其他业务一样有那么大的不稳定性，而且还能够增加我们未来的发展机会。"

但是，寻找有发展潜力而且要价不高的可收购业务越来越难了。不依靠收购维持增长，韦尔登需要充分利用竞争精神以保持强生公司的增长。最近他宣布公司有十几种新药已进入研发的最后阶段，其中一些可能成为大牌产品。这将使公司在有前景的市场上占据半壁江山，如溶血药和肝炎药。而且，韦尔登非常期望，在他的努力下，通过各业务部门的合作，可以开发出更多新产品。跨部门团队一直在努力寻找治疗糖尿病和中风的新药。

但显然，在设法维持强生增长的同时，韦尔登必须鼓励各业务部门间更紧密地合作。将各部门开发出来的各种技能综合起来，公司就能获得更多的机会。同时，他清楚地意识到，公司的成功主要归功各部门的相对自治。韦尔登知道，尽管他努力推动合作，但他不希望威胁到强生公司创业精神这一制胜法宝。

案例5 雅虎

特里·塞梅尔（Terry Semel）从2001年就开始执掌雅虎，在2007年6月12日的股东年会上，因股东对他的表现不满，被迫从首席执行官的位置上隐退。股东最不满的是，这个前好莱坞大腕2006年的个人收入高达7 170万美元，这让他在标准普尔500强公司首席执行官年薪排行榜上高居榜首。因为雅虎的股票价格在2006年一年内下跌了10%，而且在过去的四个季度中公司收入增长连续下跌，塞梅尔的薪金引起了股东的强烈反应（见图表1和图表2）。

在收入和利润方面雅虎远远落后于谷歌公司，主要原因是公司无法与对手在网络搜索与关联广告这一重要领域进行竞争。塞梅尔2006年12月打乱了公司的管理层，然后在2007年2月启动了拖延已久的搜索广告系统，即众人所知的巴拿马项目（Project Panama）。新系统可以在搜索结果中投放更多定位广告，谷歌公司的技术在这一领域占有巨大优势。首席执行官特里·塞梅尔说："我们的目标是建造一个能发挥雅虎优势的广告平台，雅虎在世界上拥有最大的用户和内容网络。"

在期待已久的巴拿马项目上公司已经投入了一年半的时间，并期望能够让雅虎在搜索和搜索广告收入上缩小与谷歌的差距。但是，雅虎搜索推广部副总裁蒂姆·卡多甘（Tim Cadogan）一直在担心期望过高。"巴拿马项目是我们开始缝合公司所有广告资产的一个基础，"他说，"我想它不会让我们取得领先地位，只能让我们更高效地参与竞争。"

2001年，在雅虎联合创始人杨致远（Jerry Yang）的劝说下，塞梅尔再度出山，接管问题重重的公司。网络广告收入一直在暴跌，导致公司股票市值大幅缩水。上任后，塞梅尔宣布了一项基本战略：将雅虎网站建成一个数字迪士尼乐园，网络时代的一个改装版主题公园。他的目标是将雅虎网站建成一个自给自足的、充满诱惑内容的世界，能够抓住网络冲浪者的注意力并吸引他们一次就在网站上停留数小时。在这种强烈意识的指导下，他设法让这个疾病缠身的网站奇迹般地复活了。

图表1　损益表　　　　　　　　　　　　　　　　　　（单位：百万美元）

	2006年	2005年	2004年	2003年	2002年
收入	6 425.68	5 257.67	3 574.52	1 625.1	953.07
总收入	6 425.68	5 257.67	3 574.52	1 625.1	953.07
收益成本（总）	2 669.1	2 096.2	1 342.34	370.09	162.88
毛利润	3 756.58	3 161.47	2 232.18	1 255.01	790.19
销售、行政及一般支出（总）	2 002.49	1 397.41	1 072.92	709.67	539.05
研发	688.34	547.14	368.76	207.29	141.77
折旧与摊销	124.79	109.2	101.92	42.39	21.19
利息支出（收入），经营性净值	0.0	0.0	0.0	0.0	0.0
非常规支出（收入）	0.0	0.0	0.0	0.0	0.0
其他经营支出（总）	0.0	0.0	0.0	0.0	0.0
经营收入	940.97	1 107.73	688.58	295.67	88.19
利息收入（支出），非经营性净值	139.78	1 092.45	475.96	45.98	87.69
资产转让收益（亏损）	15.16	337.97	0.0	0.0	0.0
其他（净值）	2.09	5.44	20.49	1.53	2.35
税前收入	1 098.0	2 543.58	1 185.02	343.17	178.23
收入税（总）	458.01	767.82	437.97	147.02	71.29
税后收入	639.99	1 775.77	747.06	196.15	106.94
少数股权利益	−0.71	−7.78	−2.5	−5.92	0.0
附属公司权益	112.11	128.24	94.99	47.65	0.0
美国会计准则调整	0.0	0.0	0.0	0.0	0.0
不计额外项目净收入	751.39	1 896.23	839.55	237.88	106.94
非常项目总计	0.0	0.0	0.0	0.0	−64.12
会计变更	0.0	0.0	0.0	0.0	−64.12
净收益	751.39	1 896.23	839.55	237.88	42.82

资料来源：Yahoo!.

图表2 资产负债表　　　　　　　　　　　　　　　　　（单位：百万美元）

	2006年	2005年	2004年	2003年	2002年
资产					
现金与短期投资	2 601.4	2 560.83	3 511.98	1 309.52	774.18
现金与现金等价物	1 569.87	1 429.69	823.72	415.89	310.97
短期投资	1 031.58	1 131.14	2 688.25	893.63	463.2
应收账款合计（净值）	930.96	721.72	479.99	282.42	113.61
应收客账（净值）	930.96	721.72	479.99	282.42	113.61
应收客账（毛）	969.16	763.58	514.21	314.38	137.46
坏账提存	-38.2	-41.86	-34.22	-31.96	-23.85
存货合计	0.0	0.0	0.0	0.0	0.0
预付费用	68.81	70.71	72.62	50.99	82.22
其他流动资产合计	148.97	96.27	25.89	78.79	0.0
流动资产合计	3 750.14	3 449.53	4 080.48	1 721.71	970.0
土地、厂房、设备合计（净值）	955.3	648.9	531.7	449.51	371.27
信益（净值）	2 968.56	2 895.56	2 550.96	1 805.56	415.23
无形资产（净值）	405.82	534.62	480.67	445.64	98.25
长期投资	2 873.12	3 200.34	1 295.37	1 447.63	763.41
应收票据——长期	0.0	0.0	0.0	0.0	0.0
其他长期资产合计	560.67	102.0	229.04	61.6	174.02
其他资产合计	0.0	0.0	0.0	0.0	0.0
总资产	11 513.51	10 831.83	9 178.2	5 931.55	2 790.18
负债与股东权益					
应付账目	109.13	70.29	48.21	31.89	18.74
应付/滋生	0.0	0.0	0.0	0.0	0.0
滋生/支出	1 035.12	826.64	657.2	483.63	257.58
应付票据/短期债务	0.0	0.0	0.0	0.0	0.0
长期负债中现金比例/融资租赁	0.0	0.0	0.0	0.0	0.0
其他流动负债合计	329.74	307.13	475.3	192.28	135.5
流动负债合计	1 473.99	1 204.85	1 780.71	707.8	411.81

续前表

	2006年	2005年	2004年	2003年	2002年
长期负债合计	749.92	750.0	750.0	750.0	0.0
长期负债	749.92	750.0	750.0	750.0	0.0
延付收入税	19.2	243.58	35.77	72.37	0.0
少数股权利益	8.06	0.0	44.27	37.46	31.56
其他负债合计	101.83	67.8	66.01	0.52	84.54
总负债	2 353.0	2 265.42	2 076.76	1 568.18	527.91
普通股	1.49	1.47	1.42	1.35	0.61
附加资本	8 615.92	6 417.86	5 682.88	4 340.51	2 430.22
未分配收益（累积赤字）	3 717 58	2 966.17	1 069.94	230.39	-7.49
普通股库藏	-3 924.86	-547.72	-159.99	-159.99	-159.99
其他权益合计	150.51	-271.36	507.2	-48.78	-1.08
总权益	9 160.61	8 556.42	7 101.45	4 363.49	2 363.27
负债与股东权益总计	11 513.01	18 831.83	9 178.2	5 931.65	2 790.18
普通流通股总数	1 360.25	1 430.16	1 383.58	1 321.41	1 169.72

资料来源：Yahoo!.

尽管成就非凡，但是塞梅尔一直承受着为雅虎创造未来增长机遇的巨大压力。他未能处理好一些重要的协议，包括与最热门的社区网络站点之一 Facebook 的交易。因为一些高层人物一直反对这种发展，公司员工的士气也开始降低了。更重要的是，长期以来公司主要优势的代表之一——展示广告的增长也开始放缓了。所有的这些变化都使得雅虎前执行官之一埃伦·西米诺夫（Ellen Siminoff）相信"巴拿马项目对于雅虎来说是非常重要的，但不是需要公司关注的唯一问题"。

文化再造

与很多其他网络公司一样，雅虎最初也是通过打造一个提供各种免费服务的网站来吸引访问者的。用户登录后可以得到很多内容，包括最新的股市行情和新闻头条。公司90%的收入都来自在线广告。雅虎的联合创始人蒂姆·库格尔（Tim Koogle）和杨致远相信广告商会不断付费以吸引更年轻的、对技术比较着迷的聪明冲浪者。实际上，公司很少努力联系用户或者建立与用户的长期关系。

到 2001 年春，雅虎的广告收入大幅下跌，股票市值也剧烈缩水，一些观察者开始质疑公司的业务模式。随着网站广告商的减少，公司的收入比前年下跌了 1/3。公司股票价格也跌至 15 美元的历史最低点，与两年前相比下跌了 2/3 还要多。塞梅尔被请来挽救雅虎，但是他答应可以接管，前提是公司备受敬仰的联合创始人蒂姆·库格尔同意先辞去总裁职务。

塞梅尔接管后，他准备实施的变革对于一些普通的观察者可能还不明显。参观雅虎总部的人仍然可以看到大厅里的紫牛，面对着成片的办公小格子和穿着牛仔裤的工人。但是，塞梅尔的风格与库格尔缓和、轻松的方式截然相反。他立即开始用紧张有序的观念取代这种自由散漫的文化。塞梅尔迅速将他接管过来的 44 个业务部门缩减至 5 个，撤掉很多受宠项目的负责人。他不在乎公司"只有办公隔断"的政策，最终将自己的办公室选定在紧邻会议室的一个小间里，这样他就可以打私人电话了。

塞梅尔甚至改变了雅虎旧有的自由散漫的决策方式。库格尔掌管雅虎时，董事在一起讨论问题时，新主意都是凭感觉来的，在塞梅尔的领导下，每周的小组例会改称"产品委员会"（Product Council），会上要求管理者通过正式陈述介绍自己的新想法。在塞梅尔和首席运营官丹尼尔·罗森维格（Daniel Rosensweig）的领导下，产品委员会主要由来自公司各部门的 9 位管理者组成。小组负责评估商业计划，保证所有的新项目都能为雅虎的现有业务带来好处。

"我们需要在一个框架内工作，"塞梅尔说，"如果大家为所欲为……我们就无法发挥我们公司的优势。"通过他强调的重点和给雅虎树立的规矩，塞梅尔又使雅虎重新实现了增长。大部分员工都曾焦急地期待股票价格重新上涨，他们现在开始支持塞梅尔再造雅虎的努力了。"人们不总是认同自己行进的方向，但是他们高兴的是还有一个方向。"一位不愿意透露姓名的雅虎公司经理说。

重新思考业务模式

塞梅尔凭借招徕传统广告商开始盘活雅虎,他向广告代理商示意"公司对代理商在经济繁荣时表现出的自大很生气"。他希望通过使用新技术,使网站上除了有静态的条幅广告,还可以提供引人注意的动画、视频和其他富媒体格式的广告,借此将大广告商的业务吸引回来。这些努力的结果是,雅虎的广告收入实现了大幅的增长,部分地得益于在线广告的复活(见图表3)。

图表3　收入明细　　　　　　(单位:百万美元)

	广告	服务费
2006年	5 627	798
2005年	4 594	664
2004年	3 127	447
2003年	1 322	303
	美国	其他国家
2006年	4 366	2 060
2005年	3 668	1 590
2004年	2 653	921
2003年	1 355	270

资料来源:Yahoo!.

塞梅尔也运用曾经使他在电影行业中叱咤风云的谈判技巧开启了关键的收购与联合行动,这使得雅虎能够涉足于新的广告收入源(见图表3)。他的最大一笔交易就是18亿美元收购序曲服务公司(Overture Services),公司的"点击付费"让广告商购买搜索结果旁的广告位置。这一步使雅虎在搜索能力上逐渐脱离了对谷歌的依赖,因为塞梅尔一直认为谷歌是个日益强大的竞争对手。大家也希望通过这种新的搜索关联广告,为雅虎提供新的重要收入渠道。

但是，塞梅尔不希望雅虎主要靠广告挣钱。他一直试图增加消费者可能愿意付费的服务。这个战略的实施一直比较缓慢，塞梅尔接管雅虎时，他惊讶地发现雅虎竟然没有现成技术应对日益增长的付费服务需求，如在线个人档案，如两位前负责人的档案。他不得不打压、改造公司以处理增加的额外收费的服务。

在现有的能力下，塞梅尔也开始了收购行动，这将使雅虎能够提供更多的额外收费的服务。最初的收购之一就是2002年收购hotJobs.com，这使公司进入了在线求职行业。之后，塞梅尔又收购了在线音乐服务提供商Musicmatch Inc.，希望为雅虎带来更多的注册用户。在过去的一年中，雅虎收购了更多有前景的公司，如照片共享网站Flickr，书签共享网站Del.icio.us（见图表4）。

图表4　重要收购

2006年	Flickr
	照片共享
	Del.icio.us
	共享书签
2005年	Verdisoft
	软件开发
2004年	Musicmatch
	个人定制音乐
	Kelkoo
	在线购物
2003年	Overture
	搜索广告
	Inktomi
	搜索

资料来源：Yahoo!.

通过这些精明的交易，塞梅尔将雅虎打造成了一个可以为上网冲浪者提供各种服务的网站，有几种服务只要求消费者支付一点点费用。

这一思路是诱导冲浪者在电子音乐、在线游戏、职位列表、拥有超大存储空间的收费电子邮箱等各种服务上花实实在在的钱。塞梅尔希望这种付费服务的贡献在接下来的几年内实现持续增长，减少公司对广告的严重依赖。在谈论付费带来的机会时，他说道："我们撒下了很多种子……其中的一些已经开始成长了。"

打造一个主题公园

为了充分利用他已经打下的基础，塞梅尔梦想将雅虎建成一个电子的迪士尼乐园，也就是一座互联网时代的改装版主题公园。其思路是登录到雅虎网站的网络冲浪者，就像顾客挤过阿纳海姆的十字门*一样，应该发现他们已经置身于一个物品齐全的世界里，这里充满了无法抗拒的诱惑。网站不应该是一个中立的网上导游，它应该能吸引网络冲浪者尽可能长时间地留在网站的边墙之内。

雅虎的这一愿景意味着原创始人已经建立起来的经营模式出现了一个重大转变。库格尔以前让负责人开发各种相对独立运作的内容，管理者都围绕着雅虎主站建立起了自己的市场。以前没有人想过将这个门户网站看作一个整体来开发，更没有考虑各部分内容和信息如何互相配合。"管理者要从网上求、借和偷东西来帮助建设自己的内容。"雅虎的媒体与销售执行副总裁格莱格·科尔曼（Greg Coleman）说。

塞梅尔推动着将所有这些东西缝合到一起。他要求，雅虎的各级内容，从电子邮箱到股市行情再到职位列表等，都要互相呼应。塞梅尔将这种理念称为"网络优化"，并认为这是公司的一个主要目标。为了将这种理念付诸实践，每一个项目不仅仅要挣钱，而且要支撑雅虎的其他业务。产品委员会会议的主要焦点就是在网站提供的各种服务之间建立相互联系这种艰苦工作。

在这些条件的约束下，新项目的审批就变得难多了。塞梅尔决心将任何新内容都与雅虎网站上已有的内容捆绑到一起。他认为这可以

---

* 迪士尼乐园位于美国阿纳海姆市。——译者注

让顾客更容易找到它们，增加公司成功的机会。虽然许多不同的想法都进入了思考的范围，最终只有少数几个变成了雅虎的内容。

将雅虎建成一个电子主题公园——塞梅尔这个战略的一个关键也取决于他向顾客推广宽带的能力。他开创的很多服务，例如音乐和互动游戏，都需要传送大量数据，也只有对能高速上网的人才最有吸引力。而且，因为宽带是时时在线的，久而久之，雅虎的很多顾客将更愿意在塞梅尔主题公园里逛上几个小时。"在雅虎网站上花的时间越多，越有可能试用免费和付费服务。"他说。

寻找焦点

尽管塞梅尔紧紧控制着雅虎朝新领域的发展，推动开发电子主题公园也引起了一些分析师质疑公司业务是否拓展得太窄了（见图表 5）。雅虎内部很少有人质疑向顾客提供诱人服务并卖给广告商的这一目标。但是，雅虎的一位资深副总裁、后脑勺留着一个"Y"字发型的布拉德·加林豪斯（Brad Garlinghouse）一直认为公司应该将精力集中在几个领域上。这将能够使网站对公司认为自己能够做好的活动集中投资并撤去自己认为不重要的业务。

特别是，有人担心雅虎在最有可能支撑网站未来增长的新领域中不够成功。公司在视频业务上也遇

图表 5 雅虎网站的主要内容

搜索
Yahoo! Search
Yahoo! Local
Yahoo! Yellow Pages
Yahoo! Maps
网上购物
Yahoo! Shopping
Yahoo! Real Estate
Yahoo! Travel
Yahoo! Personals
Yahoo! HotJobs
信息与娱乐
My Yahoo!
Yahoo! News
Yahoo! Finance
Yahoo! Sports
Yahoo! Music
Yahoo! Movies
Yahoo! Games
通信
Yahoo! Mail
Yahoo! Messenger
Yahoo! Photos
Yahoo! Mobile

资料来源：Yahoo!.

到了问题。公司曾经从好莱坞聘用高人来开发新的视频网站,但是由于遇到巨大的内部阻力而不得不放弃了。最后,媒体项目组和搜索项目组互相争夺要向用户提供上传自己的视频片断服务。这一延搁使得YouTube这个新兴企业主导了这个市场。

凭借2005年对热门照片共享网站Flickr的收购,雅虎早就进入了社区网络市场。但是,自此以后,在新闻集团收购MySpace和谷歌收购YouTube的比较下,雅虎的努力显得微不足道。WPP集团的一位董事罗伯·诺曼(Rob Norman)称,这些都代表了塞梅尔没有抓住的机遇:"要想比其他人做得更大、更快、更从容,雅虎得有必需的每一项资产!"同时,雅虎没有能够在雅虎360业务上取得多大进展,这是公司自己的一个社区网络站点。塞梅尔当时已经开始考虑收购Facebook这个在大学生群中流行的社区网络站点了。

图表6 搜索网站排名*

2006年10月 美国搜索用户份额	
谷歌	45.4%
雅虎	28.2%
MSN	11.7%
Ask Jeeves	5.8%
美国在线	5.4%
其他合计	3.5%

资料来源:comScore Media Metrix.

塞梅尔最近承认雅虎需要收缩,将精力集中在几个关键的领域上。"我们应该回到基本的业务上,并做大关键的重点业务",他最近说,"我对现在的财务表现不满,我们想做得好一点。"雅虎期望集中精力投入的领域包括搜索和展示广告、视频短片和社会媒体。据估计,公司有可能会放弃在线约会等个人服务和网站托管等中小企业服务。

加林豪斯相信,公司精力的集中将能够产生更集中的责任和更迅

---

* 正文中未提及图表6。——译者注

速的决策制定过程。提供多种服务的尝试导致了雅虎新聘董事的增加，这也导致了各业务部门之间冲突的不断出现。公司努力设置更多的管理岗位负责公司进一步发展的领域，他在考虑取代现有的这种需要很多董事任命具体领域全权责任管理者的矩阵结构。

未来支撑？

虽然塞梅尔从首席董事的职位上退了下来，但是他答应继续在董事会留任为非执行主席。这让公司可以应对股东对他巨额报酬的不满。但是很多分析人士认为塞梅尔确实应该得到一些报酬，因为是他通过削减成本、树立规则和开展交易才使一个问题重重的公司实现奇迹般复活的。但是在此期间，雅虎的收入和利润越来越远地落在了谷歌的后面。塞梅尔辩称，从更广泛意义上讲，雅虎是一个全面的媒体公司，在搜索市场上与谷歌竞争，在电子邮箱服务上与微软竞争，在即时通信服务上与美国在线竞争，在新闻业务上与CNN竞争，在社区网络服务上与MySpace竞争。

图表7　直接竞争者比较*

	雅虎	谷歌
市场资本（Market Cap）	385.1亿美元	1 553.8亿美元
员工数	11 400	10 674
季度收入增长	6.70%	62.60%
收入	65.3亿美元	120.2亿美元
毛利润率	60.01%	60.29%
EBITDA	20.5亿美元	52.3亿美元
经营利润率	13.92%	33.62%
净收入	7.34亿美元	34.9亿美元

资料来源：Yahoo! Finance.

总之，塞梅尔一直就很明白，雅虎不是唯一的想成为电子主题公园

---

* 正文中未提及图表7。——译者注

案例5 雅虎

的玩家。考虑到雅虎在各个领域中的远大抱负，批评者曾认为，在维持雅虎"世界最流行网站"地位的必要交易中，塞梅尔应该更激进一点。"如果你达到了雅虎的规模，你就会变得有点自满、有点自鸣得意。"杰富瑞（Jefferies and Company）的一位分析师约瑟夫·斯卡利（Youssef Squali）说。公司的一位外部顾问认为公司之所以落后了是因为塞梅尔的怕风险、不强硬的性格使得公司的决策过程太慢。同时，与公司关系密切的一些人认为不收购MySpace和YouTube等新兴企业的决定代表了一种科学的财务管理，从长期来看这是会带来收益的。

塞梅尔离开后，继续在董事会服务的两位创始人之一的杨致远，临时接替了他的工作。与他的前任不同，杨致远可能会利用他的技术背景将士气提升起来，因为公司一些高层人物的离开，公司员工的士气一直在下降。他也可能更擅长挑战那些工程师，并引进新人。杨致远也可能更擅长与那些新兴企业家谈判，收购雅虎保持持续增长所需要的企业。

尽管增长缓慢，很少有观察人士会质疑雅虎的生存发展能力，即便是在更加激烈的竞争环境中。他们相信，塞梅尔已经将雅虎打造成了一个品牌，能够凭借自己的力量与强大的对手竞争。人们期望，在杨致远的领导下，公司将能够继续应对其他的挑战。"我们是一个健康的充满幻想的公司，"公司的首席运营官丹尼尔·罗森维格说，"我们恰当地将精力集中在流动市场这一事实之上，但是我们是一个生来注定要竞争的公司。"

案例6　世界摔角娱乐

2007年4月1日，星期日，来自24个国家和美国50个州的80 103人挤满了底特律Cavernous的福特田径运动场（Ford Field Stadium）观看摔角狂热（Wrestle Mania），这是一项由世界摔角娱乐主办的年度流行文化盛会。其引人注目的活动之一是室内高手对决，代表唐纳德·特朗普（Donald Trump）的博比·莱斯利（Bobby Lashley）在亿万富翁之战中（Battle of the Billionaires）对战代表世界摔角娱乐联合创始人之一、董事长文斯·麦克马洪（Vince Mcmahon）的乌玛加（Umaga）。爱好者挤满了通道和看台，同时演出还通过卫星向100多个国家的数百万观众进行现场转播。市场部执行副总裁库尔特·施奈德（Kurt Schneider）称："创纪录人群，雷鸣般的呐喊，震动了福特田径场的每一根神经。"

这项年度盛会的吸引力表明世界摔角娱乐很明显已经走出了2001—2005年不得不忍受的那段低迷经历。在20世纪90年代，光头、穿孔、气喘吁吁的肌肉型男，丰满、衣着暴露、浓妆艳抹的美女，善与恶的身体撞击……为世界摔角娱乐缔造了一个号称拥有3 500万观众的娱乐帝国。而且，广大的爱好者主要是12—34岁之间的男性，这正好是让广告商垂涎的一个年龄段。由于这些人对门票、广播和相关商品有难以满足的需求，他们也给世界摔角娱乐带来了滚滚不断的收入。

到1999年底，文斯和琳达·麦克马洪（Linda McMahon）这对夫妻搭档借助世界摔角娱乐的日趋流行趋势，通过公开上市，一举集得1.7亿美元的资金。但是，因为在橄榄球联赛上失利（进行了一个赛季后就停止了），公司的核心业务——摔角——创造的收入也出现了下跌。现场观众的上座率和电视广告的收入也开始出现了下降。世界摔角娱乐挣扎着努力培养新摔角明星，并在演出中引进新人物形象。

但是，自从2005年开始，世界摔角娱乐的情况似乎出现了重大变化（见图表1和图表2）。文斯和琳达已经将职业摔角改造成了一项永

案例6 世界摔角娱乐

久的流动路演,吸引了全世界200多万的摔角爱好者。摔角表演每周都吸引着超过1 500万的电视观众,使之长期成为收视率最高的有线电视节目之一。世界摔角娱乐去年共卖出了400多万张DVD,并与100多个特许经销商签订了销售协议,出售视频游戏、玩具和英雄卡等商品(见图表3、图表4、图表5)。

图表1 损益表　　　　　　　　　　　　　　　　　(单位：千美元)

	2006年12月31日	2006年4月30日	2005年4月30日
净收入	262 937	400 051	366 431
收益成本	157 094	227 172	213 289
销售、行政及一般支出	61 043	87 173	86 874
折旧与摊销	5 557	10 472	11 874
股票补偿成本	—	4 694	4 101
经营收益(亏损)	39 243	70 540	50 293
投资收入	6 440	7 390	5 362
利息费用	421	587	642
其他收益(亏损)	884	553	1 346
税前收益	46 146	77 896	56 359
现行联邦收入税	11 514	22 595	10 443
现行州与地方收入税	278	7 232	1 623
现行外国收入税	295	2 718	5 325
延付联邦收入税	2 167	(2 139)	2 183
延付州与地方收入税	275	478	(993)
收入税提留	14 529	30 884	18 581
继续经营收益(亏损)	31 617	47 012	37 778
停止经营收益(亏损)	—	35	1 369
净收益(亏损)	31 617	47 047	39 147
年末流通股股数	70 997.479	70 556.998	68 880.655
每股股息	0.36	0.72	0.36
员工总数	560	460	433
A股普通股东人数	11 794	11 374	11 282
B股普通股东人数	3	3	3

资料来源:mergentonline.com。

图表2　资产负债表　　　　　　　　　　　　　　　　　　（单位：千美元）

	2006年12月31日	2006年4月30日	2005年4月30日
现金与现金等价物	86 267	175 203	56 568
短期投资	161 889	105 655	201 487
应收账目	—	71 515	65 188
坏账准备金	—	3 740	3 287
应收账目（净值）	52 113	67 775	61 901
存货（净值）	3 049	1 788	1 057
预付支出与其他流动资产	13 334	11 140	15 191
停止经营资产	469	457	544
流动资产合计	317 121	362 018	336 748
土地、建筑与整修	56 084	55 957	51 958
设备	45 752	44 788	42 511
公司自有飞机	20 829	20 710	20 710
车辆	634	518	542
财产与设备（总量）	123 299	121 973	115 721
-折旧与摊销累计	55 327	54 403	49 083
财产与设备（净值）	67 972	67 570	66 638
故事片制作资产	53 560	36 094	28 771
无形资产（总量）	11 012	—	—
-摊销累计——无形资产	7 684	—	—
无形资产净值	3 328	1 461	2 608
其他资产	11 304	12 247	6 640
资产合计	453 285	479 390	441 405
长期负债中现金比例	862	817	756
应付账目	14 909	19 826	15 669
滋生点播活动成本	5 228	7 500	5 691
滋生收入税	—	7 418	—
滋生版税	—	714	368
滋生员工成本	5 403	9 176	6 038
滋生电视广播成本	—	1 487	1 958

续前表

	2006年12月31日	2006年4月30日	2005年4月30日
滋生法律与专业费用	2 051	3 254	1 007
滋生家用视频生产与分销成本	5 144	3 121	2 013
滋生出版印刷与分销费用	—	625	580
其他滋生支出	7 709	2 722	3 496
滋生支出与其他流动负债	25 535	36 017	21 151
延付收益	20 166	19 874	20 843
停止经营负债	302	294	254
流动负债合计	61 774	76 828	58 673
长期负债	5 800	6 381	7 198
A股股票	233	227	210
B股股票	477	479	479
附加资本	286 985	277 693	254 716
其他综合收益（亏损）累计	666	355	（908）
未分配收益（累积赤字）	97 350	117 427	121 037
股东权益合计	385 711	396 181	375 534

资料来源：Mergentonline.com.

图表3　净收入明细　　　　　　　　　　　　（单位：百万美元）

	2006年12月31日	2006年4月30日	2005年4月30日
现场和电视娱乐	183.0	290.8	299.5
消费品	59.2	86.4	53.9
数字媒体	20.7	22.9	13.0
WWE电影	—	—	—
总计	262.9	400.1	366.4

资料来源：WWE.

世界摔角娱乐也利用其摔角业务基础打造支持广告的互联网内容展示平台，并销售商品和提供视频节目等。更为勇敢的是公司还实施了扩张战略，开始根据公司的摔角明星制作电影纪录片。"我们将继续通过各种新渠道向大家提供富有新意的内容。"世界摔角娱乐总裁兼首席执行官琳达·麦克马洪说。根据最近的一项热门网络搜索排名，世界摔角娱乐受到了人们的高度关注。在热门程度上，该节目排名第四，仅次于收视率最高的节目如《美国偶像》和《与明星共舞》（Dancing with the Stars）。

图表4　经营收入明细　　　　　　　　　　　　　　（单位：百万美元）

	2006年12月31日	2006年4月30日	2005年4月30日
现场和电视娱乐	57.0	93.9	100.6
消费品	26.9	46.4	26.9
数字媒体	3.8	2.9	1.2
WWE电影	（1.1）	（1.3）	（1.0）

资料来源：WWE.

图表5　净收入百分比明细

	2006年12月31日	2006年4月30日	2005年4月30日
现场和电视娱乐			
现场演出	20%	19%	22%
赛场产品销售	5%	4%	3%
电视转播	22%	20%	21%
收费电视	20%	24%	23%
视频点播	1%	—	—
消费品			
授权	6%	8%	6%
家用电影	13%	11%	6%
杂志出版	3%	3%	3%
数字媒体	3%	2%	2%
WWE电影	—	—	—

资料来源：WWE.

打造一个摔角帝国

世界摔角娱乐的成功主要归功于文斯·麦克马洪的不懈努力。他曾经认为自己是个不良少年，为了不被送进管教所，十几岁时就进入了军事学校。1970年前后，文斯加入了父亲的摔角公司——首都摔角公司（Capital Wrestling Corporation）。他负责赛事广播、字幕制作或者推广。1982年文斯从父亲手中买下了首都摔角公司，最后将公司改名为世界摔角联合会（World Wrestling Federation）。那时，摔角还处于各地区属地管理的状态，每个人都不能进入别人的势力范围。文斯开始想办法改变这种状况，他向全国各地转播比赛的电视台支付费用。通过在全国积极地吸引观众，他逐渐将大部分其他竞争对手都挤了出去。"我依靠的是他们已经落后于时代这一事实，他们确实落后了。"麦克马洪说。

之后不久，文斯触犯了另一项禁忌，向公众承认摔角比赛的广播是照底稿念的。他承认这一点是为了避免遭受州体育委员会的审查，摔角爱好者很欣赏他的坦诚。世界摔角联合会精心设计的故事情节和比赛中的魅人角色开始吸引了更多的摔角爱好者。公司将霍克·霍根（Hulk Hogan）和巨人安德烈（Andre the Giant）等摔角选手变成了流行文化的主流符号。到20世纪80年代后期，世界摔角联合会的 *Raw is War* 节目已经成为收视率最高的有线电视节目之一，电影也开始提供付费播放的节目了。

1988年以后，文斯遇到了最强大的竞争，当时特德·特纳（Ted Turner）推出了世界摔角赛（world championship wrestling, WCW），这是少数几个仍在经营的竞争对手之一。特德花了几百万美元将世界摔角联合会的明星如霍克·霍根和 Macho Man Randy Savage 等挖走。他利用这些明星在自己的TNT频道上开播节目，以挑战世界摔角联合会的主要节目 *Raw is War*。虽然特纳的新节目临时降低了世界摔角联合会节目的收视率，但是文斯凭借动人心魄的台词、大声叫嚣的肌肉硬汉和莱卡女人等进行还击。"特德·特纳决定模仿我，挖走我的人，"文斯咆哮着说，"现在他得到了应有的下场……"

2001年，文斯终于将世界摔角赛从其母公司美国在线—时代华纳手中以500万美元的低廉价格买了下来。文斯清理竞争对手所使用的方式为他赢得了一项声誉，人们说他与擂台上的选手一样野心勃勃和富有进攻性。业内新闻杂志 *Wrestling Perspective* 的出版人保罗·麦克阿瑟（Paul MacArthur）在赞扬他的成就时说："麦克马洪比其他任何人都了解摔角业。行业内大部分人都认为他是个天才。"

2002年，世界摔角联合会又遭到了英国一家法院判决的打击，法院判决WWF这一缩写专利属于世界野生动物基金会（world wildlife fund）拥有。公司不得不进行重大的品牌调整，将众人周知的公司名称和三重标志改回了世界摔角娱乐（WWE）。虽然公司为改名字付出了很大的代价，但是长期来看，这对公司并没有造成什么伤害。"他们的产品确实是娱乐、是明星、是那些躯体。"品牌咨询公司CoreBrand的总裁和主要负责人拉里·麦克诺顿（Larry Mcnaughton）说。琳达说新名字实际上可能给公司带来了好处。她评论说："我们的新名字重点是在'E'上，它代表了娱乐"。

创作成功的剧本

自从接手公司的那一天起，文斯就致力于改变摔角表演的重点。他转向电视肥皂剧取经来提高公司现场节目的娱乐价值。文斯减少了实际摔角的内容，代之以怪癖，外加有些感人的故事情节。他开始运用很多成功电视节目中的一些类似技巧，塑造令人感兴趣的形象，创作感人的故事。为摔角比赛设定的故事情节大部分都是"善与恶"或者"破纪录"的题材。大小故事的结局都是在烟火背景下向观众提供的一种浪漫、性、体育、喜剧和暴力的综合体。

经过长期的发展，比赛的剧本编排变得更加紧密，加入了越来越复杂的故事、情节和对话。每次比赛的所有细节早已事先准备好，摔角选手只需要自己决定用什么样的方式把对手击倒在地上。文斯对人物的选用是经过深思熟虑的，他开始把摔角选手称作"体育表演者"，他们都是根据选手的表演能力和身体耐力选出来的。文斯也确保公司对摔角选手所扮演角色的所有权。这可以让他继续开发为电视节目设计的这些角色形象，即便是扮演这些角色的摔角选手离开公司之后也没有问题。

到20世纪90年代末期，文斯已经拥有了两套每周播出的电视节目。除了在USA有线频道播出的原创老牌节目 *Raw is War* 之外，世界摔角娱乐又在UPN广播频道增加了 *Smackdown!* 节目。他根据相同的人物角色开发了连续的故事情节，这样观众就被赶着去看两个节目了。但是，收购世界摔角赛导致了公司旗下签约的摔角明星数量剧增。将150多个人物角色都安排进世界摔角娱乐节目的故事中最终证明是一个极具挑战性的任务。同时，将 *Raw is War* 转移到Spike电视频道播出的决定造成了观众的流失。

2005年10月，世界摔角娱乐与NBC签订了一项新的合同，将 *Raw is War* 放回到USA有线频道播出，在科幻频道（SCI FI）推出了一个新节目，叫做极限冠军摔角（*Extreme Championship Wrestling, ECW*）。因为这些有线频道的覆盖范围相对较大，公司节目的观众数量又有了大幅上升。其他节目如 *Smackdown!* 在新的CW频道上对外播出，这个频道是最近UPN网络与WB网络合并建立起来的。因为约翰·塞纳（John Cena）和克里斯·本纳特（Chris Benoit）等新种子人物角色的流行，节目也吸引来了新观众。

路演管理

世界摔角娱乐的典型工作周可能会让麦克马洪一家、明星和剧组工作人员精疲力竭。公司每年要组织300多场现场演出，这需要大家一周的大部分时间都得奔波在路上。巡回穿梭的工作人员包括200多名剧组人员和舞台工作人员。世界摔角娱乐的所有现场活动，包括公司两档长期按周播出的节目 *Raw is War* 和 *Smackdown!*，以及用于新节目的所有活动，都是在不同的城市举行的。结果是，工作人员总是在忙着把道具装上十几辆十八轮的大卡车，并驱车数百英里去赶场。因为世界摔角娱乐的所有节目都不重复播出，现场表演必须终年不断地进行。

实际上，现场表演构成了世界摔角娱乐所有业务的核心（见图表

6)。这使得公司在娱乐业中获得了巨大的优势。观众几乎都佩戴着带有世界摔角娱乐标志的物品，并从表演开始到结束都高声尖叫。文斯和他的工作人员特别注意观众对演出细节的不同反应。他们称这些现场活动能够让他们对故事情节和人物的受欢迎程度进行实时评估。每次表演的台词都是到表演的当天才确定下来的，有时候甚至在表演当中仍有所改动。文斯吹嘘称："与世界上任何其他娱乐公司相比，我们与公众保持了更密切的接触。"

图表6　摔角狂热的五大回合

安德烈巨人VS霍克·霍根
第三届摔角狂热大赛（1987年3月29日）
• **来龙去脉**：创纪录的93 173人见证15年未败的安德烈巨人对决摔角金童霍克·霍根。 • **高潮**：霍根一记背摔，将500磅的巨人击倒在地，成为该项运动史上的最佳明星，带来了摔角史上的第一次高潮。
The Rock VS 冷血史蒂夫·奥斯汀（Stone Cold Steve Austin）
第十七届摔角狂热大赛（2001年4月1日）
• **来龙去脉**：当代摔角史上的两大巨星针锋相对要结束两年以来的夙愿。 • **高潮**：好人奥斯汀站在了"邪恶"的世界摔角娱乐创始人文斯·麦克马洪一边，消灭Rock，在惊讶的人群面前赢得了头衔。
霍克·霍根VS 终极战士
第六届摔角狂热大赛（1990年4月1日）
• **来龙去脉**：历史上最水火不容的夙敌——摔角迷最热爱的霍克·霍根面对后起红人终极战士捍卫自己的王位。 • **高潮**：霍克·霍根错失了自己的必杀技斧爆腿，终极战士获胜，一半人心脏停止了跳动（另一半哭成了泪人）。
布雷特·哈特（Bret Hart）VS萧恩·迈克尔（Shawn Michaels）
第十二届摔角狂热大赛（1996年3月31日）
• **来龙去脉**：场外互相讨厌的两个人被锁进了一场60分钟的铁人大赛争夺腰带。 • **高潮**：1小时后，双方都没有能使对方服输。最后，号称"碎心小子"的迈克尔，在加时决胜赛中成功逆转，压倒哈特，赢得了腰带。
库尔特·安格尔（Kurt Angle）VS布洛克·莱斯纳（Brock Lesnar）
第十九届摔角狂热大赛（2003年3月30日）
• **来龙去脉**：在一场惩罚性的对决中，奥林匹克奖牌获得者安格尔摆好架势迎战NCAA前摔角冠军莱斯纳。 • **高潮**：295磅的莱斯纳高飞偷袭却头部着地，但是他恢复了过来并将安格尔压倒获得冠军。

资料来源：*TV Guide* 2004年3月13日。

虽然现场表演的观众通常是场场爆满，门票收入——平均35美元水平——几乎刚刚够支付制作成本，但这些现场演出为9小时的原创电视节目和付费节目库提供了丰富的内容。现场演出的精彩镜头也被用到了世界摔角娱乐网站上，这成为公司新数字媒体业务的增长发动机。最后，这些演出拉动了对从家用影碟与杂志到视频游戏与玩具等世界摔角娱乐商品的强大需求。

所有的这些工作不是只由文斯来管理的，而是他的全家。文斯的努力自不必说，但是，世界摔角娱乐的发展已经成了一个家族事件。机警而又拿腔捏调的文斯可以被看做日益庞大的娱乐帝国背后的创意人，他的妻子琳达已经静静地开始着手日常的经营管理了。在公司的管理中，她负责帮助进行算账、谈生意、处理世界摔角娱乐授权业务的成长与发展中所有必要的细节等。

文斯和琳达最大的快乐之一是看到自己的孩子也进入了公司业务。他们的儿子谢恩（Shane）负责世界摔角娱乐网站（wwe.com），即公司的流媒体网站；女儿斯蒂芬妮（Stephanie）一直就是创意写作团队的一个成员。"公司业务是我的全心全意所在，是我的激情所在，一直就是。"斯蒂芬妮评论说。家庭的全心投入是世界摔角娱乐成功的重要原因之一。"如果别人同样在110%地付出，他们也能很容易做到。"摔角选手史蒂夫·布莱克曼（Steve Blackman）说。

追逐新机遇

1999年，公司上市之后不久，世界摔角联合会（当时名称仍未改变）推出了一个有八个比赛队的橄榄球联赛项目，称做XFL。与完全照剧本表演的摔角比赛不同，文斯承诺要将该联赛办成一项全面竞争的体育赛事，努力将XFL策划得比美国职业橄榄球联赛（NFC）节奏更快、与球迷关系更友好。文斯实现了与NBC的合作，因为NBC也正在寻找能替代美国职业橄榄球联赛的低价转播赛事。2001年2月，XFL在球迷的巨大声援中开踢。虽然比赛开始吸引了很多观众，电视转播的收视率在一周后却陡转急下。联赛进行了一季后就停止了，并给世界摔角联合会造成了 5 700 万美元的损失。文斯和琳达坚持认为，如果能够有足够的时间，该项投资是能赚钱的。文斯评论说："我想我们在美国职业橄榄球联赛的那些朋友一定在绞尽脑汁想方设法使这次投资不要成功。"

从那时起，公司一直努力寻找其核心摔角业务能够推动的所有增长机会。凭借公司旗下更多的人物角色和每次演出中使用的不同人物，世界摔角娱乐迅速增加了现场演出的次数，包括在海外市场上的更多演出。2006 年，公司在美国境外举办了 40 多场现场演出活动，包括在遥远的英国、西班牙、巴拿马、菲律宾和新西兰。在全球范围内演出次数的增加也帮助公司大幅提高了从关联产品中取得的收入。

对于公司推出的世界摔角娱乐 24/7 服务，摔角迷关注的兴奋度也相当高，这是一项根据视频点播的服务。这项新的服务使公司每个月可以发售约 40 小时长的节目内容，包括历次演出的精彩片断和独家的新节目。服务也在不断向各有线电视公司推广，使其进入越来越多的支持视频点播服务的家庭。新服务推出后不到一年，世界摔角娱乐 24/7 已经有了巨大增长，实现收入超过了 150 万美元。

世界摔角娱乐也在向数字媒体这一新领域进军，公司建立了一个电子商务网站，出售公司所有的商品。网站还提供各种其他内容，包括直播、比赛录像和原创节目。在最近的一项调查中发现，WWE.com 每个月吸引的摔角迷用户超过了 1 600 万人。公司还刚刚进入了网络广告市场，数字媒体部分的收入占公司总收入还不到 10%。"真正的价值创造与增长将来自把网络内容变成钱，在网络上，公司拥有狂热忠实的爱好者群体基础。"Terrier Partners 的一般合伙人鲍比·梅尔尼克（Bobby Melnick）说。Terrier Partners 是一家拥有世界摔角娱乐股份的纽约资金管理公司。

最后，世界摔角娱乐也开始涉足电影制作，2006 年，公司用其摔角明星共制作发行了两部电影。《非礼勿视》（*See No Evil*）是由凯恩（Kane）主演、狮门公司（Lions Gate）发行的一部恐怖片。另一部电影《怒火街头》（*The Marine*）由 20 世纪福克斯（Twentieth Century

Fox）发行。虽然电影在剧场演播上只带来了不多的收入，但是琳达相信公司的电影在家庭影视市场、额外收费频道和付费电视上将能够获利。实际上，《怒火街头》2007年1月是作为最佳DVD租赁片首映的。

准备复活？

尽管世界摔角娱乐在各个方面都有发展，但是摔角狂热一直是处于顶峰位置的。这是一项自1985年开始就在纽约麦迪逊广场公园举行的年度盛会，如今，摔角狂热几乎已经成为一周一度的摔角界庆祝大会。摔角选手只有在摔角狂热比赛上取得佳绩才能成为真正的明星，真正的爱好者一辈子至少要到摔角狂热盛会进行一次朝圣之旅。

在摔角狂热每一次表演的喧闹中，文斯和琳达以及公司的员工们一直在利用公司的新名称世界摔角娱乐，试图再创20世纪90年代公司遇到严重问题之前的那种辉煌。公司曾用"Get the 'F' out"进行了新的广告推广活动。琳达拒绝相信世界摔角娱乐的财富是受不太可能长久持续的一时狂热所驱动的。她坚信，尽管来自电视真人秀等新娱乐形式的竞争压力越来越大，人们对公司表演的兴趣会继续下去。

而且，文斯和琳达·麦克马洪称，他们多元化的尝试决不表示要将流失的兴趣转移出去。实际上，他们相信，是多年来举办摔角表演的经验给他们提供了进入其他娱乐市场的基础。毕竟，将摔角打造成大众娱乐形式的一种，并使世界摔角娱乐获得如此巨大的成功，靠的都是他们自己的本事。有些批评者质疑，既然结果受到严格约束，摔角比赛的意义何在。在回应这种质疑时，市场部高级副总裁詹姆斯·F·拜恩（James F. Byrne）说道："摔角是100%的娱乐。世界上不存在掺假的娱乐。"

虽然世界摔角娱乐的股票价格没有明显的增值，但是公司在过去5年内将股息分红提高了3次。分析人士注意到公司债务很少，并且还有大量的现金流，这使得公司成为较好的长期投资对象。"对于长期投资者来说，世界摔角娱乐是非常有意思的。"斯科翰娜金融集团（Susquehanna Financial Group）的分析员迈克尔·凯尔曼（Michael

Kelman）评价说。"我们在（摔角）不流行时就赚钱，"文斯解释这一状况时说，"当流行起来的以后，我们已经超出纪录了。"

"理解的人不需要解释，需要解释的人永远理解不了。"

——马蒂，一位19岁的摔角迷。《财富》，2000年10月6日

案例7　任天堂 Wii

任天堂发布 Wii 视频游戏主机时，公司已经深陷于竞争激烈的市场之中了。上一代视频游戏主机包括世嘉（Sega）Dreamcast、索尼 PS2、任天堂 GameCube 和微软的 Xbox。这些系统都是 1999—2001 年之间在美国上市的，虽然 GameCube 的销量超过了世嘉的 Dreamcast，但是却落后于 PS2 和 Xbox 而屈居第三。PS2 在世界上共卖出了 1.15 亿台，超过 GameCube 和 Xbox 之和的两倍多（这两种游戏机分别卖出了 2 100 万台和 2 400 万台）。下一代视频游戏机将会面临更激烈的竞争。

任天堂不仅在总销量上落后于索尼和微软，公司的全部收入也只有游戏业务。索尼拥有 158 000 多名员工，2006 年总收入超过了 630 亿美元。微软也有超过 7 万名员工，2006 年收入也超过了 440 亿美元。任天堂公司成立于 1889 年，但是只有约 3 000 名员工，2006 年的收入也只有 45 亿美元。因此，任天堂被夹在了两个具有主导地位的公司之间。但是，任天堂在游戏机销售增长速度上却占了领先地位，销量也仅次于微软，微软早于任天堂和索尼一年开始销售其产品。

背景

尽管作为游戏卡制造商，任天堂的历史可以追述到 1889 年，但任天堂的第一套视频游戏系统是 1979 年开发出来的，被称作 TV Game 15 和 TV Game 6。1980 年，任天堂开发了第一款带有微处理器的移动 LCD 视频游戏机。1985 年，任天堂发明了任天堂娱乐系统（nintendo entertainment system），这是一款装有 8 位元处理器的视频游戏机。最初的任天堂娱乐系统非常成功，因为其图像比当时任何家用游戏机的都要好，结果，在全世界共销售了 6 000 多万台。任天堂娱乐系统为后续的游戏机平台设计树立了一个标准，也兼容第三方开发商生产的游戏。由于其他竞争对手已经开始开发 16 位元设备，如世嘉的 Genesis

系统和日本电气公司（NEC）的 PC Engine，任天堂知道自己必须做出回应并开发自己的 16 位元系统。

超级任天堂娱乐系统（SNES）被开发了出来，以与竞争者保持同步。超级任天堂是 1991 年发布的，销售时已经预装了一款游戏，《超级玛丽奥世界》(Super Mario World)。这是此前在 8 位任天堂娱乐系统上玩的《玛丽奥兄弟》(Mario Brothers) 游戏的升级版。1996 年任天堂发布了任天堂 64（Nintendo 64），这使超级任天堂的流行度有所降低。任天堂 64 是任天堂公司的第三代视频游戏机，是以 64 位元处理器命名的。任天堂 64 的零售价格是 199 美元。

与其前代产品一样，任天堂 64 用游戏卡存储游戏，但是，在那个时候，索尼和世嘉的竞争系统正在使用 CD 存储游戏。游戏卡可以存储 64M 数据，而 CD 可以存储约 700M 数据。而且，CD 生产更便宜，更方便配送和生产。因此，为了增加利润，很多以前支持任天堂平台的游戏开发商开始开发支持其他平台的游戏。当时，生产任天堂 64 位游戏卡的平均成本是每张卡 25 美元，而每张 CD 的成本是 10 美分。因此，游戏制造商将这高出的成本转给了消费者，这也解释了为什么任天堂 64 游戏的售价要高于索尼的 PS 游戏。大部分索尼 PS 游戏的价格几乎不超过 50 美元，而任天堂 64 位游戏差不多达到 70 美元。第三方开发商很自然地就转移到了使用较便宜 CD 平台的系统了（如 PS）。

2001 年，任天堂发布了公司的 GameCube，这是第六代视频游戏系统的一部分。这代系统包括索尼的 PS2、微软的 Xbox 和世嘉的 Dreamcast。虽然 GameCube 不再使用游戏卡，公司开始使用一种专有光盘技术生产自己的游戏。这种技术虽然从外观上很像 CD，实际上直径要小几英寸，并且不能在标准 CD 游戏机上使用。

任天堂综合研发部总经理竹田玄洋（Genyo Takeda）先生解释说，他们加强了创新，让几个不同的研发组"自由组合控制器或者 GameCube 相关的周边产品，然后看这些最终产品是否具有市场潜力。这一项目不仅研发出了《超级猴子球》(Donkey Monkey Bongos) 和《玛丽奥跳舞毯》(Dancing Stage Mario Mix Action Pad)，还带来了一些可以用于 Wii 无线遥控器的想法和设计。"

2007 年，任天堂的收益和收入都引人注目地进入了上升轨道（见图表 1 和图表 2）。图表 3 反映了任天堂的股价相对主要竞争对手飙升的情况。

图表 1　损益表　　　　　　　　　　　（单位：百万美元，每股项目除外）

年度损益表	2007 年 3月31日	2006 年 3月31日	2005 年 3月31日	2004 年 3月31日	2003 年 3月31日
总收益	966 534	509 249	515 292	514 805	504 135
收益成本、合计	568 722	294 133	298 115	304 233	308 525
销售、管理与一般支出	171 787	21 837	16 366	16 014	20 448
劳动力与相关支出	—	15 131	13 402	12 716	11 693
广告支出	—	55 442	53 756	53 488	46 227
销售、管理与一般支出合计	171 787	92 410	83 524	82 218	78 368
研发	—	30 588	20 505	15 820	14 590
折旧与推销	—	1 764	1 621	1 846	2 526
重建费	—	—	—	—	0
待售资产减值	335	1 383	1 612	510	864
其他非常规收入（支出）	(338)	(3 610)	(1 735)	(2 575)	(117)
非常规支出（收入）	(3)	(2 227)	(123)	(2065)	747
经营支出合计	740 506	416 668	403 642	405 052	404 756
经营收入	226 028	92 581	111 650	109 753	99 379
非经营性利息支出净值	—	(1)	0	0	1
非经营性利息收入	33 987	22 497	13 510	8 999	15 942
非经营性投资收入	26 632	49 017	18 336	(67 876)	(3 615)
非经营性投资公司利息	60 619	71 514	31 846	(58 877)	(12 327)
利息收入（支出）净值	60 619	71 513	31 846	(58 877)	(12 326)
资产销售收益（亏损）	(132)	(20)	(13)	761	(59)
其他净值	3 087	2 398	1 924	1 335	1 677

续前表

年度损益表	2007年3月31日	2006年3月31日	2005年3月31日	2004年3月31日	2003年3月31日
税前净收入	289 602	166 472	145 407	52 972	113 323
收入税提留	155 347	68 138	57 962	19 692	45 973
税后净收入	174 255	98 334	87 445	33 280	67 350
少数股利息	37	46	(24)	(79)	(74)
额外项目前净收入	174 292	98 380	87 421	33 201	67 276
净收入	174 292	98 380	87 421	33 201	67 276

资料来源：reuters.com。

图表2　资产负债表　　　　　　　（单位：百万日元，每股项目除外）

年度损益表	2007年3月31日	2006年3月31日	2005年3月31日	2004年3月31日	2003年3月31日
现金与现金等价物	962 197	812 064	826 653	767 270	748 650
短期投资	115 971	64 287	20 485	17 375	8 266
现金与短期投资	1 078 168	876 351	847 138	784 645	765 916
应收交易账目（总值）	89 666	43 826	51 143	28 493	49 085
坏账提留	(1 886)	(1 514)	(1 880)	(3 028)	(5 463)
应收账款合计（净值）	87 780	42 312	49 263	25 465	43 622
存货合计	88 609	30 835	49 758	30 955	104 524
延付收入税	35 631	24 170	19 513	24 911	31 158
其他流动资产	104 483	45 061	28 217	24 784	33 088
其他流动资产合计	140 114	69 231	47 730	49 695	64 246
流动资产合计	1 394 671	1 018 729	993 889	890 760	969 308
土地/改造	32 595	32 604	32 069	31 925	33 134
在建工程	217	41	410	0	7
土地/工厂/设备净值	57 597	55 968	54 417	55 083	59 367
无形资产净值	505	319	354	245	225
长期投资	92 412	60 213	73 393	53 866	38 551
其他长期资产	15 991	15 156	277	883	3 352

续前表

年度损益表	2007年3月31日	2006年3月31日	2005年3月31日	2004年3月31日	2003年3月31日
资产合计	1 575 590	1 160 699	1 132 485	1 010 026	1 085 515
应付账目	301 080	83 817	111 045	57 945	96 475
滋生支出	1 779	1 732	1 650	1 712	1 672
应付票据/短期投资	—	0	0	0	0
应付收入税	90 013	53 040	51 951	11 165	38 913
其他流动负债	75 563	43 684	40 801	42 423	48 988
其他流负债合计	165 576	96 724	92 752	53 588	87 901
流动负债合计	468 435	182 273	205 447	113 245	186 048
长期债务合计	—	0	0	0	0
债务合计	—	0	0	0	0
少数股利息	138	176	222	232	153
养老金与福利——未足额支付	4 443	3 299	4 890	5 701	8 810
其他长期负债	698	861	461	602	135
其他债务合计	5 141	4 160	5 351	6 303	8 945
负债合计	473 714	186 609	211 020	119 780	195 146
普通股	10 065	10 065	10 065	10 065	10 065
附加资本	11 586	11 585	11 584	11 584	11 584
未分配利润（累积赤字）	1 220 293	1 096 073	1 032 834	964 524	950 262
库藏股票——普通	（155 396）	（155 122）	（129 896）	（86 898）	（81 521）
未实现的收益（亏损）	8 898	10 717	7 194	6 650	2 254
权益合计	1 101 878	974 090	921 466	890 248	890 369
其他权益合计	6 432	762	（10 315）	（15 677）	（2 275）
负债与股东权益合计	1 575 592	1 160 699	1 132 486	1 010 028	1 085 515
普通流通股合计	128	128	130	134	134
库藏股——普通，一级发行	14	14	12	8	7

资料来源：reuters.com.

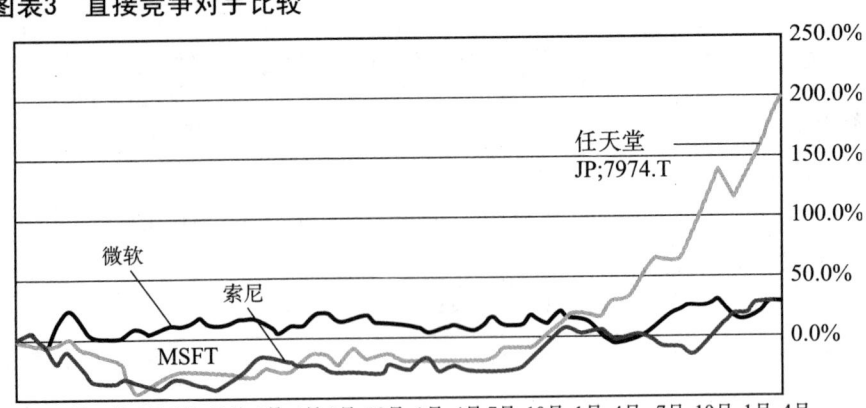

图表3　直接竞争对手比较

曲线标注：任天堂 JP;7974.T；微软 MSFT；索尼

横轴：7月 10月 1月 4月 7月 10月 1月 4月 7月 10月 1月 4月 7月 10月 1月 4月 7月 10月 1月 4月

纵轴：250.0%　200.0%　150.0%　100.0%　50.0%　0.0%

Wii 的投产

2006年任天堂公司推出了 GameCube 的替代产品 Wii（发音 we）。为什么选择了 Wii 这个名字，据说有很多原因，可能最引人注目的是"'Wii'听起来像是'we'（我们），强调该主机老少咸宜。Wii 很容易让世界上的人记住，无论他们说的是什么语言。都不会引起混淆。"最初，人们只知道这个系统的开发代号 Revolution（革命），但是，后来名字改成了 Wii。任天堂称，公司希望将 Wii 打造成一个让任何试用的人都会与朋友或邻居聊起它来的系统。

Wii 的研发是希望树立一个游戏控制的新标准，游戏机使用的是一个创新的、史无前例的界面，Wii 遥控器。就是 Wii 遥控器是使其成了一款独特的家用游戏机。遥控器是 Wii 的主要控制器。由于游戏机具有移动感应能力，它可以让用户通过向任意方向移动和按动遥控器来控制屏幕上的目标。大小与传统遥控器相当，只受到"游戏设计者想象力的限制"。例如，在网球游戏中，当用户挥动胳膊时，它可以当作球拍使用，在射击游戏中，它可以当做用户的枪。遥控器不仅可以当做游戏控制器，它还有一个内置喇叭，能发出隆隆的声音，以保证更好的触觉反应和游戏参与感。

Wii 遥控器上还有一个腕套，可以系在用户的手腕上，避免在使用

案例7　任天堂 Wii

时遥控器飞出去。遥控器用两节 AA 电池供电，两节电池大约能使用 30 小时到 60 小时。图表 4 给出的就是 Wii 和 Wii 遥控器。

图表4　Wii游戏机和遥控器

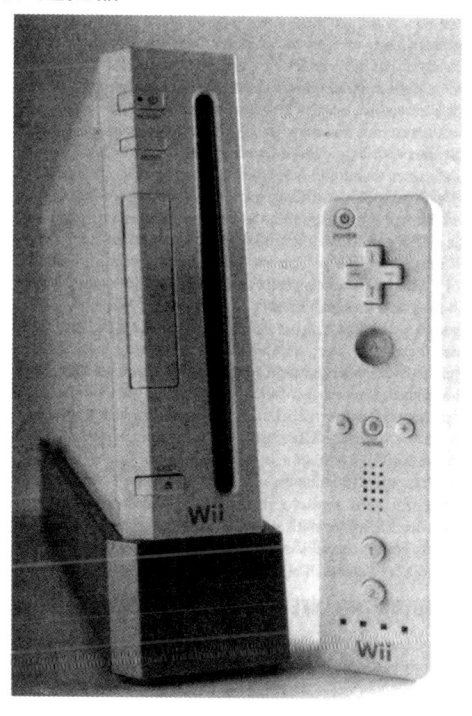

Wii 遥控器的第二个创新就是 Wii 手柄。手柄的设计正好适合用户的手，通过扩展槽与遥控器连起来。手柄具有与遥控器相同的移动感应能力，但是手柄上还有一个感应棒，帮助用户移动游戏中的人物。除了感应棒，手柄上还有两个按钮，可以使用户快速调用其他游戏功能。手柄具有标准游戏控制器的功能，同时在遥控器中还有高科技的移动感应器。用户在玩 Wii 拳击游戏时，可以一手握手柄，另一手拿遥控器，把自己变成屏幕上的对手之一。游戏控制对直拳和勾拳有感觉，但是，抵挡失误并不会像在真正的拳击台上一样受伤。

Wii 控制器两手都好用的特点是在其他的游戏控制器中很少见的；Wii 控制器让用户感觉怎么舒服就可以怎么握遥控器和手柄。

特色

除了 Wii 遥控器，Wii 还具有一些其他独特的地方。其特点之一就是 Wii 菜单，这是打开 Wii 后首先出现在电视屏幕上的。根据任天堂的介绍，Wii 菜单很容易将自己与用户每一天的生活融合在一起。

菜单显示了几个不同的图标，其中之一就是 Mii 频道。这个频道让用户有能力创建一个自己的个性化 3D 漫画形象。另一个图标是投票频道（Everybody Votes Channel），这可以让个人在全国或者全世界的各种调查中进行投票。还有一个新闻频道，向用户及时按类别提供世界上的重大新闻。预报频道是 Wii 菜单上显示的另一个图标，它可以让个人在世界上任何地方都可以看天气预报。用户可以从 Wii 购物频道（Wii Shopping Channel）下载老版本的任天堂游戏。Wii 留言板（Message Board）让用户可以在 Wii 上给游戏机的其他用户留言，或者给自己留下备忘提醒。互联网频道（Internet Channel）让用户可以使用 Wii 在网上冲浪。照片频道（Photo Channel）可以让用户浏览 SD 记忆卡上的照片。最后还有一个碟片频道（Disc Channel），可以让用户玩 Wii 游戏或者使用任天堂的 GameCube 光盘。Wii 是后向兼容的，可以安装任天堂 GameCube 游戏、记忆卡和控制器。

上网能力

任天堂的 Wii 是第一款具有上网能力的任天堂游戏机。Wii 有几种不同的联网方式。Wii 可以通过标准的无线协议上网——这是一种顾客家用高速互联网接入器（一般是通过有线电视服务或者电话公司的 DSL）。Wii 接入互联网的另一种方式是任天堂 DS，也具有内置的无线上网功能。Wii 也可以通过可选的有线 USB—以太网适配器接入互联网。

根据任天堂美国公司的总裁兼首席运营官 Reggie Fils-Aime 的消息，Wii 将"提供在线游戏，用户不用掏任何注册费用。他们将能够在盒子外面玩游戏……没有任何隐含的费用或者成本"。但是，直到 2007 年中，还没有出现这种游戏。到目前为止，允许用户与其他在线用户互动游戏的游戏机只有竞争产品：微软的 Xbox360 和索尼的 PS3。

Wii 2006年11月19日在北美上市,截止到2007年3月3日,销量超过了200万台(见图表5)。

图表5 Wii

地区	销售台数	上市时间
北美	2 083 880	2006年11月19日
日本	2 014 310	2006年12月2日
欧洲	2 000 000	2006年12月8日
澳大利亚	68 000	2006年12月7日
总计	6 166 190	

但是,虽然这些数字看起来都很大,任天堂也遇到了Wii的生产问题。任天堂无法满足2007年的市场需求。在游戏理论(Game Theory)网站的一次访谈中,任天堂营销与公司事务副总裁佩林·卡帕恩(Perrin Kapaln)提到,供货短缺可能还会持续一段时间。"我们已经处于绝对最大生产能力状态,也做了我们能做的一切……但是需求确实是非常大。"

消费者人群

根据任天堂的说法,Wii与竞争对手系统的一个主要区别是Wii所瞄准的广泛爱好者。Wii的很多游戏适合任何年龄的玩家,与索尼PS3和微软Xbox360的复杂控制器相比,Wii的控制更简单。任天堂公司为Wii做的电视广告显示的就是各种年龄的人和各种社会阶层的人都在玩Wii。按照任天堂公司的说法,Wii控制器使任何年龄段的人都喜欢用。任天堂希望发明一种"尽可能精致而诱人"的控制器。任天堂公司的目标是发明任何人都能玩的游戏,打造一个对女性和以前从来没玩过游戏的人都有吸引力的系统。任天堂公司的一位高级主任官本茂(Shigeru Miyamoto)解释道:"大部分游戏企业都走向了一条类似的发展道路,用超现实的图像再现体育或者电影场面……我们想再多加入一点艺术,使偶然的消费者也喜欢上这些游戏。"Wii提供了一些特殊的东西，既适合高级游戏玩家，也适合从未接触过游戏的人。高级的游戏玩家会喜欢独特的遥控特色，游戏新手则可以把遥控器当作手或者胳膊来用，而不需要仔细研究如何在这个小盒子上玩新游戏的那些指南。虽然任天堂的游戏使各年龄段的人玩起来更容易，但其消费者的人口分布毫无疑问却成了产品的一个劣势。

虽然任天堂有能力瞄准较大的年龄范围，但似乎缺少其他系统能提供的系列游戏。任天堂以前重点开发专有的《玛丽奥兄弟》系列游戏，以及图形简单、复杂程度低、适合较广年龄层人群玩的游戏。PS3最畅销的游戏是《抵抗：人类的覆灭》（Resistance:Fall of man），该游戏获得了很多奖项，更重要的是，它被定级为 M 级 [娱乐软件定级委员会（Entertainment Software Rating Board）的定级]，即适合17岁及以上年龄；Xbox 的最畅销游戏是《战争机器》（Gears of War），定级也是 M 级。Wii 的最畅销游戏是《塞尔达传说：黎明公主》（The Legend of Zelda: Twilight Princess），定级为 T 级，即适合13岁及以上的人；《Wii 运动》（Wii Sports）是 E 级，适合任何人。Wii 的缺点之一很明显就是其图像质量。大家都认为，Wii 的能力是 GameCube 的2.5倍，但是却几乎无法与 PS3 或 Xbox360 相竞争。

虽然任天堂希望瞄准所有年龄段的人，但是长久以来却被认为是儿童开发的游戏系统，玛丽奥、塞尔达、猴子系列游戏就是明证。适合所有年龄和口味游戏玩家的机器——任天堂自己的这一定位实现起来将非常艰难。

锁定游戏开发商利益

从游戏机的历史可以看出，伴随着每一代新系统的出现，游戏开发商都努力把游戏做得越来越复杂。这意味着越来越多的钱被投入到每一代游戏的开发中。因为游戏开发商在开发游戏中花了更多的钱，如果游戏不成功，它们会遇到更大的经济风险。因此，很多游戏开发商感觉开发现有游戏的续集会更安全，这反过来又限制了创新。Wii 的创新控制器——Wii 的遥控设计要求游戏开发商和程序员重新思考设计人机交互界面。针对 Wii 开发游戏的另一个问题是，Wii 的画面不像 PS3 和 Xbox360 的那么好，因此游戏开发商需要更有创意，开发自己游戏的 Wii 专用版。

很多开发商在制作游戏时都使用虚拟开发软件。人们认为，游戏开发商为 Wii 开发游戏后，可以在同一程序基础上开发出适用于其他平台的游戏，因此可以降低开发成本。但是，因为 Wii 的遥控设计将自己与竞争者区分开来，这给游戏开发商制造了一个障碍。游戏开发商为 PS3 开发了游戏后，还可以为 Xbox360 开发同样的游戏，反之亦然；而如果开发商为 Wii 开发了游戏，将游戏安装到其他平台上时，需要大量的返工。将适合于 Xbox360 或 PS3 的游戏改成适用于 Wii 的，也需要大量的修改工作，以使编码适用于 Wii 遥控器的独特之处。

竞争

2006 年 11 月 Wii 和 PS3 的上市开始了第七代视频游戏机对市场份额的激烈竞争（见图表 6）。虽然 Xbox360 的上市时间要早一年，微软希望做一些小改进后重新上市。Wii 299 美元的价格包括了 Wii 遥控器、手柄附件、感应棒、Wii 运动软件套装。Wii 运动套装包括网球、垒球、高尔夫、保龄球和拳击游戏。零售价格比 PS3 和 Xbox360 的价格要低得多，原因可能是 Wii 没有那种高级的中央处理器单元或者高清视频播放器。

图表6　游戏系统比较

	任天堂	索尼	微软
游戏机名称	Wii	PS3	Xbox360
游戏格式	12 厘米 Wii 光盘	蓝光光碟、DVD、CD	高清 DVD、DVD、DVD 双面
硬件	无	20G 或 60G	20G 或 120G
价格	249 美元	599 美元（60G）	精简版 299 美元,豪华版 399 美元,精英版 479 美元
Ethernet	Wi-Fi 标准	Wi 可选	Fi 可选
在线服务	WiiConnect24 Wii 频道，无在线游戏	PlayStation 网络，可以玩在线游戏	Xbox Live, 可以玩在线游戏

续前表

	任天堂	索尼	微软
控制器	Wii 遥控器（无线、移动感应）	Max 7 SIXAXIS（线）	有线或无线
后向兼容	是（任天堂 GameCube）	是（PS2）	是（某些 Xbox 游戏）
游戏数	235	150	270

资料来源：Company reports and author estimates.

Xbox360

微软的 Xbox360 是 2005 年 11 月发布的，比任天堂和索尼的新系统提前了一年。Xbox360 有三个不同的版本，即精英版（零售价 479 美元）、豪华版（零售价 399 美元）、精简版（零售价 299 美元）。

虽然这些价格对个人消费者来说相当昂贵，但实际上微软所有的销售都在赔钱。如，以微软生产豪华版为例，组装前微软的成本是 470 美元，数据线、电源线和控制器又增加了 55 美元，这样微软的成本就达到了 526 美元。因此，微软每销售一套系统就要损失 126 美元。不仅 Xbox360 如此，上一代产品 Xbox 也是一样。微软的成本是 323 美元，却以 299 美元的价格售出。微软相信，通过游戏和配件的销售，2007 年将实现赢利。

Xbox360 的一个重要功能就是 Xbox Live。根据微软的说法，Xbox Live 是"经典的在线游戏与娱乐服务，允许用户将 Xbox 连到互联网上玩在线游戏"。这一功能可以让个人与世界各地的用户在线对决。这样，微软就建立了一个社区，个人可以通过语言聊天和/或一起在视频游戏中对战，进行交流。甚至允许用户"随时查看他们的朋友在搞什么"，不仅能看到自己的朋友列表，还能看到朋友的朋友列表。Xbox Live 提供的另一项服务是 Xbox Live 市场，用户可以在这里下载电影、游戏预告片、游戏试玩、Arcade 小游戏等。据估计，超过 70% 的 Xbox 联网用户都在 Xbox Live 市场里下载内容，总计超过了 400 万用户。根据微软的统计，在不到一年的时间里，已经超过了 1 200 万次下载。由于如此受欢迎，主要发行商和其他独立游戏制作商已经提交了超过 1 000 套 Xbox Live 游戏。与 Wii 相似，Xbox360 开机后会显示一个仪表板。这可以让用户选择播放 DVD 或者玩游戏。

Xbox360 可以播放高清 DVD。中央处理器名为 Xenon，是一个基于 IBM PowerPC 的三核设计。Xbox360 所有游戏使用的都是 5.1 声道杜比数字降噪环绕立体声，再加上高清显示器，Xbox360 确实能够显示优质画面和声音质量。但是，没有高清电视机的用户无法体验这一系统的高清功能。Xbox360 的游戏都是存储在双面 DVD 上的，每张光盘有 8.5G 的存储空间，而且也支持很多其他格式。系统有一个以太网接口和三个 USB 接口，也可以通过无线网络接入互联网。

微软在上市前 69 天才开始生产 Xbox360。结果导致微软无法提供充足的游戏机以满足最初的需求，所以上市时，很多潜在客户根本就买不到游戏机。但是，根据比尔·盖茨的说法，到索尼和任天堂发布自己的系统时，微软已经向市场提供了 1 000 万台游戏机。

索尼 PS3

PS3 是索尼公司开发的第七代视频游戏机。PS3 的诸多先进特色包括：Cell 宽频引擎 64 位处理器，集成了 1 个主处理核和 8 个协处理核。这种多处理能力单元为图像密集游戏提供了强大的支持。PS3 另一个值得注意的特色是播放蓝光光碟的能力。蓝光是高清视频的一种格式，可以让游戏开发商创作出高度精细的游戏。

PS3 的另一项主要功能就是 6 轴无线控制器。这个控制器装有感应器，它可以确定玩家何时会使用或摆动控制器，使玩游戏成为"玩家肢体的自然延伸。"虽然这比标准的有线遥控要先进得多，但最初的版本缺少了 Wii 那种真正的移动感应能力。

PS3 可以播放音乐 CD、联入互联网、从 CD 向硬盘复制内容、播放蓝光光碟和 DVD、与数码相机连接、浏览照片，等等。但是，没有高清电视机，用户也无法体验系统的高清功能。

PS3 在北美地区的销售最初非常强劲，仅仅 6 个月就达到了 130 万台（见图表7）。PS3在英国的销售也打破了纪录，上架后两天内就达到了165 000台（大部分为预订），虽然在上市后的6个月内只卖出了92万台。索尼首席执行官霍华德·斯特林格（Howard Stringer）将缓慢的销售归咎于缺少可安装的软件，并说到2008年，索尼预计将有380款PS3游戏投放市场。

图表7　PS3前6个月的销售数量

地区	销售台数	最初上市时间
北美	1 370 300	2006年11月17日
日本	870 492	2006年11月17日
欧洲	920 000	2007年3月23日
澳大利亚	27 000	2007年3月23日
总计	超过325万台	

PS网络成功的原因之一就是支持在线游戏的能力。这使个人可以与世界上其他地方的玩家一起玩游戏。PS网络允许用户下载游戏、看电影和游戏预告片、收发短信和与朋友聊天。用户还可以浏览网页，最多可以同时打开六个窗口。

自从PS3上市以后，就出现了各种各样的报道。积极的有：它曾经被称为"自从发明电视以来最重要的家庭娱乐设备"。而且，MSN说，PS3是一款"多功能的、令人印象深刻的、并非言过其实的家庭娱乐设备……PS3对得起标签上的可观价格"。但是，在2006年，《个人计算机世界》（PC WORLD）杂志在"20项技术创新"中将PS3排在了第八位。

供求状况

2005年11月，当Xbox360到店时，成千上万的视频游戏爱好者等候在店门外（有些甚至冒着严寒），希望成为第一个买到游戏机的人。虽然游戏机很快就销售一空，但是几个月之后就又有货了，因此，买上一台并没有成为问题。PS3上市时也是一样：虽然店里的货很快就卖完了，之后不久就有了，只要你愿意花钱，就能买到一台。但是，自

案例7 任天堂 Wii

2006年11月上市后，任天堂的追捧者在寻找购买游戏机时就遇到了问题：幸运的顾客可能在Wii刚刚运进店时正好走进来，或者排几个小时的队，享受以249美元的零售价买游戏机的特权；不幸的顾客不得不搜索各种拍卖网站，如eBay，支付高出零售价格两倍甚至三倍的加价。

关于Wii的生产问题，有很多种推测。有几个分析者认为，Wii的供货短缺是一种营销手段，借此制造噱头和刺激需求。但是，其他的人猜测，任天堂公司遇到了生产问题，无法满足对Wii的巨大市场需求。IDC的顾客市场项目经理比利·皮吉昂（Billy Pidgeon）称，到2008年底，消费者购买Wii都会有困难。皮吉昂说，他相信，Wii将继续成为游戏行业中的一股成功力量，任天堂公司需要开始生产更多的游戏机。而且，他说，他不相信"到2009年Wii的供给会满足需求"。

在公司的一次财务通气会上和2007年5月一个网站的问答节目中，供给问题得到了任天堂公司首席执行官岩田聪（Satoru Iwata）的确认。岩田聪说："我们现在面临着产品短缺……我们的库存没有了，并且（零售商）紧追着我们。"岩田聪还说："大批量制造高科技的硬件，并增加产量，并不是一件容易事。实际上，我们解决了一个增产的瓶颈问题后，我们又有了其他的。"

如图表6所示，Wii总共有235款游戏。这个数字说明Wii显然是一个成功的系统——一个引起世界上游戏开发商和游戏玩家极大兴趣的系统。因为对Wii有强烈的兴趣，生产问题被放大了。但是，如果任天堂公司不能满足硬件需求，游戏开发商可能会开始面向顾客可以买到的系统开发游戏。

首席执行官岩田聪称，"发货将会增加，我们会增加产量以满足耐心等待的顾客的需要"以及任天堂和第三方软件开发商提供的软件数量。但是，任天堂的岩田聪能否设法将Wii的这一势头带入下一代游戏系统中，这仍然是一个无法回答的问题。

案例8　福特汽车公司濒临破产？

福特汽车公司正在创造纪录，但遗憾的是，不是好纪录。虽然福特的 F 系列皮卡和新型混合动力汽车 Edge 销量可观，但却仍无法扭转公司亏损的局面。福特 Edge 这款新型混合动力车步入了正轨，2007年卖出了 10 万辆，应该说是个成功的车型。但是，根据行业研究公司 Autodata 公司罗恩·皮内里（Ron Pinelli）的说法，卖出的每辆 Edge，利润率要低于大型运动型多功能车，这是 Edge 替代的主要车型。福特的首席销售分析师乔治·皮帕斯（George Pipas）说："公司在挽留福特传统运动型多功能车客户中希望选择其他车型的人。"

2007 年 1 月 25 日，这个挣扎中的汽车制造商宣布 2006 全年亏损 127 亿美元——公司历史上最糟糕的财年业绩。福特公司的改组从 2001 年就开始了，但据预测，至少得到 2009 年，公司的状况才有可能出现转机为了拯救下滑的福特，并期望实现跳跃性的扭转，2006 年 9 月 5 日，艾伦·穆拉利被选为首席执行官兼总裁。穆拉利——波音飞机公司的前任掌门人——被寄予厚望，大家希望他能帮助这个挣扎中的汽车制造商摆脱市场份额下跌的困局和严重的财务亏损（见图表 1）。

为什么要请个门外汉？

福特帝国已经发展了将近百年，自 1946 年将通用汽车公司的厄内斯特·布里奇（Ernest Breech）挖过来之后，公司从来没有在家族之外选择过高层负责人（见图表 2）。自 2001 年担任首席执行官的职务后，比尔·福特（Bill Ford）曾几次尝试寻找合格的继任者，"寻找像雷诺—日产首席执行官卡洛斯·戈恩和戴姆勒—克莱斯勒总裁蔡澈（Dieter Zetsche）一样的行业明星"。现在穆拉利被选中了，希望他能够完成这个"不亚于毁灭亨利·福特 40 多年前建立起来的这个根深蒂固的强大管理体制"的艰巨任务——这是一个在全球范围内、日益耗尽了公司在当今全球经济中竞争力的地区采邑体制，而这是总裁比尔·福特不能或者不愿施展的。

图表1　损益表　　　　　　　　　　（单位：百万美元，每股项目除外）

	2006年	2005年	2004年
汽车			
销售额	143 307	153 474	147 119
成本与支出			
销售成本	148 869	144 924	135 755
销售、管理与一般支出	12 359	12 738	11 564
成本与支出合计	161 228	157 662	147 319
经营收入/（亏损）	（17 921）	（4 188）	（200）
利息支出	995	1 220	1 221
利息收入与其他非经营性收入（支出）净值	1 478	1 249	988
附属公司净收入/（亏损）权益	421	285	255
税前收入/（亏损）——汽车	（17 017）	（3 874）	（178）
金融服务			
收入	16 816	23 422	25 197
成本与支出			
利息支出	7 788	7 197	7 250
折旧	5 295	5 854	6 618
经营与其他支出	1 526	6 030	5 830
信用与保险损失提留	241	483	1 212
成本与支出合计	14 850	19 564	20 910
Hertz销售合计	—	1 095	—
税前收入/（亏损）——金融服务	1 966	4 953	4 287
总公司			
税前收入/（亏损）	（15 051）	1 079	4 109
收入税提留/（福利）	（2 646）	（845）	643
少数股利息前收入（亏损）	（12 405）	1 924	3 466

续前表

	2006年	2005年	2004年
汽车			
附属公司净收入（亏损）中少数股利息	210	280	282
继续经营收入（亏损）	（12 615）	1 644	3 184
停止经营收入（亏损）	2	47	（146）
会计原则变动累积效应前收益（亏损）	（12 613）	1 691	3 038
会计原则变动累积效应	—	（251）	—
净收益（亏损）	（12 613）	1 440	3 038
普通股与B股平均流通数	1 879	1 846	1 830
普通股和B股每股基本收入/（亏损）额			
继续经营收入（亏损）	（6.72）	0.89	1.74
停业经营收入（亏损）	—	0.03	（0.08）
会计原则变动累积效应	—	（0.14）	—
净收入/（亏损）	（6.72）	0.78	1.66
摊薄收入（亏损）			
继续经营收入（亏损）	（6.72）	0.87	1.59
停业经营收入（亏损）	—	0.02	（0.07）
会计原则变动累积效应	—	（0.12）	—
净收入（亏损）	（6.72）	0.77	1.52
现金股息	0.25	0.40	0.40

注：福特汽车公司及附属公司，年末截止日期为12月31日。

图表2　福特家族图谱

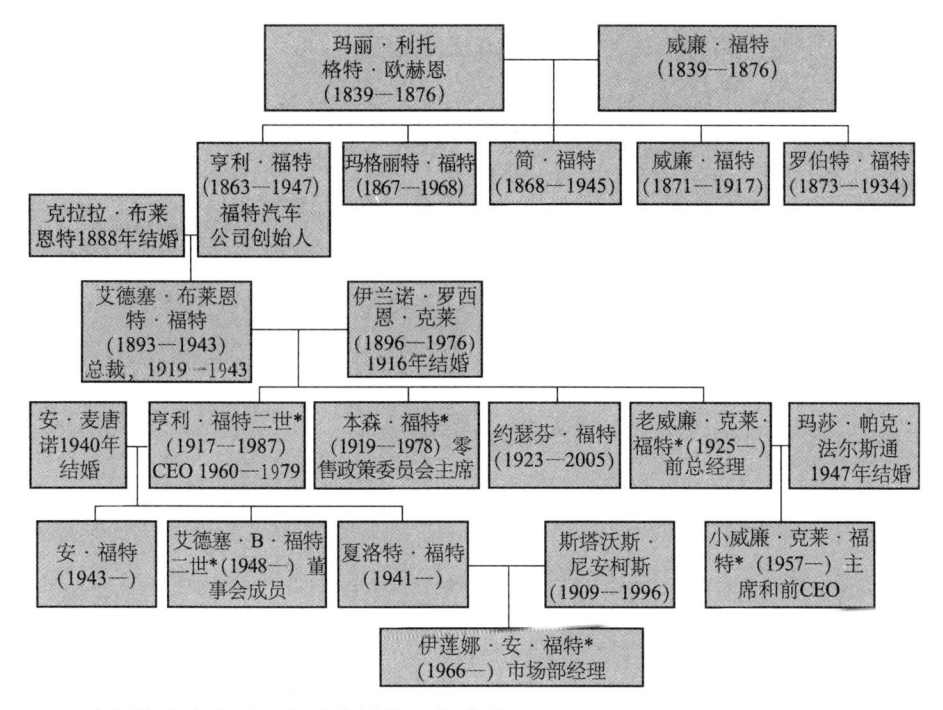

```
                    玛丽·利托                 威廉·福特
                    格特·欧赫恩              (1839—1876)
                    (1839—1876)
                         │                        │
        ┌────────┬───────┴──┬──────────┬──────────┐
        │        │          │          │          │
     亨利·福特  玛格丽特·福特  简·福特   威廉·福特   罗伯特·福特
     (1863—1947) (1867—1968) (1868—1945) (1871—1917) (1873—1934)
     福特汽车
     公司创始人
克拉拉·布莱
恩特1888年结婚
        │
   ┌────┴────┐
   艾德塞·布莱恩    伊兰诺·罗西
   特·福特          恩·克莱
   (1893—1943)     (1896—1976)
   总裁，1919—1943  1916年结婚
        │
┌──────┬──────┬──────┬──────┬──────┬──────┐
安·麦唐  亨利·福特二世*  本森·福特*  约瑟芬·福特  老威廉·克莱  玛莎·帕克·
诺1940年  (1917—1987)   (1919—1978) 零  (1923—2005) 福特*(1925—)  法尔斯通
结婚      CEO 1960—1979  售政策委员会主席           前总经理      1947年结婚
   │         │                                                  │
┌──┴──┐   ┌──┴──┐   ┌──────┬──────┐                        小威廉·克莱·福
安·福特  艾德塞·B·福特  夏洛特·福特  斯塔沃斯·                     特*(1957—) 主
(1943—) 二世*(1948—) 董 (1941—)    尼安柯斯                      席和前CEO
         事会成员                   (1909—1996)
                         │
                    伊莲娜·安·福特*
                    (1966—) 市场部经理
```

* 在福特汽车公司工作过的福特家族成员。
注释：家谱包括在福特汽车公司工作过的亨利·福特的后代及其子孙。
资料来源：Benson Ford Research Center；WSJ research; Wildpedia.

从家族或董事会外聘请首席执行官的做法好像变得常见了。根据哈佛商学院的约瑟夫·鲍尔（Joseph Bower）的说法，当企业遇到经营或者财务危机时，在40%的情况下门外汉被任命为首席执行官，在标准普尔500强企业里，这种可能是1/3。理由可能是希望能从一个全新的视角看问题或赢得董事会的支持。"结果显示，被迫让位后由外行人继任，一般会改善企业业绩。"比尔·福特称，要对福特公司失灵的文化进行彻底调整，外行人比汽车行业内最优秀的内行人都更合适。

外行首席执行官也可能会帮助福特公司的管理层重新获得投资者的信任，此前他们已经对福特家族拿到的高额股息和奢华生活方式产生了不满。通过自己手中的所有B股股票和普通股股票，福特家族控制掌握着公司40%的投票权股。家族B股的市值与普通股市值几乎相等，但是家族股的投票权按照行规却非常高（见图表3和图表4）。这部分股息本来是用作养老金的，但是多年积攒下来，使各家族成员得以拥有足球队、资助博物馆或者慈善事业等，甚至来推广克里希那觉悟运动。考虑到公司遇到了严重的财务问题，这些活动引起了股东的不满，因为以前每年的未分配股息都浪费了，而没有用于再投资或者并购以提高公司资产净值上。

图表3　福特汽车公司和附属公司部门资产负债表　　（单位：百万美元）

资产	2006年12月31日	2005年12月31日
汽车		
现金与现金等价物	16 020	13 388
可转让证券	11 310	6 860
可贷证券	5 256	3 461
可转现金与可贷证券合计	32 586	23 709
应收账款,减196和298折口	3 878	3 075
存货	11 578	10 271
延付收入税	1 569	1 249
其他流动资产	7 714	8 177
流动资产合计	57 325	46 481
附属公司净资产权益	2 029	1 756
财产净值	38 236	40 348
延付收入税	14 880	10 999
信誉与其他无形资产净值	6 920	5 928
停业/特售经营资产	—	5
其他资产	3 244	8 308
汽车资产合计	122 634	113 825
金融服务		
现金与现金等价物	12 874	15 018
可转让证券	10 162	3 812
应收金融资产净值	110 767	111 436

案例8　福特汽车公司濒临破产？

续前表

资产	2006年12月31日	2005年12月31日
租赁经营投资净值	26 606	22 951
未分配应收账款转售利息	990	1 420
信誉与其他无形资产	17	17
其他资产	6 167	7 457
汽车业务应收账款	1 467	83
金融服务资产合计	169 060	162 194
部门间互抵	（1 467）	（83）
资产合计	290 217	276 936
负债与股东权益		
汽车		
应付交易	17 069	16 637
其他应付	4 893	4222
滋生债与延付收入	28 995	28 829
延付收入税	3 139	804
一年内应付债	1 499	978
金融服务应付现金	640	83
流动负债合计	56 235	51 553
长期负债	28 514	16 900
其他债务	49 398	38 639
延付收入税	441	586
金融服务应付非现金资产	827	—
汽车业务债务合计	135 415	107 678
金融服务		
应付款	1 587	2 051
债务	142 036	135 400
延付收入税	10 827	10 747
其他债务与延付收入	4 125	5 579
金融服务负债合计	158 575	153 777

续前表

资产	2006年12月31日	2005年12月31日
少数股利息	1 159	1 122
股东权益		
股本		
普通股，面值1美分/股（发行18亿3千7百万股，核准发行60亿）	18	18
B股，面值1美分/股（发行7.1亿股，核准发行53亿股）	1	1
股票面值溢价资本	4 562	4 872
其他综合收入（亏损）累计	（7 846）	（3 680）
库藏股票	（183）	（833）
未分配收益（累积赤字）	（17）	13 064
股东权益合计	（3 465）	13 442
部门间互抵	（1 487）	（83）
股东权益与债务合计	290 217	275 936

图表4　分部门现金流量表　　　　　　　　　　　　（单位：百万美元）

	2006年		2005年		2004年	
	汽车	金融服务	汽车	金融服务	汽车	金融服务
持续经营活动经营业务现金流						
经营活动现金流净值	(4 185)	7 318	5 433	6 912	6 963	7 963
持续经营活动投资业务现金流						
资本支出	(6 809)	(39)	(7 123)	(394)	(6 280)	(458)
收购零售与其他金融服务业务应收账款与维护性租赁	—	(59 793)	—	(54 024)	—	(63 284)
零售与其他金融业务应收账款与维护性租赁托收	—	41 867	—	48 245	—	51 220
批发业务应收账款净值（增）/减	—	6 113	—	4 751	—	2 882
日租车辆业务收购净值	—	—	—	(1 988)	—	(2 492)
证券买入	(4 068)	(19 610)	(5 714)	(6 169)	(7 590)	(4 177)
证券卖出与到期	4 865	13 591	5 106	3 629	7 615	9 033

续前表

	2006年		2005年		2004年	
	汽车	金融服务	汽车	金融服务	汽车	金融服务
零售与其他金融业务应收账款及维护性租赁转让收益	—	5 120	—	17 288	—	6 481
批发业务应收账款转让收益	—	—	—	3 739	—	3 957
公司转让收益	56	—	280	7 657	125	412
收购支付现金			(2 031)		(30)	
停业/待售业务处置转移现金金额	(4)		(1 255)		(26)	(13)
金融服务业务提供投资活动全额	1 185	—	8 407	—	4 361	—
金融服务业务占用投资活动金额	(1 400)					
其他	18	307	387	1 462	107	2 185
投资活动提供（占用）现金净值	(6 157)	(12 444)	(688)	22 941	(1 718)	5 746
持续经营金融活动现金流						
现金收益	(468)	—	(738)	—	(733)	—
普通股销售	431	—	895	—	21	—
普通股买入	(183)	—	(570)	—	(172)	—
短期债务调整	414	(6 239)	(115)	(8 598)	(342)	5 227
其他债务发行收益	12 254	46 004	385	24 174	469	21 754
其他债务本金支付	(758)	(35 843)	(758)	(35 322)	(2 564)	(33 436)
来自汽车业务的金融活动	—	1 400	—	—	—	—
投入汽车业务的金融活动	—	(1 185)	—	(8 407)	—	(4 361)
其他	(147)	(192)	(177)	24	(39)	(97)
金融活动提供/占用现金净值	11 543	3 945	(1 078)	(28 129)	(3 360)	(10 913)
汇率变化对现金影响	104	360	(23)	(473)	117	388
部门间应收账款/应付账款及其他债务变化净值	1 321	(1 321)	(394)	394	1 258	(1 258)
持续经营提供现金及现金等价物务增（减）净值	2 626	(2 144)	3 250	1 645	3 260	1 926
停业经营提供现金						
停止经营业务经营活动提供现金流	2	—	(16)	71	(149)	464
停止经营业务投资活动提供现金流	—	—	17	(66)	137	(457)
停止经营业务金融活动提供现金流	—	—	—	—	—	—
现金与现金等价物增（减）净额	2 628	(2 144)	3 251	1 650	3 248	1 933

续前表

	2006年		2005年		2004年	
	汽车	金融服务	汽车	金融服务	汽车	金融服务
1月1日现金与现金等价物	13 388	15 018	10 139	12 689	6 853	10 819
1月1日停止/待售业务现金与现金等价物	4	—	2	679	40	616
现金与现金等价物增（减）净值	2 628	(2 144)	3 251	1 650	3 248	1 933
减去12月31日停止/待售业务现金与现金等价物	—	—	(4)	—	(2)	(679)
12月31日现金与现金等价物	16 020	12 874	13 388	15 018	10 139	12 689

注：福特汽车公司及附属公司，财年截止到12月31日。

报穆拉利——新的拯救者

艾伦·穆拉利也是来自一个钢铁打造的行业，与造汽车一样，这个行业也受全球竞争的影响，有工会，受到复杂法规和飞速变化技术的制约。虽然他不是个汽车行业的人，但他在一个与汽车业面临相似问题的行业中有实际成就，而且他具有的很多专业经验和管理方法都是可以移用的。按照他自己的话说："是啊，每个人都说我不是汽车业的人，所以在这里做不了什么贡献。但是，我是个做产品的人，是个设计者。"

在加盟福特之前，穆拉利在波音公司担任执行副总裁，在波音民用飞机公司担任总裁兼首席执行官。在这些职位上，他负责波音公司的整个民用飞机项目及相关服务。拥有先进技术的777飞机，是当前该级别飞机中最流行的双引擎喷气式客机，这是20世纪90年代初期在穆拉利的领导下开发的，这款飞机也是穆拉利产品和技术天分的证明。在他的领导下，波音公司从空客公司手中重新夺回了市场领导者的地位。穆拉利受命于福特公司曾经被业界认为是"充分发挥他成功管理制造和组装线的经验，帮助改变福特公司的未来"。

比尔·福特称赞穆拉利为"一个优秀的领导者，一个具有伟大品格的人"。他指出，在波音公司开发革命性的波音777客机的过程中，穆拉利应用了福特开发金牛星汽车的许多成功经验。在谈及穆拉利是福特高层负责人的合适人选时，比尔·福特说："显然，波音公司近年来面临的挑战和我们自己现在需要应对的情况有许多相似之处。"在他给福特汽车公司员工发电子邮件宣布任命穆拉利时,比尔·福特这样写道:"艾伦在客户满意、生产制造、供应商关系和劳工关系等方面都拥有丰富的经验,而这些方面对于福特汽车公司面临的挑战都很有用。艾伦的人品、性格与团队建设技巧也将有助于领导我们公司沿着正确的方向前进。"

但是,在穆拉利接掌舵轮时,福特公司已经泰然自若地准备要进行大规模结构性调整了,因为公司已宣布了加快的"前进计划"细节。而且,根据 J. P. 摩根的希舒曼·佩特尔(Himanshu Patel)的说法,公司好像表明,穆拉利的任命不会改变公司的改革计划的时间表和与结构调整相关的决定。这表明,尽管任命穆拉利为首席执行官,大部分决策权仍保留在比尔·福特手中,他说他将在公司里继续发挥"十分积极的作用"。

新首席执行官带来了什么变化?

在指引福特走向正轨的努力中,2007 年 1 月,穆拉利飞往日本,拜见福特最大竞争对手丰田公司的高层主管,寻求他们的建议。这是福特传统上的一个巨大破冰之举,只有外行首席执行官才有足够的勇气和想象力敢于尝试公开向国外竞争对手学习。

对于修理福特,穆拉利有自己的优先任务清单:"首先,我要面对现实。" 2007 年初,穆拉利示意:"影响福特数十年的'越大越好'的世界观正在被新的理念所取代:少即是多。"福特需要将更多的注意力集中到降低成本和改变经营方式上,而不是集中在传统的市场份额指标上。其远景目标是打造一个更小但是更赢利的福特。穆拉利"少即是多"的思维方式引起了底特律的响应。通用汽车正在实施自己的复兴计划,克莱斯勒也正在为一项削减计划做准备。"少即是多"可能会成为汽车行业的一个新趋势。

穆拉利的削减计划是从 2007 年 1 月福特宣布关闭 14 家工厂和裁员 3 万多人开始的。福特的新计划中又要关闭两家北美工厂,目标是到 2008 年底降低 50 亿美元成本,但是北美区的赢利目标被放到了 2009 年,往后推迟了一年。公司的目标是关闭 7 个汽车制造基地,并希望借此优化生产能力。同时,公司还计划,在重点发展更大、更具有燃油经济性汽车的同时,提高工厂利用效率并在每个生产部门提高产品水平。战略的总体目标似乎是重组，但根本目的是在更小的规模上实现赢利，调整产品组合以提高对市场的吸引力。

2007年7月，作为计划将沃尔沃出售的第一步，当穆拉利宣布正式评估沃尔沃时，他再次将注意力集中到公司的福特这一品牌上。沃尔沃是8年前收购的，与捷豹、阿斯顿·马丁和路虎一样，属于福特豪华车部门的一部分。但是，随着其他制造商不断改进自己品牌中的安全技术，沃尔沃的主要卖点"超级安全性"已经受到了挑战。福特也在评估出售捷豹和路虎的计划，在刚过去的5年内，这两款车有4年都是赔钱的。穆拉利说，"真正的前进机会是在全世界范围内整合运作福特资产"，并确定公司的最佳品牌组合。

自从上任后，穆拉利也对公司进行了一些结构和制度上的调整。例如，不像在过去的福特一样，每个月或者半年才讨论一次商业计划，现在，负责人每周都要与穆拉利会面。这种深入的会晤与负责人过去老是推托责任形成了鲜明的对比，福特的首席财务官多纳特·R. 利克莱尔（Donat R. Leclair）说："我现在看到的不同之处是我们真正地在致力于研究这些数字。以前，我们的文化就是解释为什么没有完成计划。你越能流利地解释，改变计划就越容易。"

穆拉利也对福特的高层负责人作了一些调整，新上任的一些人将直接向他报告工作，包括全球产品开发部门的负责人、全球采购部门的负责人、质量与先进制造技术部门的负责人、信息技术部门的负责人、首席机械官和福特欧洲公司、亚太公司、非洲公司、美洲公司的领导人也直接向穆拉利报告工作。

关于福特汽车公司

福特公司的衰退开始于1999年，当时福特的利润达到了惊人的72亿美元（每股5.86美元），税前收益达到了110亿美元。当时，人们甚至猜想福特很快就会超过通用汽车公司而成为世界第一大汽车制造商（见图表5、图表6、图表7）。但是，凭借技术创新、管理理念的持续改进和成本套利（cost arbitrage，因为在不同的地理位置都有工厂），丰田公司很快就超过了两大巨人——通用汽车和福特。福特汽车公司与此相对应的却是各种内部组织问题和当时的首席执行官雅克·纳瑟

案例8 福特汽车公司濒临破产?

尔(Jacques Nasser)领导的多元化战略失误,福特的市场份额开始下跌——从1999年的25%下跌到2006年的18%,特别是轻型汽车部分的市场份额,受到了严重打击。

图表5 美国市场份额

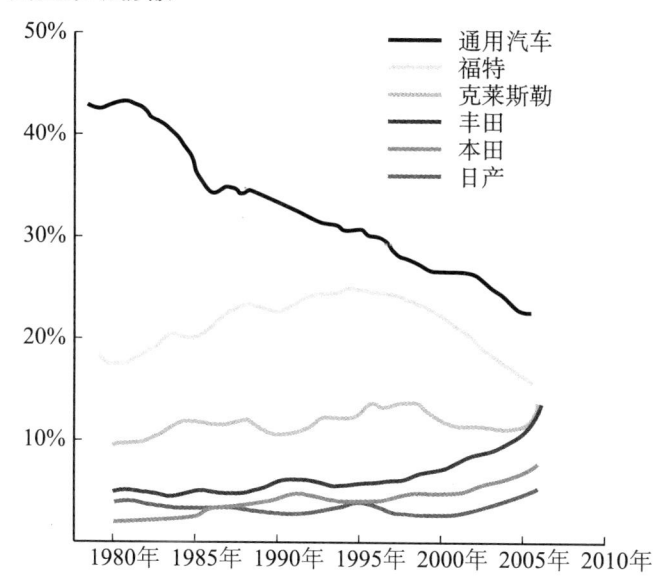

资料来源: Autodata.

图表6 福特10年的股价历史

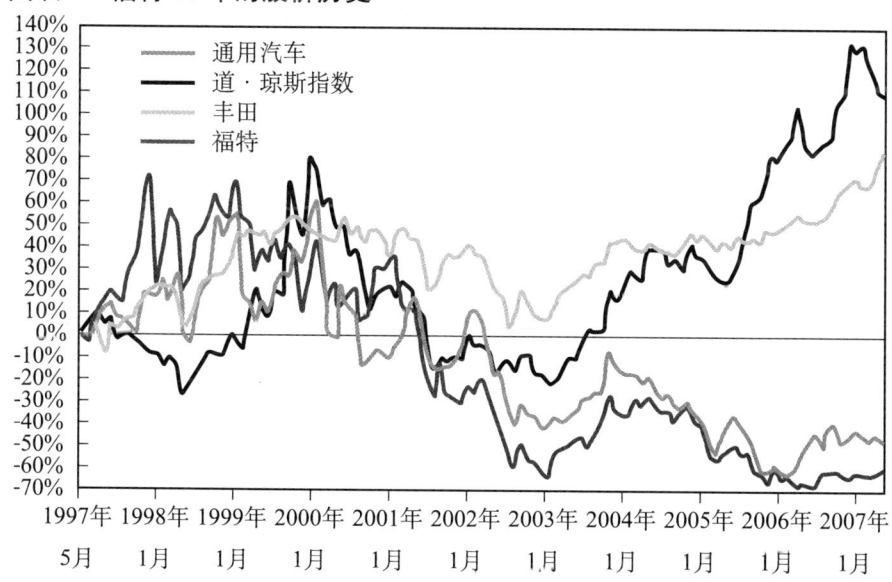

图表7　2007年车辆可靠性排名

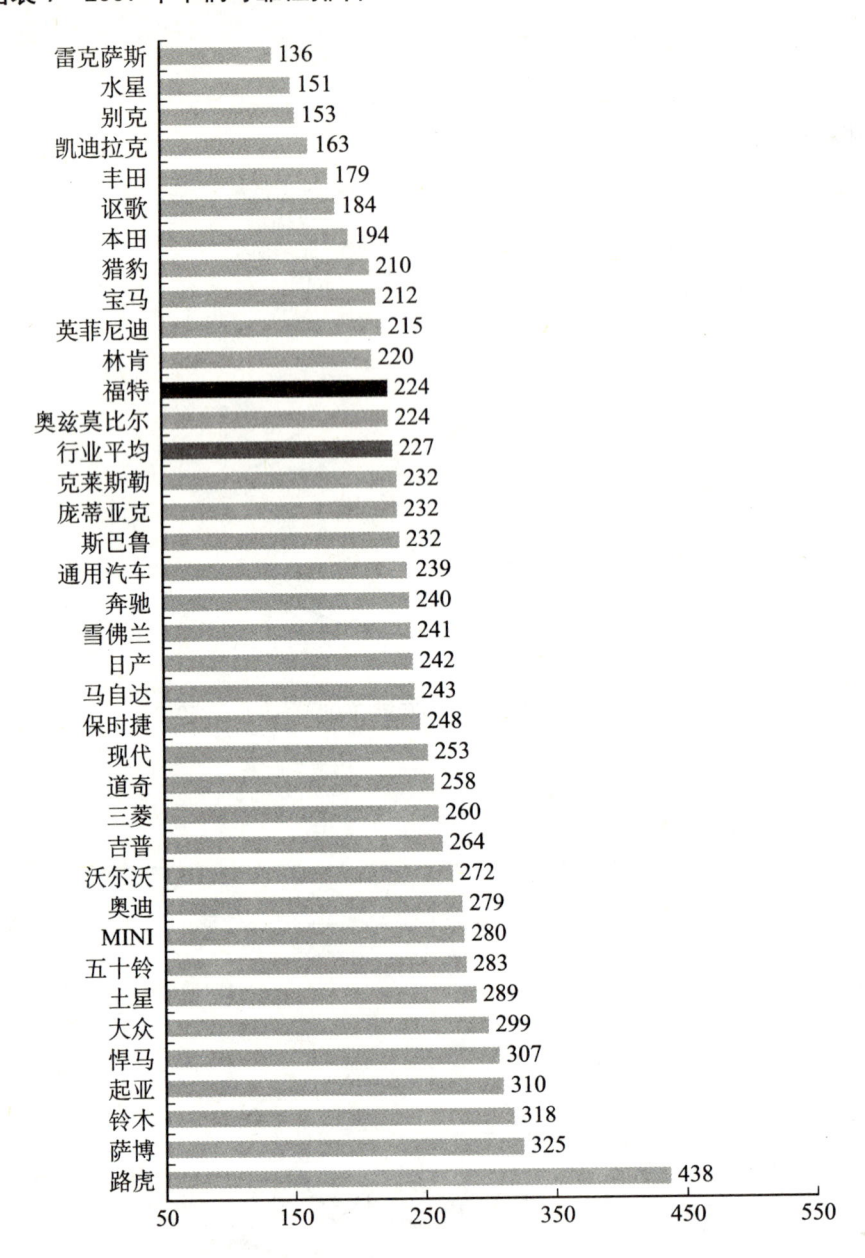

品牌	数值
雷克萨斯	136
水星	151
别克	153
凯迪拉克	163
丰田	179
讴歌	184
本田	194
猎豹	210
宝马	212
英菲尼迪	215
林肯	220
福特	224
奥兹莫比尔	224
行业平均	227
克莱斯勒	232
庞蒂亚克	232
斯巴鲁	232
通用汽车	239
奔驰	240
雪佛兰	241
日产	242
马自达	243
保时捷	248
现代	253
道奇	258
三菱	260
吉普	264
沃尔沃	272
奥迪	279
MINI	280
五十铃	283
土星	289
大众	299
悍马	307
起亚	310
铃木	318
萨博	325
路虎	438

资料来源：J.D. Power and Associates 2006 Vehicle Deperdability Study^{sm}.

而且，2006年，雪佛兰卖掉了福特部门，这是自1986年以来的第一次。福特探索者（Ford Explorer）曾经是世界上最畅销的运动型多功能汽车，尽管进行了广泛的技术升级，升级后的销量仍落在了当时的Chevy TrailBlazer后面。新探索者在外观上看上去与其替代的款式一样，这也无济于事。长期被忽视的Ranger（该车型一度为最畅销的小型皮卡）也落在了丰田汽车和雪佛兰的后面。尽管公司努力了20年，也没有开发出一款具有竞争力的小型卡车。福特最成功的车型就是F系列皮卡（见图表8）。

图表8　2006年最畅销车

1. 福特F系列（包括F-150、超级F-250、超级F-350）—796 039
2. 雪佛兰　西尔维拉多（包括1500、1500经典、1500SS经典、1500HD经典、2500HD、2500HD经典、3500HD、3500HD经典）—636 069
3. 丰田凯美瑞和凯美瑞Solara—448 445
4. 道奇公羊（包括1500，2500和3500）—364 177
5. 本田雅阁—354 441
6. 丰田卡罗拉—318 123
7. 本田思域—316 638
8. 雪佛兰 芙帕拉—289 868
9. 日产阿蒂玛—232 457
10. 雪佛兰Cobalt—211 449

资料来源：*Automotive News* and Edmunds.com, http://www.edmunds.com/reviews/list/top10/120637/article.html.

公司也遇到了严重的财务问题。福特的变身计划是：到2008年底，减少1万名白领工人，削减成本50亿美元，并希望买断7.5万名工会工人的工作。亏损，加上福特的重组成本，成了福特自1992年以来最大的季度亏损，1992年主要因为会计制度改革，公司损失了67亿美元。福特公司称，2006年第三季度的税前特别费用累计达到了52.6亿美元。这包括22亿美元的北美地区资产重估费用以及捷豹和路虎资产缩水的16亿美元。

美国的汽车产业

美国的汽车行业是一个竞争激烈、循环发展的产业。"根据整体经济形势、采购和经营汽车与卡车的成本、信贷和燃油的供应情况等",零售出去的汽车和卡车数量或者"行业需求"每年的变化都非常大。因为汽车和卡车是耐用品,消费者可以等一段时间再进行更换;行业需求反映了这一特点(见图表9)。

图表9　经销商出售速度

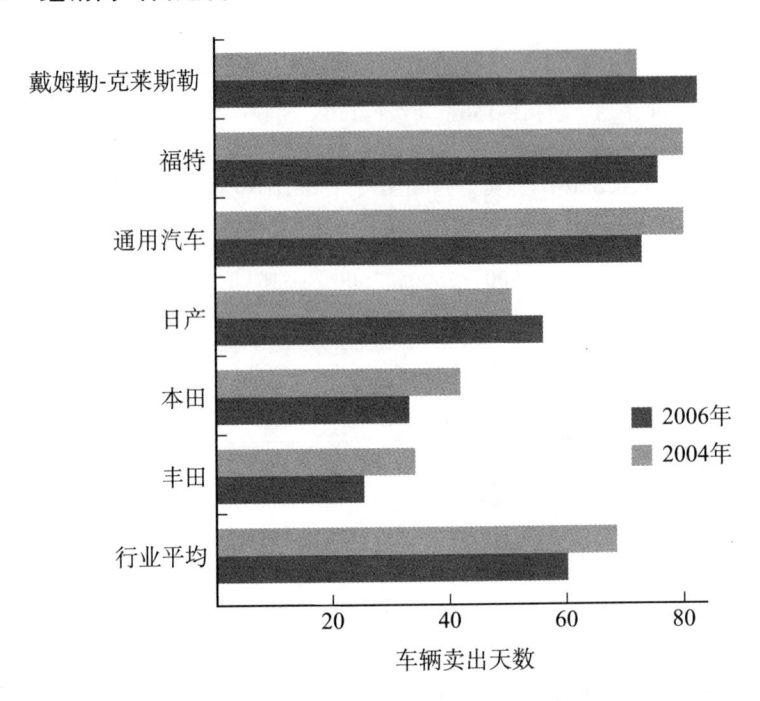

厂商	2006年	2004年
戴姆勒-克莱斯勒	82	72
福特	75	80
通用汽车	72	83
日产	55	48
本田	32	42
丰田	27	32
行业平均	60	68

（车辆卖出天数）

在过去的几十年中,随着日本汽车制造商在市场上站住了脚,美国的竞争加剧了。为了解决"外来者"这个问题,日本汽车制造商在美国建立了生产工厂,并得到了美国消费者的认可。产品质量和精益生产被认为是日本汽车制造商用以获得超越美国汽车制造商优势的武器。"日本丰田汽车公司发布了2007年预测,这将使其在全球销售上超越通用汽车公司而成为第一位,通用汽车公司自1931年以来一直是世界上最大的汽车公司。丰田公司当时还没有造出第一辆车,就预测明年将销售 934 万辆汽车。这将超过通用汽车公司希望的今年在全世界销售 920 万辆汽车的目标。"

对于美国的消费者来说，丰田汽车比底特律的产品有更好的"性价比"，穆拉利说，他是第一个承认甘愿做丰田学生的底特律领导人。

虽然美国汽车市场已经饱和，亚洲、中南美洲、中东欧地区的市场都表现出了日益增加的汽车需求前景，汽车行业进入了一个"全球汽车化"的时代。

穆拉利面对的挑战

穆拉利遇到了很多挑战。他在处理生产制造和劳资关系问题上有相当丰富的经验，但是他却没什么财务背景。考虑到福特公司重组成本、产品开发和福特股票 B+ 的垃圾信用造成的现金流失，现金是维持公司生存的关键，穆拉利的能力将受到检验。

"穆拉利英勇无畏的精神适合推动波音公司的一些项目，但与福特文化的相容性仍有待检验。与每一位新领导人一样，在开始的日子里，他必须充满信心，但是作为一个外行人，他必须小心避免冒犯长期形成的行业准则。"

"穆拉利的管理和沟通方法在福特的办公室里是前所未见的，以前这里一直笼罩着官僚竞争王国的气氛。"穆拉利仍在蜜月期时，他的管理风格与"福特方式"之间的冲突已经浮现出来了。

福特欧洲、福特亚洲、福特北美、福特澳洲、福特南美长期以来形成了产品、开发平台、发动机等的重复工作，穆拉利使自己忙于打破这种全球结构以延续各部门的独立性。因为最初目的是让一个外行的首席执行官打破失灵的福特文化，这些冲突就被预见到了，而且被认为是建设性的。

但是，这些冲突也有它们的负面影响。因为无法接受穆拉利的管理方法，一些高级负责人离开了福特，国际首席人物马克·A·舒尔茨（Mark A. Schulz）就是其中之一。"在公司工作了 30 多年后，他决定今年辞职。自从穆拉利上任后，舒尔茨先生只是一连串离职高级负责人中的最后一个。穆拉利就职后,身居第二位的、福特北美负责人、北美生产制造首席负责人和首席员工都宣布了他们的辞职。"就因为这个外行的首席执行官,福特失去了一些最有经验的领导人。

尽管他在改造波音公司的生产运营方面有着丰富的经验和成功的经历,作为一个汽车人,穆拉利仍然没有完全合格或者被接受。"最近他不得不问汽车行业的游说组织(汽车制造商联盟)叫什么,以及NADA(全国汽车经销商协会,2月份他要对该组织做一个重要演讲)代表什么?"他不得不在飞机上研究这个行业和一些特殊的词语。对于一个外行首席执行官,说"汽车话"对于在福特这样一个大公司里获得认同感仍然很关键,而福特有从内部提拔领导的独特长期传统。

无论怎样,穆拉利相信他管理大型制造企业的多年经验和技术背景已经让他为应对福特面临的挑战做好了准备。

展望未来

年末的损益表还是带来了一些好消息。福特已经从到2008年底削减运营成本50亿美元的压力中脱身而出。穆拉利说,他对福特的全球运营了解得越多,他所看到的目标实现机会就越多。也许穆拉利的"少即是多"的战略就是福特的救命稻草。只有时间能判断引入一个外行对福特是否是正确的一步,或者更具体地说,艾伦·穆拉利是否就是适合这个工作的局外人。

译后记

战略并不是"空东西",它能直接左右企业的发展与赢利能力。《战略》是奥本大学教授大卫·凯琴和佩斯大学教授艾伦·伊斯纳合作完成的一部极具创意的战略管理专著。本书是介绍战略管理基础知识和应用的。两位作者都是战略管理领域的优秀学者。依作者原意,本书是写给学生的,以指导他们在学习中如何掌握战略管理的基本知识,并加以灵活运用。

本书内容不局限于僵硬地介绍战略管理发展历史、流派、定义等,而是将战略管理的精髓,通过大量内容丰富翔实的案例,融汇于整部教材中,形成一个完整的整体,帮着学生进一步体会战略管理的各种思想是如何应用到企业实践中的。

我在翻译本书的这段时间,恰逢自己的人生大事;感谢新婚夫人窦津津女士和家人的理解与支持。翻译时,我除了尽量吃透原文、注意文采之外,在形式上,稍微照顾了中国读者的阅读习惯。对于这种博大精深的论著,尽管我已尽了最大努力,译文中仍不免会失去很多东西。这既是翻译工作的"原罪",又与译者素养有很大关系,在此要先请读者谅解,同时也衷心希望读者能提出一些批评、建议,以资探讨。

孔令凯
lingkaikong@163.com
2009年初 于北京

编辑手记

每一本好书的诞生背后都有一段鲜为人知的故事。编写《战略》这本书的最初意向要追溯到2006年春天麦格劳-希尔出版公司组织的一次教学座谈会，参加座谈会的一群优秀战略管理学教师决定设计一本既全面介绍战略管理核心知识又不陷入长篇大论和死板说教、篇幅适当、深入浅出的战略管理教科书。

《战略》的内容也可以说是一个精彩的故事。在这本书里，"战略"摆脱了人们印象中的空泛、务虚或者大而无当，而是融入一个个生动、有趣、极富时效性和启发性的真实案例之中。

战略不是空东西。它可能存在于重大的财经新闻中，比如安然公司的破产案至今余波难平，其对美国股市和会计准则的打击，尤其是心理上的打击，不亚于一次恐怖袭击。这家标榜创新、被华尔街和媒体视为宠儿的旗舰型企业是如何沦为公司欺诈和堕落的象征的？战略可能存在于你观看的电视节目中，比如世界摔角娱乐（WWE）。现在中国的观众也可以在有线电视台看到这档节目了。想必不少观众最初看到WWE时，都会误以为它是一种体育竞技比赛，而不是一档经过精心策划包装、有剧情、有人物、有表演的娱乐节目。WWE是如何在铺天盖地的娱乐大潮中脱颖而出、吸引观众并且魅力长存的呢？战略存在于互联网上，谁也无法预言，未来的互联网世界会属于雅虎、微软还是谷歌？战略关系到你开的汽车、你乘坐的航班、你的度假选择、你的休闲方式，战略当然也存在于你所处的行业、你的企业、你的部门，甚至你自己的生活中。

本书作者之一阿兰·伊斯纳是经验丰富的案例作者。结合学到的战略知识，读者就可以自己理解和判断，企业是如何以及为什么做出某种战略决策的，哪些企业坚持了正确的做法，哪些企业在投机取巧，即使后果现在还没有显现出来，但是已经埋下了隐患。

战略并不空泛，而且至关重要。这本书将帮助读者将战略管理的各种思想融会贯通，应用于企业实践，掌握战略管理的精髓。

《卖掉蓝象》
Sell Blue Elepants
By Howard Moskowitz 等　刘宝成 译
出版时间：2009年7月　定价：38元（估）

在欧美文化中，"卖掉蓝象"是异想天开的代名词。这正是作者在本书中所强调的核心：许多突破性的产品并不是通过市场调查产生的，而是研发部门、营销人员通过一定方法"挖掘"出来的。这一方法就是RDE。通过RDE，顾客可以实际参与新产品的开发，产品开发人员与营销人员借此可以找出开启客户心扉的钥匙，科学地设计、测试、修正产品创意，有的放矢地创造出新产品，成功地将新产品推向市场。最终，即使顾客不知道自己需要什么，也能被发掘出来的产品所吸引，并实现购买。

本书摒弃了深奥艰涩的数理统计，运用世界顶尖公司的具体案例，简明易懂地介绍了RDE的实施方法，向您展示如何为顾客提供前所未有同时广受欢迎的产品和服务，如何"卖掉蓝象"。

无论你是品牌经理、广告设计师还是产品开发人员、营销人员，本书都能够帮助你用一种全新的方法和思路了解消费者的行为，从而拓宽市场空间。对于学生们来说，也可以通过阅读本书，把RDE方法运用到自己的研究领域中。

《公司的灵魂》
The Soul of the Corporation: How to Manage the Identity of Your Company
By Hamid Bouchikhi 等　孙颖 译
出版时间：2009年7月　定价：39元（估）

本书认为，公司形象好比公司的灵魂。我们正置身于一个崭新的形象时代之中。在这个时代里，员工、顾客、投资者以及其他利益相关者都对公司形象高度关注。更为重要的是，公司的形象与公司文化、企业战略、品牌定位等有密切的关系，并会对公司的业绩产生重要影响。如果战略决策与公司形象相悖，再好的战略也难以发挥作用。好的形象对于公司而言是一项极其重要的资产，差的形象则会成为公司的一项沉重负债。

书中选取了世界上许多著名公司的真实案例来说明如何管理公司形象，如何发挥公司形象的作用，如果利用公司形象创造出更长久的价值。本书还说明了公司在兼并收购、战略联合、分立剥离以及创新品牌等不同的情况下如何应对形象挑战。

除了丰富的案例外，本书还提出了"形象审计"这一概念，并辅之以问卷调查、培训设计等具体方法，为领导者塑造和管理公司形象提供了可操作性的指导。

《强势时代》
Powerful Times
By Eamonn Kelly 王哲 译
出版时间：2009年6月 定价：38元

本书以全球视角，精辟分析了未来十年世界所面临的变化和挑战。从恐怖主义到核扩散，从能够改变人类的新兴技术到新兴经济大国的崛起……作者指出，一些强势的"动态矛盾"将在未来几十年根本上重塑人类生活，他以非凡的洞察力来解释这些矛盾将如何相互抵触、相互作用，制造一轮我们未曾见过的变革。

- 世界上唯一的超级大国面临着前所未有的进退两难的困境。
- 无所不在的信息带来了透明，但也带来了混乱、阴谋和混沌。
- 科学技术进步是突破还是灾难？是加速发展，还是遇到伦理道德的挑战而放缓？
- 中国和印度的崛起会怎样改变世界？
- 发达国家迅速的老龄化将给世界带来哪些变化？
- 全球市场是促使所有国家繁荣，还是让一些地区陷入了衰退？
- 人类如何应对90亿人口给地球带来的影响？
- 如何调动个人和组织的热情与力量去创造更加美好的未来？

对于关注我们当前与未来政治、经济生活的读者，本书为你提供了一个更广阔的视角和一种更深刻的理解。

《经济指标解读》（第二版）
The Secrets of Economic Indicators，2nd Edition
by Bernard Baumohl 吴汉洪 译校
出版时间：2009年6月 定价：46元（估）

这不是一本教科书，也不是关于经济方面的学术论著。这本书旨在帮助人们更好地理解：如何看待经济指标，经济指标为什么会有重要影响，它们能告诉我们多少关于未来的事情，以及人们如何最充分地利用这些信息。

在本书第1版出版后，已经出现了许多新的经济指标，有的是很好的预测工具。为了更准确地预测经济走势，原来的一些经济指标也得到了修改完善。因此作者推出了新版，在新版中将"最有影响的经济指标"的排列顺序做了更新。新的排序对于介绍预测经济活动的新方法和说明现有指标的计算路径非常有必要。同时新版列出了哪些经济指标最能预测经济走势，增加了排名前十的"领先经济指标"的介绍……

无论你是投资者、投资中介员工、研究人员、新闻工作者还是学生，本书都能帮助你认识经济指标，并独立地对经济走势做出更加客观的分析和判断。本书还将帮助有经济学背景的人士提升洞穿经济指标、预测经济走势的能力。

David J. Ketchen, Jr.; Alan B. Eisner; Gregory G. Dess; G. T. Lumpkin
Strategy, 2008—2009
ISBN: 0-07-338128-4. Copyright © 2009 by The McGraw-Hill Companies, Inc.
Original language published by The McGraw-Hill Companies, Inc. All Rights reserved.
No part of this publication may be reproduced or distributed by any means, or stored in a database or retrieval system, without the prior written permission of the publisher.

Simplified Chinese translation edition jointly published by McGraw-Hill Education (Asia) Co. and China Renmin University Press.

本书中文简体字翻译版由中国人民大学出版社和美国麦格劳—希尔教育（亚洲）出版公司合作出版。未经出版者预先书面许可，不得以任何方式复制或抄袭本书的任何部分。

本书封面贴有 McGraw-Hill 公司防伪标签，无标签者不得销售。
北京市版权局著作权合同登记号：01-2008-6040

图书在版编目（CIP）数据

战略——基于全球化和企业道德的思考/凯琴，伊斯纳著；孔令凯译
北京：中国人民大学出版社，2009
EDP·管理者终身学习项目
ISBN 978-7-300-10751-6

Ⅰ. 战…
Ⅱ. ①凯… ②伊… ③孔…
Ⅲ. 企业管理-研究
Ⅳ. F270

中国版本图书馆 CIP 数据核字（2009）第 085681 号

EDP·管理者终身学习项目
战略——基于全球化和企业道德的思考
大卫·凯琴　艾伦·伊斯纳　著
孔令凯　译

出版发行	中国人民大学出版社				
社　　址	北京中关村大街 31 号		邮政编码	100080	
电　　话	010-62511242（总编室）		010-62511398（质管部）		
	010-82501766（邮购部）		010-62514148（门市部）		
	010-62515195（发行公司）		010-62515275（盗版举报）		
网　　址	http://www.crup.com.cn				
	http://www.ttrnet.com（人大教研网）				
经　　销	新华书店				
印　　刷	北京山润国际印务有限公司				
规　　格	160 mm×235 mm　16 开本		版　次	2009 年 9 月第 1 版	
印　　张	25.75 插页 1		印　次	2009 年 9 月第 1 次印刷	
字　　数	362 000		定　价	48.00 元	

版权所有　　侵权必究　　印装差错　　负责调换

教师反馈表

McGraw-Hill Education,麦格劳–希尔教育公司,美国著名教育图书出版与教育服务机构,以出版经典、高质量的理工科、经济管理、计算机、生命科学以及人文社科类高校教材享誉全球,更以网络化、数字化的丰富的教学辅助资源深受高校教师的欢迎。

为了更好地服务中国教育界,提升教学质量,2003年**麦格劳–希尔教师服务中心**在京成立。在您确认将本书作为指定教材后,请您填好以下表格并经系主任签字盖章后寄回,**麦格劳–希尔教师服务中心**将免费向您提供相应教学课件,或网络化课程管理资源。如果您需要订购或参阅本书的英文原版,我们也会竭诚为您服务。

书名:	
所需要的教学资料:	
您的姓名:	
系:	
院/校:	
您所讲授的课程名称:	
每学期学生人数:	_____人 _____年级　　学时:
您目前采用的教材:	作者:_____出版社:_____ 书名:
您准备何时用此书授课:	
您的联系地址:	
邮政编码:	联系电话:
E-mail:(必填)	
您对本书的建议:	系主任签字 盖章

麦格劳–希尔教育出版公司教师服务中心
北京市建国门外大街1号国贸大厦1座2201室
北京100004
电话: 010-6535 2998
传真: 010 6535 2988
教师服务热线: 800-810-1936
教师服务信箱: instructorchina@mcgraw-hill.com
网址: http://www.mcgraw-hill.com.cn